2008

YELLOW BOOK

权威 · 前沿 · 原创

拉美黄皮书
YELLOW BOOK
OF LATIN AMERICA AND
THE CARIBBEAN

拉丁美洲和加勒比发展报告
（2008~2009）

拉丁美洲的能源

ANNUAL REPORT
ON LATIN AMERICA AND
THE CARIBBEAN
(2008–2009)

ENERGY OF LATIN AMERICA AND THE CARIBBEAN

中国社会科学院拉丁美洲研究所

主　编／苏振兴

副主编／蔡同昌

社会科学文献出版社
SOCIAL SCIENCES ACADEMIC PRESS (CHINA)

图书在版编目（CIP）数据

拉丁美洲和加勒比发展报告（2008～2009）：拉丁美洲的能源/
苏振兴主编. —北京：社会科学文献出版社，2009.3
（拉美黄皮书）
ISBN 978 - 7 - 5097 - 0658 - 9

Ⅰ.拉... Ⅱ.苏... Ⅲ.①社会发展 - 研究报告 - 拉丁美洲 -
2008 ~ 2009②经济体制改革 - 研究报告 - 拉丁美洲 - 2008 ~ 2009
③社会发展 - 研究报告 - 西印度群岛 - 2008 ~ 2009④经济体制改革 -
研究报告 - 西印度群岛 - 2008 ~ 2009 Ⅳ.D773.069 D775.069

中国版本图书馆 CIP 数据核字（2009）第 017615 号

法 律 声 明

主要编撰者简介

苏振兴 男，1937 年生。1964 年毕业于北京大学西方语言文学系西班牙语专业。1964 年到中共中央对外联络部拉丁美洲研究所和拉美局工作，1974 ~ 1977 年，任中国驻阿根廷大使馆文化专员，1981 年随拉丁美洲研究所转入中国社会科学院。曾任中国社会科学院拉丁美洲研究所副所长（1982 ~ 1985 年）、所长（1985 ~ 1996 年），《拉丁美洲研究》杂志主编，第 9 届全国政协委员。现任中国社会科学院拉丁美洲研究所研究员，博士生导师，中国社会科学院学部委员，中国拉丁美洲学会会长，中国社会科学院马克思主义研究院特邀研究员，中国拉丁美洲历史研究会顾问，等等。

主要著作有：《苏振兴文集》（独著）、《巴西经济》（主编）、《拉丁美洲国家经济发展战略研究》（主编）、《拉丁美洲史稿》第三卷（主编）、《走向 21 世纪的拉丁美洲》（合著）、《发展模式与社会冲突——拉美国家社会问题透视》（与袁东振合著）、《拉丁美洲的经济发展》（主编）、《拉美国家现代化进程研究》（主编）等。

蔡同昌 男，1955 年生。1980 年毕业于上海外国语学院西俄系俄语专业，1980 ~ 1984 年在中联部苏东所工作，现为中国社会科学院拉丁美洲研究所《拉丁美洲研究》编辑部主任。

主要编著有：《阿根廷危机反思》、《2005 年：拉丁美洲和加勒比发展报告》、《国际新格局下的拉美研究》、《拉丁美洲和加勒比发展报告（2007 ~ 2008）》、《发展中国家的发展问题》等。

中文摘要

在中国与拉丁美洲和加勒比地区关系的发展过程中，2008 年有两件大事值得重视：中国政府于 11 月 5 日发表《中国对拉丁美洲和加勒比政策文件》；胡锦涛主席于 11 月中下旬对哥斯达黎加、古巴和秘鲁进行国事访问，并在秘鲁国会发表《共同构筑新时期中拉全面合作伙伴关系》的重要演讲。这两件大事共同传递出一个重要信息：中拉关系发展进入"全面合作伙伴关系"的新阶段。

拉丁美洲和加勒比地区是中国石油企业最先开展国际合作的地区，近十年来，中拉能源合作项目近 20 个，中国投资金额已逾 40 亿美元，涉及勘探、开采、冶炼、技术服务、油气管道建设等。加强中拉能源合作不仅成为推进中国能源安全战略的必要选择，而且也有利于推动中国能源企业实施"走出去"战略。

2008 年的拉美形势总体上是令人鼓舞的：拉美国家政治局势保持稳定，不少国家顺利举行了大选或地方选举，为各国政府发展经济、改善民生提供了有利的政治环境；拉美经济比上年增长 4.6%，实现了自 2003 年以来连续 6 年平均 5% 左右的增长；持续的经济增长使社会形势不断改善，全地区贫困发生率降至 33.2%；地区内部团结合作、共谋发展的趋势进一步增强，多元化的外交活动开展得有声有色。

2008 年也是拉美形势发生转折的一年。第三季度以来国际金融危机对拉美的不利影响逐步加深，拉美经济发展面临的内外环境急剧恶化；预计 2009 年拉美经济将出现较大幅度的下滑，从而意味着自 2003 年以来的经济扩张期的结束。

本书将向读者系统展示拉丁美洲 2008 年发生的新变化，并对 2009 年的前景作出预测。

Abstract

Chinese government publicized China's Policy Paper on Latin America and the Caribbean on November 5th, 2008. During the second and last ten days of the same month president Hu Jintao paid state visits to Costa Rica, Cuba and Peru where he addressed the congress with an important speech titled "Building Comprehensive Cooperative Partnership between China and Latin America in the New Era". By conveying an important message that Sino-Latin American relationship is entering a new era marked by a comprehensive cooperative partnership, these two events deserve special attention with regard to the development of Sino-Latin American relations in 2008.

China's oil enterprises pioneered their international cooperation in Latin America and the Caribbean. Within nearly 10 years, 20 cooperative projects in energy sectors valued at more than 4 billion US dollars, ranging from exploration, exploitation, refinery, technical service as well as oil and gas pipeline building were carried out. It's recognized that to develop Sino-Latin American energy cooperation is not only a necessary option for China's energy security strategy but also an important force driving forward China's energy enterprises' strategy of going globally.

Generally speaking, Latin America and the Caribbean presented an encouraging picture in 2008 as political stability was maintained, general and local elections were wrapped up smoothly in a number of countries, providing a favorable political environment to various governments in their efforts to develop economy and better people's livelihood; economic growth rate averaged 4.6% across the region making 2008 the sixth consecutive year of a rough annual average of 5%; social situation, mainly reflected by poverty rate which drooped to 33.2% in 2008, was continuously improved with the continuing economic growth. Meanwhile, the growing trend of intra-regional cooperation in search of common development was strengthened and efforts aimed at diplomacy diversification were gaining momentum around the region.

However, 2008 is also a turning point for Latin America and the Caribbean as the global financial crisis started to deepen its negative impacts over the region since the third quarter, worsening dramatically the internal and external environment for Latin American countries' economic development. Under such circumstances, 2009 is forecasted with a substantial economic slow down, putting an end to the expansive cycle since the year 2003.

The book presents new changes staged in Latin America and the Caribbean in 2008 to readers and prognosticates tentatively the perspective of the region in 2009.

目　录

附录 2　大事记

CONTENTS

Regions and States

Appendix I Statistics

Appendix II Chronicles

前　言

苏振兴

刚刚过去的 2008 年，拉丁美洲形势所发生的变化总体上是令人鼓舞的。拉美国家政治局势保持稳定，不少国家顺利地举行了大选或地方选举，为各国政府发展经济、改善民生提供了有利的政治环境。拉美地区经济比 2007 年增长4.6%，实现了自 2003 年以来连续 6 年平均 5% 左右的增长；地区国内生产总值首次突破 4 万亿美元，外汇储备超过 5300 亿美元（第三季度末），各国财政状况普遍好转。持续的经济增长使社会形势不断改善，全地区贫困发生率降至33.2%，比 2002 年（44%）降低约 11 个百分点。地区内部团结合作、共谋发展的趋势进一步增强，多元化的外交活动开展得有声有色。

2008 年也是拉美地区形势发生转折的一年。第三季度以来国际金融危机对拉美的不利影响逐步加深，拉美经济发展面临的内外环境急剧恶化；预计 2009年拉美地区经济将出现较大幅度的下滑，从而意味着自 2003 年以来的经济扩张期的结束。不过，在前 6 年经济较高速增长的基础上，当前拉美国家应对国际危机的能力比以往任何一次都要强。

《拉丁美洲和加勒比发展报告（2008～2009）》将向读者系统展示拉丁美洲2008 年发生的新变化，并对 2009 年的前景作出预测。为便于读者全面了解本书的内容，我们对其中几个主要部分的观点做个简要介绍。

一　主题报告

主题报告——《2009 年的拉丁美洲——中国企业"走出去"的新机遇》集中论述了中拉关系的发展已进入全面合作伙伴关系的新阶段，并认为拉丁美洲为中国企业"走出去"提供了新的机遇。

中拉全面合作伙伴关系以"平等互利"为基本原则,以"共同发展"为主题。发展是中拉双方最大的利益汇合点。胡锦涛主席指出:"发展是中拉最为紧迫的任务,中国和拉美的发展都处于关键时期,也都是对方发展的机遇。"① 拉美国家视中国为巨大的商品出口市场、重要的投资来源国和"世界工厂"的核心。利用"两个市场,两种资源"是中国发展的一项长期战略方针。随着自身发展阶段的变化,中国对海外不同地区市场和不同类型资源需要的紧迫程度也在发生变化。拉美地区既具有农业、能源和矿产资源丰富的独特优势,又是一个迅速扩大的出口市场。对中国而言,拉美地区的重要性已与改革开放前期不可同日而语。

当前,中国企业走向拉美的新机遇主要表现在以下几个方面。第一,双方发展水平的提高和经济规模的扩大,互向对方商品提供了更大的需求与吸纳能力。中拉双边贸易由2000年的100多亿美元快速跃升至2007年的1000多亿美元;2008年头10个月,中国对拉美的进出口继续保持50%左右的高速增长。国际金融危机有可能对中拉贸易带来暂时性的不利影响,但也不能排除中国某些长期面向欧美市场的产品在拉美找到替代市场的可能性。第二,拉美国家期待中国扩大在拉美的投资规模,在国际金融危机背景下,这种期待更为迫切。在能源矿产领域,中国企业正面临有利的投资机遇(如巴西淡水河谷公司、秘鲁矿业公司等已主动邀请中国企业加盟)。第三,拉美国家正面临新一轮产业结构调整,普遍希望有选择地发展一批有国际竞争力的新型制造业企业,或是对纺织等传统产业进行升级改造,这为中拉双方企业开展投资、技术、设备合作提供了机会。第四,拉美国家正在出现基础设施建设的热潮。这既是为了突破基础设施落后的瓶颈制约,也是应对国际金融危机冲击的重大举措。中国2009年1月正式加入美洲开发银行后,中国企业参与拉美工程建设的机会也将进一步扩大。

二　政治形势报告

政治形势报告——《2008年拉丁美洲和加勒比政治形势》认为,拉美国家的政治局势处于平稳发展的良好态势中。主要表现在以下三个方面。其一,拉美

---

① 胡锦涛:《共同构筑新时期中拉全面合作伙伴关系——在秘鲁国会的演讲》,载2008年11月22日第3版《人民日报》。

各国的基本政策保持稳定。其二，局部性政治冲突与社会动乱事件较少。其三，代议制民主制度能正常运行。

出现这种良好局面的深层背景如下。第一，在经济连年增长的有利形势下，拉美各国政府实行稳健、务实的经济与社会政策，力求保持经济增长，逐步改善民生，使社会安定程度有所加强。第二，各派政治力量希望维护民主体制的稳定，寻求在现有制度框架内表达各自的利益和诉求。比较普遍的执政党不强、在野党不弱的现象，客观上有利于形成一种力量平衡的格局。因此，多党竞争、定期选举的制度以及选举结果能得到尊重。在巴拉圭 2008 年大选中，执政 61 年的红党丧失执政地位。第三，左翼政府的执政基础依然稳固，各项改革继续推进。例如：古巴最高领导层顺利实现了权力交接；查韦斯领导的委内瑞拉"统一社会主义党"正式成立；厄瓜多尔新宪法已经生效，加强了总统的执政地位；玻利维亚莫拉莱斯总统在公民投票中获得 67% 以上的支持率；等等。拉美左翼政府之间的团结合作进一步加强。

报告预计，随着国际金融危机对拉美地区的不利影响日渐加深，拉美各国政府在 2009 年将面临经济与社会形势出现恶化的前景，执政的难度明显加大。

三　经济形势报告

经济形势报告——《2008 年拉丁美洲和加勒比经济形势》概括了拉美经济运行的几个基本特点。（1）经济趋势发生转折。上半年，拉美经济延续了前几年的扩张态势。下半年，特别是从第四季度起，国际金融危机的冲击明显加剧：基本产品价格急剧下跌；股市出现动荡，巴西等拉美 7 大股市的总市值缩水近 50% ;[①] 汇市剧烈波动，资金外流；货币贬值；等等。因此，拉美经济 2008 年虽然取得了 4.6% 的增长，但比上年降低 1 个百分点。（2）各国经济走势出现分化。从次地区来看，南美洲表现最好，中美洲次之，加勒比地区仅增长 2.4%，墨西哥仅增长 1.8%。在南美国家中，乌拉圭以 11.4% 的增长高居拉美榜首，秘鲁增长率达 8.9%，巴西的增长率则连续两年保持在 5% 以上。（3）对外贸易继续保持较高增长。尽管下半年商品出口受到外部需求萎缩和价格暴跌的双重打

---

① http：//www. news. xinhuanet，com/world/2008 – 12/31/contnet – 10586288. htm

击，全年进出口仍分别比上年增长23%和18.3%，外贸总额超过1.7万亿美元。货物贸易顺差535亿美元，继续呈逐年递减的趋势。拉美国家受不同贸易结构的影响非常明显。输出大宗资源性产品的南美国家的出口增长远远高于地区的平均增幅；对美国市场依存度最高的墨西哥，商品出口仅增长12%；中美洲、加勒比国家既对美国市场依赖很严重，又是能源与食品进口国，外贸形势相当不利，出口平均增幅仅为7.9%。（4）产业部门表现参差不齐。以工业部门为例，尽管整个年度表现为前高后低的态势，但不同国家、不同行业差别很大。巴西工业增长超过上年，秘鲁工业1~10月增长8.6%，而墨西哥工业从第二季度就开始下滑。矿业生产在玻利维亚等国比上年有所增长，而阿根廷等国则比上年下降。建筑业的状况与矿业类似。以交通、电信、商业为代表的服务业是2008年拉美经济增长中的亮点。在巴西等一些国家，农业呈现出较好的增长势头。

报告指出，拉美国家应对国际金融危机的举措总体上是积极主动的。例如：在货币政策方面，采取向银行注资和降低准备金率等措施；在财政政策方面，采取减税、增加补贴和增加基础设施建设投资等措施；在外贸方面，向出口商提供融资便利并调整关税。其中，巴西政府提出的住宅建设计划和发展石油开采、加工计划都达到超千亿美元的投资规模。从政策取向看，拉美国家存在两种趋势：一种是强调发挥国家干预作用，如提高关税，限制进口，加大国有化力度等；另一种选择是进一步扩大开放和加强国际合作。预计2009年拉美地区经济增长将回落到1.8%左右的低水平上。

四 社会形势报告

社会形势报告——《2008年拉丁美洲和加勒比社会形势》报告首先介绍了年度社会形势的两大特点。第一，各项社会指标继续改善，但改善的幅度下降。例如：拉美的贫困率33.2%，比2007年下降约1个百分点；地区平均基尼系数0.515（2007年），为1990年以来的最低值；城市公开失业率7.5%，比上年有所下降；等等。第二，社会冲突有所减少，但社会稳定的基础依然脆弱。

报告指出，暴力犯罪问题、粮价上涨问题和气候变化问题成为2008年拉美社会议程中的三大关注焦点，地区组织与各国政府都在积极谋求应对之策。主要原因在于：（1）拉美地区有组织犯罪活动相当猖獗。2008年，这类现象在墨西哥、中美洲和加勒比地区呈进一步上升趋势。（2）国际粮价的大幅上涨对一些拉美国家造成严重影响。相关国际机构的报告显示，2006 年 1 月至 2008 年 3 月，世界粮食价格平均上涨 68%，使拉美 19 个国家受到影响。2008 年拉美约有 400 万人因此而不能脱贫，300 万人因此而返贫。（3）中美洲和加勒比国家频繁遭受飓风袭击，造成大量人员伤亡和严重财产损失。

受国际金融危机的不利影响，2009 年拉美地区经济将由扩张转向衰退，近几年来社会形势逐步好转的态势也将发生逆转。报告认为，2009 年，拉美国家的社会政策将面临就业压力增大和反贫任务艰巨两大挑战。

五 外交形势报告

外交形势报告——《2008 年拉丁美洲和加勒比外交形势》指出，面对国际形势的新变化，拉美国家正积极调整对外关系，扩大在国际舞台上的影响力。

第一，拉美国家出现"去美国化"倾向。尽管美国在拉美地区的影响力依然超过任何其他国家，但近年来这种影响力呈现下降趋势。例如，美国次贷危机对拉美造成了严重冲击，美国对拉美国家面临的粮食危机等困境没有作出反应，大批遣返拉美移民，搁置与哥伦比亚的自由贸易协定，与拉美左翼政府关系紧张，重建"第四舰队"，等等。美拉双方关系的疏远和矛盾的扩大，促使拉美国家倾向于撇开美国，走联合自强之路。

第二，拉美国家的团结合作有所加强。2008 年，里约集团成功地化解了哥伦比亚、厄瓜多尔、委内瑞拉等国之间的外交争端；古巴加入里约集团，重新融入拉美大家庭；拉美 15 国举行"粮食安全与主权首脑会议"，共商粮食安全战略；南美国家联盟建立；南美国家联盟首脑会议发表共同声明，支持莫拉莱斯总统，反对任何分裂玻利维亚的企图；等等。

第三，对外关系多元化的步伐加快。拉美国家与亚太地区国家的关系迅速发展，领导人频繁互访，签订一系列双边自由贸易协定，经贸合作不断扩大。2008 年 11 月在利马举行的第 16 届 APEC 领导人非正式会议对双方关系发展起了进一步的推动作用。欧盟仍然是拉美对外战略多元化的重点。2008 年，拉美大国与欧盟关系的发展尤为突出。例如，墨西哥与欧盟正式建立战略伙伴关系，巴西与欧盟签署《巴西—欧盟共同行动计划》，巴西与法国达成 86 亿欧元的军火协议，

古巴与欧盟的关系恢复正常，等等。拉美与俄罗斯、印度、伊朗等国的关系也呈现快速发展势头，其中俄罗斯与拉美相关国家的军事合作尤为引人注目。

六　国家形势报告

国家形势报告包括巴西等 13 个国家的报告各 1 篇和加勒比地区综合报告 1 篇。这些报告是前面几个综合性报告的重要补充和具体解读，旨在让广大读者进一步了解拉美各国的具体情况和国家之间的差异。例如，拉美各国经济发展水平和经济形势存在明显差别，因而各国受国际金融危机影响的程度不尽相同，应对危机的能力也不一样。拉美既有重要的能源出口国，也有一批能源严重匮乏的国家；既有粮食输出国，也有许多国家深受粮食危机的困扰。古巴、委内瑞拉、玻利维亚、厄瓜多尔等国的改革都很引人关注，而这些国家的改革进程又各具特色。拉美第一大国巴西，政治局势稳定，经济形势良好，农林矿产资源丰富，并于 2008 年一跃成为石油资源大国。巴西正以崛起中的地区大国的身份活跃在国际舞台上。而位于加勒比地区的海地，经济持续低迷，国内治安靠联合国维和部队维持，社会危机和自然灾害频繁发生，是西半球唯一的最不发达国家。拉美国家间的差异之大可能超出人们的想象。

七　专题报告

专题报告选择了"拉丁美洲的能源"这个题目。

近几年一些拉美国家对外能源合作的政策调整差异较大。在政策调整的目标上，强调或继续保持国家对油气资源的控制权，但吸引外资的目标未变；拉美左派政府不断调整能源税率、修改法令、变更合同条款，使投资风险增大，投资回收期限延长。

拉美地区是中国石油企业最先开展国际合作的地区。近 10 年来，中拉能源合作项目近 20 个，中国投资金额已逾 40 亿美元，涉及勘探、开采、冶炼、技术服务、油气管道建设等。加强中拉能源合作不仅成为推进中国能源安全战略的必要选择，而且也有利于推动中国能源企业实施"走出去"战略。当前，中拉能源合作潜力巨大，出现了新的发展机遇：拉美地区可成为中国原油进口的战略来源地；在能源勘探、开采和基础设施建设方面，中拉合作前景广阔；中国与巴西的能源技术交流和合作大有可为；能源产业开放仍是拉美地区的政策主流，中拉能源合作的政策壁垒减弱。目前，中国已基本完成进入拉美能源市场的战略布局，中拉能源合作的局面基本打开。在拉美主要产油国对能源政策进行调整的情况下，它们在能源合作中应增强风险防范意识：力求占领市场，不断深化合作；探索合作新模式，减少合作风险。

巴西是开发生物能源的引领者。经过几十年坎坷的发展历程，巴西国内已基本普及使用燃料乙醇和生物柴油。鉴于这些可再生能源的前景看好，包括美国在内的诸多国家纷纷开始从事生物能源的研发。对中国而言，发展生物能源也很重要。在开发生物能源方面，巴西在取得成就的同时，还存在诸如空气受到污染、亚马孙森林遭到破坏、城市产业结构单一等问题。由于国情不同，在中国不宜推广巴西的生物能源生产模式。巴西在研发生物能源的过程中为中国提供了如下启示：一是应因地制宜；二是应多样化；三是应扩大国际合作。

20 世纪 90 年代至 21 世纪初，拉美地区进入了能源一体化的新时期，尤其是 2000 年以来，加强各国间的能源合作、建立区域能源一体化体系已成为拉美国家的共识，能源合作也因此成为带动拉美地区一体化发展的重要动力。新时期的拉美能源合作突破了以前纯粹的优惠能源供给模式，既涵盖了能源互换计划、合作勘探和技术共享、能源投资、可替代能源合作等新内容，又同时体现出过度民族主义倾向、缺乏务实实践、两种能源合作模式存在竞争等特点。这些能源合作的新特点给中拉能源合作带来潜在影响，规避风险成为中国企业亟待思考的问题。

当前拉美地区能源合作具有如下特点：第一，合作内容进一步充实；第二，缺乏务实精神；第三，两种合作模式的竞争。当前拉美地区能源合作的主导国家是委内瑞拉和巴西，而从两国各自推出的能源合作项目可以看出，两国实际上代表两种不同的能源合作模式。委内瑞拉凭借本国丰富的石油资源，非常积极地给本地区贫油国提供优惠石油，并以此增强本国对他国和整个地区的影响力。而巴西则强调推广生物燃料，帮助中美洲和加勒比国家发展生物燃料，并通过这些国家进入美国市场，进而使乙醇等生物燃料成为同石油一样的国际产品。根据当前拉美能源合作现状及其特点，对中拉能源合作的影响主要可以概括为以下三个方面：第一，能源合作资金短缺为中国提供了机会；第二，地区主要力量

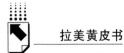
之间的竞争加大了中拉能源合作的不确定性；第三，要密切关注拉美国家政策的变化。

最后，感谢中国社会科学院和拉丁美洲研究所的领导及相关部门对《拉丁美洲和加勒比发展报告》的一贯重视与支持！感谢各位作者为撰写《拉丁美洲和加勒比发展报告（2008~2009）》所付出的辛劳！感谢社会科学文献出版社的宝贵合作！书中如有错误或不当之处，欢迎读者批评指正。

2009 年 1 月 11 日

2009 年的拉丁美洲

——中国企业"走出去"的新机遇

苏振兴[*]

摘　要：2008 年 11 月 5 日，中国政府发表的《中国对拉丁美洲和加勒比政策文件》是中拉关系史上的第一次，对于推动双边关系的发展意义深远。2008 年 11 月中下旬，胡锦涛主席对哥斯达黎加、古巴和秘鲁进行国事访问，并在秘鲁国会发表《共同构筑新时期中拉全面合作伙伴关系》的重要演讲。中国政府提出与拉美国家构筑平等互利、共同发展的全面合作伙伴关系，开展更高层次、更宽领域、更高水平的合作，也反映了拉美国家的共同期待：拉美国家期待加强与中国的合作，它们看重中国的巨大市场，认为中国是一个新兴的对外投资国，视中国为"亚洲工厂"的核心。

---

* 苏振兴，曾任中国社会科学院拉丁美洲研究所所长（1985~1996 年），《拉丁美洲研究》杂志主编，第 9 届全国政协委员。现为拉丁美洲研究所研究员，博士生导师，中国社会科学院学部委员，中国拉丁美洲学会会长。主要研究领域为拉美宏观经济、拉美经济史、拉美现代化、拉美政治。

进入 21 世纪以来，由于多种因素的相互作用，拉美地区形势的发展呈现出一些新的趋势和特点：政治局势保持平稳；2003 年以来经济形势明显好转；积极应对国际金融危机的冲击；大国对拉美地区的重视程度明显提高。中国企业应抓住和利用拉丁美洲提供的新机遇：从战略高度重视对拉美市场的开拓；着力优化贸易结构；扩大对拉美的直接投资；主动寻找商机，立足长远发展。

关键词：《中国对拉丁美洲和加勒比政策文件》 胡锦涛主席出访拉美 3 国 拉美国家的期待 拉美形势的特点 新机遇

在中国和拉丁美洲、加勒比地区（以下简称"拉丁美洲"）关系的发展过程中，2008 年有两件大事值得重视。第一，中国政府于 11 月 5 日发表《中国对拉丁美洲和加勒比政策文件》。第二，胡锦涛主席于 11 月中下旬对哥斯达黎加、古巴和秘鲁进行国事访问，并在秘鲁国会发表《共同构筑新时期中拉全面合作伙伴关系》的重要演讲。这两件大事共同传递出一个重要信息：中拉关系发展进入"全面合作伙伴关系"的新阶段。可以预期，作为中拉关系重点领域的经济贸易合作必将进一步扩大和深化。对中国企业界而言，拉丁美洲是实现"走出去"战略的新机遇。

一 《政策文件》适时出台，意义深远

中国政府发表《中国对拉丁美洲和加勒比政策文件》（以下简称"《文件》"）是中拉关系史上的第一次，对于推动双边关系的发展意义深远。《文件》指出："中国政府从战略高度看待对拉关系，致力于同拉丁美洲和加勒比国家建立和发展平等互利、共同发展的全面合作伙伴关系。"同时，《文件》提出了中国对拉美政策的总体目标：在政治领域"互尊互信、扩大共识"，在经贸领域"互利共赢、深化合作"，在人文领域"互鉴共进、密切交流"；并重申"一个中国原则是中国同拉美国家及地区组织建立和发展关系的政治基础"。

《文件》的出台以中拉关系的长期积累为客观基础。中华人民共和国成立以来，中拉关系大体经历了三个大的发展阶段：前 20 多年是以双方民间交往为主的阶段；20 世纪 70 ~ 80 年代，中国与拉美地区大多数国家建交的阶段；20 世纪 90 年代以来，中拉各领域友好合作取得长足发展的阶段。迄今为止，中国已与 21 个拉美、加勒比国家建交。其中，中国与巴西、阿根廷、墨西哥、秘鲁、智利等国已建立了"战略伙伴"或"全面合作伙伴"关系；中国共产党与拉美的 80 多个政党建立了新型的党际合作关系；双方议会交往、政府部门对口交流和文化交流广泛开展，结为友好省、州或友好城市的单位已有 102 对；中国与拉美地区组织的磋商与对话机制不断完善；双方在国际多边外交中的协调配合日益密切。在经贸合作领域，双边贸易呈现出高速发展的态势，中国与拉美未建交国也都有贸易往来。中拉双方在电信、基础设施建设、能源矿产、科学技术等领域的投资合作不断取得新的进展。拉美已有 15 个国家承认中国的"市场经济地位"。中国与拉美多数建交国签订了投资保护协定。正如胡锦涛主席所指出的："中拉利益融合达到了前所未有的深度，双方关系水平达到了前所未有的高度。"[①]

《文件》的出台表明了中国对发展中拉关系的重视。拉丁美洲是一片广阔富饶的大陆，该地区不仅达到了较高的发展水平，其巨大的发展潜力也正在日益显现出来。拉美各国都希望联合自强，致力于促进本地区和平、稳定与发展；它们都积极参与国际事务，致力于维护世界和平、促进共同发展，在国际事务中正在发挥着越来越重要的作用。中国作为最大的发展中国家，与拉丁美洲这个重要的发展中地区加强团结，在国际范围内共同维护发展中国家的正当权益，在双边关系上坚持平等互利、共同发展，符合双方的根本利益。《文件》指出："中国政府制定对拉丁美洲和加勒比政策文件，旨在进一步明确中国对该地区政策目标，提出今后一段时期中拉各领域合作的指导原则，推动中拉关系继续健康稳定全面发展。"

《文件》反映了抓住机遇的强烈意识。《文件》指出："新形势下，中拉关系面临新的发展机遇。"如何理解新形势下的新机遇？胡锦涛主席对此有一段精辟论述："发展是增进人民福祉、促进社会进步的根本途径。发展是中拉最为紧迫的任务，中国和拉美的发展都处于关键时期，也都是对方发展的机遇。"[②] 为了适应经济全球化的大趋势，中国和拉美国家都实行对内改革、对外开放的基本方

---

① 胡锦涛：《共同构筑新时期中拉全面合作伙伴关系——在秘鲁国会的演讲》（2008 年 11 月 20 日，利马），载 2008 年 11 月 22 日第 3 版《人民日报》。

② 胡锦涛：《共同构筑新时期中拉全面合作伙伴关系——在秘鲁国会的演讲》（2008 年 11 月 20 日，利马），载 2008 年 11 月 22 日第 3 版《人民日报》。

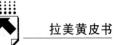

针。中国经过 30 年高速发展，经济实力迅速壮大；拉美经济则在经历 20 世纪最后 20 年的相对低迷后进入了新的扩张期。中拉双方经贸合作的巨大潜力正在日益显现出来，充分利用这种机遇已成为推动各自发展的重要因素。在当前国际金融危机的严峻形势下，加强合作、共度时艰，更是中拉双方的共同愿望。可以说，发展是中拉双方最大的利益汇合点。正是在这个最大的利益汇合点上，双方互为对方提供了难得的机遇。

《文件》体现了全面合作的指导方针。《文件》就中国与拉美国家开展合作交流的领域做了尽可能全面的阐述，涵盖了政治、经济、人文、社会、和平、安全和司法等方面的 34 个领域，既表明了中国继续坚持深化对外开放的基本国策，也体现了中国与拉美国家建立"全面合作伙伴关系"的指导方针。

二 中拉关系新阶段的成功首访

《中国对拉丁美洲和加勒比政策文件》发表后，胡锦涛主席紧接着于 2008 年 11 月中下旬对哥斯达黎加、古巴和秘鲁三国成功地进行了国事访问，成为中拉关系进入"全面合作伙伴关系"新阶段后的首次访问。

在与哥斯达黎加总统阿里亚斯的会谈中，胡锦涛主席对中哥关系发展提出 3 点建议。第一，共同把握好中哥关系的发展方向。第二，共同建设好中哥关系的重要机制和平台。第三，共同培育好中哥关系的社会基础。双方宣布启动中哥自由贸易协定谈判；支持两国企业在基础设施建设、农业、电信、能源等重点领域开展务实合作。两国签署了经贸、金融、能源、教育、科技等领域的 11 份合作协议。

在访问古巴期间，双方一致认为，中古保持和发展长期友好合作，是当前国际形势的需要，是两党、两国政府和两国人民的共同愿望，决心永做好朋友、好同志、好兄弟。双方就扩大贸易、投资，深化文化、教育、卫生、体育、旅游等方面的合作达成广泛共识。两国签署了经济技术、教育、医疗卫生等领域的 5 份合作文件。

在与秘鲁总统加西亚的会谈中，双方共同宣布两国自由贸易协定谈判成功结束，两国正式建立战略伙伴关系。胡锦涛主席提出："把促进和扩大相互投资作为两国务实合作的优先方向。中秘重点加强矿业领域投资合作，有利于全面提升双方经贸合作水平、促进两国共同发展。"加西亚总统表示："中国是秘鲁可依赖的朋友，秘鲁支持中国的发展。秘方期待更多中国采矿企业到秘鲁投资，愿意为它们创造良好投资条件和环境。"① 双方同意将贸易、矿业投资、基础设施建设、高技术、扶贫合作作为重点合作领域。两国签署了经济技术、卫生、海关、扶贫、金融、矿业、农业等领域的 11 份合作文件。

2008 年 11 月 20 日，胡锦涛主席在秘鲁国会发表了题为《共同构筑新时期中拉全面合作伙伴关系》的演讲。这是一篇面向整个拉美地区的重要演讲，系统阐述了中国关于发展中拉关系的立场和主张。胡锦涛主席高瞻远瞩地指出："当今世界正在发生大变革大调整，和平与发展仍然是时代主题。求和平、谋发展、促合作已经成为不可阻挡的时代潮流。中国作为最大的发展中国家，拉美作为世界上重要的发展中地区，双方更加紧密地团结起来，开展更高层次、更宽领域、更高水平的合作，既是时代潮流的要求，也是各自发展的需要。""中国愿同拉美和加勒比国家一道，努力构筑双方平等互利、共同发展的全面合作伙伴关系。"②

胡锦涛主席强调：构筑这一伙伴关系，要牢牢把握共同发展的主题；要坚持平等互利的基本原则；要不断开拓创新，开展广泛全面的合作。他还进一步就发展中拉关系提出具体倡议：继续密切政治关系，深化经贸互利合作，加强国际事务中的协调配合，重视社会领域互鉴共进，丰富人文对话交流。

三 拉美国家期待加强与中国的合作

中国政府提出与拉美国家构筑平等互利、共同发展的全面合作伙伴关系，开展更高层次、更宽领域、更高水平的合作，也反映了拉美国家的共同期待。

1. 拉美国家期待加强与中国合作，看重中国的巨大市场

目前，中国已成为拉美在全球的第三大贸易伙伴，在亚洲的第一大贸易伙伴。墨西哥经济学家、联合国拉美经委会执行秘书阿丽西亚·巴尔塞娜最近指

① 载 2008 年 11 月 21 日第 1 版《人民日报》。
② 胡锦涛：《共同构筑新时期中拉全面合作伙伴关系——在秘鲁国会的演讲》（2008 年 11 月 20日，利马），载 2008 年 11 月 22 日第 3 版《人民日报》。

出："高水平的增长预期将使中国在未来几年成为全球经济最重要的增长中心，并为拉美和加勒比的出口创造一个潜力巨大的市场。然而，直到不久以前，除南美洲的某些基本产品之外，对这个市场的开拓是不够的。"①

2000～2007年，中拉年度贸易额由100多亿美元增加至1000多亿美元。②中国作为拉美贸易对象国其地位大幅上升。在拉美33个国家中，中国作为出口对象国，在21个国家中的地位上升，并在其中的10个国家中跃居前5位；作为进口对象国，中国在32个国家中的地位上升，并在其中的23个国家中跃居前5位。中拉贸易的高速增长有三个主要原因：一是中国从拉美进口的农矿产品大幅上升；二是拉美经济增长速度加快，对中国商品的需求和进口能力明显增强；三是国际市场农矿产品价格大幅上涨。拉美国家在农矿产品生产方面具有优势。例如，拉美大豆产量占世界的49.1%，油料产量占世界的31.3%，精铜产量占世界的19%，铝产量占世界的22.3%，锌产量占世界的28.1%，锡产量占世界的16.7%，巴西和阿根廷的牛肉产量分别占世界的15.7%和5.3%。③因此，当前中拉贸易的基本格局是"产业部门间"（interindustrial）的贸易，具体表现为拉美国家主要向中国出口资源性产品，中国主要向拉美输出工业制成品。拉美国家普遍认为，如果把对华贸易变为"产业部门间"的贸易与"产业部门内部"（intraindustrial）的贸易并举的格局，将会大大扩展双边贸易。

2. 拉美国家期待加强与中国合作，认为中国是一个新兴的对外投资国

中国是世界上拥有外汇储备最多的国家。近年来，有越来越多的中国企业走出国门，在海外投资兴业。截至2007年底，中国近7000家境内投资主体设立对外直接投资企业超过1万家，分布在全球173个国家（地区），投资存量1179亿美元。其中，2007年对外投资净额为265亿美元。④因此，拉美国家普遍认为，中国已成为一个日益重要的对外投资国。

在全球的外国直接投资中，发展中国家吸收的部分由1990年的25%上升到

① Alicia Bárcena, Prólogo del documento *Las relaciones económicas y comerciales entre América Latina y Asia-Pacífico, el vínculo con China*, Santiago de Chile, octubre de 2008, p. 10.

② 2007年，中拉双边贸易额1026亿美元，中方出口额为515亿美元，进口额为511亿美元。

③ CELAL, *Las relaciones económicas y comerciales entre América Latina y Asia-Pacífico, el vínculo con China*, Santiago de Chile, octubre de 2008, pp. 44 –45.

④ http://www.adultpdf.com

当前的 35%。20 世纪 70 年代，在进入发展中国家的外国直接投资中，拉美吸收的部分占 40%。如今，拉美这种独占鳌头的地位已被亚洲所取代。据联合国贸发会议统计：2000~2006 年间，进入亚洲（15 国）的外国直接投资年均 1100 亿美元，而进入拉美的只有 630 亿美元；截至 2006 年底，亚洲拥有的外国直接投资存量达 1.2 万亿美元，约占世界总量的 10%，拉美只有 9060 亿美元，约占世界总量的 7.6%。进入拉美的外国直接投资集中流向巴西、墨西哥、智利等少数国家。例如，2006 年，拉美吸收外国直接投资 724 亿美元，其中墨西哥 190 亿美元，巴西 188 亿美元，两国合计占 50% 以上。

截至 2007 年底，中国在拉美的直接投资存量为 247 亿美元，应该说，占同期中国对外直接投资存量的比重不小。但是，其中有 66 亿美元投放在英属维尔京群岛，168 亿美元投放在开曼群岛，即 247 亿美元中的 90% 以上集中投放在人口不足 15 万的两个英属加勒比小岛上。因此，拉美有评论认为："中国（对拉美的）投资主要流向了开曼群岛和英属维尔京群岛这两个加勒比的财政天堂，与拉美和加勒比其他经济体关系不大。"[①] 这种情况表明，中国企业应该调整对拉美的投资布局。

3. 拉美国家期待加强与中国合作，视中国为"亚洲工厂"的核心

联合国拉美经委会近期发表的几个关于拉美与亚洲、中国关系的报告都认为，由东盟 10 国和中、日、韩 3 国组成的亚太地区已经成为"世界工厂"或"亚洲工厂"。其主要特点是：（1）以中国为核心，即中国作为主要角色和世界经济中心之一在亚洲的出现，使得亚洲地区以中国为中心正在进行广泛的贸易重组；（2）亚洲各国间进行了大量的相互投资，形成了地区性的生产与供应链条；（3）地区内部的贸易已形成"产业部门内部"贸易的格局，当前 60% 的运输设备、机械以及零部件贸易都是在地区内部进行的。因此，拉美国家期待能够参与这个"亚洲供应链"，走与亚洲国家增加相互投资、扩大生产领域合作、开辟"产业部门内部"贸易渠道的道路。其中的重点合作对象就是"亚洲工厂"的核心——中国。

拉美国家长期奉行对外关系多元化的方针，但在不同阶段有不同的侧重点。进入 21 世纪以来，随着亚洲的崛起，拉美重点拓展与中国和亚洲经济贸易合作

---

① CEPAL, *Las relaciones económicas y comerciales entre América Latina y Asia-Pacífico, el vínculo con China*, Santiago de Chile, octubre de 2008, p. 63.

的趋势不断强化。"拉美太平洋弧"（El Arco del Pacífico Latinoamericano）的概念受到前所未有的重视便是其中的一个突出例子。所谓"拉美太平洋弧"本来是指拉美太平洋沿岸11国这样一个简单的地理概念。① 2006年8月，这11个国家正式组成一个地区性协调机构，创立"拉美太平洋弧部长论坛"。该论坛探讨的重点课题之一是如何拓展与亚洲的经贸合作，参与亚洲的生产链条，分享亚洲的贸易繁荣。在短短两年多时间内，该论坛已经举办了4次。②

在拉美的太平洋沿岸国家中，智利、秘鲁、哥斯达黎加等国在拓展与中国、亚洲的经贸合作方面更为积极主动，取得的成效也更为明显。例如，智利是率先大力开拓亚洲市场的国家，也是第一个与中国签订自由贸易协定的拉美国家，它不仅较好地调整了对外经贸关系的布局，而且从中获得了重要商机。以智中双边贸易为例。自2006年10月双边自由贸易协定付诸实施以来，关税减让取得重要进展。中国削减或取消了占中国税目总数97.2%的7336种产品的关税，其中4795种产品关税已降为零；智利削减或取消了占其税目总数98.1%的7750种产品的关税，其中5891种产品的关税已降为零。在协定实施的头两年内，双边贸易额分别达到132亿和176亿美元，同比增长59%和33%；智利向中国出口分别为92亿和116亿美元，从中国进口分别为40亿和60亿美元。③ 智利的例子对其他拉美国家无疑具有重要的启示意义。

四 拉美地区形势的发展趋势

进入21世纪以来，由于多种因素的相互作用，拉美地区形势的发展呈现出一些新的趋势和特点。

地区政治局势保持平稳。拉美国家（除古巴外）实行的是西方代议制民主制度，按宪法规定通过定期举行大选实现政府的更迭和权力的交接。拉美政坛近期来的一个重要变化是一批左翼政府先后上台执政。这些左翼政府都是民选产生

---

① 拉美太平洋沿岸11国包括：墨西哥、危地马拉、洪都拉斯、萨尔瓦多、尼加拉瓜、哥斯达黎加、巴拿马、哥伦比亚、厄瓜多尔、秘鲁和智利。

② CEPAL, *El Arco del Pacífico Latinoamericano y su proyección a Asia-Pacífico*, Santiago de Chile, septiembre de 2008.

③ 载2008年11月14日第3版《人民日报》。

的，说明它们具有广泛的民众基础。拉美国家都是发展中国家，政党制度依然不够成熟，各种不同倾向的政治势力在政坛上交替出现是正常现象。20 世纪 90 年代在少数拉美国家以及 2001 年在阿根廷，都出现过因国内局势动荡导致国家领导人提前下台的"政治危机"。但自那以后这种现象没有再发生，这反映出拉美国家政局的稳定性明显增强。这种局面的出现得益于多方面的原因。第一，各派政治力量能够遵守代议制民主制度的游戏规则，尊重投票结果，使国家能保持正常的政治秩序。第二，各国政府致力于发展经济、改善民生、减少社会贫困、增强社会凝聚力，使社会的安定程度有所提高。第三，拉美各国政府通过多种地区性的磋商与协调机制，积极推动地区合作，努力化解有关国家的内部冲突，维护地区的和平稳定，共同营造有利于地区发展的环境。拉美各国的局势发展也存在明显的差异。例如，在有些国家，朝野之间、不同政治势力之间围绕某些政治议题的争斗比较激烈，或者有组织犯罪活动比较猖獗，或者社会不公正现象依然严重，等等。由这类问题引起的矛盾、冲突的激化，甚至局部性的动乱，也是在所难免的。这并不影响我们对拉美整体形势"保持平稳"的基本判断。

2003 年以来经济形势明显好转。拉美地区的经济发展在 20 世纪 80 年代曾因债务危机而出现过"失去的 10 年"；90 年代在经济改革过程中又多次发生金融危机，经济增长总体处于相对低迷的状态。2003 年拉美经济进入新的增长期，已连续 6 年保持年均 5% 左右的增长率；石油和多种大宗农矿产品出口需求旺盛，价格大幅攀升；许多拉美国家贸易连年盈余，财政状况不断改善，外汇储备逐年增加，就业形势好转，贫困发生率持续下降。[①] 有评论认为，这样的经济形势是拉美近 40 年来不曾有过的。与此同时，实行稳健、务实的经济政策是拉美国家当前的主流趋势。例如：实行适度宽松的财政政策，增加基础设施建设投资和社会投入；实行灵活的汇率政策，保持出口商品的竞争优势；增加外汇储备，强化金融体系，减轻债务负担；深化产业结构调整，提高国内市场的供给能力，重点开发某些具有国际竞争力的新产品；继续实行开放政策，优化投资环境，加强国际合作；等等。极少数拉美国家实行的国有化政策，主要是在石油、天然气开采领域提高本国所占的股权比重。

---

① 联合国拉美经济委员会出版的《拉美社会概况：2008 年》提供的数据表明：2002 年，拉美贫困人口 2.21 亿，贫困发生率 44%；2008 年分别为 1.82 亿和 33.2%。

积极应对国际金融危机冲击。当前，国际金融危机对广大发展中国家的不利影响正在不断加深。就拉美国家而言，这场危机的影响主要表现在以下几个方面。其一，随着美国、欧元区和日本经济相继陷入衰退，拉美国家的出口形势恶化。其中，墨西哥和中美洲国家因其对美国市场依存度太高，出口所受的冲击也最大；南美洲国家主要遭受国际市场原油和农矿产品价格大幅下跌的打击；加勒比国家可能面临旅游业的萧条。其二，拉美国家有大批劳动力在美欧国家工作，每年汇回的收入高达数百亿美元。预计2009年"海外劳工汇款"将会出现较大幅度的下降。其三，外国直接投资减少，发展融资面临更大的困难。其四，预计拉美经济2009年会出现明显的下滑，就业形势可能出现逆转，贫困发生率可能止跌回升，社会形势会出现某种程度的恶化。

不过，这次国际金融危机的冲击是在拉美经过6年较高的经济增长和政策调整之后出现的，各国应对危机的能力明显加强。例如，绝大多数拉美国家公共财政状况较好，偿债压力不大，通货膨胀率不太高，金融体系健康，全地区外汇储备超过5300亿美元（2008年第三季度）。从近期的情况看，拉美国家采取的应对措施如下。（1）实行"反周期"的财政货币政策，增加基础设施等领域的投资，以增加就业和拉动内需。例如，墨西哥、阿根廷将分别投入5800亿比索（约合430亿美元）和320亿美元用于基础设施建设。（2）扩大信贷规模，重点支持中小企业和外贸部门。如巴西对面临偿还外债压力的企业提供专项贷款。（3）减免税收。如厄瓜多尔政府决定，对受危机影响的出口部门暂缓征收2009年企业所得税。（4）提高对出境资本征税的税率。（5）确保社会投入，鼓励就业，实行专项社会救助计划，等等。

大国对拉美地区的重视程度明显提高。进入21世纪以来，受国际环境和拉美地区政治经济形势变化的影响，各大国对拉美的重视程度在明显提高。美国政府在"九一一"事件后曾一度降低了对拉美地区的关注度，但自2007年起态度有所改变。如布什总及美国政府其他高官频繁出访拉美，重建以大西洋为活动范围的美国第四舰队，吸收更多的中南美国家加入北美自由贸易区，继续实施"哥伦比亚计划"，增加对拉美的医疗援助，等等。预计奥巴马政府会进一步提高对拉美地区的关注程度。

欧盟强化与拉美关系的力度更为突出。例如：欧盟与拉美首脑会议已先后举行5次，参与国由1999年的47国增加到60国；欧盟与拉美贸易额由2000年的

1135 亿欧元增加到 2007 年的 1668 亿欧元；同期欧盟对拉美投资的股票市值从 1765 亿欧元上升到 4000 亿欧元；欧盟还承诺在 2007 ~ 2013 年间向拉美提供 27 亿欧元的一揽子援助。此外，欧盟与拉美的政治与经贸合作还具有越来越强的"制度化"或"机制化"特点。

俄罗斯近年来与拉美关系的进展十分引人注目，双方经贸合作规模不断扩大，对拉美的武器出口明显增加。仅在 2008 年，俄罗斯在拓展与拉美关系方面就采取了一系列重大行动。如梅德韦杰夫总统出访巴西、委内瑞拉、古巴等国；俄罗斯远程轰炸机造访委内瑞拉；俄罗斯海军舰队远涉重洋，与委内瑞拉海军在加勒比海举行联合演习。

正在崛起中的亚洲大国印度在拓展与拉美的关系方面也迈出了前所未有的步伐。总统和总理等主要领导人接连出访拉美主要国家，印拉贸易额 2007 年已超过 40 亿美元，印度在拉美能源、矿业、信息产业、制药等领域的投资累计达 70 亿美元，其中仅在玻利维亚开采铁矿的项目就准备投入 27 亿美元。

五 抓住机遇，深化中拉经贸合作

拉丁美洲有 5.5 亿人口，地区国内生产总值超过 4 万亿美元,[①] 在世界几大发展中地区中人均产值最高。2007 年，拉美对外贸易总额 1.4293 万亿美元，其中出口额 7522 亿美元，进口额 6771 亿美元。当年中拉贸易额在拉美进出口总额中分别只占 7.6% 和 6.8%。与美国和欧盟在拉美的直接投资均高达数千亿美元的规模相比，中国在拉美的直接投资可谓无足轻重。可以说，迄今为止，中拉双方各自对对方市场的开拓都还做得远远不够。

胡锦涛主席强调，中拉构筑全面合作伙伴关系"要牢牢把握共同发展的主题"。"共同发展"必须通过双方互利合作的过程去实现。因此，在"全面合作伙伴关系"中，经贸合作处于中心地位。当前中拉经贸合作的"新机遇"主要表现在以下几个方面。第一，随着双方发展水平的提高和经济规模的扩大，互向对方商品提供了更大的需求和吸纳能力。2000 年以来中拉贸易出现前所未有的

---

① 根据联合国拉美经委会最近提供的数据测算，拉美地区目前的国内生产总值约为 4.05 万亿美元；国际货币基金组织 2008 年 10 月公布的数字则为 4.4 万亿美元。

高速增长已经证明了这一点。第二，拉美国家期待中国扩大在拉美的直接投资规模。在国际金融危机背景下，这种期待更为迫切。中国企业正面临在拉美投资的良好机遇，尤其是在能源矿产领域。例如，巴西淡水河谷公司、秘鲁矿业公司等已主动邀请中国企业加盟。第三，拉美正面临新一轮产业结构调整。多数拉美国家都希望有选择地发展一批具有国际竞争力的新型制造业企业，或对某些传统产业（如纺织业等）进行升级改造，为中国企业开展与拉美企业的投资、技术合作和向拉美国家出口设备提供了机会。第四，拉美正在出现基础设施建设的热潮。这既是为了突破基础设施落后的瓶颈制约，也是应对国际金融危机冲击的一项重大措施。中国的工程承包企业在拉美已有良好的业绩和信誉。2009年1月中国正式加入美洲开发银行后，中国工程承包企业参与拉美工程建设的机会将大大增加。

中国企业如何抓住和利用拉丁美洲提供的新机遇？

（1）从战略高度重视对拉美市场的开拓。中国的发展要充分利用"两个市场，两种资源"，这是一项长远的战略方针。海外不同地区的市场各有各的优势，欧美市场资金技术优势明显，拉美、非洲市场资源优势独特。中国随着自身发展阶段的变化，对外部不同类型资源需求的紧迫程度在发生变化，中国企业拓展海外经营的能力也在不断提高。对中国而言，拉美地区的重要性已和改革开放前期不可同日而语。

（2）着力优化贸易结构。近年来，中拉贸易摩擦案例多集中于中国输出的纺织、服装、鞋类、玩具等产品。拉美国家都希望力保本国的这类劳动密集型传统产业。因此，中国企业应增加技术含量较高的机电产品出口，相应减少上述敏感产品输出。拉美各国对华出口大多集中于两三种农矿产品，品种比较单一，因此，普遍希望和中国的制造业企业加强合作，对华输出某些制造业零部件，参与"亚洲供应链"。这一愿望值得中国企业予以重视。与商品贸易相比，中拉服务贸易的发展更显滞后。

（3）扩大对拉美的直接投资是关键性步骤。中国当前对拉美投资的主要着眼点无疑是在能源矿产领域。国际金融危机引起的拉美能源矿产企业的经营困难和产品价格的大幅下跌，为中国企业提供了低成本并购的机遇，但这种机遇可能是短暂的。这就要求中国企业、特别是大型国有能源矿产企业从国家长远战略需要出发，适时抓住机遇，果断作出投资决策。此外，中拉贸易如果长期局限于

"产业部门间贸易"的格局，既难以保持持续增长，也难以实现贸易关系的均衡发展。当前的重要选择是扩大双方企业的投资与技术合作，不断拓宽合作生产的领域。

（4）主动寻找商机，立足长远发展。国内有一些长期经营欧美市场的企业，近期在拉美国家为其产品找到了新的出口市场，既弥补了欧美市场需求下降的损失，也为企业调整市场布局提供了机遇。这个例子说明，在当前国际金融危机肆虐的严峻形势下，中国的企业家更需要发扬奋力开拓的精神，主动到像拉美这样有潜力的市场上去寻找商机。对中国的企业家而言，走向拉美可能会暂时面临诸如距离较远、环境相对陌生、专业人才不足等不利因素。但以往的经验表明，这些因素不是不可克服的。关键的问题在于，企业一旦在拉美获得出口市场或投资项目，就要树立长期发展的观念，不断把市场做大，坚持把项目做好。只要假以时日，中国的企业家照样能在拉美的商海中创造业绩，为中拉双方的共同发展作出贡献！

Latin America in 2009: New Opportunities for Chinese Enterprises Going Globally

Su Zhenxing

Abstract: On November 5th, 2008, Chinese government publicized China's Policy Paper on Latin America and the Caribbean, the unprecedented one in the history of Sino-Latin American relationship. During the second and last ten days of the same month, president Hu Jintao paid state visits to Costa Rica, Cuba and Peru where he addressed the Congress with an important speech titled "Building Comprehensive Cooperative Partnership between China and Latin America in the New Era". It coincides with the shared aspiration among Latin American countries that Chinese government proposed to build up comprehensive cooperative partnership with Latin American countries on the basis of equality and common development and to develop cooperation at a higher level and in a wider range of areas. Latin American countries wish to strengthen cooperation with China as they view China a huge market, an emerging investor and the core of the Factory in Asia.

Since the beginning of the 21 century and as result of the interaction of various factors, the regional situation of Latin America is developing new trends and new characteristics, such as political stability has been kept, remarkable economic improvement has been achieved since 2003, active steps have been taken by countries in the region to cope with attacks of the international financial crisis and greater attention is paid by big countries around the world to the region, etc. Under such circumstances, Chinese enterprises should grasp and make full use of the new opportunities in Latin America. First, they should attach strategic attention to exploring Latin American market as it's necessary for China to utilize "tow markets and two resources" for its own development. Second, Chinese enterprises should focus on optimizing their trade structures. Third, it's a key step for Chinese enterprises' development to intensify direct investment in Latin America. Fourth, they should seek business opportunities actively for the purpose of long term development.

Key Words: China's Policy Paper on Latin America and the Caribbean; President Hu Jintao's Visit to 3 Latin American Countries; Characteristics of the Situation of Latin America; The New Opportunities

拉美对外能源合作政策调整及
对中拉能源合作的影响

孙洪波[*]

摘　要： 近几年拉美一些国家对外能源合作的政策调整差异较大；在政策调整目标上，强调或继续保持国家对油气资源的控制权，但吸引外资的目标未变。拉美"左派"政府不断调整能源税率、修改法令、变更合同条款，使投资风险增大，投资回收期限延长。中拉能源合作的局面已基本打开。中拉能源合作不仅要考虑企业的短期经营风险，还要从战略高度看待合作潜力，需要防范战略性风险。

关键词： 能源政策　能源合作　政策调整　风险防范

---

[*] 孙洪波，男，2007 年毕业于中国社会科学院研究生院，获经济学博士学位。现为中国社会科学院拉丁美洲研究所国际关系研究室助理研究员。

长期以来,对外能源合作政策不仅是拉美能源大国国内政治斗争的焦点,而且也是影响其对外关系的重要因素。20世纪90年代,大多数拉美国家实行能源开放政策,但开放程度有较大差异。面对2003~2007年期间国际能源价格的持续上涨,拉美主要油气生产国对能源政策进行了大幅度调整。能源政策内容较多,涵盖油气资源的上游及下游产业,涉及勘探、开发、冶炼以及油气管道基础设施建设等。本文主要以墨西哥、巴西、委内瑞拉、厄瓜多尔、玻利维亚、秘鲁等国为例,重点分析一些拉美国家对能源政策的调整以及对中国与拉美能源合作的影响。

一 拉美对外能源合作政策调整的主要内容

在拉美对外能源合作政策的调整中,从调整目标和具体内容看,基本上可分为两类国家:第一类国家包括委内瑞拉、玻利维亚和厄瓜多尔;第二类国家包括墨西哥、巴西、秘鲁和哥伦比亚。前者对外能源合作政策的调整幅度较大,强调政府对能源产业的控制力,提高了能源合作税费;后者的政策相对保持连续性,有限制地实施对外开放。

从政策调整的具体时间上看,主要集中于2001~2007年期间。20世纪90年代以来,拉美对外能源合作政策的调整可分为20世纪90年代中后期和2001~2007年两个阶段。第一阶段主要以推行能源产业私有化和对外开放为特征,而第二阶段主要以加强国家对油气资源的控制权为政策取向。20世纪90年代,大多数拉美油气生产国推行私有化和对外开放的能源政策,但开放程度和具体时间有较大差异。① 阿根廷是最早完成私有化的拉美国家,委内瑞拉、厄瓜多尔、玻利维亚和秘鲁4国于20世纪90年代中后期开放能源产业,这些国家能源产业的开放度较高。

从2001年起,拉美国家的对外能源合作政策出现了新变化,主要以委内瑞拉颁布《新油气资源法》为标志,在拉美掀起了新一轮的政策调整。2004~2007年间,委内瑞拉、玻利维亚和厄瓜多尔3国出台了调整能源政策的一些法

---

① Jose L. Valera, "Changing Oil and Gas Fiscal and Regulatory Regimes in Latin America", *OIL & GAS*, December 3, 2007.

令。如 2005 年 5 月和 2006 年 3 月，玻利维亚和厄瓜多尔分别通过了《新油气资源法》和《石油法修正案》，以加强对油气资源的控制。

在巴西、墨西哥、哥伦比亚等国，虽然于 20 世纪 90 年代末确立了能源产业开放政策，但开放程度极其有限，私人企业或外国能源企业难以进入这些国家的能源部门。20 世纪 90 年代，只有荷兰皇家壳牌公司 1 家外国公司在巴西运营。1997～2007 年间，巴西共组织了 9 次油田国际招标；但从 2004 年第七次招标后，外国石油公司才开始陆续进入巴西。[①] 由于国内安全环境不断改善，2003～2004年间哥伦比亚对能源产业的改革才有了实质性进展。2004 年以来，外国石油公司开始陆续进入哥伦比亚。2006 年 5 月，哥伦比亚石油天然气管理局就同外国石油公司签订了 15 个石油勘探合同。[②] 墨西哥虽然在 1995 年就允许私人资本参与油气下游产业，但直至 2003 年 7 月，墨西哥国家石油公司才进行第一次国际招标。值得关注的是，2008 年 10 月，墨西哥通过了《能源改革法案》，适度放宽国家石油公司与外国公司和私营公司进行合作的相关限制。

在政策调整目标上，强调或继续保持国家对油气资源的控制权。从整体上看，最近几年拉美国家调整对外能源合作政策的目标是加强政府对油气资源的控制权。

在政策调整的具体内容上，最大限度地维护国家利益。最近几年拉美国家（主要是委内瑞拉、玻利维亚和厄瓜多尔 3 国）对能源政策的调整幅度较大：扩大对能源企业的控股权，提高能源税费，扩大政府分成比重。

在委内瑞拉、厄瓜多尔和玻利维亚 3 国实施的能源国有化，要求外国公司由控股者转变为参股者，扩大政府对能源产业的控制权和分成比重。2005～2007 年间，委内瑞拉查韦斯政府提出，在合资公司中，国有公司持股的比重不能低于 60%，且石油特许权使用费率从 16.7% 上调至 30%，所得税率从 34%上调至 50%，同时开征 3.33% 的附加税并提取 1% 的税前利润用于资助油田周边社会发展项目。[③] 2006 年 5 月，玻利维亚莫拉莱斯政府要求外国公司交出油气生产经营权和 82% 的产值（包括 18% 的特许权使用费、32% 的油气生产税和

---

① "Energy profile of Brazil". http：//www. eoearth. org/article/Energy_ profile_ of_ Brazil

② "Energy profile of Columbia". http：//www. eoearth. org/article/Energy_ profile_ of_ Columbia

③ "Energy profile of Venezuela". http：//www. eoearth. org/article/Energy_ profile_ of_ Venezuela

32%的额外收益税）归国家所有，且玻利维亚国家石油公司在合资公司中的股份不能低于51%。① 2006年3月，厄瓜多尔议会通过的《石油法修正案》规定，厄瓜多尔将与外国公司重新谈判已签订的产品分成合同，厄瓜多尔将分享石油溢价收入的60%，余下的40%归外国石油公司所有。② 2007年10月，厄瓜多尔科雷亚政府把石油溢价收入分享比重提高到99%，只给外资公司留下1%。

值得一提的是，哥伦比亚的能源改革取得重大进展。乌里韦政府对能源政策和管理体制进行了一系列改革，扩大勘探和开发力度，以吸引外国投资者的进入。一是组建石油天然气管理局，履行油气产业的监管职能，负责审批国内外能源企业的油气田勘探和开采权。二是实施较灵活的特许权使用费，延长勘探和开采期限。特许权使用费从20世纪90年代的25%降至5%～25%；③ 对于规模较小的油田，收取8%的特许权使用费。由于哥伦比亚超过90%的油田的储量都低于6000万桶，较低的特许权使用费对中小石油企业具有较强的吸引力。三是私人石油公司或外国石油公司可拥有其产量的全部权益，但所生产的轻油除外。

积极推动拉美地区能源一体化，并在欧佩克框架内扩大对外合作。近年来，拉美地区能源合作进程加快，委内瑞拉和巴西积极推动建设加勒比海底输气管线及南美洲天然气管道等项目。2006年6月，玻利维亚加入委内瑞拉、阿根廷和巴西的南美洲天然气管道工程开发计划。该计划是由委内瑞拉查韦斯总统发起的，旨在建设一条从委内瑞拉近海天然气田经巴西至阿根廷的天然气输送管道。2005年6月查韦斯政府启动加勒比石油计划，并组建加勒比石油公司，以低价向加勒比和中美洲国家供应石油。

2007年10月，厄瓜多尔向欧佩克提交了恢复其成员国地位的申请文件。同年12月5日，在欧佩克成员国能源部长会议上，厄瓜多尔的成员国资格被恢复。厄瓜多尔之所以重返欧佩克，是因为通过欧佩克可加强厄瓜多尔与其他成员国在石油领域的技术合作、分享石油市场信息以及与其他成员国的国有石油公司交流管理经验。回归欧佩克后，科雷亚政府不仅可以从欧佩克成员国获得优惠贷款和技术援助，而且利用欧佩克的配额机制，可以增加与外国石油公司在产量方面的

① "Energy profile of Bolivia". http://www.eoearth.org/article/Energy_ profile_ of_ Bolivia

② "Energy profile of Ecuador". http://www.eoearth.org/article/Energy_ profile_ of_ Ecuador

③ "Energy profile of Columbia". http://www.eoearth.org/article/Energy_ profile_ of_ Columbia

博弈筹码。

为加大与美国博弈的砝码，委内瑞拉积极寻求与伊朗在能源领域的合作。委内瑞拉和伊朗凭借对全球能源市场的影响力，一直要求石油合同以欧元计价或支付。在 2007 年第三届欧佩克国家峰会上，伊朗和委内瑞拉共同强烈呼吁用一揽子货币进行石油贸易，以摆脱石油美元。因受金融危机冲击，国际石油价格自2008 年 7 月以来持续走低，委内瑞拉极力主张欧佩克大幅度减少原油产量。

二　对中拉能源合作的影响

拉美是中国石油企业最先开展国际合作的地区。近十年来，中拉能源合作项目近 20 个，中国投资金额已逾 40 亿美元，涉及勘探、开采、冶炼、技术服务、油气管道建设，等等。从合作国别来看，秘鲁、委内瑞拉、厄瓜多尔和哥伦比亚是与中国开展能源合作的主要对象国；与上述安第斯 4 国的能源合作占中拉能源合作项目的 82%（见下表），以勘探或开发油气为主。中国与墨西哥和巴西的能源合作则以服务合同为主。中国能源企业在不同国家的进入程度和方式不同，且拉美对外能源合作政策调整的国别差异也较大。

1993～2007 年中国与拉美的能源合作项目

单位：个

	区块勘探	开采权	服务合同	合　计
秘　　鲁	3	3	—	6
委内瑞拉	2	2	5	9
厄瓜多尔	1	6	3	10
哥伦比亚	—	1	1	2
巴　　西	—	—	2	2
墨 西 哥	—	—	1	1
古　　巴	3			3

说明：服务合同主要包括下游产业的参与以及技术服务等。
资料来源：中石油、中石化等石油公司网站及商务部网站。

委内瑞拉、厄瓜多尔和玻利维亚 3 国的能源国有化，对欧美跨国能源公司的冲击较大，对中国能源企业的影响相对较小。与欧美公司相比，中国能源企业进入拉美能源市场的时间较晚，合作规模有限。例如，20世纪90年代末，委内瑞拉签署了32个服务合同，其中22个合同是与外国石油公司签订的，而中国仅于1997～1998年在委内瑞拉获得了2个边际油田的开采权。中委两国在能源领域的合作主要是在2001年委方颁布新的油气法后进行的。厄瓜多尔对能源政策的调整对中国能源投资的影响较大。目前，中国3大国有石油公司中国石油化工股份有限公司（以下简称"中石化"）、中国石油天然气股份有限公司（以下简称"中石油"）和中国化工进出口总公司（以下简称"中化公司"）在厄瓜多尔投资金额近20亿美元。2007年10月，科雷亚政府提高石油溢价收入分享比例以及重新谈判石油合同，给中国的投资项目带来了较大冲击。需要指出的是，由于秘鲁和哥伦比亚对外能源合作政策保持了较好的连续性，中国能源企业面临的政策调整风险较小，主要是受到工人罢工及印第安人问题的困扰。

从中短期前景来看，中国的投资风险增大，投资回收期限延长。自2006年以来，委内瑞拉、厄瓜多尔和玻利维亚3国实施的能源国有化，实际上并不是赶走外国石油公司，而是增强本国对资源的控制权，同时还希望留住外国石油公司，为其保留利润空间。面对这一政策变化，尽管外国石油公司的投资回报率受到挤压，但大多数外国石油公司仍看好拉美能源市场，不愿撤离拉美，采取"边谈判，边合作"的策略。总体来看，拉美"左派"政府不断调整能源税率、修改法令、变更合同条款，使得投资风险增大，投资回收期限延长。

投资风险与签署的合同类型有关。如中国能源企业与委内瑞拉和厄瓜多尔签订的能源合作项目属区块勘探与开采权益投资或产品分成合同，毋庸置疑，这些投资项目风险较大。例如，根据查韦斯政府的能源国有化政策，委方取消原来与外国石油公司签署的作业服务协议、风险—利润分成协议或战略联合协议，而外国石油公司必须与委内瑞拉国家石油公司组建合资公司，且仅以参股的形式进行合作。又如，根据厄瓜多尔石油法，厄方的石油管理实行的是工作合同制度。工作合同制度是一种合同性授权，外国石油公司有权利获得成本油和利润油。凡与厄方签署产品分成合同的石油公司，受厄方提高石油溢价收入分享比例的冲击较大。由于中国在厄方的能源项目以购买区块勘探与开采权益为主，所受影响较大，中国石油企业在赢利能力、投资回收等方面面临着更多的不确定性；而与厄方签署石油工程服务合同的中国能源企业受到的冲击则不大。

原油产量是对投资产生影响的一个决定性因素。委内瑞拉和厄瓜多尔调高石油税费在短期内是否会造成外国石油企业亏损，目前还难以作出判定。投资的盈亏并非仅取决于石油价格，原油产量也是影响石油公司盈亏的重要因素。目前，因受金融危机的影响，国际石油价格持续走低，而中国在委内瑞拉和厄瓜多尔的原油开采大多是边际油田，原油储量不太丰腴。因此，在两国提高石油税费后，无疑会缩小中国石油企业的利润空间，使投资风险上升，从而将延长投资回收期限。

由于环保和劳工权益问题的存在，追加投资在所难免。近年来，拉美主要油气生产国对环保和维护劳工权益问题更加重视。1990～2005年，厄瓜多尔20%的森林因石油开采被破坏。① 厄瓜多尔最近对石油政策的调整，在环保标准、劳工权益保护等方面更加严格。在石油合同重新谈判过程中，科雷亚政府在环保、劳工权益等方面，提出了更多的严格要求。科雷亚总统明确表示，外国石油公司务必严格遵守环保标准，并要求外国石油公司对以前造成的环境破坏作出赔偿。查韦斯政府规定，必须从石油收入中提取1%的税前利润用于支持油田周边地区的社会发展项目。委内瑞拉国家石油公司对国内社会发展直接提供近100亿美元资金。此外，秘鲁印第安土著居民和一些环保组织一直起诉外国石油公司，认为它们破坏了自然环境，破坏了土著人的生活环境，并强烈要求外国石油公司对此作出赔偿。例如，2006年10月，秘鲁印第安部落强制阿根廷Pluspetrol石油公司停止生产，该公司被迫答应印第安部落提出的新的环境标准，并且每年提供125万美元用于社区项目的建设。可见，拉美国家或非政府组织在环保及劳工权益保护方面提出的新的条件，无疑将使中国在拉美的能源企业面临追加投资的风险。

三 中国与拉美能源合作的前景

尽管受国际金融危机影响，中国短期内经济增长趋缓，能源进口的紧迫性有所缓解。但从中长期来看，中国经济仍将保持高速增长，能源需求将出现较快增

---

① OPEC Bulletin, *Member Country Profile：Ecuador Rejoins OPEC*, Vienna, Austria, December 2007, p. 48.

长，原油进口压力将会再次出现。拉美地区蕴藏着丰富的油气资源，且中国在中东、北非和中亚地区的能源合作存在着隐患，因此，加强中拉能源合作不仅成为推进中国能源安全战略的必要选择，而且也有利于推动中国能源企业的"走出去"战略。

因投资不足、设备及技术更新缓慢，近年来一些拉美国家油气的探明储量和产量及炼油能力普遍下降。随着中国对能源需求的不断增加和对外投资的不断增多，拉美油气生产国有着与中国开展能源合作的政治意愿，希望中国能加大投资力度。当前，中拉能源合作潜力巨大，出现了新的发展机遇。

第一，拉美地区可成为中国原油进口的战略来源地。拉美石油产量高于其消费量，成为全球三大石油出口地之一。目前，中国从拉美进口的石油占中国石油进口和拉美石油出口的比重较低。2007 年，中国从拉美进口原油 1370 万吨，分别占中国石油进口和拉美石油出口的 6.7% 和 5%。[1] 从进口潜力看，委内瑞拉、厄瓜多尔、秘鲁、巴西等国可成为可持续进口潜在的对象国。据英国石油公司统计，2007 年委内瑞拉和巴西已探明的石油储量分别为 870 亿桶和 126 亿桶，占全球储量的 7% 和 2%；秘鲁和厄瓜多尔的石油储量分别占全球储量的 0.1% 和 0.3%。[2] 此外，2007 年 11 月，巴西石油公司宣布在东南沿海发现新油田，已探明石油储量近 80 亿桶；2008 年 4 月，委内瑞拉能源部宣布，其探明的石油储量已增至 1300 亿桶。[3] 因此，为化解石油进口来源过于集中的风险，拉美可成为中国石油进口的战略来源地。

第二，在能源勘探、开采和基础设施建设方面，中拉合作前景广阔。近年来，拉美的石油产量和冶炼能力呈下降趋势。2007 年，仅巴西和哥伦比亚的产油量比 2006 年有所增长，墨西哥、委内瑞拉和厄瓜多尔的产量分别下降了 5.5%、7.2% 和 4.5%，阿根廷和秘鲁的下降幅度超过 1%。[4] 虽然受金融危机冲击使近期内拉美经济增长趋缓，但由于拉美进入新一轮发展周期，能源供求缺口扩大，同时为减轻进口成品油的财政负担，许多拉美国家在能源勘探、开发和基础设施建设方面的任务日益紧迫。为实现经济可持续增长，2007 年 1 月，巴西

① BP, "Statistical Review of World Energy", June 2008, p. 20.
② BP, "Statistical Review of World Energy", June 2008, p. 6.
③ http://www.eoearth.org/article/Energy_profile
④ BP, "Statistical Review of World Energy", June 2008, p. 18.

通过了"加速增长计划"法令，其中包括 183 个能源项目，重点发展石油和天然气的勘探和开发，提高水力和火力发电能力，加强输电线路建设，扩大生物能源发电，等等。在中长期内，拉美国家会在油气资源的勘探、开发、生产、冶炼和运输方面加大引资力度。对中国能源企业而言，上述领域有着较多的合作机遇。

第三，中巴能源技术交流和合作大有可为。在能源技术合作领域，中国与巴西的合作潜力最大。为实现能源多元化，巴西在水电、生物能源、深海石油勘探等领域掌握了世界性先进技术。巴西可再生能源利用率高达 45%，而世界平均水平仅为 14%。巴西利用甘蔗提取蔗糖和酒精的合成生产技术及利用甘蔗渣生产电能的技术在全球居于领先地位。巴西不仅可以利用多种生物（如棕榈、大豆、向日葵、蓖麻、松子等）生产生物柴油，而且还能利用工业生产排放的废液、废渣和有机废物生产能源。此外，在深海油气资源的勘探和开采技术方面，巴西能从 2300 米以下的深海开采油气。

第四，能源产业开放仍是拉美地区政策的主流，中拉能源合作的政策壁垒减弱。委内瑞拉、厄瓜多尔和玻利维亚 3 国实施的能源国有化，具有经济政策和外交政策调整的双重性质：一方面，增强政府的控制权，提高政府在石油收入中的分成比重，要求外国石油公司由控股者变为参股者；另一方面，在外国公司选择上，注重吸收在政治经济上与本国有着密切合作关系的外国石油公司的参与，促进外国投资的多元化。2007 年 5 月，莫拉莱斯表示，不会赶走外国能源企业，而是将努力创造良好投资环境，吸引更多的外国投资，从而推动能源领域的改革。

总体而言，对外开放将是拉美对外能源合作政策的主流。从巴西、墨西哥、秘鲁和哥伦比亚 4 国政府推行的能源政策来看，其开放政策保持了稳定性和连续性。尤其在金融危机和国际石油价格持续下跌的情况下，主要拉美油气生产国可能将调低税费，放宽外资进入领域，进一步扩大吸引外资的力度。2008 年 4 月，墨西哥卡尔德龙总统提出的能源改革议案虽然遭到参众两院反对派的激烈抗议，以致改革无法推进，但 10 月 23 日参众两院还是通过了这项能源改革法案。这一法案提出，适度放宽墨西哥国家石油公司与外国石油公司合作的相关限制，开放本国能源行业，吸引私人资本和外资，引进先进技术。2008 年 12 月，巴西矿业和能源部就开采巴西最近发现的深海油田与中国进行了积极协商。

据巴西官方估算，近期发现的巨型油田的油气储量可能达 500 亿～1500 亿桶石油当量，但开发成本较高，若国际油价达到 50 美元以上，开采这一油田才可能带来丰厚利润。

四　防范与拉美能源合作的风险

目前，中国已基本完成进入拉美能源市场的战略布局，中拉能源合作的局面基本打开。综合来看，中拉能源合作应具有多重战略目标，即市场进入及占有、投资保全及盈利、能源供应及技术吸收。中国的能源企业不仅要考虑短期内的经营风险，还要从战略高度加强这种合作；在拉美主要产油国对能源政策进行调整的情况下，它们在能源合作中应增强防范意识。

第一，力求占领市场，不断深化合作。中国与安第斯国家能源合作的项目较多，尽管这一地区存在不稳定因素，但对中拉能源合作产生影响的政治风险较小。由于这些国家资本短缺及国际油价走低亟须吸引包括中国在内的外国投资；中国与一些东道国签署了能源合作协议，即使东道国政府更迭，这些协议也具有法律约束力。因此，在拉美主要产油国对能源政策进行调整以加强本国对能源控制的情况下，中国能源企业要不断深化与东道国国有能源企业的合作，巩固已有的市场地位。

第二，探索合作新模式，减少合作风险。中国在拉美的能源企业，可通过不同的股权安排，选择全资、合资、服务合同等多种合作方式。根据东道国能源市场的开放程度和能源政策调整的特点，它们可在法律制度完善、社会安定、无重大政治冲突的那些拉美国家，扩大股权投资的规模；而在法制不太完备、社会不太稳定且存在潜在的重大政治冲突的那些拉美国家，可扩大技术服务或工程承包方面的合作。为防范投资风险和增强融资能力，中国的能源企业应得到中国的金融机构和拉美东道国的金融机构的积极支持，扩大企业与银行之间的合作。此外，它们还可参与拉美的基础设施建设，探索新的"工程换能源"的合作模式。

第三，强调能源合作的企业行为，淡化政治色彩。在中拉能源合作问题上，美国是非常敏感的。因此，必须强调中拉能源合作是中国企业的一种市场行为，弱化其政治色彩。一方面，中国在拉美的能源企业要扩大产油量，强调"石油增量共享"策略,以缓解美国对中国与之在拉美"夺油"的疑虑;另一方面,面对在拉美能源市场上激烈竞争的局面,中国的能源企业要积极吸取欧美公司积累的经验教训,并寻求与之合作的机会。一旦在中拉能源合作中出现纠纷,中国的能源企业不仅要考虑双边关系的大局,避免能源合作问题政治化;更重要的是,要根据国际商业规则和惯例据理力争,维护本公司的合理权益。可见,中拉能源合作要以外交渠道为辅,以企业行为为主。

第四,实施本地化管理战略,规避社会性风险。吸纳东道国的优秀人才实施本地化管理,不仅有利于消除文化隔阂,而且有助于中国能源企业融入当地社会,防止出现社会性风险。对于东道国发生的群体性事件及社会治安状况、种族冲突、阶层矛盾等社会风险,必须作出评估,建立社会风险的预警机制。

第五,强化企业的社会责任意识。拉美社会领域的基础设施较薄弱,为东道国提供力所能及的援助已成为跨国公司的共识。因此,在开发拉美能源时,中国能源企业要注意强化自身的社会责任意识,为当地提供一些援助,或直接出资建造医院、学校、敬老院、桥梁或公路,这样既可以树立良好的公司形象,也能为缓解拉美的社会问题作出贡献。

参考文献

BP, *Statistical Review of World Energy*, June 2008.

Eric Farnsworth, "National Security in Latin America: Challenges and Opportunities on Energy Cooperation", Council of the Americas, March 11, 2008.

Duncan Freeman, Rhys Jenkins and Jonathan Holslag, "China's Resources and Energy Policy in Latin America, Report for the Development Committee of the European Parliament", Vrije University, March 2007.

Genaro Arriagada, "Petropolitics in Latin America", *Inter-American Dialogue Working Paper*, December 2006.

Jose L. Valera, "Changing Oil and Gas Fiscal and Regulatory Regimes in Latin America", *OIL & GAS*, December 3, 2007.

OPEC Bulletin, *Member Country Profile: Ecuador Rejoins OPEC*, December 2007.

Wenran Jiang, "China's Energy Engagement with Latin America", *Chian Brief*, Vol. VI, Issue 16, August 2, 2006.

拉美黄皮书

Adjustment of Foreign Policy on Energy and Its Impacts on Sino-Latin American Energy Cooperation

Sun Hongbo

Abstract: During recent years, some countries in Latin America and the Caribbean have adjusted their respective foreign policies on energy cooperation in varying ways. However, all of them have chosen to strengthen or maintain state control over oil and gas resources as the objective of policy adjustment and attracting foreign investment remains as an unchanged goal of their energy polices. As leftist governments in Latin America have kept adjusting energy related tax rate, amending regulations, modifying terms and conditions of relevant contracts, investment risk has been raised and consequently, investment recovery period has been prolonged. First steps have been made in Sino-Latin American energy cooperation. Notwithstanding, the development of this cooperation shall not only take into account short-term operation risks, but also view the cooperation potentials from a strategic perspective while getting prepared against strategic risks.

Key Words: Energy Policy; Energy Cooperation; Policy Adjustment; Risk Prevention

巴西开发生物能源的经验、教训

李 慧[*]

摘 要： 巴西是开发生物能源的引领者。经过几十年坎坷的发展历程，巴西国内已基本普及使用燃料乙醇和生物柴油。鉴于这些可再生能源的前景看好，包括美国在内的诸多国家纷纷开始从事生物能源的研发。对中国而言，发展生物能源也很重要。巴西在开发生物能源方面取得成就的同时，还存在诸如空气受到污染、亚马孙森林遭到破坏、城市产业结构单一等问题。由于国情不同，在中国不宜推广巴西的生物能源生产模式。

关键词： 生物燃料 乙醇 生物柴油

生物能源是一种以可再生资源为原料、有利于环境保护的能源。目前最具应用前景的生物能源主要包括酒精燃料和生物柴油。生物柴油是用大豆、蓖麻、向日葵等油料作物加工而成的，它可替代石化柴油用作卡车、拖拉机等的燃料；酒精燃料也称燃料乙醇，它是从甘蔗、玉米等作物中提炼出来的，可替代汽油。巴西在开发和利用生物能源方面处于全球领先地位。巴西的生物能源主要包括酒精燃料、生物柴油及其他可替代能源，其使用量在国内能源消费结构中的比重为40%，远远高于世界平均水平（13.6%）。[①] 巴西是全球酒精出口大国，其酒精产量仅次于美国，居全球第二位。

一 巴西生物能源的发展历程

长期以来，由于勘探技术落后，巴西一直是个贫油国，大部分石油依赖进

---

* 李慧，2007 年毕业于中国传媒大学外语系，获葡萄牙语学士学位。现为中国社会科学院拉丁美洲研究所国际关系室研究实习员。研究方向为巴西外交。

① http：//www. in-en. com/newenergy/html/newenergy－0921092198130988. html

口。20 世纪 70 年代，国际石油价格的上涨对巴西产生了严重影响。1973～1974 年，巴西 80% 的石油是以高价从国外进口的，进口额由 1973 年的 6 亿美元增至 1974 年的 220 亿美元。① 为避免过多动用国家外汇储备，减少石油进口迫在眉睫。1975 年，巴西政府同研究机构、汽车工业企业、提炼厂和制糖厂一道制定了"国家乙醇计划"，从此巴西开始了生物燃料的发展历程。

在巴西，生物燃料之所以得到研发和大力推广，是由一些先决条件决定的。一是巴西盛产能制造生物能源的原料。巴西是世界上大豆、咖啡、甘蔗等作物的生产大国。可用于提炼乙醇的甘蔗从殖民地时期起就成为巴西的主要农产品之一，目前其年产量和出口量均居世界前列。二是巴西拥有优越的自然条件，耕地资源丰富。巴西国土面积广阔，可耕地总面积达 3.88 亿公顷，包括近 9000 万公顷可耕种而尚未开垦的荒地。② 2007 年，甘蔗种植面积为 670 万公顷。据巴西地理统计局估计，2008 年甘蔗种植面积在 670 万公顷的基础上增加了 8.3%。③

（一）乙醇燃料

巴西研发乙醇燃料已有几十年的历史。1931 年政府颁布法令，规定在汽油中添加从甘蔗中提取的 5% 的无水乙醇。④ 1975 年，为了摆脱对进口石油的依赖，政府以法令形式颁布"国家乙醇计划"；这是一个替代石油产品的庞大计划，它通过提供政府补贴、设定配额、统购乙醇燃料、调整价格、进行行政干预等一系列措施为推广生物燃料创造条件。在实施这一计划期间，巴西研发出第一代以无水乙醇作燃料的汽车。至 2000 年，巴西生产的这类汽车达 560 万辆。此外，巴西政府还以法律的形式规定，对以汽油作燃料的汽车，其汽油中添加乙醇燃料的比重为 1.1%～25%。⑤ 20 世纪 80 年代末石油价格下跌，国际市场蔗糖价格上涨，乙醇燃料的竞争力开始下降，加油站出现了无水乙醇严重短缺的现象，国内以乙醇作燃料的汽车销量大幅减少。直至 21 世纪初，生物燃料市场情况才

---

① http://infoener.iee.usp.br/scripts/biomassa/br_cana.asp

② http://www.agricultura.gov.br/

③ http://www.ibge.gov.br/home/presidencia/noticias/noticia_visualiza.php?id_noticia=1050&id_pagina=1

④ http://oglobo.globo.com/projetos/biocombustivel/mat/2007/09/12/297691575.asp

⑤ http://www.biodieselbr.com/proalcool/pro-alcool.htm

逐渐好转。

在推广使用乙醇燃料以来的 30 多年时间内，巴西使用乙醇和汽油混合燃料产生的经济效益相当于 10 亿桶石油的价值。目前，巴西以乙醇作燃料的汽车已占国内汽车总量的 40% 以上；国内销售的新车约 80% 是"灵活燃料型"汽车，车主可自由选择添加石油、乙醇或石油和乙醇的混合物。①

近几年，巴西研究机构还致力于研发从甘蔗渣、秸秆和稻壳等农林业废弃物中提炼乙醇的技术，即所谓的第二代生物燃料。这项利用不能食用的植物纤维生产乙醇的技术虽然已被以丹麦为首的多个国家掌握，但因技术成本太高一直未能大规模使用。2007 年巴西石油公司在其年度报告中称，利用酶技术生产生物乙醇的第一家试验工厂将投产。巴西最大的甘蔗乙醇生产集团德蒂尼也宣布，已掌握从植物纤维中提取乙醇的技术，将从 2012 年起正式利用植物纤维作为原料生产乙醇。2008 年世界发生粮食危机以来，以甘蔗和玉米为原料生产生物燃料成了一个广受争议的话题，在这样的背景下，这种以农林业废弃物为原料的第二代生物燃料将是一种更具有可持续性发展前景的能源。

最近，巴西能源研究公司在其公布的《乙醇在巴西的未来》这份研究报告中指出，在发展乙醇方面政府将追加投资 250 亿美元，兴建 246 座乙醇燃料生产厂（其中 114 座正在建设），以满足未来 10 年对乙醇的需求。

（二）生物柴油

在积极推广使用乙醇燃料的同时，巴西还大力研发生物柴油技术。这种生物柴油主要以蓖麻、棕榈、棉花、大豆、向日葵、玉米等油料植物及动物脂肪等可再生资源为原料，经高温处理后制成新型燃料。巴西每年消耗柴油 400 亿升，进口约 20 亿升，将生物柴油以一定比例加入普通柴油中销售，既能减少柴油进口量，又可达到环保的目的。

20 世纪 90 年代，圣保罗大学的米格尔·若阿金·达夫多布（Miguel Joaquim Dabdoub）教授预见到生物柴油所具有的巨大潜力，开始投身于对生物柴油的研究。他创建了清洁技术发展实验室（LADETEL），并于 2003 年举办了第一届生物柴油国际会议，讨论在巴西推广使用生物柴油的可行性。会议结束后，标致雪

---

① http：//infoener. iee. usp. br/scripts/biomassa/br_ cana. asp

铁龙集团同 LADETEL 签署了一项 B30（普通柴油中添加 30% 的生物柴油）的试用协议。第一个协议的执行情况良好，巴西生物柴油的质量得到认可。此后，LADETEL 同伊比蓝卡饮料公司的货车、维德美的拖拉机和黄金矿业公司的履带牵引车的试验项目相继展开。2003 年 7 月 2 日，巴西总统通过法令成立了一个部际工作组，负责生物柴油作为一种替代能源的可行性研究。工作组在给总统府呈交的报告中提议，把建立"国家生产和使用生物柴油计划"作为巴西的优先战略行动。[①] 2004 年 12 月 6 日，卢拉总统宣布正式推广这一战略计划。联邦政府通过该计划组织生产链，确定资金来源，并创建了技术基础机构。2005 年 1 月 13 日颁布的 11.097 号法规定，把生物柴油列入巴西能源利用范畴，并规定了添加生物柴油的比重。同年，第一个加入 2% 生物柴油的加油站在巴西开业。到 2006 年 12 月为止，全国共生产生物柴油 6.6 亿升，建设了 4000 个添加 2% 生物柴油的加油站。[②]

近年来巴西加快了生物柴油研发的步伐，多家科研单位和高等学府都在从事这种能源的开发。目前已逐步在全国 20 多个州建立了生物柴油技术开发网络。巴西政府临时法令规定：从 2008 年 1 月 1 日起，全国各地区销售使用的柴油必须添加至少 2% 的生物柴油，到 2010 年这一比重将增至 5%。巴西柴油的年生产能力为 25 亿升，已达到市场需求的 3 倍以上。[③]

二　存在的问题

巴西在开发生物能源方面取得了不少成效，尤其在掌握生物能源技术方面走在了世界前列，成为世界上开发和推广生物能源的典范，但从其 30 多年的发展过程来看，开发生物能源也带来如下经济问题和社会问题。

（一）对环境的影响

一是生物燃料的利用虽然使巴西的温室气体排放量有所减少，但燃烧污染了空气，有害于人体健康。在甘蔗收割季节，蔗农先烧甘蔗叶再收割，以便提高速

①　http://www.biodieselbr.com
②　http://www.bioon.com/biology/bioengery/307372.shtml
③　http://news.sohu.com/20080101/n254401021.shtml

度。而烧甘蔗叶对空气造成严重污染，燃烧甘蔗叶产生的小颗粒及污染气体进入人体呼吸道后会引起呼吸道感染和炎症。圣保罗州立大学化学所的研究人员在2003年6月至2004年5月期间对微颗粒数量进行了检测。结果显示，在燃烧甘蔗叶时，微颗粒数量增加了131%，微颗粒中钾的含量增加了620%（含钾的微颗粒是由甘蔗叶燃烧时产生的）。与此同时，医院里哮喘和高血压的病例增加了。化学所的威廉·塞萨尔·帕特里尼（William Cesar Paterlini）教授指出，2003年6月21日，大气中的微颗粒含量达每立方米74.5微克，而世界卫生组织要求的最高微颗粒含量为每立方米10微克。[1] 此外，燃烧时空气中的湿度降低了。为此，巴西环保署采取了一些相应措施：通常情况下，如果某地区的空气湿度低于30%，环保署就禁止该地区在白天燃烧甘蔗叶；如果某地区的湿度降至25%以下，政府将全天禁止燃烧甘蔗叶。[2] 在巴西，采用燃烧甘蔗叶的手工收割方法已有50年历史，造成的污染众所周知，但由于燃烧甘蔗叶有利于手工收割，因此，蔗农都愿意选择这种方法。整个圣保罗州约60%的甘蔗就是靠这种方法收割的，而机器收割的甘蔗仅占40%。[3]

二是亚马孙森林遭到破坏。甘蔗种植是否使亚马孙森林遭到破坏是另一个备受关注的问题。在2008年3月联合国粮农组织会议上，卢拉总统对此问题作了辩护，称亚马孙林区的甘蔗种植面积只占全国甘蔗种植面积的0.3%，指责那些认为甘蔗种植破坏亚马孙森林的人根本不了解巴西。但在会议的前一天，巴西环境部部长卡洛斯·明茨（Carlos Minc）却发布了一条消息：亚马孙森林砍伐量在一个月内增长了8倍。[4]

（二）劳工待遇问题

在使用生物燃料浪潮的推动下，甘蔗种植园剥削劳工的案件已引起巴西社会的广泛关注。随着乙醇行业的发展，甘蔗的种植面积不断增加，企业间竞争日趋激烈，降低成本、提高生产率成为提高竞争力的普遍方法，因而造成甘蔗种植园

---

[1] http://www.inovacaotecnologica.com.br/noticias/noticia.php?artigo=010125071113

[2] http://xiangyangqu.mofcom.gov.cn/aarticle/yuwaisq/200609/20060903225572.html

[3] "Sociedade Paulista de Pneumologia e Tisiologia". http://www.sppt.org.br/v2/noticia_completa.php?id_noticia=108

[4] http://www.bbc.co.uk/portuguese/reporterbbc/story/2008/06/080603_lulacanaamazoniadg.shtm

中的大批工人得不到应有的劳动报酬,甚至连基本的生活条件都得不到保障。2007 年,警方对亚马孙地区一家甘蔗种植园进行突击检查,结果发现,1000 多名工人在极其恶劣的环境中每天工作 12~13 个小时,居住在狭小、肮脏的屋子里,吃腐烂的食物,喝不干净的水。皮拉西卡巴地区还曾发生过 13 名甘蔗砍伐工人因疲劳过度致死的事件。

(三) 产业结构单一化

巴西过于集中地利用甘蔗提取生物能源,这并不是一种健康的可持续发展的模式。圣保罗州曾是国内重要的肉牛养殖地区之一,而现在大规模的甘蔗种植把肉牛养殖地转移至塞拉多、亚马孙等地区。目前,圣保罗州多个城市的产业都以种植甘蔗及与之有关的工业为主,如皮拉西卡巴 60%~70% 的经济都与该产业有关。[①] 外资也主要投资于乙醇生产。乙醇工业发展过程中曾出现过因石油价格下跌而引起产业严重衰退的情况。过于单一的产业结构必然不利于城市的经济发展。

(四) 生物能源问题备受争议

2008 年世界发生粮食危机后,不少人把矛头指向了生物能源的生产大国,联合国甚至发出了停止使用生物能源的呼吁。同美国用玉米提炼乙醇相比,虽然巴西存在一定优势,但也受到了压力。制造生物燃料产生的经济效益使得甘蔗等原料的种植面积日益扩大,许多农民准备改种可带来高利润的生物燃料作物,导致玉米等其他农作物的种植面积日益减少,粮食供应问题日趋严重。此外,生物燃料的使用还导致粮食价格的上涨。

(五) 生物燃料的市场受石油价格波动的影响

由于生物燃料是石油的替代品,其市场受石油价格波动的影响很大。20 世纪 80 年代末,石油价格大幅下跌曾使巴西国内的乙醇燃料市场大幅萎缩。近年来石油价格持续上涨,生物燃料的发展因高油价而不断增长。2008 年石油价格的暴跌势必将对生物燃料的生产和推广造成冲击。

---

① "Sociedade Paulista de Pneumologia e Tisiologia". http://www.sppt.org.br/v2/noticia_ completa.php? id_ noticia = 108

三 对中国的启示

从全球来看，鉴于石油资源的不可再生性，发展生物能源是一种必然趋势。巴西研发生物能源的过程为中国提供了如下启示。

一是应因地制宜。中国和巴西虽然都拥有幅员辽阔的土地，但资源情况不同。中国是个人口大国，虽然地域广阔，但耕地资源十分有限。在中国，要是像巴西那样把大片土地用于某种能源作物的种植，显然是不现实的。作为一个拥有13多亿人口的国家，保护耕地、保证粮食产量和供应是第一位的。

二是应多样化。生物燃料是替代能源的重要组成部分。在中国，必须开展生物燃料的研发工作，但生物能源的原料必须多样化。从甘蔗中提取乙醇是一种可借鉴的方法，而目前正在兴起的纤维乙醇更符合中国的资源结构情况。秸秆转化为能源，不与人争粮，不与粮争地，社会效益明显，经济效益可观。据统计，中国农村每年产生的秸秆达7亿多吨，大多被废弃或低效利用（如当柴火烧）。[①]随着农村经济的发展，家庭厨房逐步改用煤、沼气，以致弃于田间地头被烧掉的秸秆数量日益增多，这既污染了环境，又浪费了资源，因此，加快秸秆的转化利用势在必行。替代能源的种类必须多样化。目前，多家汽车公司（如日本的本田、丰田和通用汽车公司）已制造和销售油气混合型动力车，且在美国的销售市场上占有一定的份额。中国的汽车企业（如比亚迪和奇瑞汽车公司）近期也推出了几款油气混合型的动力车。

三是应扩大国际合作。30多年来，巴西已掌握了先进的甘蔗提炼乙醇技术，在生物柴油的开发方面也卓有成效。日本、美国、荷兰、智利等国已先后与巴西签署了生物燃料合作协议。中国企业和科研机构应积极主动地与掌握生物能源先进技术的国家进行交流和合作。

四是政府应扮演重要角色。巴西研发生物燃料至今之所以取得如此成效，历届政府功不可没，如大量资金投入，组织科研和生产，等等。巴西是世界上最早通过立法强制推广乙醇汽油的国家。实施"国家乙醇计划"期间，政府下令在人口超过1500人的城镇，其加油站都必须安装乙醇加油泵；政府通过法律形式

---

① http：//env. people. com. cn/GB/6265423. html

规定了汽油中添加乙醇的比重。此外，巴西政府还推出减免税收的政策，使生物燃料得到了大力推广。

目前，许多国家投入大量资金，将大片土地用于种植能制造生物能源的作物，在全球范围内掀起了一股发展生物能源这种替代性能源的热潮。中国如何解决能源的长期供应更是一个战略性的问题，应当在借鉴巴西等国开发生物能源经验的基础上，走一条适合本国国情的发展替代能源的道路。

参考文献

Agronegócio Brasileiro，"Uma Oportunidade de Investimentos".

Experience and Lessons Drawn from Brazil's Bioenergy Development

Li Hui

Abstract：Brazil leads the world in bioenergy development. After ups and downs throughout decades, fuel ethanol and bio-diesel oil have been basically universalized in the biggest country of South America. In view of the promising perspective of these renewable energy resources, many countries, including the US, have proceeded to the research and development of bioenergies. Certainly, Brazil's experience is of special importance for China. However, the dark side of Brazil's achievement in this regard, ranging from air pollution, the degrading Amazon forest to the one-sided urban economy, shall not be neglected. Considering differences in national conditions, the bioenergy production model of Brazil may not be proper for China to spread across the country.

Key Words：Biofuels；Ethanol；Bio-diesel Oil

拉美地区的能源合作及其特点

周志伟*

摘　要：20 世纪 90 年代至 21 世纪初，拉美地区进入了能源一体化的新时期；尤其是 2000 年以来，加强各国间的能源合作、建立区域能源一体化体系已成为拉美国家的共识，能源合作也因此成为带动拉美地区一体化发展的重要动力。新时期的拉美能源合作突破了以前纯粹的优惠能源供给模式，既涵盖了能源互换计划、合作勘探和技术共享、能源投资、可替代能源合作等新内容，又同时体现出过度民族主义倾向、缺乏务实实践、两种能源合作模式的竞争等特点。这些能源合作的新特点给中拉能源合作带来潜在影响，规避风险成为中国企业亟待思考的问题。

关键词：拉美　能源　能源外交　中拉能源合作

拉美地区的能源合作始于 20 世纪 60 年代，其标志是地区能源一体化委员会（CIER）的成立和《拉丁美洲石油和天然气企业互助协定》（ARPEL）的签订。20 世纪 70 年代，在国际能源危机的影响下，拉美国家开始加大能源领域合作的力度。1973 年 11 月 2 日，拉丁美洲能源组织（OLADE）在利马成立，这标志着拉美地区能源合作的正式起步。20 世纪 80 年代，拉美地区设立了一些大型能源合作项目，其中巴西和巴拉圭两国合建的伊泰普水电站项目最为突出。

20 世纪 90 年代至 21 世纪初，拉美地区进入能源一体化的新时期，尤其是

---

* 周志伟，2002 年获湖北大学人文学院拉丁美洲史硕士学位。现为中国社会科学院拉丁美洲研究所国际关系室助理研究员。2006 年 9 月至今为中国社会科学院研究生院拉美系国际政治专业在读博士研究生。

2000 年以来，能源合作已成为拉美地区一体化的重要内容和带动本地区一体化发展的重要动力。

一　当前拉美地区的主要能源合作

加强各国间的能源合作、建立区域能源一体化体系已成为拉美国家的共识。能源合作不仅可以为本国经济社会的发展提供保障，改善财政收入，促进能源投资和出口多元化，而且还可以通过内部合作摆脱西方国家在资金和技术方面对拉美能源的控制，为拉美地区的发展赢得更多的主动权。为整合各国力量加速能源勘探和生产，共同应对挑战，拉美国家加快了能源一体化的步伐。按照不同的区域划分，当前拉美主要的能源合作项目可归纳如下。

（一）墨西哥

墨西哥对能源部门的控制较严格，一般不允许私营企业参与石油、天然气和电力产业的运营。随着墨西哥主要油田储量的日益枯竭、原油产量和出口量的逐步下降及国内需求的持续增长，墨西哥政府开始实施能源改革，以达到扩大投资、提高原油产量、增强能源产业竞争力的目的。目前，墨西哥与其他拉美国家主要有如下能源合作项目。

1. "普埃布拉—巴拿马计划"

2001 年 6 月墨西哥总统福克斯和中美洲 6 国、伯利兹、哥伦比亚等 8 国总统签署了"普埃布拉—巴拿马计划"，即"PPP 计划"（Plan Puebla Panamá）。这一计划涵盖墨西哥南部普埃布拉以南的 9 个州和所有中美洲国家。制定这一计划的目的在于"促进地区一体化和发展"，通过改善基础设施（如公路、机场和港口）缓解上述区域的贫困问题，其中能源部门的整合逐渐成为当前"PPP 计划"的重点。自 2004 年 9 月起，哥伦比亚成为"普埃布拉—巴拿马计划"的观察员，2006 年 7 月被接纳为这一计划的正式成员。作为水电、石油、天然气和煤炭都较丰富的国家，哥伦比亚的加入使"普埃布拉—巴拿马计划"的能源供给更加充裕。

"普埃布拉—巴拿马计划"自出台以来，有关能源合作的项目有：1800 千米的中美洲电力一体化系统（SIEPAC）计划，103 千米的墨西哥—危地马拉电力一体化计划，614 千米的巴拿马—哥伦比亚电力一体化计划，中美洲生物燃料计划，等等。2008 年 7 月 28 日，"普埃布拉—巴拿马计划"更名为"中美洲一体化和发展计划"，或称"中美洲计划"。①

2. 墨西哥与巴西的能源合作

2007 年 6 月，墨西哥与巴西两国政府签署一份谅解备忘录，旨在加强两国在能源领域的联系与合作。根据这份谅解备忘录，两国将在能源安全、石油和天然气勘探与开采、精炼油加工、石油化工、液化天然气、可再生能源及生物燃料等方面开展广泛合作；积极推动相关专业技术人员的交流，开展石油和天然气勘探与开采的技术合作，加强国有企业和研究机构的往来，举行能源研讨会，及共同参与能源项目的调查与研究，等等。此外，墨西哥石油公司还与巴西石油公司签署协议，双方决定在深海石油勘探和开发、重油精炼等方面开展密切合作。②2008 年 4 月，巴西矿产和能源部部长表示，墨西哥和巴西正在就成立合资公司在墨西哥境外勘探石油举行谈判。③

（二）中美洲、加勒比地区

在中美洲和加勒比地区各国，除了特立尼达和多巴哥的石油和天然气储量较丰富、危地马拉和古巴拥有一定数量的石油外，其他国家的能源都非常匮乏。可见，中美洲和加勒比地区是拉美地区对外部能源依赖较大的地区。由于特殊的地理位置和国家众多，拉美地区的主要能源国（如墨西哥、委内瑞拉、巴西、哥伦比亚等）都在上述地区推出能源合作项目。其主要能源合作项目如下。

1. "加拉加斯协议"

2000 年 10 月，委内瑞拉与中美洲 6 国、伯利兹、海地、多米尼加、巴巴多斯等 10 个国家签署石油供应协议，即"加拉加斯协议"。协议规定，委内瑞拉每天将向签订协议的国家提供 8 万桶石油（其中多米尼加占的比重最大，每天约 2 万桶；伯利兹的比重最小，每天 600 桶）。委内瑞拉给对方提供年利率仅为 2% 的低息贷款；根据石油支付价格，贷款额占总进口额的比重从 10% 至 25% 不等，

---

① http：//www. planpuebla-panama. org/

② http：//www. estadao. com. br/economia/not_ eco30419，0. htm

③ http：//www. mme. gov. br/

贷款支付年限可延长至 17 年。

2. "加勒比石油计划"

实施"加勒比石油计划"的倡议是由委内瑞拉查韦斯总统于 2005 年发起的，该计划的成员国数量已从最初的 14 个增至目前的 17 个：安提瓜和巴布达、巴哈马、伯利兹、古巴、多米尼克、格林纳达、圭亚那、海地、牙买加、尼加拉瓜、多米尼加、圣基茨和尼维斯、圣卢西亚、圣文森特和格林纳丁斯、苏里南、洪都拉斯和委内瑞拉。根据"加勒比石油计划"规定：委内瑞拉向其他成员国以非补贴市场价格提供石油，且供应量随市场价格的提高而增加；进口石油只能用于国内消费，不能用于再出口。

值得一提的是，"加勒比石油计划"已发展成为一个常设性机构，其中包括部长委员会和执行秘书处等。除向中美洲和加勒比国家提供优惠石油以外，委内瑞拉还出资资助这些国家的经济和社会发展项目（如兴建油气管道、炼油厂、液化石油天然气厂、发电厂等基础设施）。

自开始实施这一计划至 2007 年底，委内瑞拉国家石油公司下属的加勒比石油公司累计向这一计划的参与国供应石油和成品油 4300 万桶；其中向牙买加、多米尼加和海地提供石油 3990 万桶，向西加勒比国家（安提瓜和巴布达、格林纳达、圣文森特和格林纳丁斯、圣基茨和尼维斯及圭亚那）提供石油 140 万桶，向尼加拉瓜、伯利兹和萨尔瓦多提供石油 170 万桶。加勒比石油公司目前的销售额累计达 29.19 亿美元，其中 11.67 亿美元为向各石油购买国提供的贷款。[1]

3. 委内瑞拉—古巴合作

委内瑞拉同古巴签署了内容广泛的合作协议，能源合作是这些协议中的重中之重。2004 年 12 月 14 日，查韦斯访问古巴，两国宣布建立战略联盟。委内瑞拉以比国际价格低 67% 的优惠价格向古巴出售的石油从 2000 年的每天 5.3 万桶增至 9 万桶。[2] 古巴的日均石油需求量为 12 万桶，其中 2/3 的石油能自给；因此，古巴就能在委内瑞拉提供 9 万桶石油后，将剩余的 5 万桶石油拿到国际市场上再出售，这在一定程度上可改善古巴的财政收支状况。作为合作条件，古巴向委内

① http：//ve. mofcom. gov. cn/aarticle/todayheader/200712/20071205303699. html

② 贺双荣：《委内瑞拉与古巴的战略联盟及其政治影响》，载《2005 年：世界社会主义跟踪研究报告——且听低谷新潮声（之二）》，社会科学文献出版社，2006。

瑞拉派遣 3 万~5 万名技术人员（医生、教师和运动员），支持查韦斯推行的社会计划。

2005 年 4 月 28 日，两国还签署了一体化合作计划，内容包括贸易、能源、农业、通讯、技术等 49 项合作协定。在能源方面，委内瑞拉国家石油公司在古巴开设分公司，计划在古巴的墨西哥湾从事石油勘探和开发活动，并对古巴的西恩富戈斯炼油厂进行技术更新。

4. 巴西—古巴石油合作

2008 年 10 月，古巴和巴西签订第一个石油合作协定。根据协定，古巴允许巴西石油公司以 800 万美元的投资在墨西哥湾第 37 号水域开发和开采石油（这一水域的总面积为 1600 平方千米）。巴西石油公司在上述地区的石油开发期为 7 年；如有石油，开采期为 25 年。[①]

5. 中美洲、加勒比—巴西生物燃料合作

2005 年 9 月，巴西卢拉总统在访问危地马拉期间公布了巴西向中美洲和加勒比的投资计划——巴西向中美洲和加勒比地区刺激投资计划（Pibac）。巴西表示加强与中美洲一体化体系国家之间在乙醇、生物柴油和其他可替代燃料生产方面的合作。巴西政府的战略是"让中美洲和加勒比地区有更多的国家生产乙醇，从而使乙醇成为像石油、蔗糖、咖啡一样的国际商品"。[②] 2007 年 8 月，在访问墨西哥、洪都拉斯、尼加拉瓜、牙买加和巴拿马时，进行生物燃料合作再次成为卢拉总统访问的重点议题。在洪都拉斯，巴西表示帮助对方生产乙醇燃料；在牙买加，第二家使用巴西技术的乙醇燃料厂落成，年生产能力约达 2.7 亿升；在巴拿马，巴西和对方签署多项协议，其中包括成立一个特别委员会以加强两国在生物能源领域的合作，促进乙醇燃料和生物柴油生产技术的转让、使用的推广和消费。

（三） 南美洲

相比而言，安第斯地区国家的能源较丰富，而南共市国家和智利这 5 国的情况则不尽相同。目前，巴西已实现石油自给，但天然气仍对玻利维亚依赖较重，

---

① http：//www. estadao. com. br/economia/not_ eco270211，0. htm

② http：//www. bbc. co. uk/portuguese/reporterbbc/story/2005/09/050914_ diegoguatemalacg. shtml

电力方面对伊泰普水电站的依赖也较强。阿根廷的石油和天然气基本能做到自给。智利则是严重依赖能源进口的国家，仅能生产石油需求量的4%。[1] 巴拉圭和乌拉圭的石油和天然气资源非常匮乏，但巴拉圭由于拥有非常重要的水电资源，对外部能源依赖较小，而乌拉圭则相反。概括而言，南美地区的主要能源合作有如下几个方面。

1. 南方石油公司

2005年5月，委内瑞拉、巴西和阿根廷3国的国有石油公司联合组建了南方石油公司，旨在联合开展石油勘探、加工、运输和油轮建造项目。另外，3国还准备成立南方天然气市场，实现3国电力一体化。除上述3个国家外，乌拉圭后来也加入了南方石油公司。

2. 石油天然气管道一体化

2006年初，巴西、阿根廷和委内瑞拉3国总统在巴西举行了两次峰会，计划建设一条从委内瑞拉经巴西到阿根廷的南方输气管道。这条能源动脉连接奥利诺科河流域、亚马孙河流域和拉普拉塔河流域，将这3个南美经济最发达的国家连在一起。6月底，阿根廷与玻利维亚两国政府签署了能源合作双边协议，阿根廷将动工修建北方输气管道，把玻利维亚的天然气引到阿根廷、乌拉圭和巴拉圭等缺少能源的拉美国家。7月，委内瑞拉和哥伦比亚合作兴建的天然气管道正式开工，这条225千米长的管道将连接哥伦比亚的天然气田和委内瑞拉西部的马拉开波市。根据两国达成的协议，这条输气管道还将逐步向中美洲及加勒比地区、墨西哥、南美洲、安第斯地区直至巴拿马港口延伸，成为拉美地区能源一体化大动脉。它也将为拉美地区的天然气通过巴拿马向亚洲国家输出奠定基础。

另外，巴西和玻利维亚两国也计划兴建一条长达3150千米长的天然气管道，从玻利维亚的格兰德河一直延伸至圣保罗州的坎皮纳斯。该管道项目计划总投资20亿美元，巴西承担其中的16亿美元，玻利维亚负担剩余的4亿美元。如果上述石油天然气管道项目能最终建成，南美国家的能源生产将整合成一个整体，且石油和天然气还可从拉美流向世界其他地区。

3. 交换电力协议

2008年7月18日，巴西与乌拉圭两国政府在里约热内卢签署了交换电力协

---

[1] Genaro Arriagada, "Petropolitcs in Latin America: A Review of Energy Policy and Regional Relations", *Inter-American Dialogue Working Paper*, Andean, December 2006, p. 13.

议。根据协议，巴西每年7~8月向乌拉圭日均提供72兆瓦水电，乌拉圭则在9~11月向巴西返还同等量的电力。巴西矿业和能源部长洛邦表示，两国交换电力协议是巴西推进南美能源一体化战略的一部分。如果其他邻国需要电力，巴西也愿意以同等条件提供。早在2008年5月，巴西和阿根廷也签署了类似的交换电力协议。电力交换协议的签订充实了南美能源一体化的内容。此外，巴西目前每天从委内瑞拉输入200兆瓦电力，巴西还计划建设一条输电线，以便进一步提高巴西与委内瑞拉之间的电力交换量。

4. 天然气合作

2006年5月1日，玻利维亚的天然气国有化政策引发了与巴西之间的天然气冲突；经过艰苦谈判，2007年2月，双方达成一项总协议。巴西同意玻利维亚将出口巴西的天然气价格提高至每立方米4.2美元（价格比以前上涨了285%），并且以国际市场价格进口从玻利维亚天然气管道进入巴西的液体能源产品（乙烷、丁烷、丙烷、液化天然气、天然气体汽油）。[①] 目前巴西是玻利维亚天然气的最大买主，巴西的进口量约占玻利维亚天然气出口总量的2/3，价格上涨至少使得巴西每年向玻利维亚多支付1亿美元。[②] 早在2006年6月，玻利维亚与阿根廷就天然气价格达成了协议，从国有化之前的每立方米3.4美元提高至5美元。

5. 委内瑞拉—玻利维亚能源合作

在莫拉莱斯颁布天然气国有化法令后，查韦斯向对方保证，委内瑞拉石油公司将会给玻利维亚石油公司提供一切必要的资金和技术支持，并提出建立委内瑞拉国家石油公司与玻利维亚石油公司的战略联盟。2006年12月至2007年1月，两国签署了一系列双边能源合作协议，启动了"委内瑞拉—玻利维亚能源联盟"，旨在促进两国能源一体化。2007年8月，两家石油公司宣布联合成立安第斯石油公司，在玻利维亚进行石油和天然气的勘探和开采。另外，委内瑞拉还将为玻利维亚中部兴建热电厂提供投资。

6. 委内瑞拉与南锥体国家的能源合作

2007年8月，查韦斯与阿根廷总统基什内尔签署了能源合作协议。根据协议，委内瑞拉将在两年内投资4亿美元在阿根廷建一座液化天然气转化厂；两国

---

① http://www.eia.doe.gov/emeu/cabs/Bolivia/NaturalGas.html
② http://news.bbc.co.uk/2/hi/business/6363715.stm

还决定加强在石油、天然气、电力、替代能源、基础设施建设等领域的合作。查韦斯向阿根廷作出承诺，委内瑞拉将确保对阿根廷的能源供应，以缓解阿根廷的能源短缺危机。2007 年 8 月 8 日，查韦斯在访问乌拉圭期间同乌拉圭总统巴斯克斯签署了能源安全协议。根据协议，委内瑞拉将以优惠价格向乌拉圭长期出售石油和天然气，乌拉圭则以合资方式参加委内瑞拉油田开发和原油销售。此外，委内瑞拉还将帮助乌拉圭提高炼油厂处理原油的技术水平。

二 拉美能源合作的特点

从以上列举的拉美地区一些主要能源合作项目可以看出，当前拉美地区能源合作具有如下特点。

第一，合作内容进一步充实。拉美的能源合作突破了以前国家间纯粹的优惠能源供给的模式，当前拉美能源合作的内容不仅包含邻国之间的能源支援，还包括国家间的能源互换计划、国家间能源勘探和开采技术的共享与转让、能源项目的相互投资、可替代能源项目的合作等。另外，值得关注的是，拉美能源合作开始关注地区能源基础设施一体化，已确定了多项连接若干国家的油气管道建设项目。如果这些项目能够最终实现，拉美能源合作将会有巨大的突破。

第二，缺乏务实精神。当前一些拉美能源合作项目存在较强的理想主义色彩，这使得某些一体化计划或被迫"流产"，或流于形式。在 2007 年 4 月举行的南美洲能源峰会上，拉美国家在商议油气管道铺设方面花费很多精力，但是没有具体协商天然气供给、资金来源等关键性问题。另外，在油气管道铺设方面，委内瑞拉声称，巴西与委内瑞拉之间的首段管道可以在 2012 年正式运行，而巴西和阿根廷的说法则是"管道建设实际处于停工状态"。巴西石油公司总裁塞尔吉奥·加布里埃利（Sergio Cabrielli）更是明确表示："南美洲天然气管道方案的调查分析阶段要一直持续到 2007 年 12 月。"而巴西石油公司将根据调查分析结果最后决定是否承担这一段管道的铺设任务，而后还需要对工程、资金、环境等问题做进一步的研究。① 因此，查韦斯提出的目标与实际操作存在着较大的差距。

---

① Carlos Malamud, "La cumbre energética de América del Sur y la integración regional: un camino de buenas（y no tan buenas）intenciones". http://www.realinstitutoelcano.org/

第三，两种合作模式的竞争。当前拉美地区能源合作的主导国家是委内瑞拉和巴西，而从两国各自推出的能源合作项目可以看出，两国实际上代表两种不同的能源合作模式。委内瑞拉凭借本国丰富的石油资源，非常积极慷慨地给本地区贫油国提供优惠石油，并以此增强本国对他国和整个地区的影响力。巴西则强调推广生物燃料，帮助中美洲和加勒比国家发展生物燃料，并通过这些国家进入美国市场，进而使乙醇等生物燃料成为同石油一样的国际产品。两种能源合作模式存在一定的分歧，而委内瑞拉更是对巴西与美国的乙醇合作含蓄地提出了批评。委内瑞拉推行的以石油为内容的能源合作取得了不错的效果，使查韦斯在拉美地区的影响力得到了增强。尽管如此，缺少巴西的积极配合，查韦斯主推的地区能源一体化目标也将无法实现。因此，巴西与委内瑞拉两国在地区能源合作主导权上的竞争也是拉美能源合作难以突破的一个关键因素。

三 对中拉能源合作的影响

根据当前拉美能源合作现状及其特点，笔者认为，对中拉能源合作的影响主要可以概括为以下三个方面。

第一，能源合作资金短缺为中国提供了机会。目前，拉美能源合作存在着资金短缺问题，德意志银行的一份研究报告显示，拉美地区目前进行和计划进行的能源供应基础设施投资水平要低于其他发展中地区（包括非洲）。[1] 以委内瑞拉为例。委内瑞拉国家石油公司 2005～2010 年发展计划预计需要总投资 88 亿美元，其中公共投资为 63 亿美元，私人投资为 25 亿美元；而据有关国际机构预测，公共投资只能达到 35 亿美元，[2] 而私人投资者则由于害怕权益得不到保障，且担心查韦斯政府投资政策的变化不敢投资委内瑞拉能源产业。此外，南美洲能源基础设施一体化也面临资金不足的困境。这为中国加强与拉美地区能源合作提供了一个可行的渠道。

第二，地区主要力量之间的竞争加大了中拉能源合作的不确定性。带动拉美

① Georg Caspary, "The Energy Sector in Latin America: Key Prospects, Risk, and Opportunities", *Deutsche Bank Research*, September 7, 2007, p. 5.

② Genaro Arriagada, "Petropolitcs in Latin America: A Review of Energy Policy and Regional Relations", *Inter-American Dialogue Working Paper*, Andean, December 2006, p. 4.

地区能源合作的主要因素中，既包括市场经济因素的驱动，也有对实现地区一体化的精神追求，同时也受某些国家追求政治影响力的驱动。中美洲和加勒比地区是能源较贫乏的地区，然而却也是拉美几个能源大国竞争的主要地区，墨西哥、委内瑞拉、哥伦比亚、巴西等主要能源国都在该地区实施能源合作项目，其原因在于该地区重要的战略位置，加之美国也积极实施与中美洲和加勒比国家的能源合作，这里成了各主要力量较量的区域。安第斯地区国家能源都较充足，意味着石油外交的影响力比其他区域要小。[①] 但安第斯地区同时也是拉美政治、社会和种族冲突较严重的区域，复杂的地区形势将加大中拉能源合作的难度。南锥体地区情况也较复杂。委内瑞拉试图通过能源合作加强自己在这一地区的影响力，而巴西和阿根廷则积极寻求地区一体化的主导权；智利虽是一个能源进口国，但该国的能源供应源非常多元化，对委内瑞拉的石油依存度非常小。因此，委内瑞拉石油外交在南锥体的影响力不大。中拉能源合作过程中，应充分评估拉美地区主要力量在不同区域的较量，尽量规避拉美地区的内部争端。

第三，要密切关注拉美国家政策的变化。近年来，一些拉美国家的能源政策、特别是与外资合作的政策变动较频繁，对部分双边和多边能源合作项目造成了不利影响。在中拉能源合作中，我们应对拉美国家的相关政策进行跟踪研究，同时，应借鉴拉美国家在解决能源争端中的普遍做法，制定相应的应对方案。

参考文献

贺双荣：《委内瑞拉与古巴的战略联盟及其政治影响》，载《2005年：世界社会主义跟踪研究报告——且听低谷新潮声（之二）》，北京，社会科学文献出版社，2006。

Genaro Arriagada, "Petropolitcs in Latin America: A Review of Energy Policy and Regional Relations", *Inter-American Dialogue Working Paper*, Andean, December 2006.

Carlos Malamud, "La cumbre energética de América del Sur y la integración regional: un camino de buenas (y no tan buenas) intenciones".

Georg Caspary, "The Energy Sector in Latin America: Key Prospects, Risk, and Opportunities", *Deutsche Bank Research*, September 7, 2007.

[①] Genaro Arriagada, "Petropolitcs in Latin America: A Review of Energy Policy and Regional Relations", *Inter-American Dialogue Working Paper*, Andean, December 2006, p. 9.

Regional Energy Cooperation in Latin America and Its Characteristics

Zhou Zhiwei

Abstract: At the turn of the new century, the process of regional energy cooperation in Latin America entered a new era, especially after the year 2000. Since then, countries have come to the consensus of strengthening energy cooperation among countries and establishing an integrated regional system of energy, a driving force for the regional integration. Energy cooperation in this new era is far beyond the pervious model based purely on supplying energy on preferential conditions and expands the its coverage to energy-exchange programs, joint exploration, technology sharing, investment in energy and cooperation in developing substitute energies. However, this process is characterized by the propensity to over-nationalism, lack of pragmatic practices and the two competing models of energy cooperation. Theses new characteristics imply potential impacts over Sino-Latin American energy cooperation and therefore, how to hedge the relevant risks constitute a question for Chinese enterprises to answer.

Key Words: Latin America; Energy; Energy Diplomacy; Sino-Latin American Energy Cooperation

外国石油公司在拉美的直接投资

谌园庭[*]

摘　要：拉美石油和天然气部门的外国直接投资仍以发达国家的跨国公司为主，但新兴经济体的跨国公司对拉美石油和天然气部门的投资能力日益增强。拉美石油公司对邻国能源行业的投资与合作也在加强。

关键词：跨国公司　拉美能源　直接投资

在世界能源领域，拉丁美洲是一个重要而又不稳定的参与者。[①]重要性在于拉丁美洲是世界主要的能源生产和出口地区之一，目前已探明的石油储量占世界石油总储量的 12% 左右；不稳定性源于该地区相关国家能源政策的频繁变动。

在石油和天然气工业领域，拉美地区有其自身的某些特点。

一是资源分布不均。委内瑞拉、墨西哥、巴西、阿根廷、哥伦比亚、厄瓜多尔和秘鲁 7 个拉美最大产油国的产量占该地区原油总产量的 97.6%，其中委内瑞拉和墨西哥是两个主要石油出口国，在全球分别列第 6 位和第 10 位。特立尼达和多巴哥、玻利维亚、秘鲁、阿根廷和委内瑞拉拥有丰富的天然气资源，且是天然气净出口国，其中特立尼达和多巴哥及玻利维亚是目前西半球最大的天然气出口国。

二是近几年拉美能源政策呈现两种趋势。第一种趋势是政府对能源实行国有化政策，尤其是在委内瑞拉、玻利维亚、阿根廷和厄瓜多尔等国。第二种趋势是，政府改善投资环境以吸引更多的外国投资，并鼓励国有石油公司与国际大型

---

[*] 谌园庭，毕业于北京大学国际关系学院，获法学硕士学位。现为中国社会科学院拉丁美洲研究所助理研究员。主要研究领域为墨西哥外交、中拉关系和乌拉圭。

[①] "The Energy Sector in Latin America: Key Prospects, Risks, and Opportunities". http://www.dbresearch.com/PROD/DBR_ INTERNET_ EN - PROD/PROD0000000000215273. pdf

石油跨国企业竞争，巴西、哥伦比亚、特立尼达和多巴哥及秘鲁属于此类国家。[①] 墨西哥能源企业属于国有，但近几年也鼓励外国资本进入石油勘探领域。

目前，拉美石油和天然气部门的外国直接投资仍以发达国家的跨国公司为主，但新兴经济体的跨国公司对拉美石油和天然气部门的投资也呈上升趋势，其中包括来自拉美本地区石油公司的投资。

一　西方石油公司仍是外国直接投资最主要的来源

虽然少数拉美国家的能源国有化政策导致部分外资撤离，但西方石油公司依然在拉美能源部门处于举足轻重的地位。1986 年油价出现下跌后，拉美主要产油国为使油气勘探和生产免受其害，开始实行油气开放政策和国际化战略，逐步向外资开放本国石油和天然气市场，为欧美石油公司大举进军大开方便之门。先后有美国、英国、荷兰、西班牙等国的石油公司进入拉美石油开发市场；特别是在委内瑞拉、阿根廷、秘鲁等国，外国石油公司已占有相当大的比重。

20 世纪 90 年代，委内瑞拉石油上游领域开始向私人投资者开放，先后与包括国际石油巨头美国埃克森美孚公司和雪佛龙公司、英国石油公司、法国道达尔公司、西班牙雷普索尔公司、挪威国家石油公司等在内的 22 家外国石油公司签署 32 项经营服务合同。从 2006 年 1 月起，查韦斯政府出台了一系列石油和矿山企业国有化政策，包括把外国公司在委内瑞拉开采石油的合作方式从合同开采改为组建合资公司。新合资公司由委内瑞拉国家石油公司控股，其股份不低于60%。由于不同意将其油田合同改为与委内瑞拉国家石油公司合资的企业，法国道达尔公司和意大利埃尼公司在委内瑞拉的两个油田被委内瑞拉国家石油公司接管。2007 年 2 月 1 日，查韦斯宣布在 5 月 1 日前完成对奥里诺科重油带 4 个战略联合项目的国有化；同年 6 月，美国埃克森美孚公司和康菲公司拒绝作为小股东继续参与对委内瑞拉石油的开发，退出了委内瑞拉石油市场。

巴西被称作"待开发的石油巨人"。目前，巴西境内有 46 家从事石油和天

---

① Testimony of David L. Goldwyn before the Senate Foreign Relations Committee, "Energy Security in Latin America". http://www. foreign. senate. gov/hearings/2006/hrg060622a. html

然气勘探、开发和生产的公司，其中巴西本国公司约10家，其余都是外国公司，国际大型石油跨国企业（如美国雪佛龙公司、英荷壳牌公司、英国石油公司等）都已进入巴西。美国雪佛龙公司在巴西投资的油气项目包括：弗拉德（Frade）海上深水油田，初步估算石油储量为2亿~3亿桶，投资额为28亿美元，计划于2009年投产；"帕帕-泰拉"（PaPa-Terra）1和2区块，拥有石油储量7亿~10亿桶，预计2011年后投产。挪威电力公司（Norsk Hydro）和1家加拿大公司投资25亿美元开发佩雷格里诺（Pereghno）油田，该油田拥有石油储量3亿~6亿桶重油，预计2010年投产，日产石油10万桶。

据联合国贸发会议统计，外国公司在阿根廷石油和天然气产量中占的比重超过80%。按照油气资源的占有比重，阿根廷国内前十位石油公司几乎都是外国石油公司。最大的生产商是西班牙雷普索尔公司，它占阿根廷原油总产量的45%，并占阿根廷原油总储量的39%。该公司承诺，2005~2009年将投资67亿美元。第二大生产商是泛美能源公司，它占阿根廷原油总产量的13%。该公司2008年在阿根廷石油天然气勘探和开采领域投资10亿美元。

英国石油公司和美国西方石油公司是哥伦比亚最大的2家外资石油企业，它们与哥伦比亚国家石油公司联合生产石油。英国石油勘探公司（英国石油公司的一家子公司）经营位于安第斯山脉丘陵地带东部的哥伦比亚最大的2个油田——库西亚纳油田和库皮亚瓜油田。美国西方石油公司经营位于哥伦比亚与委内瑞拉交界的卡努里蒙油田。此外，哥伦比亚每年生产的天然气85%以上是由哥伦比亚国家石油公司与外国投资者或本国私营企业联合生产的。美国雪佛龙公司的子公司雪佛龙德士古哥伦比亚公司与哥伦比亚国家石油公司组成联合体，其生产的天然气占哥伦比亚天然气总产量的75%。

外资公司进入厄瓜多尔市场已20多年。据厄瓜多尔央行统计，到2007年12月为止，包括美国AEC公司、西班牙雷普索尔公司、美国阿普吉公司、中国安第斯石油公司等在内的16家外资公司在厄瓜多尔拥有石油区块开采权。厄瓜多尔正在开采的石油区块面积达467.36万公顷，其中私营公司和外资公司的比重占85.2%。由于能源国有化政策，跨国石油公司在厄瓜多尔不再具有以往的强势。2006年上半年厄瓜多尔中止了与美国西方石油公司的合同，原15个区块归国家所有，使厄瓜多尔国家石油公司与外国石油企业在原有生产中的比重发生重大变化。目前，厄瓜多尔国家石油公司已成为国内最大的原油生产企业，它的产

量占全国总产量的比重由 2004 年的 37.5% 增至 2007 年的 50.5%；而同期外资石油公司年产石油量占全国石油产量的比重由 62.5% 降至 49.5%。

二 新兴经济体进军拉美能源领域的步伐在加快

联合国贸发会议的世界投资报告认为，外国直接投资的地理分布特征正在发生变化；来自新兴经济体的外国直接投资的上升，以及发展中国家外国直接投资的增长，是最近几年出现的重要趋势。尽管发展中国家和经济转型国家的国有企业控制全球石油和天然气的大部分产量，但其国际化程度仍逊色于最大的私人石油跨国公司。然而，发展中国家和经济转型国家的一些公司正在扩展其海外利益，而且正迅速成为全球性公司。2005 年，中国海洋石油总公司、中国石油天然气集团公司、中国石油化工集团公司、鲁克石油公司、印度石油天然气公司、巴西国家石油公司和马来西亚国家石油公司的海外生产总量超过 5.28 亿桶石油当量，而 10 年前仅为 2200 万桶。2006 年，按国外资产排名的世界 25 强中，属于新兴经济体非金融跨国公司的马来西亚国家石油公司、巴西国家石油公司、委内瑞拉石油公司和中国石油天然气集团等石油企业榜上有名。①

这一趋势在拉美能源领域得到证实。来自中国、印度等新兴经济体的石油公司近年来加大了在拉美的投资力度，以竞标、并购、参股等方式获得拉美油气资产。中石油、中石化、中海油等中国石油企业在拉美主要产油国已有相当规模的投资。2008 年 5 月，中石油与委内瑞拉国家石油公司签署一项协议，合同金额 20 亿美元。依据这项协议，双方将共建一家合资公司，负责在委内瑞拉奥里诺科石油带开采原油，为双方即将在中国筹建的 1 家日产油量 40 万桶的新炼油厂提供原料。

美国石油公司撤出厄瓜多尔后，中国安第斯石油公司已成为在厄瓜多尔最主要的外国石油公司之一。2005 年 8 月，中国安第斯石油公司以 14.2 亿美元购买了加拿大国家石油公司在厄瓜多尔 5 个区块的资产和开发权，目前日产石油 6 万桶。2008 年，在中国安第斯石油公司与厄瓜多尔政府就新合同达成一项协议后，该公司计划在今后 10 年内向厄瓜多尔投资 1.039 亿美元。

---

① *World Investment Report 2008*. http://www.unctad.org/en/docs//wir2008_en.pdf

2006 年 8 月，中石化与印度石油天然气有限公司（印度石油天然气公司旗下从事国际石油勘探开采的子公司）在竞购哥伦比亚油田中获胜，2 家公司共同出资 8.5 亿美元联合收购哥伦比亚 Ominex 有限公司在哥伦比亚马格达莱纳地区的陆上石油区块的开采权。

印度石油公司也在拉美频频出击。2006 年，印度国家石油公司以 1.7 亿美元从壳牌公司购买了巴西海上油田 15% 的股份。同年，印度国家石油公司就 2 个海上石油区块的风险勘探开发项目与古巴签订合同，该公司在风险勘探中所占的份额为 30%。2008 年 2 月，印度石油天然气公司与委内瑞拉石油公司成立了合资公司"印度—委内瑞拉石油公司"，以加强在委内瑞拉东部油田的共同开发；印度油气公司占有合资公司 40% 的股份。印度石油天然气公司总裁 2008 年 9 月表示，计划将大量收购拉丁美洲和独联体国家的石油公司和石油资产。为了能进入特立尼达和多巴哥的能源领域，由印度石油天然气公司和印度米塔尔能源公司组成的子公司OMEL 能源特立尼达和多巴哥股份有限公司在找到少量油气资源前就已向特立尼达和多巴哥政府支付了 3000 万美元的签字费，这是迄今为止外国石油公司向特立尼达和多巴哥政府支付的最大一笔签字费。OMEL 公司计划在自 2009 年起的 4 年里投资 5 亿美元在特立尼达和多巴哥勘探石油和天然气资源并建造石油生产设施。

俄罗斯石油巨头正在不断加强与拉美国家在油气领域的合作。2005 年，俄罗斯鲁克石油公司开始在哥伦比亚从事石油开发，油田位于首都周边的昆迪纳玛卡省，面积约 30 万公顷。此外，该公司还与委内瑞拉国家石油公司合建炼油厂。2008 年 9 月，俄罗斯联邦政府副总理伊戈尔·谢钦在委内瑞拉首都加拉加斯举行的一次情况介绍会上说，俄罗斯石油公司、俄罗斯鲁克石油公司、俄罗斯天然气工业石油公司、俄罗斯苏尔古特石油天然气公司及由俄罗斯秋明油田和英国石油公司组成的合资公司 TNK-BP 公司等 5 大石油公司希望建立一个投资联盟来推进在拉美国家的油气勘探工作。在这种情况下，由俄罗斯天然气工业股份公司和鲁克石油公司的代表组成的代表团将于 2009 年 1 月抵达玻利维亚，与玻利维亚政府制订旨在投资天然气领域的专门项目。

三 拉美石油公司在本地区间的投资与合作也在加强

长期以来，西方跨国石油公司牢牢控制着拉美的油气资源，拉美国家在既缺资金又缺技术的情况下无力勘探和开采本国油气资源，只能任凭西方石油公司将巨额利润据为己有，而本国却"坐在金山上没饭吃"。不过，今非昔比，许多拉美国家已拥有资金雄厚、技术较先进的本国石油公司，如委内瑞拉国家石油公司、巴西国家石油公司和墨西哥国家石油公司等。这些公司在满足国内需求的同时，加大了对本地区的投资与合作。

巴西国家石油公司是拉美石油公司中注重国际战略的代表。在过去 10 年内，巴西石油公司从一家国内石油经营企业发展成为全球性的能源公司。积极利用国外尤其是周边国家的油气资源，加强与周边国家及其国家石油公司的联系，是巴西石油公司近几年来在战略上采取的重要举措。巴西国家石油公司是在阿根廷的第三大石油投资公司，占阿根廷全国原油产量的 10%。阿根廷是巴西国家石油公司在海外拥有资产最多的国家，因此，阿根廷也成了巴西国家石油公司投资的主要目标。该公司拟于 2007～2011 年投资 24 亿美元用于扩大对阿根廷石油的开发。2008 年 12 月，巴西石油公司、西班牙雷普索尔公司和泛美能源公司达成协议，联合在隶属阿根廷的圣豪尔赫海湾从事石油天然气的勘探开采活动。由巴西国家石油公司控股的 TGS 公司是南美洲地区最大的管道公司，占有阿根廷天然气管道运输业务的 60%。

2008 年，巴西国家石油公司与古巴签署了一项有关在古巴勘探石油的合同，该公司将在古巴投资 5 亿美元。

在玻利维亚实施能源国有化前，巴西石油公司占玻利维亚向巴西出口天然气份额的 75%、天然气开采份额的 46%、石油冶炼能力的 95%、石油产品销售份额的 23%；它在玻利维亚的投资高达 500 亿美元。在玻利维亚实施能源国有化后，巴西国家石油公司是第一家恢复在玻利维亚投资的外国石油公司。该公司保证向玻利维亚石油和天然气项目投资 10 亿美元，以开发 2 个最大的天然气田。

目前，智利国家石油公司在厄瓜多尔和秘鲁设有分公司；在阿根廷、厄瓜多尔、哥伦比亚等国，从事油气勘探、开采和生产。近年来，这家公司推出了一系列投资项目，并打算在厄瓜多尔、阿根廷、秘鲁、巴西等国大幅增加对石油生产领域的投资，以促进能源种类及其来源国的多元化。自 2002 年起，智利国家石油公司开始在厄瓜多尔从事能源开发的业务，并于 2006 年与厄瓜多尔石油公司签署了由厄瓜多尔向智利供应原油和燃料的协议。智利国家石油公司把厄瓜多尔确定为 2007～2011 年的主要投资对象，拟向厄瓜多尔油气开发领域投资约 23 亿

美元。智利国家石油公司的中期计划目标是参加委内瑞拉奥里诺科石油项目，这个项目将耗费 15 亿美元。

秘鲁天然气行业最大的生产商是阿根廷 Pluspetrol S. A. 公司，它的产量占秘鲁天然气总产量的 59%；其次是巴西国家石油公司，其产量占秘鲁天然气总产量的 16.7%。

参考文献

UNCTAD，*World Investment Report*，2001 – 2007.

IEA，*World Energy Outlook 2007*.

IEA，*World Energy Outlook 2008*.

"The Energy Sector in Latin America：Key Prospects，Risks，and Opportunities".

2008 Latin American Business Environment Report.

Testimony of David L. Goldwyn before the Senate Foreign Relations Committee，"Energy Security in Latin America".

Direct Investment of Foreign Oil Companies in Latin America

Chen Yuanting

Abstract： MNCs from developed countries take the lion's share of the overall FDI in oil and natural gas sectors of Latin America. In this regard, multinational companies of emerging economies' investment capacity has been strengthened over time. Meanwhile petroleum companies of Latin America have enhanced their investment and advanced cooperation in energy sectors with neighboring countries.

Key Words： MNC；Energy of Latin America；Direct Investment

拉美石油、天然气统计资料

齐峰田[*]

据 2008 年 6 月英国石油公司（BP）最新发布的《2008 年世界能源统计评论》[①]，目前拉美地区已探明的石油储量为 1234 亿桶（合 176 亿吨），约占世界总储量的 10%（见表 1）。2007 年，拉美的石油产量约 5.057 亿吨，占当年世界石油总产量的 12.9%（见表 2）。拉美在石油储量和产量方面仅次于中东地区、欧洲及欧亚地区，为世界第三大石油产区。

表 1　2007 年世界各地区已探明的石油储量

地　区	储量（亿吨）	占世界的比重（%）
中东	1029	61.0
欧洲和欧亚	194	11.6
拉美和加勒比	176	10.0
非洲	156	9.5
北美（墨西哥除外）	78	4.6
亚洲和太平洋	54	3.3
世界合计	1687	100

委内瑞拉、巴西和墨西哥是拉美地区拥有石油资源最丰富的国家，2007 年 3 国已探明的石油储量约占拉美地区石油总储量的 90%，其中，委内瑞拉已探明的石油储量占拉美地区已探明的石油总储量的 70%（见表 3）。

---

[*]　齐峰田，2002 年毕业于南开大学历史学院拉美研究中心，获史学硕士学位。现为中国社会科学院拉丁美洲研究所国际关系研究室助理研究员。主要研究领域为美国与拉丁美洲外交关系，哥伦比亚综合研究，古巴、玻利维亚、加勒比地区研究等。

[①]　本文表格均源自 BP, *Statistical Review of World Energy 2008*, June 2008. http://www.bp.com/productlanding.do? categoryId=6929&contentId=7044622

表2 2007年世界各地区石油生产情况

地 区	产量(百万吨)	比2006年增长(%)	占世界的比重(%)
中东	1201.9	-1.8	30.8
欧洲和欧亚	860.8	1.5	22.0
拉美和加勒比	505.7	-4.2	12.9
非洲	488.5	3.2	12.5
北美(墨西哥除外)	470.4	1.5	12.1
亚洲和太平洋	378.7	0.3	9.7
世界合计	3905.9	-0.2	100

表3 拉美国家或地区已探明石油储量情况

国别或地区	1987年(亿桶)	1997年(亿桶)	2006年(亿桶)	2007年(亿桶)	2007年储量占世界总储量的比重(%)
委内瑞拉	581	749	870	870	70
巴西	26	71	122	126	10
墨西哥	541	478	128	122	10
厄瓜多尔	16	37	45	43	3
阿根廷	22	26	26	26	2
哥伦比亚	19	26	15	15	1
秘鲁	5	8	11	11	1
特立尼达和多巴哥	6	7	8	8	1
拉美其他地区	6	11	13	13	1
拉美地区合计	1222	1412	1238	1234	100

拉美地区的石油主要产于墨西哥、委内瑞拉、巴西等国。由于受原有油田日益枯竭、政局不稳、天气恶劣等不利因素的影响,近年来石油生产出现下降趋势。随着石油勘探与开发新技术的运用及投资的不断增加,巴西、哥伦比亚、古巴等国相继发现大油田,这些国家有望在未来20年成为拉美新的产油大国(见表4和表5)。

从2007年拉美主要产油国的石油储采比[①]可以看出,拉美地区剩余石油采

---

① 石油储采比是指当年年底油田的剩余可采储量与当年年底油田的采出量之比,以此来判断剩余采储量按当前生产能力尚可开采的年数。

表4   拉美国家或地区石油生产变化情况

国别或地区	1997 年 (百万 吨)	1999 年 (百万 吨)	2001 年 (百万 吨)	2003 年 (百万 吨)	2005 年 (百万 吨)	2006 年 (百万 吨)	2007 年 (百万 吨)	2007 年比 2006 年的 增长率(%)	2007 年产量占 世界总产量的 比重(%)
墨西哥	169.7	165.2	176.6	188.8	187.1	183.1	173.0	−5.5	4.4
委内瑞拉	171.4	160.9	161.6	131.4	151.0	144.2	133.9	−7.2	3.4
巴西	43.0	56.3	66.3	77.0	84.6	89.2	90.4	1.4	2.3
阿根廷	43.4	41.8	41.5	40.2	36.2	35.8	34.9	−2.5	0.9
哥伦比亚	33.2	41.6	31.0	27.9	27.3	27.5	27.6	0.4	0.7
厄瓜多尔	20.2	19.5	21.2	21.7	27.6	27.7	26.5	−4.5	0.7
特立尼达和多巴哥	6.7	6.9	6.5	7.9	8.3	8.3	7.3	−12.5	0.2
秘鲁	5.9	5.2	4.8	4.5	5.0	5.1	5.1	−1.3	0.1
拉美其他地区	5.3	6.2	6.9	7.8	7.2	7.1	7.1	*	0.2
拉美地区合计	498.8	503.6	516.5	507.1	534.2	528.1	505.7	−4.2	12.9

说明：* 少于 0.05%。

表5   拉美国家或地区石油日产量

国别或地区	1997 年 (千桶/ 日)	1999 年 (千桶/ 日)	2001 年 (千桶/ 日)	2003 年 (千桶/ 日)	2005 年 (千桶/ 日)	2006 年 (千桶/ 日)	2007 年 (千桶/ 日)	2007 年比 2006 年的 增长率(%)	2007 年产量占 世界总产量的 比重(%)
墨西哥	3410	3343	3560	3789	3760	3683	3477	−5.5	4.4
委内瑞拉	3321	3126	3142	2554	2937	2808	2613	−7.2	3.4
巴西	868	1133	1337	1555	1716	1809	1833	1.4	2.3
阿根廷	877	847	830	806	725	716	698	−2.5	0.9
哥伦比亚	667	838	627	564	554	559	561	0.4	0.7
厄瓜多尔	397	383	416	427	541	545	520	−4.5	0.7
特立尼达和多巴哥	135	141	135	164	171	174	154	−12.5	0.2
秘鲁	120	107	98	92	111	116	114	−1.3	0.1
拉美其他地区	108	124	137	153	143	141	141	*	0.2
拉美地区合计	9903	10036	10202	10103	10659	10549	10110	−4.2	12.9

说明：* 少于 0.05%。

储量可继续开采 40～50 年，其中委内瑞拉的剩余石油储量仍可开采近 100 年（见表6）。

表6 2007年拉美国家或地区石油储采比

国别或地区	2007年石油储采比	国别或地区	2007年石油储采比
委内瑞拉	91.3	哥伦比亚	7.4
巴西	18.9	秘鲁	26.4
墨西哥	9.6	特立尼达和多巴哥	14.1
厄瓜多尔	22.5	拉美其他地区	25.2
阿根廷	10.2		

据BP《2008年世界能源统计评论》，2007年，拉美地区已探明的天然气储量为81000亿立方米，占世界已探明的天然气总储量的4.6%（见表7）；天然气产量为1970亿立方米，占世界天然气总产量的6.7%（见表8）。

表7 2007年世界各地区已探明的天然气储量

地　　区	储量（万亿立方米）	占世界的比重（%）
中东	73.21	41.3
欧洲和欧亚	59.41	33.5
非洲	14.58	8.2
亚洲和太平洋	14.46	8.2
拉美和加勒比	8.10	4.6
北美（墨西哥除外）	7.61	4.3
世界合计	177.36	100

表8 2007年世界各地区天然气生产情况

地　　区	产量（亿立方米）	比2006年增长（%）	占世界的比重（%）
欧洲和欧亚	10757	-0.1	36.5
北美（墨西哥除外）	7116	2.5	25.0
亚洲和太平洋	3915	4.8	13.3
中东	3558	4.9	12.1
拉美和加勒比	1970	2.9	6.7
非洲	1904	4.8	6.4
世界合计	29400	2.4	100

拉美天然气资源主要分布于委内瑞拉等拉美产油大国（见表9）。其中，2007年，委内瑞拉的天然气储量达5.15万亿立方米，约占世界天然气总储量的

2.9%，占拉美地区天然气总储量的63%。与委内瑞拉相邻的玻利维亚，近年来由于采用新的勘探技术和设备，已探明的天然气储量大幅攀升，目前已跃居为拉美地区的第二大天然气储量国，天然气储量达7400亿立方米，占拉美地区天然气总储量的9%。特立尼达和多巴哥则以4800亿立方米的储量位居拉美天然气储量国的第三位。

表9　拉美国家或地区已探明的天然气储量分布情况

国别或地区	1987 年（万亿立方米）	1997 年（万亿立方米）	2006 年（万亿立方米）	2007 年（万亿立方米）	2007 年储量占世界总储量的比重(%)
委内瑞拉	2.84	4.12	5.10	5.15	2.9
玻利维亚	0.14	0.12	0.74	0.74	0.4
特立尼达和多巴哥	0.30	0.52	0.48	0.48	0.3
阿根廷	0.69	0.68	0.45	0.44	0.2
墨西哥	2.12	1.80	0.39	0.37	0.2
秘鲁	0.34	0.20	0.33	0.36	0.2
巴西	0.11	0.23	0.35	0.36	0.2
哥伦比亚	0.10	0.20	0.12	0.13	0.1
拉美其他地区	0.15	0.15	0.07	0.07	*
拉美地区合计	6.79	8.01	8.03	8.10	4.6

说明：* 不足 0.05。

2007 年，墨西哥天然气产量达 462 亿立方米，同比增长 8%，在拉美地区位居第一位（见表10）。由于阿根廷能源企业长期投资不足，近几年阿根廷的天然气储量及产量呈逐年下降趋势；2007 年，其产量为 448 亿立方米（见表10），已退居拉美国家次席。特立尼达和多巴哥近年来在其北部和东部海域发现了大型天然气田再加上大量外资的投入，该国的天然气产量不断增长。目前，它是拉美地区的第三大天然气生产国、美国最大的液化天然气供应国；2007 年，它向美国出口天然气 4510 亿立方米，占美国液化天然气进口总量的60%。[①]

---

① http://www.eia.doe.gov/emeu/cabs/Caribbean/LNG.html

表 10　拉美各国天然气产量

国别或地区	1997 年（亿立方米）	1999 年（亿立方米）	2001 年（亿立方米）	2003 年（亿立方米）	2005 年（亿立方米）	2006 年（亿立方米）	2007 年（亿立方米）	2007 年比2006 年的增长率(%)	2007 年产量占世界总产量的比重(%)
墨西哥	317	367	349	362	389	428	462	8.0	1.6
阿根廷	274	346	371	410	456	461	448	-2.8	1.5
特立尼达和多巴哥	74	117	152	247	303	364	390	7.0	1.3
委内瑞拉	308	274	296	252	281	279	285	1.9	1.0
玻利维亚	27	23	47	64	119	127	135	6.5	0.5
巴西	60	67	76	100	110	113	113	-0.5	0.4
哥伦比亚	59	52	61	61	68	73	77	5.6	0.3
拉美其他地区	26	33	37	34	48	53	61	13.2	0.2
拉美地区合计	1145	1279	1389	1530	1774	1900	1971	3.7	6.7

目前，拉美主要天然气生产国的天然气储采比多达 30～50 年（见表 11）。

表 11　2007 年拉美国家或地区天然气储采比

国别或地区	储采比	国别或地区	储采比
委内瑞拉	*	秘鲁	*
玻利维亚	54.7	巴西	32.3
特立尼达和多巴哥	12.3	哥伦比亚	16.2
阿根廷	9.8	拉美其他地区	21.0
墨西哥	8.0		

说明：＊100 年以上。

随着油气勘探、开采技术的提升，外部资金不断涌进，玻利维亚、哥伦比亚、秘鲁等国的油气资源有望被重新发现和大量开发出来。

参考文献

BP, *Statistical Review of World Energy 2008*, June 2008.

2008 年拉丁美洲和加勒比政治形势

袁东振[*]

摘 要：2008 年，拉美国家的政治局势呈现出平稳发展的良好态势。各国政府在保持大局稳定的前提下继续进行变革与调整；5 个国家如期举行大选，实现了政党轮替和权力交接；一些国家的地方选举进展顺利；左翼政府的执政地位依然稳固；局部性动乱现象有所减少。但是，随着下半年以来国际金融危机对拉美地区的不利影响逐渐加深，预计 2009 年拉美地区经济将出现大幅度下滑，拉美各国政府面临的政治和社会风险正在明显加大。

关键词：政治局势　选举竞争　左翼政府　金融危机　政治风险

---

* 袁东振，2002 年毕业于中国社会科学院研究生院国际政治专业，获法学博士学位。现为中国社会科学院拉丁美洲研究所政治室主任，研究员。主要研究方向为拉美政治。

本文主要从政治局势的变化、代议制民主制度的运行、左翼政府的变革与面临的挑战、国际金融危机的政治影响等四个方面，对 2008 年拉美地区政治形势进行简要总结，对 2009 年的形势发展作初步分析和展望。

一 政治局势保持平稳

各国政局保持平稳是 2008 年拉美地区政治形势的主流。这种良好的局面反映出拉美国家力求稳步推进各种必要的制度变革和政策调整，为加快经济社会发展和开展对外合作创造稳定的大环境。

拉美国家政治稳定主要表现在以下三个方面。

1. 基本政策相对稳定

拉美国家的政府虽有不同的政治和政策取向，但各种倾向的政府在 2008 年均保持了既定的或以往的政策趋势和走向，政策虽有小幅和局部调整，但没有出现大反复或大转变，多数国家未出台新的、具有改变政策方向性质的重大改革措施。

2. 局部性政治冲突与社会动乱事件较少

在拉美地区，各类局部性的政治冲突或社会动乱事件，历来是影响政局稳定的重要因素。2008 年这类事件虽有发生，但相对较少。如墨西哥毒品犯罪集团的暴力活动增多，墨西哥国营石油公司改革引起政治争议，阿根廷因农产品出口问题引发抗议活动，秘鲁爆出与腐败相关的政治丑闻，海地因食品危机引发骚乱，等等。但这些事件主要属于个案，未影响上述国家政局基本稳定的大局，且其影响都局限在个别国家，对其他国家的影响不大。

3. 代议制民主制度能正常运行

定期选举、政党竞争，是西方代议制民主的一项基本制度。拉美国家政党林立，大选或中期选举是各政党激烈竞争的场所。2008 年拉美和加勒比地区有巴巴多斯、伯利兹、多米尼加、巴拉圭和格林纳达 5 个国家举行大选；① 还有一批国家举行了地方选举。这些选举能按法定程序顺利完成，选举结果能得到各方尊重，没有意外事件发生。

拉美国家政局能保持稳定的主要原因如下。

---

① "Calendario Electoral 2008". http://www.electionguide.org/index.php

1. 经济与社会形势好转

拉美地区经济自 2003 年以来连续 6 年保持 5% 左右的增长率。在经济形势好转的情况下，各国政府采取稳健、务实的政策，改善公共财政，努力扩大就业，增加社会投入，关注各种民生问题，得到多数民众的认可。

2. 政治共识增强

维护民主政治体制的稳定在拉美国家已具有广泛社会共识，民主政治体制的合法性和权威性日益得到全社会的尊重。各主要政治力量均寻求在现有制度框架内表达各自的利益和诉求。军人干政现象在拉美已很少发生，各种不稳定因素或动乱因素的影响力不断下降。例如：在墨西哥，萨帕塔游击队日渐式微，因 2007 年大选引起的政治纷争已趋平息；哥伦比亚游击队"革命武装力量"最高领导人病逝，领导机构连遭重创，其活动范围和影响力都大不如前；其他国家的反政府武装已经基本丧失了政治影响，甚至销声匿迹。

3. 在激进左翼执政的国家政治冲突得到一定程度缓解

在委内瑞拉、玻利维亚、尼加拉瓜等激进左翼执政的国家，各派政治力量在政治经济改革的目标、方式等问题上分歧比较尖锐，容易引起对立阵营之间的冲突和局势动荡。2008 年，这些国家国内的政治冲突都有所缓解。查韦斯总统的政治统治方式，特别是无限期连任总统的意图，遭到反对派的激烈反对；但通过将执政联盟各党整合为新的"统一社会主义党"（2008 年 1 月正式建立，查韦斯当选为主席），查韦斯巩固了执政的组织基础；通过 11 月 23 日举行的地方选举，该党进一步稳固了在多数州的执政地位。莫拉莱斯总统争取连任的企图在玻利维亚也遇到强大阻力，在他放弃连任三届的想法后，议会于 2008 年 10 月通过了就新宪法举行全民公决的议案，持续已久的国内矛盾终于得到缓解。尼加拉瓜奥尔特加总统的统治方式在国内也引起较大争议，致使国内矛盾激化，但争端最后也基本得以化解。

值得指出的是，激进左翼执政的拉美国家属中等国家或小国，在拉美地区的权重较轻，政治冲突引发的政治效应主要局限在国内，对整个地区形势的影响较小。如果说几年之前，查韦斯对墨西哥、秘鲁等国的选举进程（如 2006 年的大选）曾有一定影响，那么，目前这种影响力已大大下降。

保持政治稳定虽然已成为拉美的主流趋势，但拉美国家政治动荡的风险依然存在。少数国家的政治冲突长期得不到根本解决，新的不稳定因素仍不断出现；拉美国家政党制度普遍不够成熟，"左""右"交替、政策多变的现象难以避免；政治腐败、贫富分化、有组织的犯罪等现象，在短期内不可能得到根本好转。

另外，当前世界金融危机带来的负面影响也加大了政府的执政难度，增加了拉美国家的政治风险和社会风险。金融危机的最终后果虽尚难预料，但目前已给拉美原材料出口依赖型国家的经济造成巨大压力。随着危机的发展，其影响必然传导到政治、社会、人民生活等各方面，这必然会增加政府执政的难度。此外，金融危机带来的消极后果会抑制政府执行社会政策的能力，延缓社会改革进程，增加拉美国家的政治风险和社会安全风险。与此同时，金融危机也使美国倡导的新自由主义发展模式再次受到冲击，可能会进一步推进拉美国家探索新发展道路的进程，增加政府政策变动的风险。

二 多党竞争、定期选举的制度趋于稳固

（一）竞争性政党制度进一步稳固

拉美国家各派政治力量依然处于不断分化组合的过程，党派众多是各国的普遍现象。每逢大选或中期选举，由多个政党组成竞选联盟参与权力角逐也是常见现象，并且通常都能尊重选举结果。2008 年，巴巴多斯、伯利兹、多米尼加、巴拉圭和格林纳达 5 个国家举行大选。除多米尼加外，其他 4 国都实现了执政党的更迭；其中巴拉圭红党在执政 61 年后丧失执政地位。这些国家的选举进程和选举结果增强了拉美地区多党或两党轮流执政的趋势。

巴巴多斯于 1 月 15 日举行大选，民主工党获得众议院 30 个席位中的 20 席，击败了 1994 年以来一直执政的工党。伯利兹于 2 月举行议会选举，反对党统一民主党获议会 31 个席位中的 25 席，战胜执政的人民统一党（获 6 席）。巴拉圭于 4 月 20 日举行大选，选举总统、45 名参议员、80 名众议员、首都亚松森及 17 个省的地方议会和行政长官。反对派"爱国变革联盟"总统候选人费尔南多·卢戈以较大优势当选总统，结束了红党在该国长达 61 年的统治。多米尼加于 5 月 16 日举行大选，现任总统、解放党总统候选人莱昂内尔·费尔南德斯·雷纳在总统选举中获胜，解放党连续执政。格林纳达于 7 月 8 日大选，已经在野

13 年的国家民主大会党获胜，取得议会 15 个席位中的 11 席，击败了执政的新国民党。

（二）执政党不强、反对派不弱的现象进一步发展

执政党力量不强，在议会中不占优势的现象在拉美很常见（如巴西总统卢拉所属的劳工党在该国本届议会中的席位不到 20%）。2008 年拉美地区一些大国相继举行了地方或市政选举，各政党在地方和市政一级展开激烈争夺。在选举过程中，进一步显示出执政党不强、在野党（或反对党）不弱的特点。

巴西于 10 月 5 日进行 4 年一次的市政选举，选举全国 5563 个城市的市长。在当天的选举中，产生了 5001 个城市的市长，其中民主运动党赢得 1041 个城市的市长，社会民主党赢得 704 个城市的市长，卢拉所属的劳工党赢得 489 个城市的市长。在圣保罗、里约热内卢、阿雷格里港、萨尔瓦多等 23 个主要城市，由于没有候选人获得半数以上选票，需要进行第二轮选举。

智利于 10 月 26 日举行 4 年一次的全国市政选举，中左翼的执政联盟和在野的右翼政党联盟实力相当。在全国 345 个城市的市长选举中，右翼政党联盟和中左翼执政联盟分别获得约 40% 和 38% 的支持率，右翼政党联盟略胜一筹，赢得了包括首都圣地亚哥、第二大城市瓦尔帕莱索等重要城市在内的市长选举。但在全国 2160 名市政议员的选举中，中左翼执政联盟和右翼政党联盟分别获得 45% 和 36% 的选票，执政联盟稍微领先。

尼加拉瓜于 11 月 9 日举行全国市政选举，选举 146 个城市的市长。包括桑解阵（执政党）在内的 5 个政党参选。桑解阵在包括首都马那瓜在内的 105 个城市获胜，其主要竞争对手制宪自由党和自由党联盟在 41 个城市获胜。执政党虽以较大优势获胜，但竞争相当激烈。反对党一度不接受选举结果，要求最高选举委员会在国际组织和参选政党监督下重新计票，引发了示威活动和暴力冲突。①

委内瑞拉 4 年一次的地方选举于 11 月 23 日举行，选举 22 名州长、328 名市长和 233 名州议员。由统一社会主义党领导的执政党联盟在 22 个州中的 17 个州

---

① The Associated Press, "Liberales Nicaragüenses Quieren Nulidad de Comicios", Publicado el sábado 15 de noviembre del 2008. http://www.elnuevoherald.com

获胜，继续在数量上保持压倒性优势。但反对派组成的全国团结联盟也取得重要突破，在全国人口最多的米兰达州和首都加拉加斯市获胜，执政党与反对派的争夺相当激烈。反对派领导人罗萨莱斯甚至表示，地方选举使"委内瑞拉的政治地图开始发生变化"。

墨西哥也有类似情况。据统计，到2008年8月为止，在全国31个州和1个联邦区中，反对党革命制度党在18个州执政，在23个州的州议会中占多数席位；而执政的国家行动党只控制8个州；另一个反对党民主革命党控制6个州（包括联邦区）。在革命制度党掌权的州、市居住的人口占全国总人口的57%，国家行动党掌权的地区人口占21%，民主革命党掌权的地区人口占22%。

（三）拉美地区最后一个长期执政的政党下台

巴拉圭于2008年4月20日举行大选，反对派总统候选人卢戈获得40.83%的选票，以较大优势赢得总统选举。此次选举对该国政党格局产生了重大影响，也对拉美地区政党格局有一定影响。这主要表现在以下两个方面。一是结束了红党在巴拉圭长达61年的统治。从20世纪40年代起，红党就在巴拉圭执政，但它并没有给巴拉圭带来经济繁荣和社会进步，巴拉圭成为南美地区经济最不发达的国家之一。此外，红党政府贪污腐败丑闻不断，内部出现分裂，自身形象严重受损。人心思变，人们希望通过政党轮替实现变革。二是扩大了左翼在拉美地区的影响。卢戈出身于大主教，倡导社会公平，维护穷人利益，被称为"穷人的神父"；他赞成查韦斯、莫拉莱斯、科雷亚等人的政治主张，被认为是拉美左翼的又一代表人物。拉美舆论认为，卢戈上台壮大了左翼阵营的力量，扩展了左翼在拉美地区的影响力。

（四）传统左翼政党依然活跃

这里所说的"传统左翼"，主要指共产党等传统左翼政党，而不是指拉美地区近年来出现的新左翼。

1. 主要活动

拉美共产党近期主要开展了以下三项活动。第一，为纪念俄国十月革命胜利90周年和乌拉圭共产党建党87周年，阿根廷、巴西、哥伦比亚、古巴、巴拉圭和乌拉圭 6 国共产党于 2007 年 10 月 9 日在乌拉圭首都蒙得维的亚举行会议，并发表了一项"最终声明"，① 对时代问题、美帝国主义、斗争的策略与手段、国际政策等提出了一系列主张。第二，出席于 2008 年 5 月在巴西圣保罗举行的"左派"政党论坛"圣保罗论坛"。② 第三，出席于 2008 年 11 月 21 ~ 23 日在巴西圣保罗召开的世界共产党和工人党第十次大会。

2. 拉美共产党的主要政策主张

拉美是较早建立共产党的地区。共产党在部分拉美国家仍是有影响力的政治力量。拉美共产党经历了曲折的发展道路，经历了中苏分裂和苏联、东欧剧变两次大冲击。当前，在拉美地区共有 20 多个共产党组织，都是合法政党。除古巴共产党执政外，巴西和委内瑞拉的共产党为参政党。有些国家的共产党虽不是参政党，但在议会有席位（如哥伦比亚共产党）。有的共产党虽在议会没有席位，但在工会和学生等群体中有较大的影响力（如智利共产党）。

拉美共产党明确把马列主义作为指导思想，这是共产党与该地区其他类型左翼政党的最本质区别。

强调合法斗争。在新的历史条件下，拉美共产党的斗争策略和手段发生了根本变化，强调通过民主方式，开展合法斗争。巴西、乌拉圭、阿根廷、哥伦比亚、玻利维亚、秘鲁等国的共产党，利用大选与国内其他进步政党和组织建立选举阵线或统一阵线，参与政治进程，从事合法斗争。

主张用社会主义取代资本主义。拉美共产党反对在拉美地区进行新自由主义改革，认为新自由主义远远不能保证社会的发展，使社会财富愈加集中在垄断寡头手中，失业不断增加，大多数人更加贫困，甚至陷于被遗弃的境地。拉美共产党普遍认为，"社会主义仍充满活力，无论现在和将来都是人类的希望"，社会主义是"拉美人民的唯一选择"。

拉美共产党对当前世界和拉美地区的重大理论问题和现实问题进行了深刻反思，特别是对美洲大陆和世界当前的主要问题有着新的思想和认识。在 2008 年

---

① "Declaración Final del Encuentro Regional de Partidos Comunistas", 9 de octubre de 2007. http：//www. redglobe. org/index. php

② "Concluye hoy en Uruguay Foro de Sao Paulo". http：//www. prensa-latinaenglish. com/article. asp 另外，拉美地区共产党参加圣保罗论坛的政党名单，以及历届圣保罗论坛的"最后声明"等文件，可在巴西劳工党官方网站上查阅。http：//www. pt. org. br/portalpt/foro/noticias

11 月召开的共产党国际大会上，拉美共产党探讨了金融危机的影响，批评将巨额资金用于救助那些危机的制造者们，认为这种政策加剧了劳动者的贫困、不安全、饥饿和失业。①

三　左翼政府执政地位进一步巩固

（一）古巴顺利完成最高领导层的权力交接

2008 年 2 月古巴召开全国人民政权代表大会，劳尔·卡斯特罗作为唯一候选人，当选国务委员会主席和部长会议主席（兼武装部队总司令），古巴最高领导层实现了权力交接。以劳尔·卡斯特罗为首的新领导集体主要由古巴老一辈革命者组成，承担着承前启后的重要历史责任。

2008 年古巴在政治、经济和社会领域出台了一些新的措施（如强调古巴党和政府应是集体领导，要扩大各级人民政权代表大会代表的作用，放松了一些限制，通过了新的社会保障法）。在 2008 年 4 月召开的古巴共产党（以下简称"古共"）五届六中全会上，劳尔强调要实行制度化，并宣布 2009 年下半年召开古共第六次代表大会（古共五大于 1997 年举行，六大应于 2002 年举行）。

（二）委内瑞拉"统一社会主义党"正式建立

2008 年 1 月查韦斯在整合执政联盟各党的基础上，建立了"统一社会主义党"。查韦斯建立新党的目的在于把委内瑞拉"左派"政治力量整合成一个坚强有力的整体，使之成为建设"21 世纪社会主义"的关键力量。统一社会主义党的建立，巩固了查韦斯政治统治的基础。2008 年 11 月 23 日，委内瑞拉举行 4 年一次的地方选举，执政的统一社会主义党领导的执政党联盟在 22 个州中的 17 个州获胜，继续保持压倒性优势，在地方的统治基础也得以维护。

查韦斯政府面临的挑战也有所增加。一是在组建统一社会主义党过程中，执政联盟内部曾发生分歧。由于多种因素的影响，属于执政联盟的争取社会民主

---

① Prensa-Latina，"Concluyó en Brasil X Encuentro de Partidos Comunistas y Obreros". http：//www. prensa-latina. cu/article. asp

党、委内瑞拉共产党、"大家的祖国"党最终都没有加入新建的政党。① 上述 3 个政党曾受到查韦斯的激烈批评，3 党领导人也曾对查韦斯表示不满。二是统一社会主义党过分依赖查韦斯个人。查韦斯具有极高的个人魅力，善于动员民众，成为委内瑞拉"玻利瓦尔革命"和"21 世纪社会主义"建设的绝对核心，但委内瑞拉的政治变革进程过于依靠查韦斯的个人领导也有一定风险。三是执政党与反对派之间的分歧进一步加大。在建党过程中，一些原来支持查韦斯的人加入了反对派的阵营，反对派的队伍有所扩大。执政党与反对派的分歧不仅没有减少，甚至有所加剧。地方选举结束后，查韦斯再次提出修改宪法、允许总统无限期连任的建议。在此情况下，反对派又出现加强联合的趋势，已于 2008 年 12 月上旬组建了反对无限期连任建议的"联合委员会"。② 委内瑞拉可能围绕这个问题出现新一轮政治冲突。

（三）厄瓜多尔顺利实现宪法改革

科雷亚总统执政后，一直致力于推进宪法改革。2007 年 4 月 15 日厄瓜多尔举行全民公决，决定成立制宪大会，以制订一部新宪法；同年 9 月 30 日厄瓜多尔举行制宪大会代表选举。2008 年制宪大会完成了新宪法的起草，宪法草案在制宪大会获得通过后，于 2008 年 9 月 28 日提交全民公决，并获得通过。新宪法对厄瓜多尔现行国家体制、政治结构和经济模式均作了大幅调整：打破传统的三权分立体制，除行政、立法和司法权外，增设公民权，由新设立的"公民参与社会管理委员会"行使；该委员会成员由社会各界和公民组织推荐，经选举产生，可任命总检察长、总审计长以及国家选举委员会和司法委员会等部门的重要成员。新宪法加强了总统权力，规定总统可连选连任一次，总统有权颁布紧急经济法案，可有条件地解散立法机构。新宪法加强了国家在经济领域的主导作用，规定政府将加强对国民经济的宏观规划与指导，加强对涉及国计民生的石油、矿产、水资源和电信等行业的控制；强调在保持经济增长的同时，缩小贫富差距，增加就业，避免社会两极分化。

---

① Jaime Lopez, "Partido Podemos, Tercera vía en Venezuela", Publicado el sábado 15 de marzo del 2008. http：//www.elnuevoherald.com

② Agence France Presse, "Crean Dirección Contra la Reelección Indefinida en Venezuela", Publicado el domingo 7 de diciembre del 2008. http：//www.elnuevoherald.com

新宪法已于 2008 年 10 月 21 日正式生效。新宪法巩固了科雷亚总统的执政地位，为其推进其他领域改革创造了有利条件。厄瓜多尔政局曾长期动荡，新宪法通过后，国内矛盾仍错综复杂，反对派依然有相当实力。一旦改革触及既得利益集团的根本利益，就有可能出现新的动荡。按照新宪法，厄瓜多尔将于 2009 年 4 月举行大选。即使科雷亚届时能成功连任，但在推进全面改革的道路上仍面临许多挑战，各种政治力量之间的分歧和对抗在所难免。

（四）玻利维亚宪法改革有所进展

莫拉莱斯上台后积极推进宪法改革，但遭遇重重阻力，制宪进程长期处于停滞状态，直到 2007 年 12 月议会才通过新宪法草案。但由于政府和反对派在许多关键问题上存在分歧，新宪法迟迟未能提交全民公决。2008 年，执政的争取社会主义运动党与主要反对党展开多次对话，由于双方分歧较大，对话数次中断；期间中央政府与由反对党控制的一些省政府以及双方的支持者，在地方自治等问题上分歧严重，多次爆发激烈冲突。反对派要求建立包括独立立法权、分享能源税收等内容的"完全自治"，而莫拉莱斯则强调地方自治必须遵循国家统一的原则。2008 年 8 月，为缓和国内政治危机，玻利维亚就总统、副总统以及全国 9 个省中的 8 个省长的去留问题举行了公民投票，其中莫拉莱斯获得 67.41% 的支持率得以留任。国内政治局势在 2008 年 10 月以后出现缓解，执政党与反对派在达成有关新宪法协议的问题上都作出了让步。政府同意对新宪法草案做"实质性"修改，莫拉莱斯表示不再寻求第三次连任。10 月 21 日玻利维亚议会经公民投票通过新宪法议案，规定在 2009 年 1 月 25 日举行全民公投。至此，玻利维亚持续已久的国内矛盾暂时缓解，制宪改革僵局被打破。但围绕 2009 年 1 月的全民公投以及公投后的大选，各派政治力量将展开新一轮较量。即使莫拉莱斯能获胜，其执政道路也不会一帆风顺。

（五）左翼政府之间的联合有所发展

在委内瑞拉总统查韦斯积极推动下，"美洲玻利瓦尔替代计划"进一步扩展，左翼政府之间的联合有所发展。早在 2001 年查韦斯就提出"美洲玻利瓦尔替代计划"（ALBA），旨在加强拉美一体化，抵制美国倡导建立的"美洲自由贸易区"。ALBA 得到拉美地区不少左翼倾向政府的响应。委内瑞拉与古巴于 2004

年率先就实施这一计划签署协议，随后玻利维亚（2006 年）和尼加拉瓜（2007 年）也加入该计划。2008 年多米尼克和洪都拉斯也相继加入这一计划。据查韦斯透露，海地和巴拉圭也有加入该计划的意愿。ALBA 的不断扩展，壮大了反对、批评和质疑美洲自由贸易区的力量，体现了拉美国家对新发展道路的探索，对加强拉美国家间的团结与合作具有重要推动作用。但 ALBA 的扩展和实施也面临重大困难和挑战，加入该计划的主要是拉美地区的一些小国和穷国；即使在已经加入该计划的国家内部，对该计划持批评和非议态度的也大有人在，该计划的实施前景面临一定的限制和不确定性。

四　国际金融危机对拉美的影响逐渐显现

（一）金融危机会增加拉美国家政府的执政难度

目前世界性金融危机对拉美国家的影响主要表现在经济方面（如流动资金锐减，银根紧缩，能源和农矿产品价格下滑，出口萎缩等），已给拉美原材料出口依赖型国家的公共财政收入带来了巨大压力。随着危机的不断升级，随着金融危机的后果向政治、社会、人民生活等其他方面的不断传导，拉美国家政府的执政难度会有所加大，执政党面临的考验会进一步增加。如果执政党不能对金融危机造成的各种后果作出有效回应，可能会对一些执政党的执政地位产生不利影响，不管这些执政党的意识形态色彩如何。

以委内瑞拉为例。委内瑞拉是世界第五大石油出口国，石油收入占国民收入的 50%，占外汇收入的 90%。国家财政收入的 65% 左右来自石油出口。2008 年 7 月国际市场原油价格每桶达到 147 美元，而 12 月只有 40 多美元。美国金融危机及其导致的包括原油在内的原材料价格的下跌，对委内瑞拉的影响是显而易见的。连查韦斯本人在 2008 年 11 月之后也改变了他一直强调的金融危机对委内瑞拉影响不大的论点，承认 "油价下跌将会对委内瑞拉经济产生消极影响"。油价大幅度下降不仅对委内瑞拉的经济发展产生影响，还会对查韦斯提出的 "玻利瓦尔革命" 和 "21 世纪社会主义" 进程产生影响。如果金融危机进一步发展，油价继续下跌，查韦斯政府可能就没有足够的资金来推行其多项社会发展计划，可能会影响其在国内的支持率；与此同时，委内瑞拉向拉美、加勒比国家和其他发展中国家作出的提供援助的承诺也可能不能完全兑现，这也会有损查韦斯在国际上的声誉和影响。

智利也属原材料出口依赖型国家。连续执政近 20 年的左翼执政联盟面临越来越多的困难；如果不能有效应对金融危机带来的消极后果，其执政地位就有可能受到威胁，在 2009 年 12 月大选中丧失执政地位也不是危言耸听。不少拉美国家的情况与委内瑞拉和智利有类似之处，这也是我们观察拉美今后一个时期政治发展的一个重要视角。

（二）金融危机可能会促使拉美国家进一步探寻新的发展道路和发展模式

此次金融危机使美国倡导的新自由主义发展模式进一步受到打击。美国一直极力向拉美国家推销新自由主义发展模式，但这一模式自 20 世纪 90 年代在拉美引起严重不良社会后果之后，在拉美地区的影响力有所下降，一些左翼政府甚至公开宣布放弃这一模式。此次金融危机的爆发，可能会推动拉美国家对新自由主义的发展模式作进一步反思，可能会进一步推进其探索新发展道路和发展模式的进程。

（三）金融危机增加了拉美国家的政治风险和社会安全风险

金融危机通常能引起政治动荡，加剧政策的不确定性，这种例子在拉美国家屡见不鲜。一些拉美国家的政局本身就有许多不稳定因素，当前的金融危机如果进一步发展，不排除一些国家再次出现政治动荡的可能性。另外，金融危机及其所带来的后果，会抑制拉美国家解决各种社会问题和民生问题的能力，增加拉美国家的社会安全风险。

拉美国家自 2003 年以来经历了连续 6 年较高的经济增长，财政状况明显好转，外汇储备相对充裕。当前拉美各国政府应对国际金融危机的措施也比较及时、得力。因此，人们对拉美地区 2009 年的政治与经济形势并不悲观，拉美地区有可能继续保持政局的基本稳定。2009 年，拉美有一些事态发展是值得我们予以关注的。例如：金融危机对拉美政治的影响；厄瓜多尔、玻利维亚、智利等国的大选，以及大选结果对这些国家乃至整个地区政治走向的影响；古巴共产党第六次代表大会及其对古巴未来政策的影响；等等。

参考文献

"Calendario Electoral 2008".

Prensa-Latina, "Concluyó en Brasil X Encuentro de Partidos Comunistas y Obreros".

"La Izquierda de América Latina y el Caribe en el Nuevo Tiempo-La Riqueza de la Diversidad, Documento del XIV Foro de San Pablo", Montevideo, mayo de 2008.

"Final Declaration, 14th Meeting of the São Paulo Forum", 22 – 25 May 2008, Montevideo, Uruguay.

"Declaración Final del Encuentro Regional de Partidos Comunistas", 9 de octubre de 2007.

Political Report on Latin America and the Caribbean in 2008

Yuan Dongzhen

Abstract: In 2008, a good momentum of steady development prevailed the political picture of Latin American countries. Transformation and relevant adjustments were continuously fostered by national governments; general elections in 5 countries were carried out as expected for smooth transfer of power between parties and local elections in a few countries closed peacefully. During the year, leftist governments remained steady in power while local turmoil started to abate. However, as the international financial crisis began to take its toll on Latin American economies in the second half of the year, a dramatic economic slowdown is foreseen for Latin America in 2009 and growing political and social risks are posing serious challenges to all Latin American governments.

Key Words: Political Situation; Electoral Competition; Leftist Government; Financial Crisis; Political Risk

2008 年拉丁美洲和加勒比经济形势

吴国平[*]

摘　要：2008 年拉美和加勒比经济增长率为 4.6%。受全球金融危机和外部经济环境变化的影响，拉美经济的全年走势出现以下特点。其一，全球金融危机改变了拉美经济增长周期，拉美经济进入新的调整周期，上下半年拉美经济出现不同的走势。股市缩水、汇市动荡、本币贬值、资金外流、生产下降，成为下半年、尤其是第四季度拉美经济的主要特点。其二，拉美经济走势的国别差异具有区域集中的特点。其三，尽管对外贸易继续保持增长，但有利于拉美出口增长的外部条件发生了变化，对外贸易顺差递减，国际收支平衡压力加大。其四，拉美各国的主要生产部门出现分化，汽车业的生产和销售出现滑坡。其五，中拉贸易额再创历史新高，建立中拉经贸合作的制度保障又有新的突破。为应对全球金融危机，拉美国家加快了经济政策调整的步伐，保稳定、促增长成为许多国家的主要政策目标，基础设施建设和资源领域开发成为拉美投资的重点。拉美国家之间在调整政策的取向上存在较大差异。拉美经济面临新的严峻挑战，受众多不确定因素的影响，2009年拉美经济的增长率将维持在 1.8%、甚至更低的水平上。

关键词：2008 年形势　拉丁美洲和加勒比经济　经济形势

2008 年拉美和加勒比地区经济继续保持中速增长，但其增速明显放缓，主要经济指标和影响其经济增长的外部环境都出现了重要变化；这标志着从 2003

---

* 吴国平，1986 年毕业于墨西哥经济研究和教学中心，获经济和国际政治硕士学位。现为中国社会科学院拉丁美洲研究所所长助理，经济室主任，研究员，博士生导师。主要研究领域为拉美经济。

年开始并延续至今的拉美历史上最好的经济增长周期之一已经结束。受全球金融危机和美国经济走势的影响，拉美和加勒比经济未来发展将面临更多的不确定因素，2009 年其经济有可能进入新一轮调整周期，预计整个地区经济增速将进一步大幅下滑。

一 2008 年拉美和加勒比经济形势的主要特点

2002 年阿根廷危机后，拉美和加勒比经济进入其历史上最好的一个增长周期。与 2002 年相比，2007 年拉美和加勒比地区按当年价格计算的 GDP 总量翻了近一番，由 1.85 万亿美元增加到 3.62 万亿美元。其间，在拉美 33 个国家中有 7 个国家的 GDP 总量翻了一番多，其中巴西的 GDP 由 5059.6 亿美元增加到 1.26846 万亿美元，阿根廷的 GDP 由 1020 亿美元增加到 2623.3 亿美元；其他绝大多数国家的 GDP 总量也都有大幅度提高。[①] 这一时期，世界经济同样也处于一个快速增长期，为拉美经济的发展创造了相对有利的外部环境，使拉美经济在宏观经济相对稳定的基础上持续增长。但 2007 年美国爆发了次贷危机，并于 2008 年下半年演变成全球性金融危机。这改变了外部经济环境，使延续 5 年的拉美经济增长轨迹发生了变化，拉美经济正进入一个新的周期。2008 年拉美和加勒比经济具有以下特点。

（一）全球金融危机改变了拉美经济增长的周期

外部环境是影响拉美和加勒比经济周期的重要因素之一。尽管 2008 年拉美和加勒比经济已连续第 6 年实现增长，并维持在 4.6%[②]的中速增长水平上，仅比 2007 年减少 1 个百分点。但如果以下半年发生的全球金融危机为界，将拉美经济按上下半年分别进行考察，不难看出两者之间存在着明显差异。9 月，美国雷曼兄弟公司倒闭后引发的华尔街金融风暴，对拉美实体经济造成了严重冲击。自第四季度起，拉美经济增速下降的幅度加大，拉美经济支柱产业受到更大的影

[①] CEPAL, *Estudio Econòmico de Amèrica Latina y el Caribe 2007 – 2008*, Santiago de Chile, agosto de 2008, Cuadro A – 2.

[②] CEPAL, *Balance Preliminar de las Economìas de Amèrica Latina y el Caribe 2008*, Santiago de Chile, diciembre de 2008, p. 1.

响,近期内这一趋势将难以改变。

由于经济大幅度下滑,发达国家对基础产品的需求下降,造成这类产品的国际价格由上半年的猛涨转向下半年的急跌,除对拉美出口产生不利影响以外,还在一定程度上造成宏观经济的波动。上半年,人们还普遍认为,美国次贷危机对拉美经济的影响有限。其主要依据是,拉美经济增长的态势没有发生变化,拉美国家的货物出口继续保持了较快增长。2008 年上半年,基础产品的国际价格、尤其是原油和粮食的价格持续走高,使拉美基础产品出口国获益匪浅,不仅其出口继续保持快速增长,而且它们的经济增长也延续了 2007 年的发展轨迹,有的国家甚至还呈加快发展的趋势,从而为全年的经济增长奠定了基础。由于这些国家的经济在拉美和加勒比经济中所占权重较大,因此,它们的经济增长趋势掩盖了中美洲和加勒比地区资源和粮食进口国经济所遇到的困难。此外,几乎拉美各国都面临着油价和粮价上涨带来的通胀压力。然而,下半年这一局面发生了逆转,尤其是第四季度,包括石油和粮食在内的基础产品价格大幅度下跌,从图 1可以看出这一变化的幅度之大。尽管这在一定程度上有助于缓解拉美通胀的压力,但一些国家的主要出口产品在短时间内出现如此剧烈的波动,在一定程度上对整个地区的经济造成了不利影响。据估计,2008 年整个拉美地区的贸易比价

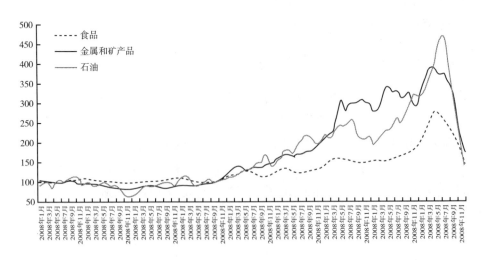

图 1 基础产品价格指数 (2000 年 = 100)

资料来源:根据联合国拉美经委会数据制作。CEPAL, *Balance Preliminar de las Economías de América Latina y el Caribe 2008*, Santiago de Chile, diciembre de 2008, p. 16。

仅增长了 0.8%，而智利和秘鲁则分别下跌了 8% 和 30% 左右，① 这一变化对拉美经济是非常不利的。

外部经济环境的急剧变化还对拉美国家的股市和汇市产生了直接影响。巴西咨询服务公司 Economatica 的最新统计表明，在包括巴西、墨西哥、阿根廷、秘鲁、智利、哥伦比亚和委内瑞拉在内的拉美 7 大股市上市的企业总市值从 2007 年底的 2.09 万亿美元降至 2008 年底的 1.092 万亿美元，缩水近一半。其中市值损失最大的是汽车及其零部件生产部门，总市值降幅达 69.8%；其次是建筑业、工业设备制造业、造纸业和纺织业，降幅超过 60%。② 第四季度拉美股市加速下挫，主要国家的股指纷纷创下近年来的新低，企业资产急剧缩水。世界银行的资料显示，自 9 月 15 日美国雷曼兄弟公司宣布破产至 10 月末，以美元计算的拉美股票市场的市值减半。③ 阿根廷经济遭受黑色 10 月的重创，债券和证券市场价格分别下跌 60% 和 40%。标准普尔评级连续调低阿根廷主权债券的风险等级。④

在全球金融危机的冲击下，拉美外汇市场也出现剧烈波动，拉美国家的货币急剧贬值，资金外流的速度加快。不少拉美国家的外汇市场出现了抛售本币、抢购美元的浪潮，从而迅速改变了许多国家货币升值的轨迹，加剧了本币的贬值。阿根廷、巴西、墨西哥、智利等国的央行不得不动用大量外汇储备对外汇市场进行干预，以维持本币的稳定，但收效甚微。仅 2008 年 9 月至 11 月末，巴西雷亚尔就贬值了 50.5%，美元对雷亚尔的外汇牌价创下了近 3 年来的新高。巴西央行不得不动用 495 亿美元的外汇储备加以干预。10 月，墨西哥比索创下 1997 年 10 月以来的最大跌幅。甚至连经济长期稳定的智利也受到汇率波动的影响，其本币在一个月内贬值了近 10%。⑤ 由于汇市变动，资金加速外流，仅 10 月份阿根廷外流资金就达 50 亿美元，资金外流的情况与 2001 年危机爆发时的情形相似。2008 年 12 月 5 日巴西央行宣布，10 月份巴西资金净流出 46.39 亿美

① CEPAL，*Balance Preliminar de las Economìas de Amèrica Latina y el Caribe 2008*，Santiago de Chile，diciembre de 2008，p. 16.

② http://www. news. xinhuanet. com/world/2008 – 12/31/content – 10586288. htm

③ http://www. worldbank. org

④ http://www. beta. americaeconomia. com/167637 – Argentina

⑤ http://www. elpais. com/economia/miedo/inversores/provoca/desplome/divisas/latinoamericanas/20081017elpepieco – 11/tes

元，11 月份外资外流达 71.59 亿美元，创下近 10 年来的最高纪录。[1] 在这样的背景下，从第四季度起大多数拉美国家的国家风险指数迅速上升（见图 2），其中厄瓜多尔、委内瑞拉、阿根廷和多米尼加成为整个拉美地区国家风险指数最高的国家。[2]

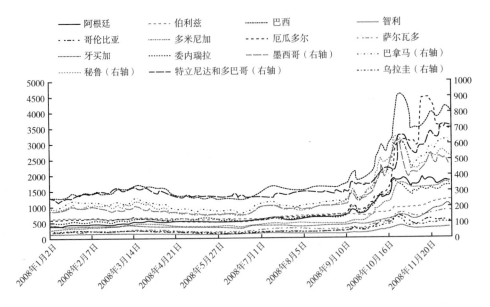

图 2　拉丁美洲和加勒比：2007～2008 年国家风险指数（每日 EMBIG[a]，基点）

说明：a——EMBIG 为新兴市场债券的全球指数。

资料来源：联合国拉美经委会根据大通摩根银行的数据制作。CEPAL，*Balance Preliminar de las Economìas de Amèrica Latina y el Caribe 2008*，Santiago de Chile，diciembre de 2008，p. 90。

（二）拉美各国经济走势分化，但具有区域相对集中的特点

2008 年，拉美和加勒比各国经济走势继续出现较大差异。拉美地区 33 个国家中，有 8 个国家的经济增速高于 2007 年，其中有 5 个国家集中在南美地区。乌拉圭的经济增长率高达 11.5%，增幅比 2007 年高出 4 个百分点，位居拉美和加勒比地区经济增长率榜首；秘鲁在 2007 年实现 8.9% 的高速增长的基础上，

---

[1]　http：// www. Cesla. com/gaceta/noticia. php？ ti = 1&idi = 10907

[2]　CEPAL，*Balance Preliminar de las Economìas de Amèrica Latina y el Caribe 2008*，Santiago de Chile，diciembre de 2008，p. 89.

2008 年增长率高达 9.4%；巴西连续 2 年保持 5% 以上的中速增长，且其增长率比 2007 年略高 0.2 个百分点。在另外 3 个国家中，有 2 个国家的经济是在恢复中实现增长。其余 25 个国家，除 1 个国家的经济增幅与 2007 年持平外，其他国家的经济增速都比 2007 年下降（见本书的附表 1）。

拉美和加勒比的经济增长在国家间的差异具有区域相对集中的明显特点。全年经济增速高于拉美地区平均水平的国家有 13 个，其中南美洲只有哥伦比亚和智利的经济增长率低于拉美地区的平均水平。2008 年经济增长率低于 2% 的 6 个国家中，除墨西哥外，其余都位于加勒比地区。墨西哥的经济增长率仅为 1.8%，增幅比 2007 年下降了 1.4 个百分点。加勒比地区经济增长率仅为 2.4%，该地区绝大多数国家的经济增长率均低于拉美和加勒比经济增长的平均水平，牙买加的经济增长率为零。中美洲地区的经济表现略好于加勒比地区，该地区国家的经济增长率都明显低于 2007 年。尽管巴拿马的经济增长率达 9.2%，但与 2007 年相比下降了 2 个多百分点；其他中美洲国家的经济增速在 3% ~ 3.8% 之间。

（三）拉美和加勒比对外贸易继续增长并延续贸易顺差递减的趋势

尽管 2008 年拉美对外贸易继续保持增长的势头，但受全球金融危机的影响，全年拉美对外贸易的走势同其经济走势一样，上下半年出现截然不同的变化。上半年，在国际油价、粮价、矿产品价格等基础产品价格大幅上涨的刺激下，拉美和加勒比地区商品出口额大幅度增长。与此同时，拉美国家的经济增长和物价上涨也刺激了耐用消费品、资本货等进口。因此，上半年拉美对外贸易的增速达到了这一轮经济增长周期的最高点。而下半年，尤其是第四季度，在全球金融危机的冲击下，国际油价、粮价等基础产品的价格大幅度回落，拉美资源类产品出口国的出口形势发生了重要变化。图 3 非常清晰地反映了 2008 年拉美和加勒比对外贸易的这一特点。随着基础产品国际价格的回落，以及拉美国家自身经济的变化，拉美国家的商品进出口增幅也从高位掉头急转直下。

受不同贸易结构的影响，2008 年拉美和加勒比各国的贸易状况同样表现出较大差异。在上半年基础产品价格上涨的影响下，以资源类基础产品出口为主的南美洲国家的出口增长明显快于拉美其他地区；南共市和安共体的货物出口平均增长 26.2%（独立于上述两个组织之外的智利的出口增长了 19.7%）。受美国市场需求

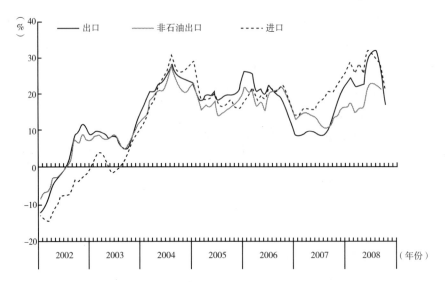

图3　拉丁美洲和加勒比：2002 年 1 月至 2008 年 10 月对外贸易月度变化
（季度平均跨年度同比变化，百分比）[a]

　　说明：a——预计数。10 月份数据是拉美 6 个国家的数据，它们涵盖了 2008 年 1～9 月
拉美和加勒比出口额的 74% 和进口额的 77%；非石油类出口额数据截至 9 月。

　　资料来源：联合国拉美经委会据官方数据制作。CEPAL, *Balance Preliminar de las
Economìas de Amèrica Latina y el Caribe 2008*, Santiago de Chile, diciembre de 2008, p. 82。

　　下降的影响，中美洲和加勒比国家的出口平均增长率只有 7.9%。受上半年油价上
涨和下半年油价下跌及美国进口需求下降的多重影响，墨西哥全年的商品出口增长
12%。2008 年拉美进口增长快于出口增长，国际粮价和油价的上涨使那些进口粮食
和石油的国家的进口增长较快。受国内经济增长的拉动，南美洲国家的进口增长
高达 40%，且主要表现为进口数量的增加，其中 75% 的增长源自巴西。[①]

　　2008 年，拉美和加勒比地区的商品进出口额分别为 8573 亿美元和 9019 亿美
元，与 2007 年相比分别增长 23% 和 18.3%。进出口贸易总额达 1.7592 万亿美
元，其占 GDP 的比重为 45%，比 2007 年增加了 20.4%；货物贸易顺差为 535 亿
美元，占 GDP 的 1.3%，继续呈逐年递减的趋势（见图 4）。[②] 贸易顺差的减少对

[①]　CEPAL, *Balance Preliminar de las Economìas de Amèrica Latina y el Caribe 2008*, Santiago de Chile,
diciembre de 2008, p. 84.

[②]　CEPAL, *Balance Preliminar de las Economìas de Amèrica Latina y el Caribe 2008*, Santiago de Chile,
diciembre de 2008, p. 81.

拉美和加勒比国家的经常项目平衡造成较大压力，改变了其顺差的趋势，使其近年来第一次出现了 255 亿美元的赤字，相当于 GDP 的 0.6%。[①]

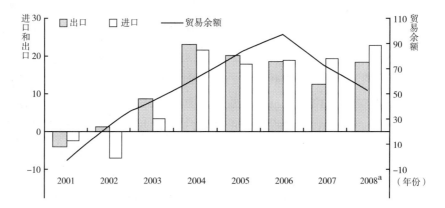

图 4　拉丁美洲和加勒比：2001~2008 年对外货物贸易年度变化
（进出口年度变化及按 10 亿美元计算的贸易余额）

说明：a——为初步数据。

资料来源：联合国拉美经委会根据官方数据制作。CEPAL, *Balance Preliminar de las Economìas de Amèrica Latina y el Caribe 2008*, Santiago de Chile, diciembre de 2008, p. 82。

2008 年，拉美和加勒比地区的区域贸易继续有较大增长，全年按出口计算的区域贸易额达 1850 亿美元，约占全部商品出口额的 20.6%。在不同的一体化组织中区域贸易所占比重有较大差异。在安共体，这一比重占 8.5%；在中美洲共同体，这一比重高达 21.3%；在南共市和加勒比共同市场，这一比重分别达到 14.6% 和 16%。[②]

（四）拉美和加勒比经济主要产业出现新的变化

2008 年拉美经济主要产业部门走势出现了不同的变化，同一部门在不同国家中也有截然不同的表现。受全球金融危机的冲击和国内外消费需求疲软的影响，整个拉美地区的工业部门增速放慢。尤其进入第四季度后，企业融资困难增

①　CEPAL, *Balance Preliminar de las Economìas de Amèrica Latina y el Caribe 2008*, Santiago de Chile, diciembre de 2008, p. 85.

②　CEPAL, *Balance Preliminar de las Economìas de Amèrica Latina y el Caribe 2008*, Santiago de Chile, diciembre de 2008, p. 84.

segmentation

加，外部需求萎缩，拉美整体工业部门的活力进一步减弱，但各国的具体情况有明显差异。例如：自 2008 年第二季度起，墨西哥的工业生产出现 1% 的降幅，但秘鲁的工业生产在 1～10 月却增长了 8.6%，而巴西在耐用消费品和资本货生产增长的拉动下，其工业部门增长超过了 2007 年；整个拉美地区的矿业生产下降了，其中阿根廷、智利、墨西哥和多米尼加的矿业生产下降明显，但玻利维亚、巴西、秘鲁、委内瑞拉等国的矿业生产却比 2007 年增长了。建筑业的情况同样如此。2008 年拉美建筑业的增长低于 2007 年，阿根廷、玻利维亚、哥伦比亚、委内瑞拉、危地马拉等国的增速明显放慢；而巴西、智利、厄瓜多尔、巴拉圭、巴拿马、秘鲁等国的建筑业却出现两位数的增长，显示出较大活力。[①]

从第四季度起，拉美支柱产业汽车业的产量和销售量都出现了滑坡。到 11 月为止，尽管巴西汽车全年的生产和销售情况要好于 2007 年（销售汽车 263 万辆，同比增长 18.3%；出口额达 130 亿美元，同比增长 6.1%；生产汽车 311 万辆，同比增长 13%），但 10 月份出现了 9 年以来汽车产量首次下滑的现象，其销售额也下降了 11%，外国汽车公司也减少了对巴西汽车企业的投资。此后这一趋势进一步发展。2008 年 11 月与 2007 年 11 月相比，巴西汽车产量下降了 28.6%，销售额下降了 25%，并开始出现辞退工人的情况。受汽车业生产和销售疲软的影响，10 月巴西的工业产值比 9 月下降了 1.7%。无论是企业开工率、产品销售额还是设备生产能力都出现了下降，矿业和冶金业企业甚至采取了限产和集体放假的措施。[②] 墨西哥汽车生产部门的情况与巴西相似。进入第四季度后，汽车销售额出现下降。10 月份销售额下降了 3.4%，比 2007 年同期减少了 14%；11 月墨西哥汽车的产量和出口额进一步减少了 2.1% 和 7.7%，国内销售量同比下降 19.6%，[③] 汽车出口额同比下降 13%。[④]

2008 年，拉美和加勒比地区的服务业成为增长最快的行业，尤其是交通、电信和商业。但各国的具体情况有所不同。在乌拉圭、委内瑞拉、多米尼加等国，电信行业是经济增长最快的行业；在阿根廷、巴西、秘鲁、乌拉圭、委内瑞

[①] CEPAL, *Balance Preliminar de las Economìas de Amèrica Latina y el Caribe 2008*, Santiago de Chile, diciembre de 2008, p. 68.

[②] http：//www.cesla.com/gaceta/noticia.php? ti =1&idi =10907

[③] http：//www.news.xinhuanet.com/world/2008 – 12/26/content – 10562203.htm

[④] http：//www.new.xinhuanet.com/world/2008 – 12/25/content – 10558566.htm

080

拉等国，受国内消费刺激的商业增长最快。①

在一些拉美国家，农业成为拉动经济增长的重要动力，呈现出较好的增长势头。2008 年头 9 个月，巴西经济出现 6.4% 的中高速增长，成为 1996 年以来经济增长最快的时期；其中农牧业是增长的重要动力之一，其前 3 个季度的增长率为 6.7% 。②

（五） 中拉贸易再创历史新高

2008 年，拉美国家实施贸易多元化的进程进一步加快，绝大多数国家把扩大同亚太地区的经贸关系作为其重要选择之一，尤其把全方位拓展与中国的经贸合作作为应对金融危机、拉动经济增长的战略选择之一。在中国和拉美国家的共同努力下，2008 年中拉贸易再创历史新高。仅头 10 个月，中拉贸易额就达到 1241.12 亿美元，比 2007 年同期增长 50% 。其中中国对拉美的出口额增长 47.6% ，达 611.31 亿美元；从拉美的进口额为 629.81 亿美元，同比增长 54.2% 。③ 2008 年，中国与不少拉美国家的商品贸易再次出现高速增长，12 个南美洲国家中有 8 个国家与中国的双边贸易增速超过 50% ，其中 5 个国家的增速甚至超过 80% 以上。巴西已成为中国的重要贸易伙伴，头 10 个月中巴双边贸易额达 425.44 亿美元，增长 81% ；其中中国对巴西的出口额和从巴西的进口额分别增长 86.8% 和 77.5% 。目前，巴西在中国 10 大进口来源地中位居第 9 位，从巴西的进口额占中国整个进口额的 2.6% 。到 10 月为止，中国与阿根廷的双边贸易额达 123.97 亿美元，同比增长 66.6% ，④ 创历史纪录，中国已成为阿根廷的第二大贸易伙伴。

从中国的角度看，尽管中拉贸易整体上基本保持平衡，中国略有逆差。但如果按小地区划分，中拉贸易具有区域不平衡的特点。目前，在中拉贸易中出现顺差的拉美国家有 7 个，其中 5 个国家位于南美洲，另外 2 个国家分别是哥斯达黎加和多米尼加。除上述这 7 个国家外，其余拉美国家在中拉贸易中出现逆差（墨西哥是中拉贸易中最大的逆差国）。

---

① CEPAL, *Balance Preliminar de las Economìas de Amèrica Latina y el Caribe 2008*, Santiago de Chile, diciembre de 2008, p. 68.

② http：//www. elpais. com/internacional/

③ http：//zhs. mofcom. gov. cn/aarticle/Nocategory/200812/20081215966. html

④ http：//zhs. mofcom. gov. cn/aarticle/Nocategory/200812/20081215966. html

2008 年，中拉经贸合作在建立制度保障方面取得新进展。4 月，中国和智利正式签署服务贸易协定，从而进一步完善了双边自由贸易协定。此后，在参加 APEC 会议期间，胡锦涛主席对哥斯达黎加、古巴和秘鲁进行了正式国事访问。在这期间，中国政府与哥斯达黎加政府共同宣布正式启动双边自由贸易协定谈判；在秘鲁，两国政府共同宣布正式结束中秘自由贸易协定谈判，并将于 2009 年正式签署这一协定。同中智自由贸易协定相比，中秘自由贸易协定有了新的突破。这是中拉双边第一个完整的、全面开放的一揽子自由贸易协定，既包括货物贸易又涵盖服务贸易。中秘自由贸易协定生效后，双方 90% 以上的货物都将实行零关税；在服务贸易领域，秘鲁将向中国开放 90 个部门，中国将向秘鲁开放 16 个部门。[①]

二 拉美和加勒比国家应对全球金融危机的政策措施

2008 年，在美国雷曼公司倒闭、华尔街金融风暴演变成全球金融危机后，拉美国家采取了多项应对措施，并进行了相应的政策调整。保稳定、促增长成为这些政策措施的主要目标。拉美各国调整经济政策的步伐有所加快，各国间的政策差异也有所加大。

上半年拉美国家面临较大的通胀压力，下半年随着国际油价和粮价的下跌，拉美国家的通胀压力有所减弱，但全年的消费物价指数仍达 8.8%，比 2007 年增加 2.2 个百分点。[②] 与此同时，拉美国家还面临流动性短缺和资金外流造成资金紧张的局面。因此，绝大多数拉美国家采取了稳健的货币政策和积极的财政政策、灵活的汇率和外贸政策相组合的宏观经济政策。

在货币政策方面，拉美国家对利率政策没有作出大的调整。10 月，有些国家甚至还调高了利率，以防止资金外流和银行流动性短缺的加剧。只是在第四季度末，面对全球金融危机对实体经济冲击的加大，个别国家才对利率作了相应的微调。与世界其他地区相比，拉美国家的利率处于高位。在调整其他货币政策方

---

① http://www.mofcom.gov.cn/aarticle/ae/20081105904080.htm

② CEPAL, *Balance Preliminar de las Economìas de Amèrica Latina y el Caribe 2008*, Santiago de Chile, diciembre de 2008, Cuadro A - 1.

面，拉美国家在近期主要采取了用本币或外币向银行注资、降低银行准备金率的措施，或对此采取更灵活的政策措施，以保障金融机构的正常运作。分别有 14 个和 8 个拉美国家对这两项政策作出了调整，其中阿根廷、巴西、哥伦比亚、智利、危地马拉、洪都拉斯、巴拉圭和秘鲁等国则同时采取了这两项政策调整措施。①

拉美国家对汇率和对外贸易政策的调整主要采取了以下措施：出售外汇储备稳定汇率、调整关税、向出口商提供融资、向国际金融机构申请贷款。阿根廷、哥伦比亚和秘鲁采取了这四项调整措施中的三项举措，巴西、智利、危地马拉、尼加拉瓜、巴拉圭和乌拉圭进行了其中两项的调整，玻利维亚、墨西哥和多米尼克分别采取了第一或第二项调整措施。

调整财政政策成为拉美国家抵御金融危机的重要举措之一。财政政策的调整包括：减税和增加补贴，增加基础设施建设投资。阿根廷、巴西和洪都拉斯同时采取了这两项措施；玻利维亚、智利、哥伦比亚、哥斯达黎加、萨尔瓦多、危地马拉、墨西哥、巴拉圭、秘鲁、乌拉圭、巴巴多斯等国都采取了增加基础设施建设投资的计划；尼加拉瓜、巴拿马、厄瓜多尔和圭亚那则采取减税、增加补贴的措施。基础设施建设成为拉动拉美经济增长的重要领域，因此，不少拉美国家推出多项庞大的投资计划，重点加大政府对基础设施建设的投资力度。墨西哥政府于 10 月推出了"增长和就业计划"：增拨 50 亿美元用于基础设施建设的投资，新建炼油厂，加大对中小企业的扶持力度，使墨西哥石油公司享有更大的融资自主权，等等。② 12 月，墨西哥政府还推出了新的公共投资计划，把住宅建设作为拉动经济增长和就业的重点。12 月，卢拉政府也推出了一揽子计划，包括降低所得税，降低消费贷款利率，在未来 15 年内投资 1230 亿美元用于住宅建设；③卢拉还签发总统令，宣布设立主权基金，其金额将占 GDP 的 3%。④ 12 月初，秘鲁政府采取的反危机计划包括，投资 58 亿美元用于拉动经济增长。12 月 5 日，阿根廷政府推出了"全体阿根廷人的工程计划"，至 2011 年政府投资 326 亿美元

① CEPAL，*Balance Preliminar de las Economìas de Amèrica Latina y el Caribe 2008*，Santiago de Chile，diciembre de 2008，p. 27.

② http：//www. elpais. com/economia/mexio/impulsara/inversion/frenar/efectos/crisis/elpepuintlat/2008 1009elpepueco_ 1/tes

③ http：//www. elpais. com/articulo/internacional/latinoamerica/saca/chequera/elpepuintlat/20081222 elpepuinte3/tes

④ http：//www. news. xinhuanet. com/world/2008 - 12/25/content - 10556500. htm

用于基础设施建设，其中 2009 年预计投资 167 亿美元。①

此外，拉美国家对产业政策的调整也成为其反金融危机的重要内容之一，格外引人注目。资源开发仍是拉美国家重点发展的产业之一。巴西石油公司推出了至 2012 年投资 1120 亿美元的开发计划，包括新建炼油厂、加快开发深海石油、加大对石油化工产业的开发力度，② 目标是要使巴西成为石油大国。墨西哥湾的周边国家也都制定了开发墨西哥湾石油资源的计划。

在应对金融危机的政策调整过程中，人们不难发现，拉美各国存在着不同的政策取向。阿根廷、委内瑞拉、厄瓜多尔、玻利维亚等国表现出进一步强化国家作用的倾向。例如，在贸易政策的调整中，阿根廷和厄瓜多尔是采取提高关税、限制进口的唯一两个拉美国家。此外，拉美国家的国有化举措引人关注。阿根廷政府对私人养老金实行国有化，把阿根廷航空公司全部收归国有；委内瑞拉在 2008 年初对电力、水泥、食品等领域的企业实行国有化后，还将该国最大的金矿收归国有；玻利维亚把最大的电话公司收归国有；③ 厄瓜多尔政府拒绝支付 2012 年和 2015 年到期的全球债券的利息。

与此相反，其他一些拉美国家则进一步加快了对外开放和合作的步伐。2008 年，哥伦比亚国家石油公司进一步加快了国际化进程，出售了该公司 20% 的股份，并同多家外国石油公司签订了合作开采石油的协议；12 月，哥伦比亚国家石油公司还同挪威签署了长期合作协议，将在墨西哥湾进行深海油田勘探的合作。④ 因此，哥伦比亚也成为 2008 年在拉美地区为数不多的、外国直接投资增长较多的国家之一。秘鲁政府通过新的法律，鼓励外资投资本国的旅游业。

三　2009 年拉美和加勒比地区经济发展趋势与展望

2009 年拉美经济将面临新的挑战。美国次贷危机后，拉美经济之所以没有

---

① http：//www. elpais. com/articulo/internacional/latinoamerica/saca/chequera/elpepuintlat/20081222 elpepuint3/tes

② http：//www. elpais. com/articulo/internacional/tiempos/dependiamos/FMI/acabaron/elpepuintlat/2008 1013elpepuint－12/Tes

③ UNCTAD, *World Investment Report 2008*：*Transnational Corporations and the Infrastructure Challeng*, New York and Geneva, 2008. http：//www. unctad. org

④ http：//www. news. xinhuanet. com/world/2008－12/24

立即受到冲击，是因为近年来外部经济影响拉美经济的主要传导机制得到了改善，其经常项目保持顺差，国际储备持续增加，财政状况不断改善。但在全球金融危机的冲击下，2008 年这些有利因素都发生了不利的变化。2009 年，如果短时间内全球金融危机得不到有效缓解，这场危机对实体经济的冲击得不到迅速遏制，主要发达国家经济不能摆脱衰退的阴影，那么，拉美经济的增长率将不可避免地进一步大幅度下挫。

发达国家经济衰退导致需求不断萎缩，将使基础产品的国际价格持续疲软，从而对拉美国家的出口和增长产生负面影响。据 IMF 测算，初级产品的国际价格每下跌 10%，拉美经济增速就将下降 0.75 个百分点。[①] 按照联合国拉美经委会的预测，2009 年整个拉美地区的贸易比价将下跌 7.8%。从图 5 可以看出，2009 年的贸易比价变化将更加不利于中美洲以外的其他拉美国家，有些国家贸易比价变动的情况要比整个地区还要严重，这对拉美出口将会产生非常不利的影响。在这种情况下，扩大出口、减少贸易赤字将成为拉美国家贸易政策的主要目标，拉美国家之间的贸易纠纷可能会因此有所增加。

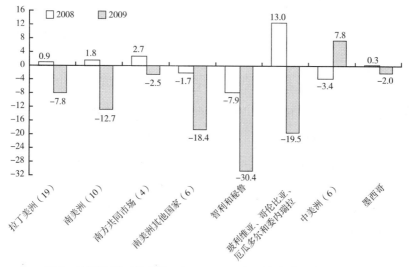

图 5　拉丁美洲（19 国）：2008～2009 年贸易比价（年度变化）

资料来源：联合国拉美经委会根据官方数据统计。CEPAL, *Balance preliminar de las economìas de Amèrica Latina y el Caribe*, Santiago de Chile, diciembre de 2008, p. 17.

---

① http：//www. news. xinhuanet. com/world/2008 - 10/23

2009 年拉美国际收支平衡仍将承受沉重压力。在贸易比价不利和出口需求萎缩的情况下，拉美国家的外汇收入将受到较大影响。发达国家经济低迷造成的失业增加、收入减少还会对侨居这些国家的拉美移民劳工造成影响，拉美侨汇收入将大幅度减少。目前，在外国的拉美移民劳工总数达 2830 万人，每年汇回国内的侨汇达 600 亿美元；其中墨西哥为 250 亿美元。在 10 个拉美国家中，侨汇收入占 GDP 的 10% 以上；[①] 有的国家的侨汇收入占 GDP 的比重甚至高达 40%。[②] 此外，由于全球流动性短缺，国际融资成本增加，流向拉美国家的外资也将相应减少，这势必使拉美国家资金短缺的问题日益严重，个别拉美国家甚至有可能出现金融动荡。尤其是阿根廷，2009 年它将经受比其他拉美国家更严峻的考验。有资料显示，2009 年阿根廷的政府预算将有 70 亿美元的缺口，且还需筹集 284 亿美元的资金偿还到期债务，[③] 在缺乏外部融资渠道的情况下，这对阿根廷经济是个极为严峻的挑战。

2009 年，拉美国家能否实现加大财政投入、拉动内需、保持经济增长的目标也将面临挑战。在当前的形势下，拉美国家主要依靠贸易比价改善、出口收入增加提高财政收入的结构将受到挑战。在资金短缺、通胀压力尚存、货币政策回旋余地相对较小的情况下，实行扩张性的财政政策势必将增加财政赤字，拉美国家的宏观经济稳定会面临更大的考验。以墨西哥为例，该国 2009 年的财政预算是按每桶石油 70 美元编制的，但到 12 月 23 日为止，每桶混合油的价格仅为 28.72 美元。墨西哥央行预测，2009 年每桶石油价格将维持在 54 美元左右，这将造成预算的巨大缺口。[④]

此外，拉美经济还将面临其他不确定因素，因此，2009 年拉美和加勒比经济增长将大幅下滑已成定局。按联合国拉美经委会的预测，2009 年拉美经济增长率将维持在 1.8% 的低水平上。墨西哥、中美洲和加勒比地区将面临更大的困难，它们的增长速度将低于这一平均水平，有些国家甚至有可能出现零增长或负增长。

① BM, *Perspectivas para la Economìa Mundial 2009：Amèrica Latina y el Caribe*. http：//www. bancomundial. org

② CEPAL, *Balance Preliminar de las Economìas de Amèrica Latina y el Caribe 2008*，Santiago de Chile，diciembre de 2008，p. 12.

③ http：//www. world. people. com. cn/GB/57507/8260078. htm

④ http：//www. news. xinhuanet. com/world/2008 – 12/28/content – 10571152. htm

参考文献

CEPAL, *Balance Preliminary de las Economìas de Amèrica Latina y el Caribe 2008*, Santiao de Chile, diciembre de 2008.

CEPAL, *Estudio Conòmico de Amèrica Latina y el Caribe 2007 – 2008*, Santiago de Chile, agosto de 2008.

IMF, *Perspectivas Econòmico*: *Las Amèricas Lidiando con la Crisis Financiera Mundial*, octubre de 2008.

Banco Mundial, *Perspectivas para la Economìa Mundial 2009*: *Amèrica Latina y el Caribe*.

UNCTAD, *Informe Sobre las Inversiones en el Mundo 2008*.

UNCTAD, *World Investment Report 2008*: *Transnational Corporations and the Infrastructure Challenge*, New York and Geneva, 2008.

World Economic Forum, *The Global Competitiveness Report 2008 – 2009*.

Economic Report on Latin America and the Caribbean in 2008

Wu Guoping

Abstract: In 2008, economic growth rate of Latin America and the Caribbean averaged 4. 6% . Affected by the global financial crisis and changes in external economic environment, the economic trend of Latin America and the Caribbean was characterized by the following features. First, the global financial crisis has modified the cycle of economic growth of the region; economies were entering a new cycle of adjustment. Therefore, the first and second half of the year were marked by distinct characteristics. Contracting stock market, turbulent exchange market, depreciated national currencies, fleeing capital and shrinking production featured the second of the year, the fourth quarter, in particular. Second, different trends of national economic development in the region were sub-regionally concentrated. Third, despite of the continuous growing exports, favorable external conditions for exports of the region underwent changes to

reduce trade surplus and exacerbate the pressure on the balance of payments. Fourth, segmentation emerged in mayor productive sectors, production and sales of automobiles started to decline. Fifth, Sino-Latin American trade hit a new historic record and new breakthroughs were made in establishing institutional guarantee for Sino-Latin American trade and economic cooperation. Generally speaking, in face of the global financial crisis countries of the region accelerated steps in adjusting economic policies targeted at keeping stability and promoting growth. Infrastructure construction and energy development were chosen as investment priorities. Countries were different in policy orientation for economic adjustment. In short, all economies of the region were faced with new challenges and in consideration of a number of uncertainties, average annual growth rate of the region in 2009 is estimated at around 1.8% or even below.

Key Words: Situation in 2008; Economy of Latin America and the Caribbean; Economic Situation

2008 年拉丁美洲和加勒比社会形势

刘纪新*

摘　要：2008 年拉美社会形势的两个基本特点是：社会指标延续改善态势，但幅度减小，个别项目略有反弹，持续改善的趋势遭遇阻力；社会冲突的激烈程度有所减弱，但社会冲突具有长期性和持久性，是拉美地区复杂而深刻的社会矛盾的反映，是影响拉美社会稳定和发展的长期因素，社会稳定的基础依旧脆弱。暴力犯罪及其引发的社会治安恶化、粮食价格上涨及其对低收入群体的影响、气候变化与相关自然灾害及其产生的破坏性后果等问题，成为 2008 年拉美地区性社会议程中广受关注的 3 个议题。积极应对全球金融危机的冲击，有效利用连年经济增长创造的较为宽松的经济和社会环境，制定反周期的经济和社会政策，将应对当前金融危机引发的挑战与长期社会发展目标结合起来，成为当前拉美国家政府和国际社会关注的重点。2009 年，拉美国家的社会政策面临着失业压力增大和反贫任务艰巨两大挑战。

关键词：拉美　社会形势　社会议程　社会政策

一　社会形势的两个基本特点

（一）社会指标延续改善态势，但幅度减小，势头受阻[1]

2008 年，拉美和加勒比地区（以下简称"拉美"）经济继续保持中速增长，

---

* 刘纪新，中国社会科学院拉丁美洲研究所社会文化室主任，研究员，博士生导师。主要研究领域：拉美社会政策，拉美社会保障，拉美腐败问题。

[1] 除专门标注外，本小节数据主要来自 CEPAL, *Panorama Social de América Latina 2008*。

但国内生产总值和人均国内生产总值的增幅均低于 2007 年，是 2003 年以来表现最差的一年。联合国拉美经委会认为，尽管 2008 年拉美经济持续增长延续到第 6 个年头，但它也标志着"这个拉美历史上罕见的经济增长周期的终结"，① 受全球金融危机的影响，2009 年以后拉美经济将出现持续减速下滑。与经济形势的发展趋势相吻合，2008 年拉美社会指标也延续了改善的态势，但幅度减小，个别项目略有反弹，持续改善的趋势遭遇阻力。

在减贫方面，2008 年贫困程度继续下降的态势依旧，但减贫速度低于往年。联合国拉美经委会的分析表明，由于 2007 年和 2008 年上半年粮食价格上涨的影响，使约 400 万有可能脱贫的人未能摆脱贫困和赤贫状况。据估计，2008 年贫困率为 33.2%，比 2007 年仅下降不到 1 个百分点，贫困人口为 1.82 亿，比 2007 年减少 200 万人；而赤贫程度则有所提高，赤贫率为 12.9%，比 2007 年提高 0.3 个百分点，300 万人重新成为赤贫人口，使拉美地区赤贫人口总数返回 2006 年的水平（7100 万人）。如果没有粮价上涨的影响，2008 年的赤贫率本应比 2007 年下降 1 个百分点，而不是提高 0.3%。尽管目前粮食和石油价格已经回落，通货膨胀也有所下降，但国际金融危机的发展可能使拉美经济增长速度放慢，转而会对 2009 年减贫造成不利影响。因此，拉美国家能否减轻金融危机对低收入群体的冲击，防止贫困率和赤贫率出现大幅反弹，保住 2003 年以来取得的减贫成绩，取决于各国政府能否采取有效的应对措施。从目前情况看，2009 年拉美地区的减贫形势不容乐观，贫困率可能有所回升。尽管如此，基于到 2007 年为止拉美在减贫方面取得的进展，联合国拉美经委会认为，多数国家可以完成千年目标，从地区总体而言，达标亦不成问题。不过，地区发展不平衡仍是客观现实，少数国家与目标相距甚远，如果 2009 年开始的萧条期比较长，就有可能使这些国家因缺乏经济增长的推动而难以达标（见图 1）。

拉美收入分配不公、贫富悬殊、两极分化的现象仍然非常严重。10% 最富有家庭与 40% 最贫困家庭的人均家庭收入相差近 17 倍，其中委内瑞拉和乌拉圭为 9 倍，哥伦比亚达到 25 倍；20% 最富有家庭与 20% 最贫困家庭的人均收入差距为 20 倍，其中乌拉圭为 10 倍，洪都拉斯高达 33 倍。近几年来，拉美收入分配不公继续保持改善的趋势。在 18 国中，9 个国家的贫困家庭收入在总收入中的

---

① CEPAL, *Balance Preliminar de las Economías de América Latina y el Caribe 2008*.

比重和最富有家庭在总收入中的比重之间的差距有所缩小。委内瑞拉的成绩最为突出，其贫困家庭在总收入中的比重提高了 36%，而最富有家庭在总收入中的比重下降了 41%；玻利维亚、巴西和尼加拉瓜 3 国亦有所改进，贫困家庭和最富有家庭在总收入中的比重分别提高和下降了约 30%。另外 9 国中，有 5 个国家的贫富差距没有明显变化，还有 3 个国家的贫富差距有所扩大。总体而言，2007 年拉美国家的基尼系数是 1990 年以来最低的，1990 年地区平均为 0.532，2007 年为 0.515，下降了约 3%。但是，拉美国家基尼系数的下降主要不是收入分配方式变化引起的，而是劳动收入增加的结果。因此，改善收入分配和其他财富的分配，将是今后几年拉美面临的最重要的任务之一。

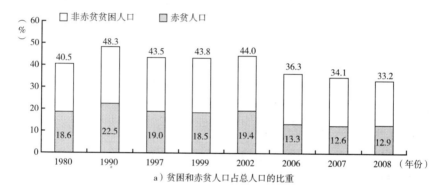

a）贫困和赤贫人口占总人口的比重

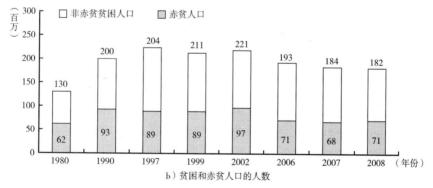

b）贫困和赤贫人口的人数

图 1　拉丁美洲的贫困和赤贫人口：1980～2008 年

说明：2008 年为估计数。

资料来源：CEPAL，*Panorama Social de America Latina 2008*。

2008 年上半年，拉美的就业率提高了 0.3%，失业率下降了 0.4%；下半年，经济增长减速，导致就业创造减少。据前 3 季度的情况估计，2008 年的公开失

业率为 7.5% , 延续了 2003 年以来持续下降的趋势。而 2009 年，失业率将出现
上升，估计为 7.8% ~ 8.1% ；非正规部门将有所扩大。[①] 此外，就业中的不平等
现象亦非常突出。一方面表现为穷人、妇女和青年的失业率下降幅度较小，仍在
高位徘徊；另一方面表现为贫困家庭和富有家庭的失业率相差悬殊，最贫困家庭
的失业率比最富有家庭的失业率高 20% 。此外，近几年来，就业质量差和实际
工资增速慢的状况也没有明显改观。2006 年城市的非正规就业为 44.9% ；接近
半数的经济自立人口没有受到社会保障制度的有效覆盖；实际工资增长缓慢，
2008 年仅增加了 1.2% 。

（二）社会冲突的激烈程度有所减弱，但社会稳定的基础依旧脆弱

与 2007 年的情况大致相同，2008 年拉美地区发生的社会冲突均为"低烈
度"冲突，只有个别国家的社会冲突产生了比较大的影响，对政局和社会造成
了一定程度的冲击。总体而言，拉美社会局势显现出近几年少见的"平静"。
2008 年发生的社会冲突，仍然以大规模示威游行和罢工等社会抗议活动、反政
府武装力量和游击队与政府之间的武装冲突、有组织犯罪集团与执行反击行动的
政府军和警察之间发生的冲突、土地纠纷和政治派别之间的对立与冲突为主。这
些社会冲突具有长期性和持久性的特点，是拉美地区复杂而深刻的社会矛盾的反
映，是影响拉美社会稳定和发展的长期因素。如果贫困问题不能得到根本解决，
土著人权利不能得到真正保护，社会不公不能得到明显改善，社会排斥不能得到
有效消除；那么，拉美地区的社会稳定就只能是短暂现象，社会稳定的基础就不
可能坚固。

在 2008 年发生的社会冲突中，比较有影响的包括以下 3 种类型。

其一，政治力量之间的矛盾和对立。玻利维亚的国内冲突和尼加拉瓜的市政
选举冲突是此类冲突的典型。在玻利维亚，围绕制宪问题而产生的政治对立一直
延续到 2008 年，期间大小冲突不断。8 ~ 9 月，举行总统罢免投票前后，政府支
持者和反对派之间多次发生冲突并导致暴力事件频繁发生。由反对党控制的 5 个
省曾爆发大规模罢工，要求中央政府让省政府分享更多能源收益。针对政府支持
者的暴力和死亡事件时有发生，在潘多省发生的暴力冲突造成 40 多人死伤，政

---

① CEPAL, *Balance Preliminar de las Economías de América Latina y el Caribe 2008*.

府为控制局面曾宣布实行战争法。直到 10 月，执政党与反对派在达成有关新宪法协议的问题上都作出让步之后，持续近一年之久的政治矛盾才暂时得以缓解，社会局势暂趋平静。在尼加拉瓜，11 月市政选举前后，在首都和莱昂市发生了反对派与支持政府的群众之间的暴力冲突，造成 1 人死亡，多人受伤。

其二，抗议政府的政策。阿根廷持续了 3 个多月的农业部门危机为此类冲突的代表，它可以说是 2008 年拉美地区影响最大的社会冲突。这场危机起因于政府宣布从 3 月份起调整农产品出口税率并实行浮动税率制。此政策一出笼即遭到农业团体的强烈抗议。从 3 月中旬起，主要农业团体多次举行大罢工和大游行，并切断全国的交通干道，造成食品和燃料供应紧张。罢工期间，政府与农业团体多次举行谈判，但由于政府拒绝对农产品出口税进行实质性调整，谈判一再破裂。6 月中旬，阿根廷政府决定将有关农产品出口税的议案提交国会表决后，农业团体于 6 月 20 日宣布结束罢工。7 月 21 日政府宣布取消农产品出口浮动税率，将主要农产品的出口税率恢复到 3 月 10 日前的水平，这标志着持续 3 个多月的农业部门危机以政府的妥协而告终。这场危机不仅使阿根廷农产品出口蒙受巨大经济损失，而且造成金融市场动荡，阿根廷政府也一度面临严重政治危机。

其三，公共部门要求提高工资。哥伦比亚司法系统罢工可谓此类冲突的典型。9 月 3 日至 10 月 16 日哥伦比亚爆发了司法系统有史以来历时最长的一次罢工，近 4 万名罢工者进行了 44 天罢工，要求政府提高工资。罢工对哥伦比亚全国的公共秩序造成了严重破坏，最终以政府同意增加预算拨款而告终。

上述 3 种不同类型的冲突表现出相同的特点：冲突双方均努力寻求通过对话和谈判解决矛盾，最后均以一方或双方妥协而结束冲突。冲突方保持克制，以对话和谈判为解决矛盾的主要手段并作出必要让步，这对于缓和社会冲突至关重要，使"低烈度"社会冲突不致演变为社会危机，引发大规模社会震动。

二　地区性社会议程中广受关注的 3 个议题

2008 年，在拉美地区性社会议事日程中，有 3 个问题引起拉美国家和国际社会的共同关注，不但在各国政府公共议程中占据了重要地位，也成为地区和国际会议的重要议题。这 3 个议题是：暴力犯罪，特别是有组织的暴力犯罪及其引发的社会治安恶化；粮食价格上涨及其对低收入群体的影响；气候变化与相关自然灾害及其产生的破坏性后果。

（一）暴力犯罪问题

暴力犯罪问题一直是拉美最严重的社会问题之一，拉美被认为是世界上暴力最严重的地区，凶杀率高居全球榜首。2005 年的数据显示，世界平均凶杀率为每 10 万居民 9.2 人，而拉美地区高达 25.6 人。近几年来，拉美地区凶杀率居高不下，有组织犯罪极其猖獗，一些国家的犯罪案件逐年增加，社会治安形势呈恶化趋势。在社会冲突相对弱化的背景下，暴力犯罪和社会治安问题对社会稳定的影响突显出来，成为 2008 年最主要的不稳定因素。除巴西、哥伦比亚等暴力犯罪问题一直非常严重的国家以外，墨西哥、中美洲和加勒比地区的暴力犯罪问题也非常突出。2008 年墨西哥发生了一系列震动全国的凶杀事件，有 5000 多人死于有组织的暴力犯罪事件，绑架案件可能超过 1000 起，创历史新高。中美洲国家以洪都拉斯的情况最为严重；据 2007 年 5 月公布的调查，其凶杀率高达每 10万居民 64 人，为世界之最。2008 年，危地马拉有 7780 人死于暴力事件，超过前几年的死亡人数。在加勒比地区，暴力犯罪案件也呈上升趋势。2008 年上半年，牙买加有 703 人被杀害；1～9 月，多米尼加有 1440 人死于暴力事件；1～10 月，特立尼达和多巴哥死于凶杀的人数达到 436 人，高于 2007 年全年的数字。

在拉美地区非常严重的社会暴力问题中，青少年暴力问题和安全问题日益突显出来，受到广泛关注。据拉美技术信息网 11 月发布的研究报告，拉美 15～24岁的青年每 10 万人中有 36.6 人被杀害，是世界上青年被杀害指数最高的地区；拉美青年成为凶杀受害者的可能性，是欧洲的 30 倍，是希腊、匈牙利、英国、澳大利亚、日本、荷兰等国的 70 倍。[1]

暴力对社会产生严重影响，不仅导致社会环境恶化，也有巨大的经济代价。据萨尔瓦多总统办公室全国公共安全委员会估计，每年中美洲国家因暴力犯罪造成的经济损失约 65 亿美元，相当于该地区 GDP 的 7.7%。[2] 巴西政府

---

[1] Steven Edwards, "Murder Rate Highest in Latin America: Survey". http://www.canada.com/topics/news/world/story.html? id = a8600533 - 1b68 - 4c91 - 84d6 - 553df505a227

[2] Raúl Gutiérrez, "Central America: Violence Exacts Increasingly Heavy Toll". http://ipsnews.net/news.asp? idnews = 44001

2007 年公布的调查报告显示，每年因暴力事件造成的损失，约占巴西国民生产总值的 5%。①

暴力犯罪和治安形势恶化，已引起民众的强烈不满。据 2008 年拉美晴雨表年度民调报告，犯罪和社会治安问题跃居拉美第一大问题，在 7 个国家中，分别有 1/2、1/3 和 1/5 的受访者将此列为最严重问题。② 自 1995 年发布拉美晴雨表报告以来，犯罪和社会治安问题第一次排在拉美民众最关注的问题之首。8 月 30 日，墨西哥掀起声势浩大的全国性反暴力、反绑架示威活动，70 多个城市的近百万民众举行名为"让我们照亮墨西哥"的示威游行，要求政府采取有力措施，制止暴力犯罪。12 月 13 日，巴西一个非政府反暴力组织在里约热内卢著名的科帕卡巴纳海滩，摆放了 1.6 万个椰子，象征着里约热内卢州过去两年遭杀害的人数，该组织以这种独特的方式举行和平示威，抗议该市居高不下的犯罪率。

拉美地区的暴力犯罪，包括其对青少年和妇女的伤害，引起国际社会和拉美国家的高度关注。7 月份伊比利亚美洲国家组织召开有关公民安全、暴力和公共政策论坛，讨论解决这个问题的对策。10 月份召开的第 18 届伊比利亚美洲国家首脑会议也将此问题列入会议议题。在联合国拉美经委会 2008 年社会报告中，青年暴力问题是本年度的主题之一。10 月 7~8 日，美洲国家组织举行有关公共安全问题的部长级会议，这是该组织第一次举行以此为主题的高级别会议。与会的各国政府官员认为，拉美暴力犯罪对经济造成的破坏远远大于艾滋病造成的损失，因暴力犯罪致死的人数也远多于因艾滋病致死的人数。在会后发表的《美洲国家公共安全承诺》中，各国政府承诺，在加强公共安全管理、制定公共预防政策、提高警察管理水平、促进公民参与和加强国际合作等方面作出努力。这次会议被称作西半球"承诺预防犯罪、暴力及不安全并与之作斗争的一个里程碑"。③ 2009 年和 2010 年还将举行第二次和第三次会议。

一些拉美国家近几年采取的以镇压为主的公共安全政策，受到民众的批评。"暴力现象不可避免，我们能做的是设法解决它和预防它。"④ 以武制暴是一种无奈选择，却不能从根本上解决问题。产生暴力犯罪的原因是多方面的，因此，解

① 新华每日电讯，2007 年 4 月 23 日。

② Latinobarómetro, "Informe 2008". http：//www.latinobarometro.org/

③ http：//www.oas.org/oaspage/press_ releases/press_ release.asp? sCodigo = E－386/08

④ WHO, *World Report on Violence and Health*：*Summary*，Geneva，2002.

决暴力犯罪也需要采取综合性政策：促进经济、社会和文化发展，增加就业，消除社会不公，消除贫困；需要把预防和镇压结合起来，从不同领域打击暴力行为和犯罪；不但需要政府与公民和社会的通力合作，也需要加强国际合作。如果拉美国家不能采取有效措施对暴力活动和暴力犯罪加以治理，伊比利亚美洲国家组织秘书长伊格莱西亚斯在伊比利亚美洲有关公民安全、暴力和公共政策的论坛上提出的警告，就有可能变成现实：估计到 2030 年拉美地区凶杀案的发生率将达到每 10 万居民 30 人。[①]

（二）粮价上涨问题

2007 年和 2008 年上半年，全球粮食价格和石油价格迅速上涨，加上飓风导致农作物减产，给拉美地区造成重大影响。美洲开发银行的报告显示，2006 年 1 月到 2008 年 3 月，世界粮食价格平均上涨了 68%，拉美 19 个国家受到影响，特别是作为粮食净进口国的中美洲和加勒比地区，是风险最大的地区。据联合国世界粮食计划署的调查报告，粮价上涨直接带动了肉类、禽蛋和蔬菜类等价格的上涨，对贫困人群的生活影响巨大；中美洲国家贫困人口数量在过去 18 个月中增加了约 100 万。联合国拉美经委会 2008 年社会报告估计，由于粮食价格上涨的影响，使约 400 万可能脱贫的人未能摆脱贫困和赤贫状况，300 万人重新成为赤贫人口。12 月 10 日联合国粮农组织公布的《2008 年世界粮食不安全状况报告》认为，粮价上涨、金融危机和世界经济下滑，导致拉美过去十多年的减贫成果付诸东流。拉美地区 2005 年营养不良人口曾达到历史最低水平（4500 万），但 2008 年增至 5300 万，退回到 1990 年的水平。

为了应对这场危机，拉美国家和国际社会纷纷采取对策。5 月 8 日，哥斯达黎加政府宣布"国家食品计划"：投资 8800 万美元，增加谷物等基本粮食产量，实现基本粮食自给自足；同时，通过增加对贫困家庭的补助、增加享受奖学金学生的数量等方法来减少食品价格上涨对贫困群体的影响。5 月 26 日，巴拿马政府宣布，由政府购买农民生产的所有大米并以优惠价卖给消费者，以稳定米价、促进当地稻谷生产；同时，国家银行向农民提供优惠贷款，鼓励提高粮食产量以应对粮食短缺危机。6 月 5 日，尼加拉瓜政府宣布启动"种子计划"，向农户发

---

① http：//www.news.people.com.cn/GB/index.html

放优质玉米种子,刺激农户生产积极性,缓解日益严重的粮食危机。7 月初,巴西政府宣布启动"收获更多粮食计划",斥资约 81.25 亿美元帮助农户提高生产力,鼓励粮食生产,将近 100 万家农户从中受益。与此同时,地区和国际组织也多次召开会议,共商对策。5 月 7 日,拉美 15 个国家的代表召开"粮食安全与主权首脑会议",商讨制定粮食安全战略,以应对世界粮食危机对拉美和加勒比地区的冲击。5 月 30 日,拉美经济体系召开粮食安全紧急会议,寻求通过地区和全球合作促进农业的可持续发展、从根本上解决粮食安全问题的对策。7 月 30 日,"加勒比石油计划"成员国农业部长委员会决定建立一项 4.5 亿美元的粮食基金,帮助成员国应对粮食危机。11 月 23 日,亚太经济合作组织第 16 次领导人非正式会议闭幕,在会后发表的《利马宣言》中,各成员国领导人或代表承诺改善亚太地区的粮食安全,表示将采取充分的协调行动,制订综合战略来应对粮食危机。

(三) 自然灾害问题

气候变化及其对拉美的不利影响在 2008 年表现得非常明显。美国科罗拉多州立大学飓风专家组的一份报告指出,2008 年大西洋北部的飓风极具破坏力,受影响最大的是海地和古巴。在海地,8~9 月份飓风造成 793 人死亡,300 人失踪,22702 间房屋被毁,84625 间房屋受破坏;在古巴,飓风造成 7 人死亡,有50 万间房屋被毁,基础设施和耕地受到破坏,造成 90 亿美元的经济损失。此外,2008 年,暴雨遍及多数拉美国家。到 11 月底,在巴西、哥伦比亚、委内瑞拉和巴拿马 4 国至少已造成 167 人死亡,65.6 万人受灾,大面积农作物受损,经济损失严重。其中,巴西和哥伦比亚的情况最严重。另外,在萨尔瓦多、尼加拉瓜、洪都拉斯和危地马拉,有 184 人死亡,33 万人受灾。在多米尼加,两次飓风和热带风暴造成 12 人死亡,农业损失巨大。在海地,恶劣气候累计造成 800人死亡,300 人失踪,近 100 万人受灾。据统计,在拉美和加勒比地区,自然灾害平均每年造成 5000 人死亡,400 多万人受灾。世界银行拉美可持续发展部主任劳拉·塔克的研究报告称,与气候有关的自然灾害,如风暴、干旱和洪水,每年对拉美国家造成的损失平均为国内生产总值的 0.6%。如果自然灾害的发生频率从每 4 年一次增加到每 3 年一次,该地区每 10 年人均国内生产总值就会下降 2个百分点。到 2050 年,仅加勒比地区的旅游、海岸保护、制药和渔业部门的损失就会达到 60 亿美元。另据世界银行 2008 年 10 月公布的一份研究报告,虽然

拉美国家排放的温室气体在全球引起气候变化的温室气体排放中只占6%，但到2020年拉美地区约有7700万人将面临无法获得饮用水的问题。①

为了加强拉美地区应对气候变化及其不利影响的能力，拉美国家采取了更加积极的姿态参与应对全球气候危机的努力，除各国政府积极参加全球气候大会以外，在地区性社会议程中也更加关注这个问题。在2007年第一次举行有关气候问题的地区性会议后，2008年11月21~23日举行的美洲国家议员大会，也将气候问题列为两大议题之一，来自美洲各国的77名议员参加了气候变化论坛。这是来自美洲地区的政治家第一次共同商讨应对气候变化的措施。会议认为，拉美需要有一个适应这个变化和减缓这个变化的整体性政策和投资框架。会议宣言草案建议，到2020年，最发达国家应承担减少碳氢化合物排放扩大的义务；为此工业化国家应转移必需的资源和技术。12月初，由21个拉美国家和"加勒比共同体"组成的里约集团发出呼吁，要求拉美国家携手努力、加强合作，以应对全球气候变化带来的气象灾害等后果。会后发表的公告说，里约集团承诺对国际社会应对全球气候变化的要求迅速作出反应，建立紧急状态下地区互助机制，并最大限度地集中该集团各成员之力，降低自然灾害对本地区生产生活造成的影响。除地区议程以外，一些国家也采取了行动计划。例如，12月5日，智利政府公布了《2008~2012年全国气候变化行动计划》，其中的措施主要针对水资源、生物多样性、人的卫生和沿海基础设施，以及解决林业、农业、矿业和渔业领域的问题。除具体措施以外，该行动计划还宣布，要设计更专门的全国计划以适应气候变化和减少排放。巴切莱特总统表示，发展中国家在气候问题上也负有责任，"我们必须采取更多行动使我们能够发展低碳经济"。②

三 社会政策面临的两大挑战

受全球金融危机的影响，从2008年第三季度起，拉美经济增长已出现减速，

---

① http：//www. elnuevoherald. com/noticias/america ＿ latina/story/327357. html；Emilio Godoy，"Climate change-Latin America：Frightening Numbers"；http：//ipsnews. net/news. asp？idnews ＝ 44818；http：//www. lapress. org/articles. asp？art ＝ 5755；http：//www. news. people. com. cn/GB/index. html

② Daniela Estrada，"Climate Change-Chile：Govt Plan Falls Short，Say Activists". http：//ipsnews. net/news. asp？idnews ＝ 45003

就业增长幅度和失业下降幅度都已放缓，减贫步伐也已放慢。2009 年，金融危机的负面影响将会进一步显现和扩展。那些依赖于侨汇收入的国家、与美国市场联系最紧密的国家和出口缺乏多元化结构的国家，有可能受到最严重的影响。如果拉美国家政府和国际社会不作出充分和有效的反应，就会产生非常严重的社会影响，脆弱群体、贫困群体和边缘化群体将受到最严重伤害。一些前几年刚刚摆脱贫困的人可能会重新陷入贫困状态，近几年有所缓解的社会问题也有可能再度恶化，长期没有得到根本解决的社会矛盾可能会更加突出。正如美洲开发银行行长路易斯·阿尔韦托·莫雷诺所言，全球金融危机"已使拉美地区的经济和社会进步处于危险之中"。① 因此，积极应对金融危机的冲击，有效利用连年经济增长创造的较宽松的经济和社会环境，制定反周期的经济和社会政策，将应对当前危机引发的挑战与长期社会发展目标结合起来，成为当前拉美国家政府和国际社会关注的重点。

2009 年，拉美国家的社会政策面临着两大挑战。其一，就业形势严峻，失业压力增大。近几年，虽然拉美地区就业形势持续改善，但失业率仍高于 1990 年的水平，而且结构性失业问题依然非常突出，就业中的高度不平等没有发生根本变化，就业质量仍然相当差。2009 年，拉美地区的失业率将有所上升，这意味着，拉美国家将面临更大的失业压力。各国政府必须采取积极措施，促进投资，刺激经济增长，最大限度地创造就业机会，缓解失业压力。其二，反贫任务艰巨。2009 年拉美地区贫困率和赤贫率都可能出现反弹，将有更多的人重新陷入贫困和赤贫境地。各国政府需要采取有效措施，增加公共社会开支，保证为紧急社会救助计划（就业计划、扩大反贫困计划、食品计划）和再分配性养老金计划提供资金支持，扶持贫困群体，帮助他们渡过难关。此外，拉美国家在实施应急性措施的同时，还应加强机制体制建设，推动社会保障制度和社会保护体系建设，比较完善的制度安排会增强应对危机冲击的能力。

全球金融危机爆发后，一些拉美国家已采取积极的姿态，加强国家干预，应对危机冲击，预防可能引发的不良社会影响。10 月初，墨西哥提出了"促进增长与就业计划"，斥资数十亿美元，开展公共工程建设，加大对中小企业的扶持力度，创造就业岗位，扩展中小企业容纳就业的能力。10 月下旬，阿根廷宣布

---

① IDB, "Beyond Facts: Understanding Quality of Life". http://www.iadb.org/idbdocs/1776308.pdf

取消个人账户养老金计划，由政府接管私营公司管理的养老基金，预防金融危机引发剧烈震动；11 月，宣布刺激经济措施，准备投资 210 亿美元用于公共工程计划，以创造 40 万个建筑部门的就业机会。12 月，智利国会通过财政部 2009 年扩张性财政预案，用于公共工程和基础设施建设的投资，总额为 20 亿美元。

到目前为止，全球金融危机尚未触底，其对拉美经济和社会的影响程度到底会有多深，还是个未知数。随着危机的发展，拉美国家会推出更多应对之策。全球金融危机及其对拉美经济与社会的影响，拉美国家应对危机的措施及其成效，是 2009 年需要继续跟踪和关注的一个重要课题。

参考文献

CEPAL, *Panorama Social de América Latina 2008*.

CEPAL, *Balance Preliminar de las Economías de América Latina y el Caribe 2008*.

IDB, "Beyond Facts: Understanding Quality of Life".

Latinobarómetro, "Informe 2008".

UN-HABITAT, "Global Report on Human Settlements 2007, Enhancing Urban Safety and Security".

Social Report on Latin America and the Caribbean in 2008

Liu Jixin

Abstract: The social situation of Latin America and the Caribbean in 2008 is basically marked by two characteristics: the momentum of continuous improvement of social indicators was maintained though at decelerated paces while indicators of a few items deteriorated and embarrassed the trend of continuing improvement; the basis for social stability remained weak as social conflicts, a reflection of the complex and profound social contradictions and a long term factor which affects the social stability and development of the region given their persistence although they appeared less drastic than before. Violent crimes and the consequent deterioration of public security, rising grain prices and its impacts on low income population, climate change and natural disasters related to climate change as well as their damaging consequences became 3 topics which gathered extensive attention and concern across the region's social agendas. In short, attention of national governments of the region and of the international community is focused on how to take active steps to effectively make use of the relatively comfortable social and economic conditions created by the continuous economic growth during the past few years and to figure out counter-cyclical economic and social policies so as to systematically combine the efforts of coping with the challenges posed by the current financial crisis with the pursuit of long-term social development goals. For 2009, handling the pressure of increasing unemployment and poverty reduction will challenge social policies of all countries in the region.

Key Words: Latin America; Social Situation; Social Agenda; Social Policy

2008 年拉丁美洲和加勒比外交形势

贺双荣*

摘　要：2008 年，拉美国家积极调整对外关系，不断扩大在国际舞台上的影响力。拉美国家"去美国化"的政策意图明显，一方面抵制美国对本地区事务的控制和干涉，另一方面积极寻求拉美国家之间的团结与合作。随着俄罗斯实力的增强，它与拉美国家的关系逐步恢复；欧盟仍是拉美对外战略多元化的重点；印度已成为拉美国家对外关系的重要选择。拉美激进左派政府与伊朗的关系具有强烈的反美色彩。拉美国家的亚太意识日益增强，积极通过多边合作或双边合作发展与亚太国家的关系。

关键词：国际格局　金融危机　对外关系　美国霸权　战略合作

随着全球化的深入发展、新兴发展中大国的崛起以及伊拉克战争和金融危机对美国霸权的冲击，当前国际关系格局正发生深刻变化。为适应国际政治经济格局的变化趋势，拉美国家积极调整对外关系，扩大在国际舞台上的影响力。

一　美国在拉美的影响力呈现下降趋势

美国在拉美的影响力继续下降，与委内瑞拉、玻利维亚等激进"左派"政府的关系更趋紧张。

第一，美国在西半球的责任缺失引发拉美的强烈不满。2008 年，美国深陷

---

* 贺双荣，女，1988 年毕业于中国社会科学院研究生院拉美系，获法学硕士学位。现为中国社会科学院拉丁美洲研究所研究员，国际关系室主任。

伊拉克、阿富汗战争泥潭，并深受金融危机困扰，布什政府的拉美政策没有明确目标，造成美拉关系疏远。长期以来，美国拉美政策的重点主要关注毒品、非法移民等问题。2008 年 6 月，美国国会通过了布什政府于 2007 年提出的有关帮助墨西哥打击贩毒和有组织犯罪的"梅里达倡议"；2008 年 9 月，布什政府与 11个拉美国家签署了"美洲通往繁荣之路倡议"。但是，美国与哥伦比亚的双边自由贸易协定被搁置，美国的移民法案改革仍悬而未决。美国大批遣返拉美的非法移民，引起拉美国家的抗议。在应对能源危机和粮食危机等方面，美国没有作出任何有效的地区性安排以帮助拉美国家摆脱危机。此外，为尽快摆脱本国的金融危机，美国转嫁危机的做法使拉美经济深受其害。2008 年 11 月，墨西哥卡尔德隆总统在参加 APEC 会议时，指责美国造成世界金融危机，要求美国下届政府担负起"更坚定的领导"责任。[①]

第二，美国对拉美政策的军事化倾向引起拉美国家的抗议。4 月 24 日，美国海军宣布，重建美国第四舰队，负责美国海军在加勒比和拉丁美洲地区的行动。此后，古巴、委内瑞拉、玻利维亚等国纷纷谴责美国的这一举措，认为这是美国重返"炮舰外交"的一个信号。莫拉莱斯总统称之为"从事干涉的第四舰队"。2008 年 7 月，阿根廷克里斯蒂娜总统指出，美国政府在时隔多年后决定重新组建第四舰队，这将对拉美国家的海域构成潜在的军事威胁。巴西政府不同意美国恢复海军第四舰队的决定。2008 年 7 月 29 日，南共市议会反对美国政府将第四舰队派往南美沿海，认为这将带来更大的不安全，并造成地区冲突军事化。

第三，随着拉美激进"左派"的改革逐渐深入，美国与这些国家的矛盾不断扩大。正如美国负责拉美事务的助理国务卿香农所说："美国与委内瑞拉的关系正经历困难时期。"2008 年 2 月，委内瑞拉国有石油公司停止向美国埃克森美孚公司提供原油，以报复该公司冻结其全球资产的企图。3 月 1 日，哥伦比亚政府军越过厄瓜多尔边界打击哥伦比亚"革命武装力量"游击队。美国根据由哥伦比亚政府军缴获的电脑获得的证据，指责委内瑞拉向被美国定为恐怖主义组织的哥伦比亚革命武装力量提供资金支持。2008 年 3 月 18 日，布什明确表示：

---

① "APEC Leaders in Agreement on Financial Crisis Response". http：//www. abc. net. au/news/stories/2008/11/23/2427400. htm

"查韦斯与哥伦比亚革命武装力量的联系比原来想象的要密切。"① 美委关系降至最低点。

其他拉美激进"左派"政府与美国的关系也进一步疏远，甚至出现紧张。2008年2月，玻利维亚莫拉莱斯总统宣布，将不再派军官到美国的美洲陆军学院学习。9月10日，莫拉莱斯指责美国驻该国大使菲利普·戈德堡支持反政府抗议者，下令将他驱逐出境。11月1日，莫拉莱斯以美国毒品管制局从事间谍活动为由，中止该机构在玻利维亚的活动。2008年7月，厄瓜多尔科雷亚政府通知美国，厄方将于2009年8月结束与美国签订的有关使用曼塔军事基地的双边合作协议。尼加拉瓜奥尔特加政府无论是在南美外交危机中，还是在抵制美国干涉玻利维亚内政等问题上，都与南美激进"左派"政府站在一起。9月2日，尼加拉瓜不顾美国反对，成为除俄罗斯以外唯一承认格鲁吉亚的南奥塞梯和阿布哈兹独立的国家。

需要指出的是，阿根廷与美国关系因"手提箱丑闻"出现紧张。2007年8月，委内瑞拉裔美国商人安东尼尼·威尔逊试图携带一只装有8万美元现金的手提箱进入阿根廷。同年12月，美国情报部门据此提出报告，指责委内瑞拉政府向克里斯蒂娜提供非法竞选资金。阿根廷总统克里斯蒂娜·费尔南德斯称该报告是"国际政治垃圾"，并指出不需要任何人对阿根廷外交政策"指手画脚"。② 3月中旬，国务卿赖斯在访问南共市时把阿根廷排除在外。2008年9月11日，阿根廷外交部发表声明，指责美国司法部门利用审理安东尼尼·威尔逊的"政治献金案"，诋毁阿根廷政府和官员，将案件审理"政治化"。

美国与拉美国家关系的疏远和矛盾的扩大，增强了许多拉美国家的"去美国化"倾向。4月11日，厄瓜多尔科雷亚总统在访问墨西哥时提出建立一个"拉丁美洲国家组织"，认为这是独立和拥有主权的国家面对挑战的一项历史要求。查韦斯指责美洲开发银行屈服于"政治压力"，已成为"帝国主义的工具"，呼吁"拉美国家退出美洲开发银行"。③ 玻利维亚莫拉莱斯总统多次表示，要寻

① http：//www.whitehouse.gov/news/releases/2008/03/20080318－4.html
② Chris Carlson，"Venezuela，Argentina Accuse US of Smear Campaign"，December 13，2007. http：//www.venezuelanalysis.com/news/3001
③ The Associated Press，"Chavez：Latin America Should Abandon IDB"，*The International Herald Tribune*，November 26，2008

求建立取代世界银行和 IMF 的机构，并要求在 WTO 中进行一场"全面的革命"，以便巩固一个"新的国际经济秩序"。① 值得关注的是，2008 年 12 月 16～17 日，33 个拉美和加勒比国家的代表在巴西东北部绍伊皮海滨举行了一次没有美国代表参加的拉美地区高峰会议。

尽管美国在拉美地区的影响力在下降，但美国在这一地区的霸权地位并未受到动摇。（1）美国仍是拉美地区最大的贸易伙伴，也是拉美引进外国直接投资和先进技术的主要来源地。美拉之间在反恐、扫毒、贸易、移民、打击有组织犯罪等问题上存在着矛盾，但美拉之间在这些领域也存在着广泛的合作诉求和愿望。例如：11 月 21 日，美国和巴西两国政府宣布，两国签署扩大生物能源合作的谅解备忘录，共同促进能源安全和可持续发展；根据"梅里达倡议"，美国向墨西哥提供近 2 亿美元的扫毒援助。（2）从根本上说，拉美国家的"去美国化"反映了美国与拉美国家在发展理念上的冲突，而不是实质性关系的改变。近年来，美国与拉美国家的贸易持续增长。2008 年头 8 个月，美拉贸易额达 4347 亿美元，比 2007 年同期增长 19.7%；其中美国的出口额增长 22.9%，达 1837 亿美元，美国从拉美的进口额增长 17.4%，达 2510 亿美元；美国与委内瑞拉和巴西的贸易增长最快，分别增长 49.5% 和 30.1%。② （3）尽管俄罗斯、欧盟、中国等都在加强与拉美的关系，但并不会动摇美国在拉美地区的霸权地位。除少数国家外，美国与大多数拉美国家的关系不是一种纯粹的对抗性关系。正如美国负责拉美事务的助理国务卿香农所说："我们不同意把液压理论运用于外交领域，一个国家上升就意味着另一个国家的衰落。"③

二　拉美国家的团结合作有所加强

近年来，拉美国家一方面试图摆脱美国对本地区的控制和干涉，另一方面，积极寻求拉美国家之间的团结与合作。但是，拉美国家之间在发展理念和政策上

---

① http：//www.democracynow.org/2008/4/24/welcome_ to_ the_ axis_ of_ evil
② The Department of Commerce of U.S.，"Trade Statistics Express". http：//tse.export.gov/
③ Shannon K. O'Neil，"U.S.-Latin America Relations：A New Direction for a New Reality"，*Independent Task Force Report*，No. 60，the Council on Foreign Relations，May 14, 2008. p. 26.

的差异、历史遗留的边界争端、军购引发的安全竞争、大国间对影响力的争夺等，都对拉美的区域合作进程产生了影响。

（一） 拉美国家的团结与合作

2008 年，拉美国家在维护地区稳定，应对毒品、能源、粮食、金融危机等问题时表现出前所未有的团结。

第一，团结合作意识增强，采取集体外交行动反对美国干预本地区事务。2008 年 3 月，哥伦比亚政府军进入厄瓜多尔境内打击哥伦比亚革命武装力量。这一事件遭到厄方的强烈抗议；随后，厄瓜多尔、委内瑞拉和尼加拉瓜宣布与哥伦比亚断交，安第斯地区形势骤然紧张。拉美国家抛开有美国参与的美洲国家组织，通过里约集团成功地化解了这场争端。9 月 10 日，玻利维亚莫拉莱斯总统以美驻玻大使煽动当地反政府抗议、鼓励分裂活动为由，将其驱逐出境。为支持玻利维亚，查韦斯总统驱逐了美驻委大使，奥尔特加总统取消了在第 63 届联大会晤布什总统的安排，洪都拉斯塞拉亚总统推迟了接受美新任大使递交国书的时间。9 月 15 日，南美国家联盟召开首脑会议，发表共同声明支持莫拉莱斯总统，反对任何分裂玻利维亚的企图。

第二，古巴融入拉美大家庭，加强与拉美国家的合作。为加强拉美、加勒比国家的团结，巴西政府支持并推动古巴重新融入拉美大家庭。2008 年 1 月和 10 月，卢拉总统两次访问古巴，加强两国在农业、卫生、能源等领域的合作。2008 年 3 月，墨西哥外长访问古巴，使 2004 年因人权问题而出现的两国紧张关系得以恢复正常。2008 年 12 月，古巴在拉美和加勒比首脑会议上加入里约集团，成为该集团的第 23 个正式成员。

第三，拉美国家积极寻求自主解决本地区面临的各种问题。近年来，能源和粮食价格的上涨、毒品走私和贩毒集团的有组织犯罪活动对拉美国家的可持续发展和安全构成了严重威胁。为此，拉美国家积极寻求自主解决本地区面临的问题。4 月 23 日，以查韦斯总统为首的 4 位拉美"左派"国家领导人共同创设总额为 1 亿美元的粮食安全基金。5 月 7 日，拉美 15 个国家的代表在尼加拉瓜首都马那瓜召开"粮食安全与主权首脑会议"，商讨制定粮食安全战略，以应对世界粮食危机对拉美和加勒比地区的冲击。

第四，拉美国家在"去美国化"的同时，加强拉美地区组织的作用，寻求建立新的合作机制。拉美国家寻求建立没有美国参加的拉丁美洲国家组织，以取代美洲国家组织。里约集团不断扩大，2008 年，海地、圭亚那和古巴分别加入这一组织。里约集团第 20 届首脑会议化解了哥、厄、委三国的外交危机。古巴和委内瑞拉创建的"美洲玻利瓦尔替代计划"继续扩大，8 月 25 日洪都拉斯正式加入该组织。2008 年 1 月和 7 月，洪都拉斯和危地马拉先后加入由查韦斯总统推动的"加勒比石油计划"，使其成员达到 18 个。[1] 南美国家的一体化进程取得新进展，5 月 23 日，南美国家联盟建立。巴西卢拉总统提出的成立南美防务委员会的倡议得到大多数南美国家的支持。

（二）影响拉美国家团结与合作的因素

拉美国家加强团结与合作的进程还面临诸多不利因素的困扰。一是历史遗留问题。例如：2008 年 1 月，秘鲁要求国际法院仲裁与智利的海上边界争端；2008 年 1 月 23 日，智利撤回驻秘鲁大使。二是边境安全问题。例如，哥伦比亚政府军越境打击反政府武装引发的外交冲突。三是经济纠纷。例如，委内瑞拉水泥行业国有化损及墨西哥 Cemex 公司，导致墨方不满，认为这是"不尊重墨西哥人的财产和权利的不适当的行为"。[2] 厄瓜多尔派军队占领由巴西公司出资建设的电厂，并中止偿还所欠巴西国家社会发展银行的贷款，导致巴西召回驻厄大使。巴拉圭卢戈政府要求修改与巴西签署的伊泰普水电站合同，引起两国关系紧张。四是出现军备竞赛苗头。美国通过"哥伦比亚计划"向哥大量提供军事援助及近年来拉美国家的军事现代化计划，导致许多国家军事预算和军购增加。例如，巴西公布新的国防计划，委内瑞拉从俄罗斯等国大量采购军事装备，等等。因此，"拉美的确存在竞赛逐步升级的风险，它可能变得非常危险。"[3] 五是拉美大国在地区合作的主导权问题上存在矛盾。尽管南美国家联盟已成立，但截至 12 月中旬，仅玻利维亚和委内瑞拉批准了这一条约，其他 10 个成员国尚未采取相应步骤。在推举阿根廷前总统基什内尔为南美国家联盟秘书长的问题上，由于乌拉圭和哥伦比亚反对，至今悬而未决。此外，南方银行自 2007 年 12 月建立后进展不大。

① Norman Girvan, "ALBA, PETROCARIBE AD CARICOM: ISSUES I A EW DYAMIC". http://www. normangirvan. info/wp-content/uploads/2008/05/alba-petrocaribe-and-caricom. pdf

② http://www. venezuelanalysis. com/news/3326

③ http://news. china. com/zh_ cn/news100/11038989/20080117/14621370. html

三 拉美国家对外关系多元化步伐加快

随着全球化进程的不断加深，美国在西半球的影响力日益下降，外部力量不断扩大在拉美的存在。拉美国家实施对外关系多元化战略面临更多的选择。正如巴西前外长路易斯·费利佩·兰普雷亚指出："当美国不再将南美洲看作同其战略利益相关并疏远南美洲时，其他国家正以前所未有的、扎扎实实的步伐来填补这一空缺。"①

（一）俄罗斯与拉美的关系

俄罗斯在与美国因东欧反导等问题上出现对抗后，特别是在南奥塞梯危机之后，坚定了推行更积极的拉美战略的决心。2008 年，俄罗斯副总理谢钦三次访问古巴、两次访问委内瑞拉和尼加拉瓜。2008 年 11 月，梅德韦杰夫总统出访秘鲁、巴西、委内瑞拉和古巴。他表示："在苏联时代，我们与许多拉美国家有牢固的、更重要的关系，现在该到了恢复这种关系的时刻了。我们愿意与这些国家建立特殊的、优先的关系。"② 当美拉关系日益疏远时，俄罗斯无疑成为拉美"左派"政府抗衡美国力量的外交选择。

俄罗斯与拉美国家的关系主要集中在以下四个方面。其一，推动建立国际政治新秩序。2008 年 12 月，巴西和俄罗斯商定，2009 年在俄罗斯召开首次"金砖四国"首脑会议，共同推动促进发展中大国在国际政治经济中的作用。其二，加强在能源等方面的合作。2008 年 7 月，在查韦斯总统访问俄罗斯期间，委内瑞拉国家石油公司与俄罗斯 3 家公司签署了石油勘探和开采合作协议。11 月 7 日，委内瑞拉与俄罗斯签署了 15 项合作协议文件，其中有俄罗斯和委内瑞拉共同出资 40 亿美元建立合资银行的协议。其三，加强军事合作，其合作内容主要是军售。目前，委内瑞拉是与俄罗斯达成军购协议最多的拉美国家。俄罗斯也是巴西军事现代化计划的合作伙伴之一。除军售以外，俄罗斯还通过与拉美国家的

---

① Joshua Goodman, "Bush Excluded by Latin Summit as China, Russia Loom", Dec. 15, 2008. http://www.bloomberg.com/apps/news? pid = 20601080&sid = azzqp51ik6lw&refer = asia

② Richard Weitz, "Global Insights: Medvedev Tour Shows Moscow's Latin American Limits", *World Politics Review*, Dec. 2008.

合作，扩大了在拉美的军事存在。2008 年 9 月，俄罗斯战略轰炸机飞抵委内瑞拉。12 月，委俄两国在加勒比海举行代号为"委俄 2008"的联合军事演习。随后，俄罗斯军舰访问了尼加拉瓜和古巴。其四，加强高科技合作。4 月 15 日，巴西与俄罗斯签署了一项科技和国防合作协议，内容包括共同研发火箭和战斗机，以及向外层空间发射卫星等。

（二）拉美与伊朗的关系

拉美国家、特别是拉美激进"左派"政府还与被美国视为"邪恶轴心国"的伊朗发展具有强烈反美色彩的密切关系。

委内瑞拉与伊朗的关系最密切，反美旗帜鲜明。查韦斯总统已六次访问伊朗，内贾德总统已三次访问委内瑞拉。两国在发展政治关系的同时，经贸关系取得实质性进展。查韦斯政府与伊朗签署了 200 个合作协定，双边贸易额达 46 亿美元，伊朗对委内瑞拉的投资约 70 亿美元，涉及汽车、拖拉机、农业机械等产业。[①]

近年来，内贾德总统还先后访问了古巴、厄瓜多尔、尼加拉瓜和玻利维亚。2008 年 9 月 2 日，莫拉莱斯总统访问伊朗，称"这是伊朗与玻利维亚加强联合及团结的象征"。[②] 2008 年 12 月，厄瓜多尔总统访问伊朗，两国签署 12 项协定和意向书，以促进经济、工业、能源和银行部门的关系。奥尔特加总统执政后，伊朗与尼加拉瓜两国实现了元首互访，尼加拉瓜在伊朗设立了大使馆。伊朗承诺向尼加拉瓜的农业和电力建设提供援助。

伊朗与拉美国家关系的发展引起了美国的关切。美国负责西半球事务的助理国务卿香农指出："一旦美国与伊朗发生冲突，伊朗有可能会利用其在拉美的势力来采取对抗美国的行为。"[③] 美国驻尼加拉瓜大使公开警告说，尼加拉瓜与伊朗的关系将损害美国与尼加拉瓜的"良好关系"。[④]

---

① "Friends of opportunity", *The Economist*, Nov. 27, 2008. http：//www. economist. com/world/ americas/displaystory. cfm？story_ id = 12684849.

② Yusuf Fernandez, "Iran, Latin America Construct New World System", September 7, 2008, Press TV, Madrid. http：//www. presstv. ir/detail. aspx？id = 68734&sectionid = 3510304.

③ "Iran's Influence in Latin America Worries U. S. ", May 7, 2008. http：//www. reuters. com/ article/topNews/idUSN0729088020080507.

④ Barardo Mendoza, "Iran to Build ＄230 Million Dam in Nicaragua", *Miami Herald*, March 13, 2008. .

（三）拉美与欧盟的关系

欧盟仍是拉美对外战略多元化的重点。在多边政治对话关系方面，5 月 17～18 日，欧拉第五届首脑会议在利马举行，讨论了气候变化、贫困、食品、能源消耗、多边主义和地区一体化议题。在自由贸易谈判方面，2008 年 12 月，加勒比共同体中的 13 个国家与欧盟签署经济伙伴关系协定。但欧盟与安共体、中美洲、特别是与南共市的自由贸易谈判尚无进展。

欧盟与拉美国家的双边关系有一些突破。欧盟与古巴的关系得以恢复。2007 年 11 月，欧盟发展与人道主义援助委员米歇尔在纽约会见了古巴外长罗克，双方关系解冻。10 月 23 日，古巴与欧盟签署一项合作协定，正式恢复关系，结束了 5 年来关系冻结的局面。

欧盟加强了与拉美新兴大国的合作。一是欧盟积极发展与拉美大国的战略伙伴关系。在第五届欧拉首脑会议期间，墨西哥和欧盟建立了战略伙伴关系。西班牙与哥伦比亚于 1 月 23 日签署了战略合作协议。二是欧盟与巴西的战略伙伴关系不断提升。2008 年 12 月 22～23 日，巴西和欧盟第二届首脑会议在里约举行，双方签署了指导未来 3 年双方关系发展的"巴西—欧盟共同行动计划"。三是欧盟国家与巴西的双边关系取得很大发展。在第二届巴西—欧盟首脑会议期间，法国与巴西加强了在国际政治方面的协调，两国同意推动国际机构的民主化，并强调在 8 国集团、20 国集团框架内的合作。萨科齐总统支持巴西成为联合国安理会常任理事国。在安全领域，法国和巴西签署了总额达 86 亿欧元的军火协议，法国将帮助巴西建造 4 艘"鲉鱼"级常规潜艇和 1 艘核潜艇并转让相关技术。巴西和德国在空间技术方面的合作取得进展。

欧盟与拉美的多边政治对话在水平上和质量上仍显不足。6 月 18 日，欧盟通过的移民法引起拉美国家的不满。此外，阿根廷与英国在开采马岛大陆架石油方面存在争端。

（四）拉美与印度的关系

拉美资源丰富、市场潜力巨大，成为印度拓展拉美外交的重要推动力。拉美国家也把印度的崛起视为扩大合作的机遇。2008 年 4 月 12～24 日，普拉蒂巴·帕蒂尔总统访问墨西哥、巴西和智利。近年来,许多拉美国家在印度设立大使馆和领事馆。即使像萨尔瓦多这样的小国也认为,"印度是一个新兴大国,有成为战略伙伴的巨大潜力"。①

2008 年,印度与拉美的能源合作继续成为双边关系的重点。2 月 19 日,委内瑞拉公布了有关委内瑞拉国家石油公司与印度油气公司成立合资公司的决定。根据协议,合资公司中,委内瑞拉和印度各占 60% 和 40% 的股份。拉美国家与印度的军事合作逐步展开。7 月,厄瓜多尔购买了 7 架印度直升机,金额为 5000 万美元。厄瓜多尔总统将于 2009 年访问印度。巴西、墨西哥等拉美大国与印度的合作领域更为广泛,涉及能源、科技、信息、航空、人员培训等诸多方面。10 月 15 日,印度、巴西和南非 3 国首脑会议在新德里举行,重点讨论全球金融危机、食品安全、能源价格等问题。

(五) 拉美与亚太国家的关系

近年来,拉美国家的亚太意识明显增强,通过各种途径大力发展与亚太国家的关系。第 16 届 APEC 领导人非正式会议以"亚太发展的新承诺"为主题,于 11 月 22~23 日在秘鲁首都利马举行。鉴于拉美与东亚经贸关系发展迅速,在 APEC 框架内,强化拉美的跨太平洋合作时机日益成熟。2008 年 10 月,在第 18 届伊比利亚美洲国家首脑会议期间,拉美国家共同签署了建立"太平洋之桥"的论坛宣言,试图增进拉美与 APEC 成员的合作。

拉美国家与亚太国家的领导人互访频繁,政治经贸合作不断扩大。2008 年 3 月,秘鲁加西亚总统访问日本,两国签署 3 亿美元的贷款协定。7 月,巴西卢拉总统访问越南和印度尼西亚。11 月,中国、韩国、日本等亚太国家首脑利用参加 APEC 首脑会议的机会访问拉美国家。韩国李明博总统访问巴西,两国同意建立农业研究中心,共同开发农业技术,以及韩国向巴西淡水河谷公司提供 10 亿美元贷款。印度尼西亚苏西洛总统访问墨西哥,讨论了两国石油公司的合作问题。越南阮明哲主席访问委内瑞拉,两国签署 15 项工业和能源领域的合作协议。

---

① Nayanima Basu, "India Can Be Latin America's Strategic Partner: El Salvador Vice President". http: //www. indianmuslims. info/news/2008/jan/17/india_ can_ be_ latin_ americas_ strategic_ partner_ el_ salvador_ vice_ president. html

中拉关系的发展引人关注。11 月 5 日，中国发表了首份《中国对拉丁美洲和加勒比政策文件》。随后，胡锦涛主席访问哥斯达黎加、古巴和秘鲁。中国与秘鲁结束了双边自由贸易协定的谈判，与哥斯达黎加宣布启动自由贸易协定谈判。中拉贸易继续呈快速增长态势，2008 年 1～10 月，中拉贸易额达 1241 亿美元，比 2007 年同期增长 50.9%。

值得关注的是，拉美与亚太国家掀起了签署双边自由贸易协定的热潮。到目前为止，墨西哥已与日本签署自由贸易协定，并积极推动与澳大利亚、新西兰和新加坡的自由贸易协定谈判；智利已与中国、日本、新西兰、新加坡、韩国和文莱签署自由贸易协定，与澳大利亚、泰国和马来西亚启动了自由贸易协定的谈判，并与印度进行了自由贸易协定谈判的可行性研究。APEC 会议期间，在中秘两国宣布成功完成自由贸易协定谈判后，11 月 20 日，秘鲁加西亚总统表示，秘鲁将尽快启动与日本的双边自由贸易谈判，并希望在其任期内两国签署自由贸易协定，日本对此作出积极回应。11 月 22 日，秘鲁与韩国共同宣布将于 2009 年上半年启动双边自由贸易谈判。秘鲁已与中国和日本签署了促进和保护投资协定。

参考文献

Daniel P. Erikson, "Requiem for the Monroe Doctrine", *Current History*, February 2008.

Ernesto Zedillo and Thomas R. Pickering, "Re-Thinking U. S. -Latin American Relations: A Hemispheric Partnership for a Turbulent World", The Brookings Institution, November 2008.

Jared Ritvo, "Brazil Spearheads UNASUR Defense Council", *COHA Research Report*, May 28th, 2008.

J. F. Hornbeck, "U. S. -Latin America Trade: Recent Trends", *CRS Report for Congress*, January 10, 2007.

The Pew Research Center, "Rising Environmental Concern in 47-Nation Survey: Global Unease with Major World Powers", The Pew Global Attitudes Project, June 27, 2007.

Shannon K. O'Neil, "U. S. -Latin America Relations: A New Direction for a New Reality", *Independent Task Force Report*, No. 60, the Council on Foreign Relations, May 14, 2008.

Report on Foreign Affairs of Latin America and the Caribbean in 2008

He Shuangrong

Abstract: During 2008, Latin American countries took active steps to adjust their foreign policies in order to amplify their international influence. The political intention of "de-Americanization" reflected by their firm resistance against the US interference in and control over regional issues and their active pursuit of solidarity and cooperation among countries of the region. While reinforcing the national strength, Russia came to recover its relationship with Latin America step by step. India became an important option for Latin American countries' diplomatic strategy. A strong anti-America sentiment was revealed by the closing ties between radical leftist Latin American governments with Iran. Bilateral and multilateral cooperation with countries of the Asia Pacific Region was dynamically developed with the growing Asia Pacific awareness among Latin American countries.

Key Words: International Structure; Financial Crisis; Foreign Relations; American Hegemony; Strategic Cooperation

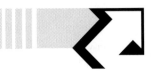

国别和地区篇

阿根廷

郭存海[*]

摘　要： 2008 年是阿根廷不平静的一年。一场由提高出口税率引发的农业危机给克里斯蒂娜政府带来重大挑战，执政的"胜利阵线"也失去了在议会的优势地位。进入 9 月，世界金融危机对阿根廷的冲击日益明显，阿根廷经济开始失去前几个月保持的平稳态势，出口下滑，财政收入减少，经济增速放缓，国家风险指数持续攀升。与此同时，阿根廷国内连续爆发多次示威抗议活动，社会不稳定因素增加。严峻的经济和社会形势迫使克里斯蒂娜政府的外交活动主要围绕解决国内问题展开。

关键词： 新政府支持率下降　农业危机

* 郭存海，2006 年毕业于中国社会科学院研究生院拉美系国际政治专业，获法学硕士学位。现为中国社会科学院拉丁美洲研究所社会文化研究室助理研究员，在读博士生。主要研究领域为拉美社会问题。

一　政治形势

新政府的政策和路线基本没有发生变化，但面临严峻考验。克里斯蒂娜总统上台后几乎全部继承了前政府的政策和路线，并留任了前政府 3/4 的高级官员。前总统、克里斯蒂娜的丈夫基什内尔仍在政府决策中发挥重要作用。因此，有分析人士将克里斯蒂娜政府称之为"基什内尔Ⅱ届"。不过，克里斯蒂娜的政策在两个方面有别于前政府，这主要体现在她于 2008 年 3 月在新议会首次会议上发表的演说中。其一，她承认公共安全是一个日益严重的问题并决心积极应对日益恶化的社会治安，而在基什内尔执政时期，社会治安问题一直为人诟病。其二，她更关注阿根廷的长期发展战略（主要集中于经济、基础设施建设、教育和医疗卫生 4 个领域），而不是仅着眼于短期目标。克里斯蒂娜上任初期支持率较高，阿根廷经济运行良好，不过同时她也面临着腐败问题严重、犯罪率上升、电力短缺、通货膨胀持续恶化等问题的考验。

克里斯蒂娜的支持率大幅下降。基什内尔执政时期，阿根廷实现了经济复苏和稳定增长，但留下了通货膨胀严重和电力短缺两大难题。克里斯蒂娜在这两方面也作为不大。早在 2007 年底，这两大问题就开始对克里斯蒂娜的支持率产生影响；进入 2008 年，影响进一步加深。据阿根廷一家名为"多头政治"的民调机构追踪调查，克里斯蒂娜的支持率基本上呈逐月下降的态势：从 1 月的 56%骤降至 7 月的 19.7%（2～5 月的支持率分别为 54%、47%、23.6%、26% 和20%）。[①] 11 月颁布应对国际金融危机的大规模经济振兴计划之后，克里斯蒂娜的支持率有所回升，但也仅为 28%。[②]

前总统基什内尔当选正义党主席。正义党是阿根廷政治舞台上一支最重要的力量，但党内派系斗争不断。4 月 22 日，基什内尔作为唯一候选人顺利当选正义党新一任主席，由此形成基什内尔夫妇一个领导党、一个领导政府的局面。不过，这一局面看来并未为增强党内团结加分。由正义党领导的阿根廷总工会随即

---

① http：//www. angus-reid. com/polls/view/31067/president_ kirchner_ drops_ to_ 20_ in_ argentina

② http：//www. angus-reid. com/polls/view/32373/argentines _ deny _ support _ to _ president _ kirchner

发生分裂。7月8日，支持政府的卡车工会领袖乌戈·莫亚诺再次当选阿根廷总工会主席后，酒店工会领导人路易斯·巴里奥努埃沃宣布成立反对莫亚诺的"阿根廷总工会蓝白派"。这个派别下辖大约50个工会，支持基什内尔在正义党内的最大对手、前总统杜阿尔德。

政府内部分歧加剧。通货膨胀一直是克里斯蒂娜政府最头疼的问题。经济部长马丁·罗斯托认为，遏制通胀必须减少公共开支和政府补贴、调整能源产品价格、控制工人工资涨幅，而这些主张却遭到前总统基什内尔的强烈批评。同时，经济部长与贸易国务秘书吉列尔莫·莫雷诺在与农业抗议团体的谈判问题上也存在严重分歧：前者主张对话和采取灵活态度，而后者则坚持强硬政策。莫雷诺的观点最终占了上风，但之后政府的强硬立场却使紧张局势不断升级。4月24日，谈判失败后，经济部长罗斯托宣布辞职，但莫雷诺的留任却招致政府和执政联盟内部的强烈批评。受农业谈判失败的影响，7月18日，农业部长哈维尔·德乌尔基萨宣布辞职。4天后，内阁首席部长阿尔韦托·费尔南德斯也向克里斯蒂娜总统提交了辞呈。在短短3个月内，相继有3位内阁要员离职，政府内部的不稳定性增加。副总统兼参议院议长胡里奥·科沃斯在表决农业出口税议案时投了反对票，遭到基什内尔夫妇的批评。科沃斯甚至一度宣称对其去留问题进行全民公决。

农业危机重绘阿根廷政治地图。进入2008年3月中旬，政府宣布提高农产品出口税率后，农业团体掀起多次大罢工，从而引发长达4个月之久的农业危机。这场危机加剧了执政党内部的分裂。基什内尔夫妇虽然仍牢牢控制着议会，[①] 但许多依靠农业团体支持的省长基于未来的选举考虑，纷纷在罢工中同基什内尔夫妇拉开了距离。7月5日，众议院批准了政府提交的议案，但129票支持、122票反对、两人缺席的投票结果表明，政府已不能在议会掌控多数；[②] 12天后，参议院的投票否决了政府提出的出口税法案。激进公民联盟K派[③]开始加强与激进公民联盟的联系，并希望在K派领导人科沃斯的领导下重整激进公民

---

① 基什内尔领导的胜利阵线在众议院257个席位中拥有160席，在参议院72个席位中拥有47席。
② 此前支持基什内尔的14名众议员和激进公民联盟K派的4名成员投了反对票。
③ 指激进公民联盟内支持基什内尔的中右派别，副总统兼参议院议长胡里奥·科沃斯是该派别的领袖。

联盟。布宜诺斯艾利斯省前省长费利佩·索拉和"胜利阵线"的 7 名众议员也决定站在反对派一边，从而使正义党内持不同政见者成为众议院的第三大力量，拥有 22 个席位。这场危机还给反对派创造了重新联合的机会。基什内尔执政时期，反对派不仅分散而且力量较弱，农业危机无疑增强了反对派的地位，也给他们提供了重新联合的机会。两个最大的反对党激进公民联盟和公民联盟试图组成联合阵线以赢得 2009 年 10 月的议会中期选举。[①] 公民联盟领导人卡里奥也得到了布宜诺斯艾利斯市市长毛里西奥·马科里和前总统杜阿尔德的支持。

克里斯蒂娜政府面临腐败指控。2 月，阿根廷最有影响力的报纸《民族报》揭露，在过去 4 年内，基什内尔的家庭总资产增加了 160%，而仅在 2007 年，基什内尔夫妇的收入就超过 220 万美元，比 2006 年增加了 1 倍。[②] 此外，报道还特别质疑 2002～2006 年间基什内尔在靠近阿根廷冰川国家公园的卡拉法特市购买的 7 块土地。民众要求基什内尔夫妇对其财产来源作出解释，而反对派公民联盟的议员则要求对基什内尔夫妇的家庭资产进行立案调查。12 月，阿根廷司法部门正式开始调查基什内尔在公共工程计划中的违规行为。此外，外交部通过内部审计发现，有 21 名阿根廷驻外使馆人员违反规定，滥用外交特权购买豪华轿车加以倒卖，这件"汽车门"丑闻也给政府带来很大压力。

二 经济形势

2008 年，阿根廷经济增长 6.8%，人均 GDP 增长 5.8%，分别比上年下降 1.9% 和 1.8%；[③] 这主要是受国际金融危机影响，在进入第三季度后经济增速明显放慢。

2008 年外贸进出口总额比 2007 年下降 7%，不过仍突破千亿美元大关，维

[①] 2009 年 10 月，阿根廷众议院 257 个席位中有一半需要改选，参议院 72 个席位中有 1/3 需要改选。

[②] "Argentina: US-Argentine Relations 'Back to Normal'", *Latin American Regional Report*, Brazil & Southern Cone, February 2008.

[③] CEPAL, *Balance Preliminar de las Economías de América Latina y el Caribe 2008*. http://www.eclac.org/publicaciones/xml/5/34845/Anexo_ estadistico. pdf

持了较高水平的贸易盈余。头10个月的出口额比上年同期增长37%，这首先应归功于出口商品的国际价格上涨。但随着国际金融市场出现剧烈动荡，初级产品价格大幅下跌，阿根廷的贸易顺差出现下降趋势，国内投资和消费也日益萎缩。同一时期，由于进口数量增加和价格上涨，进口额累计增长37%。2008年，阿根廷的外国直接投资净流量继续下降，只有3.01亿美元，创下两年来的历史最低点。①

由于外债增加、收入减少、国际融资困难，阿根廷面临极大的偿债压力。自2005年债务重组以来，阿根廷的公共债务一直呈上升趋势。2008年的外债总额为1286.685亿美元，比2007年增加了3%，其中中央政府的公共外债占GDP的比重虽稍有下降，但仍高达48%。② 长期实行的价格管制和补贴政策造成公共开支逐年增加，以致财政盈余不足以偿还巨额到期债务。国际金融市场的动荡也使阿根廷重获国际信贷的梦想破灭。在严峻的国际和国内形势下，国际社会对阿根廷政府偿还2009年到期债务的能力提出了质疑，多家评级机构都标高了阿根廷的国家风险指数。

阿根廷的能源政策逐步松动。长期以来，阿根廷政府一直对能源产品采取政府补贴和价格管制的双重措施。克里斯蒂娜上台后继续奉行这一政策。能源补贴虽然在一定程度上减轻了消费者的负担，但却造成能源产品的价格扭曲和能源行业的投资不足，同时也给政府带来沉重的财政负担。政府力图通过提高出口税率来增加财政收入的计划因农业危机而破产。考虑到税收减少，政府力图减少补贴以支持公共财政。7月30日，政府宣布提高首都地区民用和工业用电的价格，长达7年的电价冻结措施终被解除。

2008年，阿根廷的财政总收入比2007年增加23.6%，占GDP的22.5%；其中税收收入增加近22.7%，占GDP的21.1%。③ 2008年头9个月，初级盈余占GDP的比重为3%，比2007年略有下降。初级盈余得以维持主要源于出口。

① CEPAL, *Balance Preliminar de las Economías de América Latina y el Caribe 2008*. http://www.eclac.org/publicaciones/xml/5/34845/Anexo_ estadistico.pdf
② CEPAL, *Balance Preliminar de las Economías de América Latina y el Caribe 2008*. http://www.eclac.org/publicaciones/xml/5/34845/Anexo_ estadistico.pdf
③ CEPAL, *Balance Preliminar de las Economías de América Latina y el Caribe 2008*. http://www.eclac.org/publicaciones/xml/5/34845/argentina.pdf

2008 年，阿根廷出口商品的国际价格和税率均高于 2007 年，带动出口税收入增加了 1 倍，成为增长最快的税种。同时，公共支出的增幅有所放缓。公共支出的最大项目是向私营部门的转移支付，约占全部公共支出的 54%，主要用于交通、能源、食品等行业的补贴。不过，第三季度的补贴大幅下降，这是由于政府解除了对能源价格的管制。

私人资本大量外逃，引起货币市场动荡，迫使央行动用外汇储备维持汇率。在 2008 年第二季度和 10 月，由于国际储备消耗和私营部门的银行存款流失，阿根廷的货币和金融市场出现紧张态势，信贷市场出现流动性不足，利率上升，股票和债券价格剧烈下降。2008 年头 11 个月，阿根廷比索对美元的名义汇率贬值约 8%，从而导致对欧元升值 7%，对巴西雷亚尔升值近 20%。但与此同时，阿根廷债券回报率却大幅提高，达到 10 年来的最高纪录。

经济活动继续增加，服务业的增幅较大，农业部门的增幅较小。2008 年头 10 个月，工业活动增加了 5.8%，这主要是由于面向国内和出口市场的铝工业和汽车配件的生产大幅增长。交通运输也继续实现快速发展；耐用消费品投资增幅较低；建筑业继续保持活力，但增速低于 2007 年。农业生产仍维持在高水平上，但由于一些省份出现旱灾、下半年国际价格下跌以及农民罢工导致出口减少等因素的影响，阿根廷的农业生产比上年有所下滑。

阿根廷的消费价格指数平均为 7.9%，比 2007 年下降了 0.6%。[1] 但许多机构认为，这一数字水分过多，实际数字可能更高。2008 年头 10 个月，商品批发价格指数增长了 9.4%，而 2007 年同期则增长了 12.7%。初级产品的价格增速大幅下降，从 2007 年的 14.1% 降至 2008 年的 1.9%，这主要是由于国内原油和天然气价格的下降。2008 年头 10 个月，工业品价格上涨了 11.4%，进口产品的价格上涨了 14.3%。[2]

2008 年，城镇公开失业率为 8%，继续保持下降趋势。不过，随着全球金融危机对阿根廷的影响日益加深，公开失业率的下降态势可能发生逆转。2008 年头 9 个月，私营正规部门的工资平均增长了近 15%，而非正规部门的工资则飙

---

[1] CEPAL, *Balance Preliminar de las Economías de América Latina y el Caribe 2008*. http://www.eclac.org/publicaciones/xml/5/34845/argentina.pdf

[2] CEPAL, *Balance Preliminar de las Economías de América Latina y el Caribe 2008*. http://www.eclac.org/publicaciones/xml/5/34845/argentina.pdf

升了近30%，公共部门处于二者之间，增长了约20%。①

随着全球金融危机的影响日益加深，政府开始制定并着手实施各种公共投资和经济振兴计划。11月底，为推动投资和生产的持续增长，克里斯蒂娜总统调整了内阁组成，组建生产部，具体负责支柱产业的经济政策。12月，政府刺激经济的力度逐步加大：6日宣布从养老基金中抽调90亿美元刺激汽车需求，以减轻汽车行业的失业问题；11日启动旅游刺激计划，通过国民银行向旅游业提供无息贷款；15日推出规模更加庞大的"阿根廷公共工程计划"，项目总额高达320亿美元。②

虽然阿根廷政府提出了一系列刺激经济的计划，但鉴于整个国际经济形势的恶化，2009年阿根廷的经济增速将继续大幅下行。据联合国拉美经委会预测，2009年阿根廷的经济增速将降至2.9%。③

三　社会形势

2008年阿根廷接连发生社会抗议事件，而声势浩大的农民大罢工更使克里斯蒂娜政府面临继2001～2002年危机之后的最严峻挑战。1月，电力供应短缺导致首都布宜诺斯艾利斯部分地区停电超过36小时，结果引发首都居民上街示威，强烈质疑政府的市政管理能力。之后不久，布宜诺斯艾利斯市市长马科里发起精简官僚机构运动，宣布合约到期之后将不再与市政府雇用的2400名临时雇员续约。这一决定引起了工会的不满。阿根廷总工会在首都组织了一场规模浩大的抗议活动，导致首都交通陷入瘫痪。此外，阿根廷还爆发了3起由首都加油站工人、出租车司机及卡车司机工会掀起的罢工运动。这些罢工不仅给首都交通带来严重影响，还一度引发警察和抗议者之间的暴力冲突。

由提高农产品出口税率引发的农民大罢工不仅绵延数月，而且最终酿成一场农业危机。3月11日，阿根廷经济部颁布第125号决议，决定对农产品（主要

① CEPAL, *Balance Preliminar de las Economías de América Latina y el Caribe 2008*. http：//www. eclac. org/publicaciones/xml/5/34845/argentina. pdf
② http：//news. xinhuanet. com/fortune/2008 – 12/16/content_ 10511414. htm
③ CEPAL, *Balance Preliminar de las Economías de América Latina y el Caribe 2008*. http：//www. eclac. org/publicaciones/xml/5/34845/Anexo_ estadistico. pdf

是粮食产品）实施浮动出口税率。这一政策遭到农业生产者和出口商的强烈反对。阿根廷的四大农业团体——阿根廷农业联合会、阿根廷农村协会、阿根廷农村联合会和阿根廷农牧业合作社联合会动员了 30 多万人举行大罢工，并封锁了全国 300 多条公路。这场大罢工造成阿根廷国内粮食和日用品短缺，并由此推动粮食和食品价格的上涨。更为严重的是，这场危机还加剧了阿根廷金融市场的动荡。7 月，参议院否决了政府提交的农产品出口税法案后，农业团体暂停了罢工。但随后美国爆发次贷危机，全球经济陷入动荡，国际农产品价格也大幅下跌，给农业生产和出口带来严重影响。农业团体在降低出口关税的要求被拒绝后，于 10 月再次掀起为期一周的大罢工。

对养老基金公司实施国有化是阿根廷继 2007 年养老金制度改革之后最彻底的一场改革。10 月，克里斯蒂娜总统宣布将对阿根廷的 10 个私营养老基金公司实行国有化，理由是国际金融危机将使养老基金公司无法保证向参保人发放退休金。虽然反对派指责政府对养老基金公司实行国有化意在弥补财政不足和清偿外债，但众议院和参议院还是先后通过了《阿根廷社会保险统一制度改革法案》。该法案规定：（1）阿根廷将建立一个统一的国家养老基金，具体由阿根廷国家社会保险管理局负责，但养老基金不能投资海外。（2）成立一个国家养老基金顾问委员会，成员来自政府、议会、养老金领取者、工会、企业和银行。该委员会主要负责监督国家养老基金的资源分配，但委员会的决定不具有任何约束力。（3）政府向实行国有化的养老基金公司支付相当于其社会资本的补偿。（4）个人账户参保人的缴费可以转到新的统一制度中。该法案将于 2009 年 1 月 1 日起正式实施。

虽然克里斯蒂娜 2007 年倡导的"社会契约"没有得到切实执行，但在阿根廷总工会的压力下，政府仍与其达成了工资增长协议。2 月，最大的工会联合会——阿根廷总工会的主席乌戈·莫亚诺与政府签订了工资协议。协议规定，2008 年工资提高 19.5%，有效期至 2009 年 6 月。该协议分三个阶段执行：7 月增加 10%，10 月增加 5%，12 月增加剩余的 4.5%。这一工资增幅远高于企业通过阿根廷工业联合会设定的 12%，但却低于个别工会争取到的 25% ~ 30%。其中，教师工会和面包工人工会争取到的工资增幅分别为 24% 和 26%。另外，阿根廷政府宣布，将养老金领取额度提高 15%，分两个阶段进行，3 月和 7 月各增加 7.5%。提高后的平均养老金领取额达 851 比索，约

270 美元。① 尽管如此，这一额度仍低于阿根廷 2001 年危机发生前的实际水平。

阿根廷的贫困率创 2003 年以来的新低，但减贫成效遭受质疑。到 2008 年 6 月底为止，阿根廷的贫困率从 54% 降至 17.8%，极端贫困人口的比重从 27.7% 降至 5.1%。② 从 2007 年起，经济学家和民众一直对国家统计局的统计数字持怀疑态度。他们认为，2007～2008 年物价大幅上涨，导致民众生活水平下降，因此，贫困率再度下降的结论缺乏说服力。

四 外交形势

2008 年，阿根廷继续奉行实用主义的外交政策，即外交以解决国内问题为原则。基于此，阿根廷的对外关系仍以拉美国家为核心，但同时推动外交关系向多元化发展。阿根廷与美国、英国和乌拉圭的关系在 2008 年并未得到改善，甚至出现恶化的趋向。

阿根廷要恢复与美国的正常关系尚需时日。2007 年阿根廷与美国的关系因"政治献金案"而恶化，克里斯蒂娜上台后开始修补同美国的关系。1 月 31 日，克里斯蒂娜接见了美国驻阿根廷大使厄尔·韦恩。此后阿根廷政府宣布解除对厄尔·韦恩的禁令，允许其继续代表美国政府参加会议。作为回应，美国政府也批准了因"政治献金案"而一再被拖延的阿根廷驻美国新大使埃克托尔·蒂默曼的任命。4 月，克里斯蒂娜接见了美国负责西半球事务的助理国务卿托马斯·香农，两国关系进一步回暖。但 9 月，阿根廷外交部谴责美国司法部门借"政治献金案"诋毁阿根廷政府和官员，将案件审理"政治化"，但美国对此并不认可。10 月底，由于阿根廷宣布对养老基金实行国有化，美国宣布冻结阿根廷私人养老金在美国的资产 5.53 亿美元。这些事件无疑使阿美关系的缓和再度受阻。

由于全球金融危机的影响，阿根廷开始寻求出口市场多元化，积极开拓非洲和俄罗斯市场。为此，11 月中旬至 12 月初，克里斯蒂娜总统相继访问了

---

① EIU, *Country Report：Argentina*, June 2008, p. 25.

② http：//www. indec. mecon. ar/

突尼斯、利比亚、埃及和俄罗斯。在突尼斯、利比亚和埃及，阿根廷同 3 国政府签订了经贸、科技、教育、能源等领域的合作性文件。在莫斯科，克里斯蒂娜同俄罗斯梅德韦杰夫总统不仅签订了能源、贸易、太空、矿业技术等领域的合作协议，还签署了战略伙伴关系联合声明，借以加强和深化同俄罗斯的关系。

2008 年，阿根廷基于能源和资金的需求进一步密切了同委内瑞拉的关系。由于阿根廷进入国际资本市场的渠道仍然受限，委内瑞拉至今仍是阿根廷的主要外资来源地，这也进一步拉近了阿根廷和委内瑞拉的关系。3 月，克里斯蒂娜访问委内瑞拉，同查韦斯签订了 14 项能源和食品领域的双边合作协议；5 月，委内瑞拉政府再次购买阿根廷 10 亿美元的国债，回报率为 14.8%。① 此外，两国还启动了社会经济领域的合作机制。

阿根廷与巴西、智利和秘鲁的关系出现摩擦，但与墨西哥的关系取得新进展。2008 年，阿根廷与巴西的关系因贸易赤字问题没有取得实质性进展；在与玻利维亚的天然气出口份额问题上也时有摩擦。此外，阿根廷单方面宣布养老金国有化还引起了智利、秘鲁等国的不满。阿根廷的养老金改革迫使智利和秘鲁发表紧急声明，强调本国的私人养老金运行良好并强调与阿根廷的差别。秘鲁财政部长特别指出，秘鲁的私人养老金大部分投资于私人公司，而不像阿根廷将养老金的 55% 投资于政府债券，而其中的 40% 没有保障。② 智利财政部长认为，智利工人在私人养老金公司的储蓄得到了很好保护，智利不可能实行养老金国有化。他还特别强调，2007 年智利对养老金体制进行改革之前与相关利益方进行了充分的协商和对话，而阿根廷政府的养老金改革则过于突然。不过，阿根廷同墨西哥的关系因卡尔德龙总统首次出访阿根廷而取得新的进展。两国总统签订了包括农业、司法、能源和贸易在内的一系列合作协议，承诺建立战略联合委员会推动双边交流，借以深化和加强双边关系。

阿根廷和乌拉圭的关系不仅没有得到缓解，还存在继续恶化的趋势。自2005 年因造纸厂污染问题发生纠纷以来，阿根廷和乌拉圭一直处于不和状态，

---

① http://www.reuters.com/article/idUSN2725792920080827

② "Argentina: Ulterior Motive Lies Behind Pension Reform", *Latin American Weekly Report*, 23 October, 2008.

阿根廷一度将乌拉圭起诉到海牙国际法庭。2008 年，两国关系因乌拉圭反对基什内尔谋求南美国家联盟秘书长一职而进一步趋冷。10 月，乌拉圭外交部长贡萨洛·费尔南德斯向南美国家联盟临时主席、智利总统巴切莱特明确表示，乌拉圭不会支持基什内尔竞选南美国家联盟秘书长。乌拉圭反对派也指责基什内尔执政期间违反南方共同市场有关保证成员国间人员和商品自由流动的承诺，并宣称"一个不遵守国际法的人不配成为该组织的秘书长"①。阿根廷政府认为，乌拉圭的决定对阿根廷是一种侮辱。两国关系再度蒙上阴影。

2008 年，阿根廷同英国的关系因马岛主权之争再度紧张。11 月，阿根廷外交部对英国政府单方面修改马岛（英国称福克兰群岛）"宪法"提出强烈抗议。阿根廷政府认为，该法扩大了对马岛地方政府的授权，其目的在于实现对阿根廷领土占领的合法化。阿根廷为此广泛寻求国际社会的支持。12 月 16 日，阿根廷在巴西召开的首届拉美峰会上取得了不小的外交胜利。包括牙买加②在内的所有与会国均表示支持阿根廷在马岛主权纠纷上的合法权利并一致要求英国尊重联合国就马岛主权进行谈判的呼吁。

阿根廷与中国的战略伙伴关系继续深化。在政治领域，两国继续保持高层密切交往。中阿两国外长在纽约出席联大会议期间举行了双边会晤；阿根廷科技部长、布宜诺斯艾利斯市市长、外交部副部长、临时参议长相继访华。四川大地震发生后，阿根廷总统、副总统等政要纷纷致函慰问并向中国提供了药品等救援物资。在经贸领域，两国继续保持高速增长态势。1～10 月，阿根廷与中国的双边贸易额增长了 66.6%，达 123.9 亿美元。其中，阿根廷对中国的出口额为 44.6 亿美元，增长了 57%；进口额为 79.3 亿美元，增长了 72.4%。③ 2007 年，阿根廷对中国的直接投资额为 1113 万美元，比 2006 年增长 83.5%；中国对阿根廷的直接投资额为 1.36 亿美元，比 2006 增长了 21 倍。④ 到2008 年 10 月为止，中国已成为阿根廷第二大出口市场和第二大进口来源国。

---

① "Argentina-Uruguay: Uruguay Shoots Down Kirchner's UNASUR Ambitions", *Latin American Weekly Report*, 30 October, 2008.

② 牙买加是英联邦成员国，英国女王为国家元首。

③ http://zhs.mofcom.gov.cn/aarticle/Nocategory/200812/2008120596 6046.html

④ http://zhs.mofcom.gov.cn/aarticle/Nocategory/200812/20081205 966046.html

参考文献

CEPAL, *Balance Preliminar de las Economías de América Latina y el Caribe 2008.*

EIU, *Country Report: Argentina*, March 2008.

EIU, *Country Report: Argentina*, June 2008.

EIU, *Country Report: Argentina*, September 2008.

Latin American Intelligence Service, *Latin American Regional Report.*

Latin American Intelligence Service, *Latin American Weekly Report.*

Argentina

Guo Cunhai

Abstract: 2008 was anything but a quiet year for Argentina. A crisis triggered by a governmental proposal of raising grain exports tax posed a formidable challenge to Cristina's administration while the Frente para la Victoria in power lost its dominance in the Congress. Since September, as the negative impacts of the international crisis became more evident, Argentine economy started to loose the momentum of steady growth in previous months with declining exports, falling fiscal income, slowing development pace and continuously swelling sovereign risk. At the same time, manifestations and demonstrations broke out one after another putting more pressure on social stability. In face of the severe economic and social situation, Mrs. Cristina's government was forced to implement a diplomatic strategy focusing on solving domestic problems.

Key Words: The New Government's Popularity Slumped; Agricultural Crisis

巴 西

周志伟*

摘　要：2008 年，巴西政治形势保持稳定，地方选举有序进行，连任率较高是本次地方选举的最大特色。宏观经济继续保持稳定。随着财政状况和宏观经济形势的好转，国际三大信用评级机构都将巴西的信用等级提高至"投资级"。社会形势进一步好转，就业增加，贫困继续减少。在继续积极参与国际事务、发展与发达国家关系的同时，继续加强与发展中国家的关系，而深化南美洲地区一体化仍是巴西对外政策的优先目标。

关键词：地方选举　宏观经济　对外关系　社会指标　家庭救助金计划

一　政治形势

2008 年，巴西政治形势保持稳定，虽然执政联盟内部丑闻不断，但未给政局造成太大影响，政府的支持率仍相当高。另外，地方选举有序进行，各大政党势力重新洗牌，为 2010 年总统选举拉开了序幕。

（一）卢拉政府继续保持高支持率

由于巴西经济稳定发展，卢拉政府和卢拉总统本人得到巴西民众的广泛认可，继续保持着非常高的民意支持率。民意调查机构全国工业协会 Ibope 研究所9 月公布的调查数据显示：卢拉个人的民意支持率高达 80％，超过 2003 年 3 月的 75％；卢拉政府的民意支持率达 69％，创下卢拉政府执政以来的最佳纪录，

---

* 周志伟，中国社会科学院研究生院国际政治学在读博士研究生，中国社会科学院拉丁美洲研究所国际关系研究室助理研究员。主要从事巴西外交政策、拉美地区关系等问题研究。

并成为自 1985 年以来民意支持率第二高的文人政府（仅次于萨尔内政府 1986 年的 72% 的支持率）。[①]

（二）地方选举如期有序进行

2008 年是巴西地方选举年，选举按期且有序进行。

在地方议员选举方面，执政联盟中的民主运动党仍保持第一大政党地位，获 1196.8 万张选票；社会民主党与劳工党获选票数相当，前者比后者多 18.5 万张选票，排名第二位，劳工党排名第三位；其后分别是民主党、进步党、民主工党、巴西工党、巴西社会党等。

在地方市长选举方面，执政联盟主要政党的获胜数量增加明显，而两大反对党——社会民主党和民主党则有较大幅度下跌。赢得市长职位最多的党派仍是民主运动党，获 1202 个市长职位，其次是社会民主党（787 个）、劳工党（557 个）、进步党（551 个）和民主党（498 个）等。劳工党虽然在获选市长总数上排名第三，但与 2004 年选举相比，劳工党获选市长的增量位居各党之首。（主要政党获选市长情况见表 1。）

表 1 主要政党获选市长数量对照表

单位：个

党　派	2008 年	较 2004 年的增减数量	党　派	2008 年	较 2004 年的增减数量
民主运动党	1202	+143	进步党	551	0
社会民主党	787	−83	民主党	498	−291
劳工党	557	+146	巴西工党	418	−3

数据来源：http://www.estadao.com.br/nacional/eleicoes2008/.

劳工党是大城市市长选举的赢家，在人数超过 20 万的 77 个大城市中，劳工党赢得 20 个市长，其次是民主运动党（17 个）、社会民主党（13 个）、民主党（5 个）。但劳工党候选人玛尔塔·苏普里希在圣保罗市市长选举中的落败，预示着 2010 年的巴西总统选举竞争将会非常激烈。

[①] Laryssa Borges, "CNI/Ibope: Aprovação de Lula Atinge 80%", *Redação Terra*, 29 de Setembro de 2008. http://noticias.terra.com.br/brasil/interna/0, OI3219954 − EI7896, 00 − CNIIbope + aprovacao + de + Lula + atinge. html

本次地方选举的一大特点是连任率较高。在 26 个州府市长选举中，有 20 位现任州府市长谋求连任，其中 13 位在首轮选举中便获胜，另 7 位中也有 6 位在次轮中获胜。州府市长连任率达 95%，超过 2000 年的 76.19% 和 2004 年的 72.72%。如此高的连任率反映出选民对经济社会发展现状持肯定态度。① 在 26 个州府市长选举中，执政联盟赢得 20 个市长，其中民主运动党和劳工党各赢得 6 个州府市长，反对党社会民主党获得 4 个州府市长，另一个反对党民主党仅在圣保罗市获胜。

（三）政府出台《国防战略》

2008 年 12 月 11 日，巴西国防委员会通过了《国防战略》（草案）；12 月 18 日，卢拉总统以法令形式批准《国防战略》，授权相关机构制定长期国防规划。巴西战略事务部长曼加贝拉强调，"国防战略"的目标是实现军队的重新组织、重新定位和重新装备，通过获得先进武器和军事装备，掌握作战和领土监控技术，实现巴西国防现代化。军队重新装备是《国防战略》的重中之重，内容包括提升巴西武器和军事装备水平，发展具有战略意义的军事技术（核技术、控制技术和太空技术），通过购买军备实现技术转让，发展国防工业，等等。②

（四）滥用政府法人信用卡丑闻

近 3 年来，巴西在透明国际"清廉指数"中的排名逐年下滑，从 2006 年的第 70 位降至 2008 年的第 80 位。2008 年的主要腐败丑闻是法人信用卡（Cartão de Credito Corporativo do Governo Federal）丑闻（法人信用卡制度是从 2001 年 8 月起实施的，信用卡主要发给公共管理部门的主要负责人，用于支付公务开支）。2008 年 2 月 1 日，政府种族平等促进政策特别秘书处秘书长马蒂尔德·里贝罗用法人信用卡支付个人消费被媒体曝光，马蒂尔德被迫主动辞职。随后，一些政府要人也相继被要求就法人信用卡的消费问题接受调查，议会为此成立了专门调查委员会，审查法人信用卡的消费问题。面对在野党的攻击，民事部长迪尔

---

① André Luís Nery，"95% Dos Prefeitos que Se Candidataram Se Reelegem Nas Capitais Estaduais"，*Globo*，26 de Outubro de 2008. http：//g1. globo. com/eleicoes2008/0，mul837736 - 15693，00 - dos + prefeitos + que + se + candidataram + se + reelegem + nas + capitais + estaduais. html

② http：//www. defesa. gov. br/eventos_ temporarios/2008/estrategia_ defesa_ nacional. pdf

玛·罗塞弗的执行秘书指示对前总统卡多佐的法人信用卡消费纪录开展秘密调查。在野党认为，执政党此举旨在阻挠议会对现政府要员进行调查。两派政治势力为此进行激烈斗争，问题尚未得到最终解决。

（五）议会拖延表决有关政治改革和税收改革的提案

受 2008 年地方选举的影响，议会在表决政府各项改革提案时行动非常缓慢。2008 年 2 月底，税收改革提案提交至巴西众议院，但众议院一直未对该提案进行表决。随着美国次贷危机的影响不断扩大，巴西在野党的态度开始有所松动。10 月底，巴西东南部的 4 位州长就危机对巴西经济的影响以及政府提出的税收、财政改革展开协商，此举被看成是巴西众议院将加快表决税收改革提案的信号。众议院有望在 2009 年内对税收改革提案进行表决。

二 经济形势[①]

2008 年，巴西经济保持稳定增长，宏观经济指标总体有了进一步改善（相关数据见表 2），但国际金融危机开始对巴西经济产生一定影响，预计 2009 年经济增幅会有较大下滑。

（一）经济稳定增长，金融危机影响显现

2008 年巴西经济增长率为 5.9%，其中前三季度，经济增长率达到了 6.4%。随着财政状况和宏观经济形势的好转，三大国际投资信用评级机构标准普尔、加拿大 DBRS 公司和惠誉国际相继将巴西的国际信用等级提高为"投资级"，认为巴西的宏观经济形势得到了根本改善。从 10 月起，国际金融危机开始对巴西的实体经济产生影响。10 月，工业部门的增长率较 9 月下降了 1.7%，其中 10 月的汽车销售量较 9 月下降了 11%。受当前国际金融危机的影响，联合国拉美经委会预计，2009 年巴西经济将有所回落，增长率将降至 2.1%，而巴西政府提出的目标是 4%。

[①] 本文经济部分的数据除特殊注明外均引自 CEPAL, *Balance Preliminar de las Economías de América Latina y el Caribe 2008*, Santiago of Chile, Diciembre 2008。

表2 巴西主要经济指标

	2006 年	2007 年	2008 年[a]
	年度增减率(%)		
GDP	4.0	5.7	5.9
人均 GDP	2.6	4.3	4.5
通货膨胀率	3.0	4.5	6.4[b]
平均实际工资[c]	3.5	1.5	1.7[d]
货币发行量(M1)	20.4	32.7	7.4[e]
实际汇率[f]	−11.5	−7.7	−8.8[a]
贸易价格情况	4.7	2.8	3.3
	年度平均值		
城市失业率	10.0	9.3	7.9[b]
财政收支/GDP	—	—	—
名义存款利率	8.3	7.7	7.8[i]
名义贷款利率	40.0	34.5	36.7[j]
	单位:百万美元		
货物和服务出口	157283	184458	229918
货物和服务进口	120467	157483	222721
经常账户	13643	1712	−27752
资本和金融账户	16927	85772	47752
国际收支结算	30569	87484	20000

说明:a——估计值;b——2008 年 11 月之前 12 个月的变化情况;c——正规就业工人;d——根据 2008 年 1~9 月数值估计;e——2008 年 10 月之前 12 个月的变化情况;f——负值表示雷亚尔升值;g——2008 年 1~10 月与 2007 年同期的比较情况;h——根据 2008 年 1~10 月数值估计;i——根据 2008 年 1~11 月数值估计;j——根据 2008 年 1~10 月数值估计。

资料来源:CEPAL, *Balance Preliminar de las Economías de América Latina y el Caribe 2008*, Santiago of Chile, Diciembre 2008, p. 3。

(二) 财政状况有所改善,固定资产投资增长

2008 年 1~10 月,联邦政府的财政收入同比增长 18.6%,开支同比增长 11%,公共部门初级财政盈余约占 GDP 的 5.6%。2008 年头 5 个月,债务利息占 GDP 的比重减至 6.2%,低于 2007 年同期的 6.7%。以上两因素使 2008 年 1~10 月的公共部门名义赤字占 GDP 的比重减少至 0.33%。

2008 年上半年,巴西固定资产投资同比增长 15%,与前两年增幅基本持平(2006 年和 2007 年分别为 11% 和 14%)。另外,固定资产投资额占 GDP 的比重

从 2005 年的 14.3% 增至 2008 年上半年的 17.1%，这是自 20 世纪 90 年代初以来的最高值。固定资产投资主要流入建筑业，2007 年第 1 季度至 2008 年第 1 季度，建筑业投资额增长率达 8.8%。但是国际金融危机爆发后，巴西面临信贷不足的问题。2008 年 10 月，农业部门月信贷额同比缩减 38%，家庭信贷和商业信贷分别同比下降 22% 和 12%。

（三）外贸顺差萎缩，国际收支盈余减少

2008 年 1~10 月，巴西出口总额约 1688 亿美元，同比增长 28%；其中，初级产品和半制成品的出口额增幅明显，分别增长 48.7% 和 29.9%，而制成品出口仅增长 12.6%。价格上涨是出口额增加的主要因素，2008 年头 10 个月，仅价格上涨因素就使外贸出口额增长 29.7%。同期，巴西的进口总额约 1480 亿美元，同比增长 51.6%；其中耐用消费品的增幅达 67.1%，资本货同比增长 53.1%，中间产品增幅为 46.5%。2008 年 1~10 月，经常项目赤字约 248 亿美元，约占 GDP 的 1.86%；其中，外贸顺差 208 亿美元（2007 年同期为 344 亿美元），而同期劳务收支赤字则高达 489 亿美元。联合国拉美经委会预测，2008 年巴西的经常项目赤字约 277.5 亿美元。

2008 年 1~10 月，流入巴西的外国直接投资净额从 2007 年同期的 310 亿美元增至 347 亿美元，约占 GDP 的 2.6%，略低于 2007 年同期的 2.9%。而同期流入巴西的外国证券投资则迅速下降，从 2007 年头 10 个月的 409 亿美元降至 96 亿美元。另外，巴西的对外投资明显增加，2007 年头 10 个月，巴西资本净流入额约为 8.5 亿美元，而 2008 年同期资本净流出额高达 156 亿美元。据联合国拉美经委会统计，2008 年 1~10 月，巴西资本和金融账户盈余约 418 亿美元，远远低于 2007 年同期的 770 亿美元。2008 年巴西的国际收支盈余约 200 亿美元，比 2007 年的 874.84 亿美元减少 77%。

（四）通货膨胀压力上升，货币政策趋紧

受农产品价格上涨和汇率等因素的影响，2008 年，巴西的通胀率有所上升。到 2008 年 11 月为止的前 12 个月中，通胀率升至 6.4%，高于 2007 年 4.5% 的通胀水平。

2007 年 9 月至 2008 年初，巴西基准利率一直保持在 11.25%（1999 年以来

的最低值）。由于面临通货膨胀上升压力，货币政策委员会从 4 月起上调基准利率，9 月份上调至 13.75%，并决定将该利率水平维持到 2008 年底。

（五）雷亚尔先升后贬，外债负担减轻

2008 年上半年，雷亚尔持续升值，到 2008 年 8 月，美元与雷亚尔的汇率降至 1.56：1，为 1999 年来的最低值。国际金融危机爆发以来，受国际信贷萎缩、外国证券投资流出（10 月份，外国证券投资商撤资达 78 亿美元）、跨国公司利润大量汇出（1～10 月，利润汇出额达 305 亿美元，同比增长 67%）等因素影响，雷亚尔迅速贬值；到 2008 年 11 月，雷亚尔已累计贬值 50% 以上，美元与雷亚尔的汇率升至 2.44：1。

由于私有部门和公共金融部门的中长期外债增加，巴西外债总额从 2007 年 12 月的 1932 亿美元增至 2008 年 10 月的 2140 亿美元；其中，中长期外债约 1650 亿美元，约占外债总额的 77%，短期外债约 49 亿美元，占外债总额的 23%。但偿债率却从 2007 年 9 月的 32.4% 降至 2008 年 10 月的 18.4%。到 2008 年 11 月底为止，巴西的外汇储备总额达 2350 亿美元，外汇储备总额超过了外债总额。

为减轻国际金融危机对巴西经济的影响，巴西政府采取了一系列应对措施。在信贷市场上，为保证银行间的资金流动，巴西央行降低了存款准备金率，鼓励大型银行购买小银行的信贷证券，此举相当于向信贷市场注资 300 亿雷亚尔。另外，巴西政府向农业部门增加了 60 亿雷亚尔的信贷；并向银行系统注资 500 亿雷亚尔。在外汇市场上，巴西央行共注资 367 亿美元干预汇率。在外贸领域，巴西央行向出口企业提供了 113 亿美元的信贷。

三 社会形势[①]

2008 年，巴西社会形势稳定，各项社会指标获得较大改善。经济稳定增长，社会政策有效执行，劳动力需求旺盛，失业率较低，这些是确保巴西社会稳定的关键因素。

---

① 除特殊注明外，本文社会部分的数据均引自 CEPAL, *Social Panorama of Latin America 2008.* Santiago of Chile, Diciembre 2008。

（一） 贫困状况有所改善

据联合国拉美经委会公布的《拉美社会概况：2008 年》的统计数据，巴西贫困状况得到较大缓解。2007 年，巴西贫困率和赤贫率都较 2002 年分别下降了 7.5% 和 4.7%，其中贫困率从 37.5% 降至 30%（2006 年为 33.3%），赤贫率从 2002 年的 13.2% 降至 2007 年的 8.5%（2006 年为 9%），两个指标均低于拉美地区的平均水平（34.1% 和 12.6%）。这反映了卢拉政府的社会政策收到了很好的成效，其中家庭救助金计划使巴西的赤贫人口减少了 600 万人。2008 年 11 月，罗马天主教教皇本笃十六世在接见卢拉总统时表示，巴西的家庭救助金计划是成功的。美国《基督教科学箴言报》也指出"巴西在减贫方面是成功的范例"，认为卢拉执政 5 年来，家庭救助金计划让巴西穷人的生活水平有了较大提高。[1] 另外，巴西是拉美地区落实联合国"千年发展目标"较好的国家，全面实现了"千年发展目标"的初步预定目标。

（二） 劳动力需求旺盛，失业率继续下降

2008 年，巴西正规就业劳动力继续增长。据联合国拉美经委会统计，2008 年巴西正规就业劳动力增加 200 万，而 2007 年正规就业劳动力增加 160 万。[2] 2008 年，巴西城市经济活动人口失业率约为 7.9%，低于 2007 年的 9.3%，也是自 2002 年以来巴西的最低失业率。2008 年头 9 个月巴西的失业人口总数约 180 万，较 2007 年同期减少 13.2%，其中 59% 的失业者为女性。另外，劳动力平均实际工资较 2007 年增长了 1.7%。

（三） 种族收入差距减少，性别收入差异悬殊

最近 10 年间，巴西种族收入差距有所减小。1995 年，白种人月收入是黑种人的 2.139 倍，2006 年降至 1.933 倍。其中，2006 年，男性白人月收入是男性黑人月收入的 1.985 倍（1995 年为 2.2 倍），女性白人月收入是女性黑人月收入

---

① http：//www.estadao.com.br/nacional/not_ nac277023, 0.htm
② CEPAL, *Balance Preliminar de las Economías de América Latina y el Caribe 2008*, Santiago of Chile, Diciembre 2008, p.1.

的 1.919 倍（1995 年为 2.107 倍）。

据世界银行 11 月 12 日公布的《性别差异指数 2008》研究报告，巴西在性别工资差异方面的排名为第 73 位，在拉美地区仅好于苏里南（第 79 位）、玻利维亚（第 80 位）、伯利兹（第 86 位）、墨西哥（第 97 位）、巴拉圭（第 100 位）和危地马拉（第 112 位）。[1]

（四）中产阶级的人数超过总人口的一半

巴西对中产阶级家庭的定义是家庭月收入在 1064 雷亚尔到 4591 雷亚尔之间的家庭，巴西瓦加斯基金会 8 月公布的研究报告显示，近 4 年间，巴西中产阶级的人数在总人口中的比重明显增加。2008 年，中产阶级的人数占全国总人口的 51.89%，比 2004 年的 42.26% 增加近 10%；月收入在 1064 雷亚尔以下的低收入阶层则从 2004 年占总人口的 46.13% 降至 2008 年的 32.59%；月收入超过 4591 雷亚尔的高收入阶层所占比重从 2004 年的 11.61% 提高至 2008 年的 15.52%。[2]

四 外交形势

2008 年，巴西积极参与国际事务，在稳定发展与发达国家关系的同时，加强与发展中国家的关系，而深化南美洲地区一体化仍是巴西对外政策的优先目标。

（一）积极参与国际事务

在 WTO 多哈回合谈判中，巴西仍是谈判的主角之一。卢拉总统于 8 月表示，发达国家应为多哈回合谈判的失败负责。10 月中旬，卢拉在参加每周例行的"与总统共喝咖啡"节目中讲到，在目前全球性金融危机的背景下，结束多哈回合谈判尤为重要，他希望美国总统大选结束后能重启谈判并达成最后协议。7 月，在日本举行的 8 国集团与发展中 5 国（8＋5）领导人会议上，卢拉坚决捍卫巴西发展生物燃料的政策。他表示，生物能源不是引发粮食危机的因素，而是全

---

[1] http://economia.uol.com.br/ultnot/infomoney/2008/11/12/ult4040u15640.jhtm

[2] FGV，"Classe Média Chega a 52% da População, Aponta Pesquisa da FGV"，5 de Agosto de 2008. http://www.fgv.br/fgvportal/principal/idx_materia.asp? str_chave = 12089&sessao = 2

世界与地球变暖作斗争的一个很有希望的选择。卢拉还呼吁加强发展中国家在 G8＋5 峰会中的作用。11 月，在圣保罗举行的 20 国集团财长和央行行长会议上，作为 2008 年 20 国集团的轮值主席国，巴西积极呼吁改革国际金融体系，加强发展中国家在世界经济决策中的作用。卢拉指出，世界经济决策需要发展中国家更多地参与，应重新审视现有国际金融机构的角色或进行改革成立新的金融机构，以更好地监管国际金融市场。

（二） 与美国和欧洲的关系保持稳定

巴美双边关系没有出现太多变数。2008 年 3 月 5～6 日和 10 月 29～30 日，巴西外交部和美国国务院举行了两次经济伙伴对话会议，会议强调深化和拓宽两国关系，确定将促进社会凝聚力和社会公正作为经济发展的主要目标。两国还就海地维和、民航、基础设施建设、农产品进口、科技合作、特殊产品等多个领域进行了协商。美国大选揭晓后，卢拉总统致电奥巴马，邀请对方访问巴西，奥巴马接受了邀请，但具体访问日期尚未确定。

2008 年，巴西政府对欧洲的外交力度有所加强。卢拉总统访问了欧盟 5 国，接待了欧盟 8 国、挪威和俄罗斯领导人的访问。巴西与欧盟成员国之间的高层互访是落实双方于 2007 年确立的战略合作伙伴关系的重要内容。2008 年 2 月，欧盟驻巴西大使帕契科表示，欧盟将部分解除对巴西牛肉的进口禁令。3 月，卢拉总统在与到访的欧盟委员会主席巴罗佐会晤时表示，巴西与欧盟将寻求深化双方之间的战略伙伴关系。巴西外交部公报认为，双方战略伙伴关系“将优先考虑能源、可持续发展和气候变化等问题，双方还将在科学和技术领域加强合作”。4 月，巴西外长塞尔索·阿莫林表示，南共市与欧盟之间停滞多年的自由贸易谈判将有望恢复。6 月，巴西外长阿莫林在访问欧盟轮值国斯洛文尼亚时表明了巴西在发展生物燃料方面的立场，两国外长就消除贫困、气候变暖和能源安全等方面的合作进行了磋商。另外，军事贸易成了 2008 年巴西与欧盟关系的热点。12 月 23 日，卢拉与到访的法国萨科奇总统签署了价值 86 亿欧元的防务订单。协议包括巴西购买 50 架 EC725 直升机，法国帮助巴西组装 4 艘“鲉鱼”级常规动力潜艇，并帮助巴西建造该国第一艘核动力潜艇。此外，法国还将帮助巴西建造一座具有生产和维修能力的潜艇工厂以及一处可供潜艇停泊的海军基地。

2008 年 11 月，俄罗斯总统梅德韦杰夫访问巴西。双方签署了巴西与俄罗斯军事—技术合作协议，利用和开发俄罗斯全球卫星导航系统合作计划和两国公民90天互免签证协议，以及巴西空军购买12架俄罗斯Mi-35M直升机合同的谅解备忘录。梅德韦杰夫强调，愿意在经贸、能源、航天、核能和军工领域扩大与巴西的合作。

（三） 继续加强与亚、非发展中国家的关系

亚洲方面，2008年，卢拉总统访问了6个亚洲国家。卢拉是巴西历史上首位访问越南的国家领导人。访问期间，卢拉不仅高度赞扬越南抗美战争的胜利，而且与越南签署了反贫困和反饥饿、科技发展、生物燃料等领域的合作协议。7月12日，在访问印度尼西亚期间，卢拉提议两国在乙醇生产方面建立"战略伙伴关系"，并签署了生物燃料合作协议。11月1日，巴西外长阿莫林访问伊朗，并转达了卢拉总统提出的实现两国高层互访的建议，这也是17年来巴西外长首次访问伊朗。

非洲方面，2008年，卢拉总统访问了加纳和莫桑比克两个非洲国家。巴西与加纳签署了4项合作协议，加强两国在农业、能源、卫生、木薯生产、防治艾滋病等多个领域的合作。此外，两国还签署了一份能源领域合作的谅解备忘录。卢拉表示愿意帮助莫桑比克建造1座防治艾滋病的药厂，预计投资达2300万美元，药厂全部采用巴西技术并于2009年投产。

另外，第三届印度、巴西和南非3国首脑峰会在印度新德里召开。在这届峰会上，3国领导人强调将继续加强在国际事务（包括联合国改革）方面的合作，签署了在环境、旅游、知识产权、科技、海运、民航等领域的三边合作协议，期待将3国间贸易额从目前的年均80亿美元提高至150亿美元。除此之外，3国在2008年还先后召开了几十次各种级别的会议，这也表明3国对话机制已进入良性运转阶段。

（四） 与拉美国家的关系

从2008年1月14日参加危地马拉总统科洛姆的就职典礼，到2008年10月29~30日访问萨尔瓦多和古巴，卢拉总统几乎每个月都要出访拉美国家。2008年5月23日，南美洲12国领导人在巴西利亚召开特别会议，宣布成立"南美洲国家联盟"，并签署了《南美洲国家联盟宪章》。《宪章》指出，南美洲国家将加强成员国之间的政治对话，重点在经济、金融、社会发展和文化交流等领域开展

区域一体化建设。这被南美本地的媒体看成是"南美地区一体化"的重大成果。① 2008 年 7 月 18 日，巴西与乌拉圭两国政府在里约热内卢签署交换电力协议，根据协议，巴西每年 7 月和 8 月向乌拉圭日均提供 72 兆瓦水电，乌拉圭则在 9～11 月向巴西返还同等数量的电力。2008 年 5 月，巴西和阿根廷也签署了类似的交换电力协议。电力交换协议的签订充实了南美能源一体化的内容。另外，巴西与阿根廷两国央行签署协议，自 10 月 6 日起两国双边贸易将用巴西货币雷亚尔和阿根廷货币比索代替美元作为结算货币，这是南共市向货币统一迈出的重要一步。12 月 16 日，首届拉美与加勒比峰会在巴西召开，此次会议的主题是"合作与发展"。本届峰会是拉美和加勒比各国在没有美国参与的情况下召开的一次国际会议，在一定程度上显示了拉美与加勒比各国在政治上已日趋成熟。

2008 年，巴西加大了对中美洲和加勒比地区的外交力度。卢拉总统相继访问了危地马拉、海地、萨尔瓦多、古巴等国，其中曾两次访问萨尔瓦多和古巴。1 月，在访问古巴期间，两国签署多项经贸合作协议，并向古巴提供 10 亿美元的出口信贷。10 月底卢拉再次访问古巴时，两国签署了石油合作协议。4 月，巴西政府宣布向世界粮食计划署捐赠 20 万美元，用于为海地提供粮食紧急援助，此外还向海地提供了大批食品。5 月，卢拉访问萨尔瓦多，他也是巴西历史上首位访问萨尔瓦多的国家元首。访问期间，两国签署了《科技创新领域和旅游行业发展与合作备忘录》，并与其他中美洲一体化体系国家（伯利兹、哥斯达黎加、萨尔瓦多、危地马拉、洪都拉斯、尼加拉瓜、巴拿马和多米尼加）就生物燃料、反饥饿、消除贫困、安全和体育等事项进行磋商。

自 2007 年 5 月起，巴西与巴拉圭两国因伊泰普水电站的电价问题产生了较大分歧，至今未能得到妥善解决。卢戈就任巴拉圭总统后，仍要求巴西按市场价格购买电力，但巴西政府一再强调，不会重新谈判电价合同，但可以帮助巴拉圭发展国内经济。9 月底，巴西的立场有所松动，同意派出谈判小组与巴拉圭进行协商谈判，但至今尚未达成共识。

（五）中巴关系继续稳定发展

2008 年，中巴关系继续稳定发展。6 月底，中共中央政治局常委贺国强访问

---

① http：//clipping. radiobras. gov. br/clipping/novo/cafe_ detail. php? id = 471

巴西。贺国强表示，中国将一如既往地从战略高度重视中巴关系，继续推动两国战略伙伴关系不断取得新的进展。卢拉也积极评价当前两国在政治和经济领域的良好合作，愿继续加强两国战略伙伴关系。

中巴双边贸易继续增长。据中国海关统计，2008 年 1～10 月，中巴贸易额达 425.4 亿美元，同比增长 81.1%。其中，中国的出口额为 166.4 亿美元，进口额为 259.1 亿美元，同比分别增长 86.8% 和 77.6%。中国是巴西第二大进口来源地和第三大出口市场。到 2008 年 9 月底止，中国在巴西的非金融类直接投资累计达 2.1 亿美元，主要涉及采矿、木材加工、摩托车生产和家电组装等项目。到 2008 年 10 月为止，巴西在中国共设立巴资企业 447 家，实际投资 2.7 亿美元，主要涉及支线飞机制造、压缩机生产、煤炭、房地产、汽车零部件生产、水力发电和纺织服装等项目。①

在 2008 年的中巴经贸关系中，下述两件事值得一提。（1）2008 年 7 月 3 日，巴西发表《中国议程：积极发展巴中经贸关系》的战略指导性文件，计划到 2010 年巴西向中国的出口额达到 2007 年对中国出口额的 3 倍。在文件中，巴西确定了未来 3 年向中国出口的 619 种优先产品（这 619 种产品占中国 2007 年进口总额的 67%），而巴西在其中的 147 种产品上具有较强的国际竞争力。另外，文件还提出了一些旨在吸引中国投资的新政策。② 由此可以看出，巴西已将发展与中国的经贸关系作为其市场多元化战略中极为重要的一环。（2）2008 年 9 月 30 日，巴西国家货币委员会正式批准中国银行在巴西设立分行，从事普通银行的商业和投资业务。这是两国在金融服务领域迈出的具有历史性意义的一步，中国银行也成为首家获准在巴西乃至南美洲开展银行业务的中资银行。

参考文献

CEPAL, *Balance Preliminar de las Economías de América Latina y el Caribe 2008*, Santiago of Chile, Diciembre 2008.

CEPAL, *Social Panorama of Latin America 2008*, Santiago of Chile, Diciembre 2008.

---

① http：//mds. mofcom. gov. cn/aarticle/Nocategory/200812/20081205968627. html

② http：//desenvolvimento. gov. br/agendachina/index. php/sitio/inicial

IBGE, "Pesquisa Mensal de Emprego: Em Setembro, Desocupação foi de 7. 6% ", 23 de Outubro de 2008.

IBGE, "Síntese de Indicadores Sociais—2007", 28 de setembro de 2007.

Brazil

Zhou Zhiwei

Abstract: 2008 witnessed political stability in Brazil whereas local elections were unfolded orderly with a relative high reelection rate as the most prominent character of the electoral year. As the fiscal and macroeconomic situation was turning for the better, the country got investment grade from 3 international credit rating companies. The social situation was further improved with increasing employment and declining poverty. While actively getting involved in international affairs, developing relations with developed countries and strengthening ties with developing countries, deepening the integration of South America still topped Brazil's diplomatic agenda.

Key Words: Local Elections; Macroeconomic; Foreign Relations; Social Index; Family Aid Program

哥伦比亚

孙洪波*

摘　要：乌里韦政府打击非法武装力量取得重大进展，但安全形势依然严峻，解救人质举步维艰。由于执政联盟涉嫌与准军事组织存在关联，政府陷入政治危机。受金融危机影响，2008 年经济增长放缓，通胀压力难以缓解，经常项目赤字不断扩大。为应对国际金融危机冲击，货币政策由紧缩银根趋向放松银根，财政增收节支压力增大。因经济形势恶化，就业形势不容乐观。民众不满国内治安现状，不断举行示威游行。美国是哥伦比亚对外关系的重点。乌里韦政府与拉美"左派"政府的关系较紧张。中哥两国关系稳步发展，各领域的交流与合作不断扩大。

关键词：安全形势严峻　经济增长放缓　社会形势恶化　军事援助

一　政治形势

乌里韦总统在第一个任期（2002～2006 年）内成绩斐然，在反恐、禁毒、改善国内安全局势、发展经济等方面取得了积极成效；而自 2006 年 5 月起的第二个任期，政府面临诸多挑战。

打击非法武装力量取得重大进展，但安全形势依然严峻。在国内和平问题上，乌里韦政府采取强硬政策，主要通过军事手段解决内乱，采取以战促和的安全策略，加强军事打击的力度。2007 年底以来，政府加大了对革命武装力量的军事打击。2008 年 3 月，革命武装力量二号人物劳尔·雷耶斯在哥伦比亚南部

---

* 孙洪波，男，2007 年毕业于中国社会科学院研究生院，获经济学博士学位。现为中国社会科学院拉丁美洲研究所国际关系研究室助理研究员。

与厄瓜多尔的交界地区被政府军打死；与此同时，革命武装力量最高指挥官曼努埃尔·马鲁兰达已经死亡。据哥伦比亚国防部的报告，2008 年有 3352 名反政府武装人员向政府军缴械投降。不过，革命武装力量仍较活跃，社会治安形势不容乐观。在中短期内，政府要结束武装冲突，实现国内和平，仍困难重重。2008年 12 月，阿劳卡省发生武装人员伏击警车事件，造成 8 名警察死亡。

因执政联盟涉嫌与准军事组织存在关联，政府陷入政治危机。哥伦比亚议会为两院制，参议院 102 个席位，众议院 165 个席位，每 4 年换届一次。2006 年 3月议会选举后，支持乌里韦政府的政党主要包括自由党、保守党和国家社会团结党。这 3 个政党在议会中占有多数席位：在参众两院中分别获 55 席和 94 席。"左派"政党激进变革党和保罗替代民主党是主要的反对党，后者因揭露乌里韦政府与准军事组织的联系，其影响力在逐渐上升。2007 年，最高法院已调查乌里韦总统的政治联盟与非法准军事组织的关系，这对乌里韦政府造成一定打击。2007 年 5 月，因涉嫌与非法准军事组织存有牵连，最高法院和最高检察院下令逮捕了 20 名政界要员，其中包括 4 名参议员、1 名众议员、15 名前国会议员和前市长。到 2008 年 10 月为止，至少有 80 名前任的和现任的国会议员和政府官员因涉嫌与准军事组织有牵连而被捕、被接受调查或被传讯，其中包括乌里韦总统的表兄。涉嫌与准军事组织存在牵连的政治丑闻使乌里韦政府陷入政治危机。反对党呼吁政府配合最高检察院和最高法院对涉嫌犯罪的政府官员和国会议员进行的司法调查，以赢得民众的信任。与此同时，2008 年 11 月，因涉嫌直接或间接非法处决平民，陆军司令马里奥·蒙托亚 4 日宣布辞职，多名高级军官被解职，并等待司法调查。

解救人质举步维艰，成为国内政治的焦点。解救人质行动是哥伦比亚在和平道路上迈出的重要一步。2007 年 8 月，乌里韦政府通过"人道主义交换"计划，希望革命武装力量释放被扣押的 40 多名人质。但由于政府强大的军事打击，革命武装力量拒绝了这一要求，双方谈判陷入僵局。2008 年 7 月，哥伦比亚军方解救出包括前总统候选人英格丽德·贝当古在内的 15 名人质。2008 年 12 月，乌里韦总统呼吁所有反政府武装人员放下武器，并承诺只要他们缴械投降、释放人质，哥伦比亚政府将按照"人道主义交换"原则，给反政府武装人员以物质奖励，并保证他们的自由。目前，解救人质仍是哥伦比亚的政治焦点。

试图修改宪法，以实现第二次连任。乌里韦总统的政治联盟试图通过公投来修改宪法，以确保乌里韦总统于2010年5月实现第二次连任。如果举行公投，乌里韦总统有可能获胜。民众希望政府能进一步打击非法武装力量，改善国内治安，实现经济的持续增长。目前，乌里韦总统的支持率也大大提高，2008年3月高达84%。① 然而，2008年10月，众议院拒绝乌里韦总统第二次连任。在遭众议院否决后，乌里韦总统只能通过全民公决来决定其第二次连任的梦想能否实现。

二 经济形势

自第一个任期以来，乌里韦政府大力推行机构改革，采取适当的经济政策，在禁毒、打击非法武装等方面取得了积极成效，为促进经济持续增长创造了有利条件。近年来，建筑业、零售业、制造业和交通运输业增长较快，对经济增长的贡献率较大。在消费和投资的拉动下，2006年和2007年哥伦比亚的经济增长率分别为6.8%和7.7%。然而，受世界金融危机的影响，2008年其经济出现下滑，第一季度增长率为4.1%，与2007年同期相比下降5%。据联合国拉美经委会初步估算，2008年哥伦比亚的经济增长率将回落至3%（见表1）。因美国经济低迷及哥伦比亚与委内瑞拉日益发生贸易摩擦，2009年哥伦比亚保持经济增长的外部环境出现恶化。据世界银行预测，2009年哥伦比亚将保持2.6%的经济增长率，而哥伦比亚官方的预测则为2.9%。②

2006~2008年初，为防止经济过热和控制通货膨胀，乌里韦政府采取了紧缩性的经济政策。2004~2006年，尽管央行实施通胀目标制，实现了通胀控制在3.4%~4.5%的目标，但是，由于食品和能源价格居高不下以及内需旺盛，2007年的通胀压力明显增大，全年消费物价指数上升5.7%。与2007年相比，2008年比索贬值的幅度较大，造成通胀压力继续累积。据联合国拉美经委会估计，2008年哥伦比亚的消费物价指数上升7.7%（见表1）。从总体上看，交通运输和食品价格的上涨、价格指数化及汇率波动都给控制通胀带来一定压力。

---

① EIU, *Country Report*: *Colombia*, London, United Kingdom, April 2008. p. 11.
② ECLAC, *Preliminary Overview of the Economies of Latin America and the Caribbean 2008*, Santiago, Chile, 2008.

表 1 哥伦比亚主要经济指标

	2006 年	2007 年	2008 年
	增长率(%)		
GDP	6.8	7.7	3.0
人均 GDP	5.3	6.3	1.7
消费价格指数	4.5	5.7	7.7
平均实际工资	3.7	-0.5	-1.8
M1 供应量	18.2	11.9	5.6
实际有效汇率	-1.3	-10.7	-5.5
贸易条件	3.8	8.0	13.1
	平均变化(%)		
城市失业率	12.9	11.4	11.5
中央政府财政收支余额占 GDP 比重	-3.8	-3.0	-2.7
名义存款利率	6.2	8.0	9.7
名义贷款利率	12.9	15.4	17.1
	单位:百万美元		
商品和服务出口	28558	34213	41832
商品和服务进口	30355	37416	42912
经常账户	-2982	-5859	-6442
资本和金融账户	3005	10572	9053
国际收支余额	23	4714	2611

资料来源：ECLAC，*Preliminary Overview of the Economies of Latin America and the Caribbean 2008*，December 2008；2008 年为初步估计数。

对外贸易保持稳步增长势头，但经常项目赤字不断扩大。2008 年，商品和服务出口额为 418.32 亿美元，同比增长 22.2%；进口额为 429.12 亿美元，同比增长 14.7%。传统商品（石油、咖啡、镍等）的出口额约占出口总额的 48% 左右；非传统商品（化工产品、纺织品、机械设备、金、烟草等）的出口额约占出口总额的 50%。主要贸易对象有美国、委内瑞拉、厄瓜多尔、秘鲁、巴西等国。因消费需求旺盛和投资拉动，耐用消费品、交通设备和资本货的进口增长较快（2007 年占进口总额的 77.5%）。因进口保持快速增长，经常项目赤字不断扩大，由 2006 年的 29.82 亿美元升至 2008 年的 64.42 亿美元（见表 1）。经常项目赤字占 GDP 的比重由 2003 年的 1.2% 升至 2007 年的 3.4%。需要指出的是，近年来由于经济增长强劲、国内安全形势好转及对比索的升值预期，哥伦比亚吸引了大量外资。2007 年，资本和金融账户实现盈余 105.72 亿美元。到 2007 年底为止，哥伦比亚的外汇储备总额达 210 亿美元，比 2006 年增加 56 亿美元。[①] 然而，因美国金融危机冲击，2008 年比索贬值幅度较大，资本和金融账户盈余与 2007 年相比减少了 15.19 亿美元。2008 年 8 月以来，因国际市场上原油、煤炭、镍、咖啡等大宗商品的价格骤跌，哥伦比亚主要大宗商品的出口受到严重影响。如果危机进一步恶化，哥伦比亚宏观经济的稳定性将面临严峻挑战。

为应对世界金融危机的冲击，哥伦比亚的货币政策由紧缩银根趋向放松银根。在乌里韦的第一个任期，哥伦比亚的货币政策趋松；而在其第二个任期，由于通胀压力较大，央行实施了紧缩性的货币政策。（1）控制货币供应增长幅度。狭义货币 M1 供应量增长率由 2006 年的 18.2% 下调至 2007 年的 11.9%。（2）提高准备金率。2006 年 12 月至 2007 年 7 月，央行提高准备金率，经常账户、储蓄账户和固定存款的准备金率分别提高 14%、5.5% 和 2.5%。（3）上调利率。2006 年 12 月至 2007 年 7 月，基准利率提高了 3.75%；名义存款利率和名义贷款利率分别由 2006 年的 6.2% 和 12.9% 提高至 2007 年的 8% 和 15.4%。[②] 但是，2008 年 9 月以来，因世界金融危机不断向哥伦比亚扩散，流动性短缺日益严重。2008 年 10 月，鉴于通胀压力、国内企业难以获得贷款、成本增加和外部需求减少的情况，哥伦比亚央行决定放松银根，增加市场流动性。具体措施如下：将结算账户和储蓄账户的存款准备金率从 11.5% 下调至 11%，将 18 个月的定期存款的存款准备金率从 6% 下调至 4.5%；通过公开市场业务临时购买金融证券为市场注入资金；购买 5000 亿比索（约 2.5 亿美元）的政府债券。与此同时，2008 年 12 月，美洲开发银行向哥伦比亚提供总额为 6.5 亿美元的贷款，以缓解哥伦比亚资金需求的压力，促进投资和出口。乌里韦政府宣布，将利用这些资金增加市场融资规模，优先满足当地生产企业的融资需求，着力推动生产领域及出口行业的发展，保持其竞争力。

值得关注的是，2007～2008 年比索汇率的变化幅度较大。因经济形势较好，短期资本大量流入，2004～2006 年比索升值压力增大。为促进出口，控制比索

---

① ECLAC, *Preliminary Overview of the Economies of Latin America and the Caribbean 2007*, Santiago, Chile, December 2007, p. 88.

② ECLAC, *Preliminary Overview of the Economies of Latin America and the Caribbean 2008*, Santiago, Chile, December 2008.

升值幅度，2005～2006 年，在央行的连续干预下，比索逐渐转向弱势。2007年，由于外国直接投资和私有化收入增加，比索升值压力再次增大。为此，政府采取了限制短期投机资本流入的措施。然而，政府的干预未能有效地阻止比索的升值，2007 年比索升值 10.7%。2008 年 1～6 月，比索仍大幅度升值，名义汇率累计升值 14%。为控制投机资本对比索的冲击，2008 年 5 月，乌里韦政府通过一项法令，要求外国投资的存款准备金率由 40% 提高至 50%，且外国直接投资的最短期限为 2 年。面对 2008 年 7 月以来比索的贬值及资本外逃，10 月政府取消了此项法令。据联合国拉美经委会初步估计，2008 年比索仍被高估5.5%（见表 1）。

经济增长放缓，财政增收节支压力增大。乌里韦政府的财政调整受到 IMF的制约，其政策目标在于减轻债务负担。乌里韦政府财政调整具有以下特点：精简政府机构，减少政府开支；安全支出增长过快，向美国寻求外部财力支持；严肃地方财政纪律，加强财政支出责任。2005～2007 年，因经济高速增长，石油收入增长较快和比索升值，财政收入增长幅度较大。中央政府财政赤字占 GDP的比重由 2006 年的 3.8% 降至 2007 年的 3%；2007 年公共部门赤字占 GDP 的0.8%，达到了政府年初确定的低于 1.3% 的调控目标。[1] 2007 年，财政总收入增长 14.8%，总支出增长 9.8%。[2] 2008 年，因受世界金融危机的冲击，公共部门赤字占 GDP 的比重有所扩大，据估计将达 1.4%。2008 年 6 月，由于通胀压力上升、比索急剧升值和经济增长放缓，政府开始实施紧缩性财政政策。但是，压缩财政支出的空间非常有限，财政支出压力较大，赤字将进一步扩大。

税收改革取得进展，债务负担有所缓解。2006 年 12 月，国会通过了税收改革法案：扩大增值税税基，提高一些商品和服务的税率；金融交易税成为长期税种；提高财产税税率并延期至 2010 年；降低所得税税率（由 2006 年的38.5% 降至 2007 年的 34%，2008 年再降至 1%）。需要指出的是，2003～2007年，政府通过互换、回购和提前偿付等方式对债务进行了重组，债务负担大大缓解。

---

① ECLAC, *Colombia*, Santiago, Chile, October 2008, pp. 4 – 6.

② ECLAC, *Preliminary Overview of the Economies of Latin America and the Caribbean 2007*, Santiago, Chile, December 2007, pp. 88 – 89.

三 社会形势

2005年以来，由于经济稳定增长，失业率呈下降趋势。失业率由2006年的12%降至2007年的11.1%。① 2006年，贫困率和赤贫率分别为46.0%和20.2%，比2002年分别下降4.3个百分点和4.6个百分点。② 然而，尽管2008年第一度的失业率呈下降趋势，但因经济形势恶化，就业形势不容乐观。值得关注的是，由于委内瑞拉对进口汽车的限制，哥伦比亚的汽车产业受到打击，该行业的失业人数明显增多。与此同时，由于大量农村人口加快向城市流动，城市就业压力增大。尽管近年来失业率保持在11%～12%之间，但仍高于20世纪90年代中期7%～9%的最低值。

就工资水平而言，从2006年以来，制造业的实际工资呈下降趋势。2007年，制造业实际工资下降0.5%；据估计，2008年制造业的实际工资将下降1.8%（见表1）。哥伦比亚司法系统工会因不满工资待遇，从2008年9月起进行了长达44天的大罢工。此次罢工对哥伦比亚的公共秩序造成严重破坏。据官方统计，罢工期间有16万起案件被积压，2.5万场听证会被取消。此外，由于超过了起诉期限，约2700名因谋杀、非法持械、贩毒等重罪被捕的嫌疑人被释放。针对不断恶化的司法状况，乌里韦总统曾宣布国家进入动荡状态，以应对罢工造成的危机。

民众不满国内治安状况，不断举行示威游行。2008年，波哥大、卡利等大城市接连发生数起爆炸事件，造成一些人员伤亡，严重扰乱了社会秩序。2008年10月，波哥大和多个城市爆发示威游行，要求政府改善治安状况。2008年11月28日，上万名民众在波哥大等主要城市举行游行，呼吁"哥伦比亚革命武装力量"立即释放被扣押的全部人质。与此同时，因国内武装冲突不断，到目前为止，已造成约5万印第安人失去土地。这些印第安人不断向政府提出土地和人权要求。2008年10月，在乌里韦总统与印第安人组织的会晤失败后，近万名印第安人在首都进行示威抗议。此外，2008年11月，以非法集资为特点的"金字塔骗局"在哥伦比亚掀起轩然大波。近200万人成为这一骗局的受害者，一些地

---

① ECLAC，*Colombia*，Santiago，Chile，October 2008，p. 8.

② ECLAC，*Social Panorama of Latin America 2008*，Santiago，Chile，November 2008，p. 11.

区甚至因此发生大规模骚乱。为防止事态进一步恶化，乌里韦政府于 11 月 17 日宣布全国进入为期 30 天的社会紧急状态，并下令查封非法集资机构。

2008 年 9～11 月，哥伦比亚大部分地区暴雨成灾，洪水泛滥。据哥伦比亚官方公布的最新数据，全国 32 个省中有 27 个省受灾，受灾人数达 110 万。2008 年 12 月，联合国向哥伦比亚提供了 3379 万美元的援助，以应对日益严重的洪涝灾害。

四 外交形势

乌里韦政府推行外交为国内和平进程和经济发展服务的战略，努力提高本国的国际地位，为经济发展创造有利的国际环境。目前，哥伦比亚与 171 个国家建立了外交关系。

美国是哥伦比亚对外关系的重点。美国是哥伦比亚的第一大投资国和贸易伙伴。美国通过"哥伦比亚计划"和"安第斯地区计划"扩大对哥伦比亚的军事援助。1999～2006 年，美国向哥伦比亚提供了约 60 亿美元的禁毒和反恐援助。2007 年 2 月，乌里韦政府起草了新的"哥伦比亚计划"。新计划的执行期为 2007～2013 年，总投入约 438 亿美元，其中哥伦比亚政府投入 313 亿美元，美国援助 36 亿美元。按照《安第斯贸易促进和根绝毒品法案》，2006 年美国对哥伦比亚的优惠措施延期至 2007 年 7 月 30 日。由于美国国会仍未批准哥美双边自由贸易协定，这些优惠措施又延期至 2008 年 3 月。美国国会民主党以人权状况、环境和劳工保护等问题拒绝批准这一协定。在 2008 年美国大选时，这一协定成为总统候选人辩论的焦点之一。2007 年 7 月，哥伦比亚国会已批准了这一协定，但目前仍等待美国国会的批准。

乌里韦政府与拉美"左派"政府的关系较紧张。2008 年 3 月，哥伦比亚政府军进入厄瓜多尔境内打击"哥伦比亚革命武装力量"，引发厄瓜多尔、委内瑞拉、尼加拉瓜等国的强烈反应，宣布与哥伦比亚断交。目前，哥厄两国关系仍未实现正常化。2007 年底以来，乌里韦政府与委内瑞拉的关系一直较紧张。2007 年 11 月，乌里韦总统单方面宣布中止查韦斯总统参与调解人质交换的工作，引起委内瑞拉的不满。查韦斯政府冻结了与哥伦比亚的关系，并作出召回委内瑞拉驻哥伦比亚大使的决定。2008 年 12 月，哥伦比亚召回驻委内瑞拉马拉开波领事，作为对委内瑞拉政府指责其干涉内政的回应。就委内瑞拉海湾的部分海域划分问题，哥委两国还存在争端。2008 年 5 月，乌里韦政府认为，哥伦比亚与委内瑞拉边界线已完全确定，不存在任何争议，但查韦斯政府反对这一看法。值得关注的是，2008 年 9 月，玻利维亚莫拉莱斯总统以美驻玻大使鼓励当地分裂活动为由，将其驱逐出境。此后，乌里韦政府发表声明支持莫拉莱斯总统，反对任何分裂玻利维亚的企图。

为了更好地融入经济全球化和国际社会，乌里韦政府积极参与双边或多边合作。2007 年 8 月，哥伦比亚与洪都拉斯、萨尔瓦多和危地马拉签署自由贸易协定。2008 年 12 月，哥伦比亚国会已通过有关哥伦比亚与智利避免双重征税协定及哥伦比亚与秘鲁的投资保护协定；同年 12 月 22 日，哥伦比亚与加拿大签署了双边自由贸易协定。目前，乌里韦政府就避免双重征税正在加紧同德国、荷兰和印度等国进行谈判。根据普惠制原则，欧盟给哥伦比亚以许多出口优惠。按照 20 世纪 90 年代双方达成的协议，为鼓励哥伦比亚采取禁毒措施，欧盟对哥伦比亚的关税实行减免。2006 年 1 月，欧盟将这一协议延期 10 年，但香蕉不在关税减免之列。

中哥两国关系稳步发展，各领域交流与合作不断扩大。乌里韦政府坚持一个中国的原则。在国际事务中，双方相互支持，密切配合。到目前为止，两国已签署 17 个双边协议。2008 年 9 月，温家宝总理在参加第 63 届联大期间，会见了乌里韦总统。2008 年 11 月 22 日，在 APEC 会议期间，胡锦涛主席在会见乌里韦总统时表示，支持哥伦比亚加入 APEC；两国还签署了投资保护协定。2008 年 1 ~ 10 月，中哥贸易额为 34.9 亿美元，同比增长 27.4%，其中中国的出口额为 25.2 亿美元，进口额为 9.7 美元。[1] 从贸易结构看，中国主要出口电子、机械等产品，进口成品油、镍铁矿、皮革等。到 2008 年 5 月为止，中国在哥伦比亚的投资额为 4.44 亿美元，主要涉及石油勘探开发等领域。[2] 此外，中哥两国不断扩大人文交流，相互举办文化活动和开展文化、旅游交流合作。

参考文献

ECLAC, *Preliminary Overview of the Economies of Latin America and the Caribbean 2007*, December 2007.

ECLAC, *Social Panorama of Latin America 2008*, Santiago, Chile, November 2008.

---

[1] http://zhs.mofcom.gov.cn/aarticle/Nocategory/200812/20081205966046.html

[2] http://www.fmprc.gov.cn/chn/wjb/zzjg/ldmzs/gjlb/2028/default.htm

ECLAC, *Preliminary Overview of the Economies of Latin America and the Caribbean 2008*, December 2008.

EIU, *Country Profile: Colombia*, 2007.

EIU, *Country Report: Colombia*, September 2007.

EIU, *Country Report: Colombia*, April 2008.

Global Insight Report: Colombia, May 2008.

Colombia

Sun Hongbo

Abstract: Despite of the progresses made by Uribe's administration in fighting against illegally armed forces, Colombian security situation remained severe and the issue of hostage rescue found hard choices in 2008. The government sank in political crisis as it's suspected of being linked with paramilitaries. As a reflection of the impacts of financial crisis, Colombia's economic growth pace slowed down, the inflationary pressure was difficult to be mitigated and current account's deficits increased constantly. To react to shocks of the current crisis, the once restrictive monetary policy tended to be more flexible and the fiscal authorities began to feel the pressure of increasing income and reducing expenditure. With a deteriorating economy, employment situation is anything but optimistic. Demonstrations erupted constantly, a symptom of people's dissatisfaction with the ill public security. On the diplomatic front, the US remained the priority of Colombia's foreign relations. Relations between Uribe's government and leftist governments in Latin America were strained. The Sino-Colombian relationship was kept in steady development marked by increasing cooperation and exchange in all fields.

Key Words: Severe Security Situation; Economic Growth Slowed down; Social Situation Turned for the Worse; Military Aid

哥斯达黎加

杨志敏[*]

摘　要：2008 年，哥斯达黎加政局保持稳定，但发生政府部长挪用资金事件，导致总统支持率有所下降。要实施《美国中美洲多米尼加自由贸易协定》，有两项法律尚待通过。受美国金融危机的冲击，经济增速明显下降且低于拉美平均水平，预计 2009 年仍呈下滑趋势。失业率略有上升，但减贫取得进展，"人类发展指数"较高。与美国保持传统友好关系，与尼加拉瓜仍存在领土纠纷和非法移民问题。中国与哥斯达黎加的双边政治、经济和外交关系发展顺利，2008 年 11 月胡锦涛主席首次对其进行国事访问，两国政府宣布正式启动双边自由贸易协定的谈判。

关键词：哥斯达黎加　"误用资金"　自由贸易协定

一　政治形势

（一）实施《美国中美洲多米尼加自由贸易协定》尚待通过两项法律

2006 年，民族解放党总统候选人奥斯卡·阿里亚斯·桑切斯以微弱优势赢得大选并于 8 月就职。在议会中，民族解放党是第一大党，57 个议席中赢得 25 席，而主要反对党公民行动党占有 17 席，其余 15 席由其他 6 个小党分享。执政党在议席数量上并不占多大优势，在推行其政策时往往在议会遇到阻力。公民行

* 杨志敏，中国社会科学院拉丁美洲研究所经济室副主任，副研究员，世界经济专业经济学博士。主要研究区域经济一体化以及世界多边贸易体制、东亚与西半球发展中国发展模式比较、中国与发展中国家的贸易摩擦问题、美洲自由贸易区（FTAA）、北美自由贸易协定（NAFTA）、中国智利自由贸易协定、中国与拉美经贸关系、中拉合作问题以及投资环境等问题。

动党曾一度操纵议会阻止通过由民族解放党提出的议案——《美国中美洲多米尼加自由贸易协定》。①

2007 年 10 月，经全民公决，《美国中美洲多米尼加自由贸易协定》获得通过，这对阿里亚斯总统是一个有力支持，但在国内要实施这一协定，还须通过其他法律程序。阿里亚斯总统在与公民行动党的关系非常紧张的情况下，必须营造一个合作的政治氛围，通过两项法律：有关知识产权改革的法案和取消实施这一协定的 3 个月期限的修正案。②

（二）"误用资金" 事件导致个别政府部长辞职，总统遭到反对党的攻击

2008 年，2 名政府部长因"误用资金"而被调查。据披露，2008 年 7 月，中美洲经济一体化银行捐赠的、专门用于政府治理和改革项目的 200 万美元资金被总统事务部部长用于聘请政府顾问；与此同时，中美洲经济一体化银行通过信托基金管理的、2006 年底由"台湾当局"捐助用于改善哥斯达黎加首都贫困社区生活条件的 250 万美元，被政府住房部部长将其中一部分用于聘请一些个人或者机构做顾问。尽管没有明文规定这些资金的用途，但绝大部分资金原本应当用于政府治理和改革项目及改善贫困社区 600 户家庭的生活条件。因为这些资金是在政府总统事务部和住房部的指导下，由中美洲经济一体化银行直接管理并纳入其管理程序，因此政府总审计长无法对其进行监督。

人们曾对政府使用这些资金的情况提出过质疑。这些资金是否属于公共资金，没有明确界定，人们也没有达成共识，总审计长也难以对这些资金的使用进行监督。近年来，随着新法律的通过，对这些资金使用的解释有了变化。涉案的两位部长认为：这两笔资金不是公共资金；由于这些资金源于中美洲经济一体化银行，因此不能泄露信息。不过，在议会的要求下，哥斯达黎加总检察长办公室表示："合同和服务具有公共性质，因此应当置于总审计长的监督之下。"

在爆出的政府部长"误用资金"事件中，虽然被指控的人员层次较低，且没有证据表明政府成员从中谋取私利，但议会中的反对党对这些事件作出强烈反应，涉

---

① EIU, *Country Profile*：*Costa Rica*，2007.

② EIU, *Country Report*：*Costa Rica*，September 2008.

案的部长也被要求出席听证会。这是阿里亚斯总统上任以来第一次遇到此类事件。由于经济形势严峻，加上政府遭到部长"误用资金"事件的调查，阿里亚斯总统的形象受损。为挽回对政府的信任，阿里亚斯总统被迫更换住房部部长，并把政府管理社会计划的职能由住房部转到卫生部。随着事件调查的深入，总审计长已要求中美洲经济一体化银行就政府使用资金聘请顾问及"台湾当局"提供资金问题提供更多信息。

（三）政府的清廉指数排名上升

2008 年尽管发生政府部长因滥用资金而遭到调查的事件，民调显示的阿里亚斯政府的支持率也一度走低，但哥斯达黎加的司法制度仍被认为是中美洲和南美洲地区滋生腐败最少的制度。在透明国际组织"2008 年全球清廉指数"对 180 个国家和地区的排名中，哥斯达黎加列第 47 位，而其在 2007 年 163 个国家和地区排名中位居第 55 名。①

二　经济形势

（一）宏观经济运行情况

（1）经济增长率大幅下降。据统计，2008 年哥斯达黎加 GDP 增长率为 3.3%，与 2006 年的 8.8% 和 2007 年的 7.3% 相比，2008 年的增长率明显下降了，且低于 2008 年拉美地区 GDP 平均增长率（4.6%）。2009 年，预计哥斯达黎加的 GDP 增长率只有 1%，也比 2009 年拉美地区预计的 GDP 平均增长率低 0.9 个百分点（以上数据见图 1）。②

（2）通货膨胀率居高不下。到 2008 年 8 月为止，通胀率为 15.4%，其中食品价格上涨是通胀率上升的主要因素；全年的通胀率达到 15.0%，高于哥斯达黎加央行预计的 14%。据统计，生产者价格指数（PPI）已超过 20%，并进一步加大了通胀压力。随着国际原油价格的下跌及国内消费需求的萎缩，预计通胀率将得到一定程度的缓解。

（3）汇率持续走软，央行出面干预。根据本国货币克朗持续贬值的情况，

---

① "Transparency International：Global Corruption Report". http：//www. transparency. org/

② ECLAC, *Preliminary Overview of the Economies of Latin America and the Caribbean 2008.*

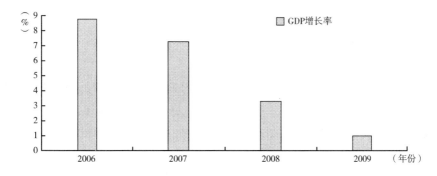

图1　2006～2009年哥斯达黎加GDP增长率

资料来源：ECLAC, *Preliminary Overview of the Economies of Latin America and the Caribbean 2008*。

2008年7月中旬以来，哥斯达黎加央行调整并缩小了汇率的波幅，并每天增加波幅上限6个百分点来控制汇率。由于对外融资的需求和国内较高的通胀率，克朗存在贬值的压力。

（4）出口收入锐减，贸易赤字增加。到2008年7月为止，受国际原油价格上涨及国内需求强劲的影响，哥斯达黎加的进口额急剧增加；而在外部经济环境不利、尤其是在美国经济陷入衰退的情况下，哥斯达黎加的出口乏力，预计全年的货物贸易赤字将急剧上升。与此同时，由于国外游客数量的锐减将使旅游业等服务收入大幅减少，来自美国的侨汇收入也将严重缩水。预计2008年经常项目账户赤字相当于GDP的9.8%。

（二）美国金融危机的影响

美国金融危机对包括哥斯达黎加在内的中美洲地区产生了严重影响，其中对哥斯达黎加经济的影响主要表现在以下三个方面。

（1）货物贸易。尽管受美国进口需求数量减少的影响，但中美洲国家出口商品价格的提高在一定程度上弥补了损失。不过，经济开放度越高的国家，受到美国金融危机影响的程度就越深，尤其是那些严重依赖发达国家市场的国家。哥斯达黎加对发达国家的出口额占其GDP的10%以上，是中美洲地区比重较高的国家。哥斯达黎加40%的出口收入来自对美贸易。美国进口需求的减少，对哥斯达黎加的出口影响最大。

（2）服务贸易。美国的金融危机还对服务需求、尤其是对旅游业产生了严重影响。有数据显示，中美洲地区一些国家的旅游业收入和服务出口收入平均相当于 GDP 的 5%，而哥斯达黎加则相当于 10%。据统计，哥斯达黎加外国游客的消费收入占 GDP 的 8.3%、占商品和服务出口收入的 16.9%，而整个中美洲地区的上述两个比重分别为 6.1% 和 17.8%（见图 2）。旅游业和制造业是哥斯达黎加国民经济的支柱产业，而美国是其主要客源地，因此，美国的金融危机对哥斯达黎加的旅游业产生了严重影响。

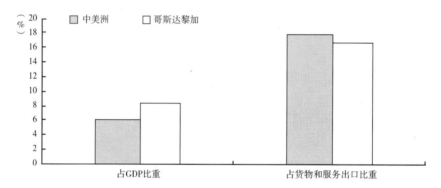

图 2　哥斯达黎加外国游客消费占 GDP 的比重

资料来源：ECLAC，*Preliminary Overview of the Economies of Latin America and the Caribbean 2008*。

（3）建筑业受到直接影响。美国住房市场的萧条对哥斯达黎加的建筑业产生直接影响，而建筑业是近年来带动哥斯达黎加经济发展的重要引擎。[①]

此外，受美国金融危机的影响，哥斯达黎加的侨汇收入也将减少。

（三）　宏观经济政策走势

（1）财政盈余逐渐减少。估计 2008 年来自非金融公共部门的盈余相当于 GDP 的 0.4%，而 2007 年这一比重为 0.6%；预计 2009 年的财政将由盈余变为赤字，并且赤字数额约相当于 GDP 的 0.4%，但仍处于政府制定的 0.5% 的目标之内。到 2008 年 7 月为止，哥斯达黎加的财政收入呈持续减少趋势，预计在本年度余下的时间内还将继续减少。从中期来看，不加大财政改革力度将难以使收入状况得到改

---

① EIU，*Country Report：Costa Rica*，September 2008.

善。2009 年，随着《美国中美洲多米尼加自由贸易协定》付诸实施，关税收入将会减少，而 2007 年的关税收入占全部收入的 1/3。在财政稳定不受影响的情况下，哥斯达黎加政府有能力保持当前的支出水平。2008 年政府支出快速增加的部分原因是为应对紧急食品计划，估计 2009 年政府支出增速将放缓，但仍快于收入的增速。

（2）采取从紧的货币政策。哥斯达黎加央行正在为 2010 年正式实行的"通货膨胀目标制"作准备，届时将最终采用浮动汇率制度，并将利率政策作为控制通货膨胀的首要工具。目前，哥斯达黎加将延续控制汇率波幅的制度。2009 年为达到将通胀率控制在 9% 的目标，央行还将继续实行始于 2008 年 5 月底的高利率政策，预计这一政策将实行至 2008 年年底。2008 年 5 月以来，尽管央行 5 次提高利率（利率由 3% 提高到 10%），但实际利率仍为负值。

（3）加入"加勒比石油计划"以应对油价波动。哥斯达黎加是一个石油纯进口国。一度高企的国际原油价格促使哥斯达黎加于 2008 年 7 月申请加入由委内瑞拉倡议的"加勒比石油计划"（Petro Caribe），以应对高油价和改善贸易平衡状况。据悉，哥斯达黎加进口的 95% 的石油来自委内瑞拉。随着国际原油价格下跌，当前的低价格使哥斯达黎加的压力减少了；在国内，就是否加入上述计划存在争议，不过，预计哥斯达黎加将于 2008 年 12 月正式加入该计划。①

三　社会形势

（一）贫困化问题逐步得到解决

哥斯达黎加的贫困率和极端贫困率分别由 2002 年的 20.3% 和 8.2%，降至 2006 年的 19% 和 7.25%，2007 年的 18.6% 和 5.3%（见图 3）。

无论贫困率还是极端贫困率，在中美洲国家中，哥斯达黎加的情况最好。到 2007 年为止，已有 4 个拉美国家（巴西、智利、厄瓜多尔和墨西哥）完成了"千年发展目标"第一阶段的任务。哥斯达黎加的极端贫困率仅为 5% 左右，已将要达到第一阶段的目标。但减贫的任务仍较严峻。在减贫过程中，政府的"分配政策因素"发挥了重要作用。据统计，约一半的贫困人口和极端贫困人口的减少源于这一因素。②

---

① EIU, *Country Report: Costa Rica*, September 2008.

② ECLAC, *Social Panorama of Latin America*, December 2008.

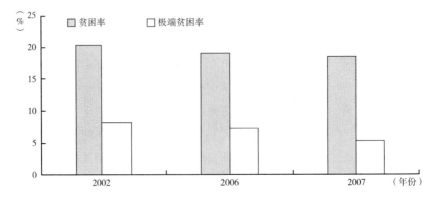

图 3 2002 年、2006 年和 2007 年哥斯达黎加贫困率和极端贫困率变化

资料来源：ECLAC，*Social Panorama of Latin America 2008*，December 2008。

（二）失业率略有上升

2008 年，哥斯达黎加劳动力总数为 2059613 人，就业人数为 1957708（其中在私人部门和公共部门就业的人数分别为 1681562 人和 276146 人），失业人数为 101905 人，失业率为 4.9%。2008 年的失业率虽然比 2007 年高出 0.3 个百分点，但 2008 年是 2004 年以来失业率第二低的年份，此前的 2004～2006 年，其失业率均在 6% 以上。（以上数据见表 1。）

表 1 2004～2008 年哥斯达黎加劳动力数量及就业情况

	2004 年	2005 年	2006 年	2007 年	2008 年
劳动力总数（人）	1768759	1903068	1945955	2018444	2059613
就业总数（人）	1653879	1776903	1829928	1925652	1957708
其中:私人部门	1420682	1524583	1564588	1657986	1681562
公共部门	233197	252320	265340	267666	276146
中央政府	112464	129714	128095	127093	124010
其他公共部门	120733	122606	137245	140573	152136
失业人数（人）	114880	126165	116027	92792	101905
失业率（%）	6.50	6.60	6.00	4.60	4.90

说明：表中是每年 7 月统计的数据。

资料来源：Banco de Costa Rica，"Labour Force by Institutional Sector and Unemployment"．http：//indicadoreseconomicos. bccr. fi. cr/

（三）"人类发展指数"的位次基本稳定

据 2008 年 12 月公布的《人类发展指数报告》，哥斯达黎加的"人类发展指数"在 179 个国家和地区中的排名居第 50 位。其中，在 135 个发展中成员的"人类贫困指数"排名中，哥斯达黎加居第 10 位；在 157 个国家和地区的"性别发展指数"排名中，哥斯达黎加居第 33 位。而 2007 年哥斯达黎加的"人类发展指数"在 177 个国家和地区中的排名居第 48 位。2007 年和 2008 年，哥斯达黎加都属于人类发展程度高的国家。[①]

表 2　2008 年哥斯达黎加人类发展指数

HDI	出生时预期寿命	成人识字率（%，15 岁及以上）	中小学毛入学率（%）	人均 GDP（PPP 购买力平价法，美元）
0.847（50）	78.6 岁（25）	95.8%（42）	73%（95）	9889（69）
HPI	无法活到 40 岁的可能性（%，2005 年）	成人文盲率（%，15 岁及以上）	无法获得健康水源的人口与总人口的比重（%）	儿童中体重不足的所占比重（0～5 岁，%）
3.8（10）	3.7%（9）	4.2%（27）	2%（11）	5%（32）
GDI 与 HDI 的比值	出生时女性的预期寿命与男性的预期寿命的比值（%）	女性成人识字率与男性成人识字率的比值（%，15 岁及以上）	女性的中小学毛入学率与男性的中小学毛入学率的比值（%）	
99.6%（33）	106.3%（84）	100.4%（12）	100.4%（12）	

说明：HDI——人类发展指数；HPI——人类贫困率指数；GDI——性别发展指数；括号内的数据为该指数的排名。

资料来源：UNDP，"The Human Development Index，2008 Statistical Update，Costa Rica"．http：// hdrstats. undp. org/

四　外交形势

（一）与美国保持传统的良好关系

在 20 世纪 80 年代美国干涉中美洲国家内部事务时期，哥斯达黎加与美国

---

① UNDP，"The Human Development Index，2008 Statistical Update，Costa Rica". http：//hdrstats. undp. org/

的关系曾一度趋于紧张，尽管哥斯达黎加允许美国支持的尼加拉瓜反政府武装组织在其境内设立活动基地。1986～1990年，在阿里亚斯当政时，政府提出了一项"中美洲和平计划"，以赶走本国以外的外部势力。在尼加拉瓜、萨尔瓦多和危地马拉等国接受这一计划后，1987～1997年间，尼加拉瓜的反政府武装组织被迫解散。这一计划也使阿里亚斯总统获得了1987年的诺贝尔和平奖。此外，哥斯达黎加是第一个与美国签署海上反毒交易双边协定的中美洲国家，这一协定从1999年起实施并允许双方在哥斯达黎加水域进行反毒品走私活动的合作。

（二）与中美洲国家的关系较复杂

作为中美洲共同市场（Central American Common Market）的成员，哥斯达黎加积极参与区域经济一体化建设，但由于哥斯达黎加历来反对中美洲政治一体化，不愿加入中美洲议会组织。

在航海权和非法移民问题上，哥斯达黎加与尼加拉瓜存在争端和矛盾。位于两国交界的圣胡安河的航海权问题一直是两国存在争议的焦点问题。2002年，随着两国新政府的上台，双边关系得到了改善，达成了搁置航海权争议的协议。阿里亚斯政府最近宣布，与尼加拉瓜奥尔特加总统就航海权问题和非法移民等问题在内的广泛议题进行对话。从20世纪70年代末起，中美洲邻国的难民，特别是尼加拉瓜的难民，为逃避战乱纷纷涌入哥斯达黎加。这种趋势后来因中美洲和平进程的实现而有所减缓。据2000年进行的人口普查，哥斯达黎加8%左右的居民为外来移民，并以尼加拉瓜人居多，其中大部分为非法移民。

（三）中美洲与欧盟的自由贸易协定谈判仍在进行

中美洲与欧盟的自由贸易协定谈判始于2007年6月。两个地区在谈判中存在许多分歧，较大的分歧有两个：一是2007年7月达成的有关香蕉关税的协定（中美洲急于实施这一协定而欧盟则加以拒绝），二是双方对原产地原则的认同存在分歧。据悉，2008年10月双方恢复谈判。①

---

① EIU, *Country Report*：*Costa Rica*，September 2008.

（四） 与中国的关系发展顺畅

自 2007 年 6 月两国建交以来，双方在政治、经济、文化等领域的交流不断，双边关系发展顺利。2008 年 11 月，胡锦涛主席对哥斯达黎加进行了国事访问，并与阿里亚斯总统共同宣布正式启动双边自由贸易协定的谈判进程。据统计，2008 年 1～10 月，双边贸易额为 24.45 亿美元，其中中方的出口额为 5.38 亿美元，进口额为 19.07 亿美元，分别同比增长 4.7%、19.0% 和 1.2%。① 目前，中国是哥斯达黎加的第二大贸易伙伴，哥斯达黎加是中国在拉美的第八大贸易伙伴。

参考文献

Banco de Costa Rica, "*Labour Force by Institutional Sector and Unemployment*".

ECLAC, *Preliminary Overview of the Economies of Latin America and the Caribbean 2008*.

ECLAC, *Social Panorama of Latin America 2008*, December 2008.

EIU, *Country Report: Costa Rica*, September 2008.

UNDP, "The Human Development Index, 2008 Statistical Update, Costa Rica".

Costa Rica

Yang Zhimin

Abstract: In 2008, the president's popularity suffered a plummet due to the notorious money misappropriation of a minister, the verification of the FTA with the US was subject to the approval of two bills and political situation remained in stability. Shocked by the financial crisis originated from the US, Costa Rica's economic growth rate drastically plunged below the average level of Latin America and the Caribbean and 2009 is forecasted to be another year of declining economy. Unemployment rate grew

① http://zhs.mofcom.gov.cn

moderately while poverty reduction advanced steadily to keep the country's Human Development Index relatively high. Traditional friendship prevailed in Costa Rica's ties with the US, territory conflicts and disputes over illegal immigration featured its relationship with Nicaragua in 2008. Bilateral relations with China experienced smooth development in political, economic and diplomatic fields and the state visit of Chinese president Hu Jintao in November resulted in a joint announcement of the two governments on the formal kicking-off of negotiations on a bilateral FTA.

Key Words: Costa Rica; " Money Misappropriation Incident "; Free Trade Agreement

古 巴

宋晓平[*]

摘 要：2008 年古巴形势发生重要变化。国家最高权力顺利实现交接，劳尔·卡斯特罗正式主政，政治形势和社会形势保持稳定。古共五届六中全会作出准备召开古共六大等重大政治决策。新政府努力开创工作新局面。经济不利因素增多，飓风造成严重损失，经济增速明显下降。新政府采取各种措施，解决经济和社会发展中存在的问题。调整土地政策，狠抓农业生产，解决民生问题，调整社会保障政策。实施全方位外交取得成效，国际生存空间和发展环境有所改善。古美关系有望松动，与欧盟的关系有所改善，与俄罗斯的关系显著恢复，与拉美国家的关系不断发展，中古关系进一步深入发展。

关键词：权力交接　飓风灾害　大讨论　全方位外交

一　政治形势和社会形势

（一）最高权力顺利实现交接，政治形势和社会形势保持稳定

2006 年 7 月底，菲德尔·卡斯特罗主席因病被迫暂时离职后，由党的第二书记、国务委员会第一副主席劳尔·卡斯特罗临时主政。2008 年 2 月 18 日，菲德尔在致古巴人民的信中表示："我既不会寻求也不会接受国务委员会主席和革命武装力量总司令这两个职务。"根据菲德尔的意愿，在 6 天后举行的第七届古巴全国人民政权代表大会上，劳尔当选国务委员会主席和部长会议主席，正式肩

---

* 宋晓平，中国社会科学院拉丁美洲研究所研究员，副所长，博士生导师，拉丁美洲研究所古巴研究中心主任。

负起治理国家的重任。在以劳尔为首的新班子中，何塞·拉蒙·马查多·本图拉（77岁）任国务委员会第一副主席，胡安·阿尔梅达·博斯克（80岁）、胡安·埃斯特万·拉索·埃尔南德斯（64岁）、阿韦拉多·科洛梅·伊瓦拉（69岁）、胡利奥·卡萨斯·雷盖罗（72岁）、卡洛斯·拉赫·达维拉（57岁）5人为国务委员会副主席。从国务委员会成员构成来看，新选出的领导班子是一个谋求平稳过渡的班子。新的国务委员会主席和副主席，6人中有4人参加过20世纪50年代的游击战争。

古巴民众对这次最高领导权力交接表示拥护，社会反应平静。在菲德尔致古巴人民的公开信发表后，古巴中学生联合会和妇女联合会等一些群众组织致信菲德尔表示遗憾，同时也对菲德尔因病不再担任国家最高领导职务表示理解，认为菲德尔永远是革命的总司令和领袖。在此之前，劳尔实际上已临时接管最高权力达19个月之久，已获得民众的肯定。50多年来，劳尔一直与菲德尔并肩战斗，直接参与党和国家的最高决策，享有很高威望，拥有丰富的领导经验和很强的把握大局的能力，深得菲德尔的信赖，很早以前就被正式定为菲德尔的接班人。在当选国务委员会主席后劳尔发表讲话："卡斯特罗将继续是古巴革命的总司令，菲德尔就是菲德尔，他是不可取代的；今后有关国防、外交、经济、社会发展的特别重大事情仍将请示卡斯特罗。"

（二）古共五届六中全会顺利召开，作出重大战略部署

2008年4月28日召开的古巴共产党五届六中全会作出决定，2009年下半年召开古巴共产党第六次全国代表大会，总结古巴革命胜利50年来的经验，制定党在今后一个时期的方针、路线和政策。全会还作出决定，成立由国务委员会主席和6名副主席组成的政治局委员会，即政治局常委会，以便能迅速地、集体地作出决定。全会还决定完善古共中央干部委员会，加强对干部政策执行情况的监督。此外，根据党章规定，全会决定成立隶属于中央政治局、由中央书记处具体领导的7个委员会，负责党和国家的各项重大工作。全会提出了古巴共产党今后一个时期工作的主要目标，即在目前复杂多变的形势下继续完善古巴"虽存在缺陷、但是公正的社会制度"。劳尔在六中全会的讲话中强调，粮食生产关系到国家安全问题，是党和政府工作的主要任务。

新的领导班子还努力加强组织建设，突出强调集体领导；提出国家各个部委

的设置构想，精简机构，加强国家管理的体制化，提高效率；对省级干部作出重大调整，撤换一批高级干部；把军队建设置于重要地位。

（三）努力开创工作新局面

劳尔·卡斯特罗自 2006 年 8 月临时主政以来，发扬实事求是、勤勉务实的工作作风，深入基层，了解情况，理政思路日渐清晰。面对经济和社会发展中存在的缺陷和问题，在 2007 年 7 月 26 日群众集会上劳尔发表重要讲话："（目前古巴）面临极端的客观困难。工资不足以满足全部需要，没有履行'各尽所能，按劳分配'的社会主义原则，社会纪律松弛、自由放任等。"劳尔强调，"古巴的特殊时期没有结束"，必须生产更多的产品，减少进口，特别是减少食品的进口，要增加外国投资，等等。

围绕劳尔的"七·二六"讲话，古巴组织了历时半年之久的全国性民众大讨论，征求基层民众对党和政府工作的意见。广大民众踊跃参政议政，提出了 130 多万条意见和建议，几乎涉及国家政治、经济和社会生活的各个方面，从党和国家建设、发展道路等重大战略问题到具体的民生问题。这实际上是古共领导层全面和深入地了解民意、摸索解决问题办法的一次广泛的社会调查。2008 年 2 月以来，新政府采取一系列政策和措施，落实大讨论中梳理出来的各项任务。这次出台的措施众多，涉及面广泛，思路和重点十分清晰：突出强调农业政策调整，促进农业生产，满足民众生活需要，确保国家粮食安全；关注和全力解决与民生相关的各种问题；促进国家管理的规范化和体制化，加强工作纪律，提高工作效率。

二 经济形势和政策

（一）不利因素增多，经济增速放缓

据联合国拉美经委会统计，2007 年古巴经济增长率为 7.3%，明显低于 2006 年的 12.1%（根据古巴官方的统计数字，2006 年和 2007 年古巴的经济增长率分别为 12.5% 和 7%）。2008 年古巴的经济增长率降至 4.3%（计划数字为 8%），人均 GDP 增幅也为 4.3% 左右。

2006 年旺盛的内部需求对经济增长产生很大拉动效应。内部需求大于外部需求的增长幅度，投资大于消费的增速。进入 2007 年以后，情况发生变化，在内部需求趋于疲软的同时，外部需求明显扩大。2007 年内部需求下降了 4.1%，消费和投资分别下降了 4.4% 和 2.4%。商品出口额增加了 26.5%，商品进口额增加了 7%。由于技术服务出口活跃，技术服务出口收入增加 22.9%，而进口收入减少 1.1%。

2008 年上半年与下半年相比，经济形势反差较大。上半年经济形势良好，实现 6% 的增长率。商品出口和服务出口仍是拉动经济增长的主要因素。进一步加大了农业替代进口政策的力度，农业生产保持活力，食品进口开支增长速度得到控制。旅游业收入的增速甚至高达 15%。而下半年经济增速放缓。除食品价格和国际石油价格上扬以外，影响经济增长的因素还包括主要出口产品镍矿石价格的下跌和飓风造成的影响。①

2008 年，"菲伊"和"汉娜"热带风暴及"古斯塔夫"、"艾克"和"帕洛玛"飓风先后袭击古巴。其中，8 月 30 日~9 月 9 日，"古斯塔夫"和"艾克"飓风接踵而至，席卷全国，对整个经济和基础设施造成严重破坏，经济损失达100 亿美元。300 万人被迫迁移，几乎相当于全国总人口的 1/3；50 多万套住宅受损或被毁，20 万人无家可归；11.3 万公顷农田被毁，粮食损失达 5.3 万吨。从 2008 年 9 月中旬起，全力救灾、恢复生产成为古巴经济工作的首要任务。

2008 年上半年财政收入呈适度增长态势，但此后增速明显放缓。2008 年流通税和销售税略有下降，其他税收均增长缓慢甚至出现负增长。向飓风灾区拨款，对食品、特别是进口食品和定量供应的食品向居民提供价格补贴，为刺激农业生产而提高农产品统购价格，这一切加大了政府的财政开支压力。财政赤字由2007 年的 3.2% 升至 2008 年的 4.1%，日常财政开支增加了 10%。在货币政策方面，逐步取消货币双轨制，货币增发量略高于 GDP 的名义增加值。由于金融基本保持平衡，通货膨胀压力主要来自供给方面。遭受飓风灾害后，一些农产品供应短缺，价格上扬，加之食品和国际石油价格上涨，通货膨胀率由 2007 年的2.8% 升至 2008 年的 4.9%。通货膨胀指数上扬压低了实际利率。汇率政策没有

① CEPAL, *Balance Preliminar de las Economías de América Latina y el Caribe 2008*, Santiago de Chile, diciembre de 2008.

发生变化。2008 年，失业率降至 1.6%。实际平均工资下降了 1.7%，最低工资下降了 3.2%。

2007 年农业产值严重下滑的局面得到扭转。由于还清了欠农业生产者的债务，提高了部分农产品的统购价格，气候条件相对有利，2007 年的农业产值增长 18%，农业成为增幅最大的部门。2008 年，由于受飓风的严重影响，农业产值仅增长 1.5%。2008 年，制造业产值的增速也下降了，由 2007 年的 9.9% 降至 2008 年的 1.1%。金属和一些非金属产品的产值下降了近 30%。建筑业产值增加了 3.3%，扭转了 2007 年的下降趋势；灾区重建刺激了建筑业、特别是住宅建设的发展。由于对运输部门的投资明显增加，运输、仓储和通信业的增速几乎相当于经济增长平均数的 1 倍。旅游业状况好于 2007 年。

进出口贸易情况不一。2008 年出口额增速仅为 9.3%，而 2007 年为 26.6%，这在很大程度上是由于出口产品价格下跌所致。镍矿石出口价格的下跌幅度甚至高达 30%。与此同时，2008 年进口额增加了 43.8%，而 2007 年的增速仅为 6.2%，这主要是由食品和国际石油价格上升造成的。尽管下半年食品和国际石油价格出现跌势，2008 年的食品进口开支仍增长了 1/3。外债总额由 2007 年的 89 亿美元升至 2008 年的 99 亿美元，其中 80% 为中长期债务。[①]

（二）调整土地政策，狠抓农业生产

2008 年 7 月 11 日，劳尔·卡斯特罗主席在第七届全国人代会第一次会议的闭幕式上发表讲话，强调狠抓农业生产。7 月 18 日，政府颁布第 259 号法令，向古巴公民和企事业单位分配闲置土地，扩大农业生产。

农业一直是古巴经济发展的薄弱环节。在 20 世纪 90 年代的经济改革中，政府对农业生产和组织形式进行了重大调整，把国营农场分解成 1300 多个农业合作基础组织（它们占有全国耕地面积的 43%）。生产单位变小了，便于在生产资料和劳动力匮乏的情况下进行组织和管理；采取集体组织形式有利于劳动者多劳多得，发挥生产积极性。但在改革过程中农业生产受到较大影响，蔗糖产量由 20 世纪 80 年代的 700 万～800 万吨减少到目前的 150 多万吨。在甘蔗种植面积大幅度减少的情况下，由于没有及时采取配套措施，大量耕地被闲置。2007 年，

---

① http：//www.eclac.org/publicaciones/xml/5/34845/Cuba.pdf

全国闲置耕地达33%。农村人口大量流入城市，农业劳动力严重短缺。另外，由于国家积欠小农户大量债务、农用生产物资供应短缺、农产品商品化渠道不畅通等原因，农业生产受到严重影响。而食品和农用生产资料的国际市场价格却成倍上涨，这方面的进口开支急速膨胀，仅进口食品的开支就高达 20 亿美元。[1] 劳尔在"七·二六"讲话中指出，食品安全已成为关系革命和社会主义前途的重大战略问题，"必须转向土地，必须向土地要粮食！"

第 259 号法令规定，向自然人和法人发放闲置土地的使用权。自然人使用土地的最高年限为 10 年并可延长，政府将颁发个人土地使用证。法人使用土地的年限为 25 年，可再延长 25 年。土地不得转让或出售。土地使用者可申请放弃其名下的土地使用权，并在长年耕作该土地的劳动者中推荐新的人选。向无地的个体劳动者发放土地的最高限额为 13.42 公顷。对那些拥有土地的产权或使用权的人可增加其土地，最高限额为 40.26 公顷。非农牧业国营单位和其他机构也有权获得土地从事粮食生产，用于本单位职工的生活需要。国家对土地使用者征收土地使用税。此外，政府还采取了各种配套措施，如偿还欠小农户的债务，放宽对农民购买农用物资的限制，农民可把农产品直接拿到农牧市场上销售，等等。

（三）关心民众生活，狠抓民生问题

2008 年初以来，在全民大讨论的基础上，新政府采取了不少措施，解决民生问题。除上面提到的狠抓农业生产、保障居民食品供应以外，新政府还决定：取消对一些电器（如 DVD、电脑、微波炉、彩电、电动自行车等）销售的限制；购买手机不再受限制，4 月 14 日起购买手机的人正式成为古巴移动通信公司的用户；提高退休职工的退休金和司法部门工作人员的工资；放宽对个体劳动者的限制。另外，新政府还出台了其他一些与居民生活有关的措施，如允许古巴民众自由入住旅游饭店，改善哈瓦那市和全国的交通设施，开设播放外国电视节目的电视频道以满足涉外旅游的需要，放松和逐步取消对居民在国内旅游和出国的限制，等等。2007 年下半年进行的大讨论还涉及改善经济运转机制、解决最迫切的民生问题等内容。2008 年 4 月，新政府决定增加社会福利，在原预算拨款的基础上追加 8 亿多比索。

---

[1] http：//www. granma. cubaweb. cu/2008/11/01/nacional/artic01. html

（四） 出台新的社会保障法，调整社会保障政策

2008 年古巴出台了新的社会保障法，新的法律进一步完善了古巴的社会保障制度。新法律规定，延长退休年龄，允许返聘，养老金计算方法与劳动贡献密切挂钩，加大对弱势群体的保护，扩大社会保障覆盖面，等等。

20 世纪 50 年代以来，古巴人均预期寿命由 1955～1959 年的 62 岁升至目前的 77 岁。自 1978 年起，人口出生率明显下降；2006 年人口出生率甚至出现负增长。老龄人口所占比重逐年上升；仅 2006～2007 年，60 岁以上人口占总人口的比重就由 15.9% 升至 16.6%。1980 年进入就业年龄的青年人为 23.8 万，而 2007 年这一人数则降至 15.6 万。由于人均寿命延长，人口增长率低，劳动力出现紧缺，新的社会保障法提高了劳动者的退休年龄：男性由 60 岁提高到 65 岁，女性由 55 岁提高到 60 岁，二者工龄年限均为 30 年。为了不影响即将退休的劳动者，有关退休年龄的新规定将在 2009 年起的 7 年内逐步加以实施，即退休年限每年提高 6 个月，直至 2015 年完全实施。

新的社会保障法改变了退休金的计算方法，把退休待遇与劳动贡献、工资和工龄紧密挂钩，即符合年龄和工作年限新规定的退休人员，根据工作贡献、工资和劳动年限可获得更高的养老金。有关返聘退休教师的第 260 号法律规定，允许退休者返聘或再就业，他们可领取全额工资和退休金。新的社会保障法还加大了对孤儿和寡妇的保护，他们可享受更多的社会保障。另外，还设立了一种面向个体劳动者的新的社会保障制度，所有劳动者均被纳入社会保障体系。①

三 外交形势

2008 年，古巴的对外关系和国际环境趋于改善，全方位外交政策取得明显成效。

（一） 古美关系有望出现松动

美国布什政府虽然行将结束任期，但仍拒不放松对古巴的敌视和封锁政策。

---

① http：//www. granma. cubaweb. cu/secciones/seguridad-social/art－002. html

美国驻古巴照管利益办事处不断进行挑衅，组织古巴反对派举行集会，为"反革命分子"举办学习班，向所谓的"持不同政见者"提供资助和各种支持。2008 年 5 月 6 日，布什总统与旅居美国的古裔反古分子举行电视会议，纪念"援助自由古巴委员会"成立 4 周年并发表讲话，坚持敌视和封锁古巴的顽固立场。古巴采取了针锋相对的斗争，反击美国旨在推翻古巴革命的"颠覆政策和战略"。在联大会议上，谴责美国封锁政策的决议以 185 票赞成、3 票反对、2 票弃权的结果获得通过。这是联大连续第 17 次通过类似的决议。与此同时，古巴积极加强与美国的民间经贸和文化往来。应古巴邀请，美国产粮大州加利福尼亚食品与农业部部长河村率领由企业家代表组成的加州代表团访问古巴，就总额为 1.8 亿美元的农产品贸易订单进行洽谈。古美民间关系出现一些令人鼓舞的迹象。2008 年 12 月 2 日，美国佛罗里达国际大学民意调查研究所发布的一项民意测验表明：在迈阿密，55% 的古巴裔美国人支持取消美国对古巴的封锁；65% 的人认为，美国应与古巴恢复外交关系。① 民主党总统候选人奥巴马当选总统后，古巴采取积极应对态度，表示将一如既往，认真考虑古美关系，准备在平等的基础上同美国新政府讨论长期的分歧。奥巴马在竞选时曾表示，如果当选，他愿意坐下来同劳尔·卡斯特罗举行谈判。

（二） 与欧盟关系有所改善，与俄罗斯关系得到明显恢复

2008 年 2 月 25 日，在就任国务委员会主席的第二天，劳尔·卡斯特罗便在哈瓦那会见了梵蒂冈的第二号人物、枢机主教塔西西奥·贝尔托内，这是劳尔就任后会见的第一位重要外宾。贝尔托内在记者招待会上谴责美国对古巴的封锁，认为这种封锁"从道义上说是不能接受的"。2008 年 2 月 28 日，古巴外长罗克在纽约联合国总部会见潘基文秘书长，代表古巴政府正式签署了《公民权利和政治权利国际公约》和《经济、社会、文化权利国际公约》两份国际人权公约。古巴的这一举动得到国际社会的普遍赞扬。

古巴与欧盟的关系有所改善。2003 年欧盟对古巴实施制裁，致使双边关系几近冻结。2007 年 11 月，欧盟发展和人道主义援助委员米歇尔在纽约与古巴外长罗克会晤，就改善双边关系进行接触。2008 年 3 月，米歇尔应邀访问古巴，

---

① http：//ilas. cass. cn/cn/xwzx/content. asp？ infoid = 8617

进一步探讨改善双边关系的可能性。同年 10 月，米歇尔和法国、捷克的外长与古巴外长罗克举行对话，就解决双方间存在的分歧举行谈判。一周后，米歇尔再次造访古巴，双方在哈瓦那签署合作协定，正式恢复关系，结束 5 年来关系紧张的状态。与此同时，欧盟允诺推动紧急人道主义援助方案，提供 200 万欧元用于飓风灾后古巴的重建工作。

古巴与俄罗斯的关系得到明显恢复。2008 年 11 月，俄罗斯总统梅德韦杰夫访问古巴，这是近 8 年来俄罗斯总统首次访问古巴。访问期间，梅德韦杰夫总统与劳尔·卡斯特罗主席举行会谈，并受到菲德尔·卡斯特罗的接见。2008 年，俄罗斯防空司令部负责人马斯洛夫将军、通信部长舍戈列夫、交通部长莱维京、副总理谢钦等先后访问古巴。在当年 4 月举行的古巴和俄罗斯政府间委员会第 8 次会议上，双方签署了贸易、运输、民用航空、信息、科学、卫生、文化等方面的协议。谢钦副总理 11 月访问古巴期间，与古方签署了有关汽车、镍、石油和农产品贸易的 10 项双边经贸合作协议，其中包括俄罗斯向古巴提供 2000 万美元贷款的协议。2008 年 11 月，古巴外长罗克出访俄罗斯。访问期间，他阐明了古巴与俄罗斯进行合作的立场，古俄在政治、经济、文化和科技领域发展双边合作，两国的伙伴关系不以反对第三国为目的。他还说，古巴赞同俄罗斯在拉丁美洲的政策，并希望俄罗斯加强在国际舞台上的影响。[①]

（三）与拉美国家的关系不断发展

2008 年，古巴先后邀请牙买加总理布鲁塞·戈尔丁、圣文森特和格林纳丁斯总理贡萨尔维斯、巴拿马总统托里霍斯、乌拉圭总统巴斯克斯、巴西总统卢拉、委内瑞拉总统查韦斯等拉美国家领导人访问古巴。古巴积极发展与拉美国家的关系，取得丰硕成果。2007 年古巴和委内瑞拉联合实施的"奇迹行动"计划使 31 个拉美和加勒比国家的百万人在免费接受眼科手术后恢复了视力。这项计划是 2004 年古巴和委内瑞拉联合发起的。据古巴《格拉玛报》和《起义青年报》报道，现在这项计划已拥有 49 个眼科中心、82 个外科手术点和 876 名专业技术人员。这项计划提出，逐年增加接受手术的患者人数，估计到 2016 年将为600 万患者做手术。古巴在巴拿马实施的"奇迹行动"计划已为 4000 名巴拿马

---

① http://ilas.cass.cn/cn/xwzx/content.asp? infoid = 8403

人做了眼科手术，帮助他们恢复了视力。在危地马拉，这一计划已使4万人恢复或提高了视力。在委内瑞拉、玻利维亚、秘鲁等国，"奇迹行动"计划也取得明显成效，得到当地人民的交口称赞。古巴的人道主义援助也得到拉美和加勒比国家的高度肯定。危地马拉政府特地向在当地实施"奇迹行动"计划的古巴医疗队颁发该国最高级别的勋章——盖察尔勋章。2008年11月，加勒比共同体在联大会议上要求美国结束对古巴的封锁。加勒比国家联盟在西班牙港举行的会议上表示，拒绝美国对古巴的封锁。2008年11月13日，里约集团在墨西哥举行第27次部长级会议，决定接纳古巴为新成员国。

2008年古巴与巴西的关系取得明显发展。卢拉总统1月访古期间，会见了菲德尔·卡斯特罗和劳尔·卡斯特罗，就重大国际问题、拉美地区一体化和双边合作问题深入交换了意见，并签署了有关石油勘探、农业、生物技术、制药等10项重要合作文件。2008年5月，巴西外长塞尔索·阿莫林对古巴进行工作访问，双方签署了10项双边合作协定。阿莫林外长表示，巴西愿意成为古巴"头号合作伙伴"。据巴西政府统计，古巴和巴西的贸易额已从2000年初的1亿美元增至2007年的4.5亿美元。2008年12月，劳尔·卡斯特罗主席访问巴西，把双边关系进一步推向深入。古巴与墨西哥的关系得到恢复。2008年3月墨西哥外长埃斯皮诺萨访问古巴，两国决定就人权问题经常展开对话，为双边关系的正常化开辟渠道。墨西哥感谢古巴作出承诺，在10月竞选联合国安理会非常任理事国席位时，古巴对墨西哥投赞成票。两国同意加强在政治、社会、经济、贸易、金融、教育、科技、卫生和移民领域的合作与交流。

（四）中古关系进一步深化

古巴与中国在国际事务中一贯相互支持。在2008年联大会议上，中国常驻联合国代表阐述了中国对美国封锁古巴政策的立场，认为：美国对古巴实施的制裁具有"治外法权"性质；美国企图通过封锁和制裁，迫使他国放弃自主发展道路的权利，甚至企图推翻其政府，这严重违背《联合国宪章》的宗旨和原则，违背现代国际关系的基本准则。"实施经济和贸易封锁极大地阻碍和限制了古巴政府在消除贫困、提高人民生活水平、实现经济和社会发展以及实现千年发展目标方面作出的努力，损害了古巴人民的生存权和发展权。国际社会正面临全球粮食危机和因此而恶化的饥饿和营养不良等问题的严峻挑战，上述封锁和制裁比以往任何时候都更加不合情理。"① 在北京筹备奥运会过程中，古巴坚决支持中国举办奥运会，反对任何对中国内部事务的干涉。2008 年 5 月中国四川发生强烈地震后，古巴派出医疗队在汶川地震灾区救治伤员。同年 9 月，中国向受到飓风袭击的古巴提供人道主义援助。2008 年 11 月 17 日，胡锦涛主席出访古巴，会见了菲德尔·卡斯特罗和劳尔·卡斯特罗。胡锦涛主席感谢古巴在发生汶川地震灾害后给灾区人民提供的支援，感谢古巴在台湾、涉藏和举办北京奥运会等重大问题上给予中国的坚定支持。胡锦涛主席表示：中国党和政府将始终不渝地坚持中古长期友好的方针，同古巴同志一道携手努力，把中古友好事业继续推向前进；中国人民将一如既往地支持古巴人民维护国家主权、反对外来干涉的正义斗争；中国将继续向古巴提供力所能及的援助，坚定支持古巴社会主义建设事业。菲德尔·卡斯特罗高度赞扬中国发展取得的伟大成就，并表示：相信中国是当今世界最具发展活力的国家，没有任何力量能阻挡中国前进的步伐；古巴党、政府和人民将同中国党、政府和人民一道，不断把古中友好事业推向前进。胡锦涛主席乘坐的专机专门向古巴灾区人民运送了总价值 60 万元人民币的救灾物资。中方还承诺向古方提供 7000 万元无偿援助，主要用于古巴的救灾工作。此前，中方已两次向古方提供了 130 万美元现汇援助和价值 2100 万元的镀锌瓦楞铁、防水卷材、沥青等建筑材料用于修复被毁的房屋。

参考文献

"Discurso de Raul Castro en el Acto por el 26 de julio de 2007".

"Discurso de Raul Castro en el Acto por el 26 de julio de 2008".

"Intervención de Raúl Castro en las conclusiones del VI Pleno del Comité Central del PCC, el 28 de abril de 2008".

"Discurso de Raúl Castro en las conclusiones de la primera sesión ordinaria de la VII Legislatura de la Asamblea Nacional del Poder Popular", el 11 de julio de 2008.

"Tratamiento Laboral y Salarial a Maestros y Profesores Jubilados que se Incorporen a las Aulas", *Decreto Ley*, No. 260.

---

① http：//ilas. cass. cn/cn/xwzx/content. asp? infoid = 8334

CEPAL, *Balance Preliminar de las Economías de América Latina y el Caribe 2008*, Santiago de Chile, diciembre de 2008.

Cuba

Song Xiaoping

Abstract: Cuba underwent big changes in 2008. The supreme power was transferred smoothly to Raul Castro in a context featuring political and social stability. Important political decisions, to convene the party's VI national congress, for instance, were made in the sixth plenary meeting of the fifth central committee of the Communist Party of Cuba. The new government was trying to reshape the country in face of constantly cropping up negative factors such as tremendous loses caused by the hurricane and the obviously slowing speed of economic development. Various measures were adopted by the new government targeting problems in social and economic development. Land policy was adjusted, more efforts were made to boost agricultural production, more attention was attached to people's livelihood and social security policy was rearranged. Omni-directional diplomacy started to bear fruits and international living space as well as development environment was improved. US-Cuban relationship sent signs of becoming flexible, relations with EU were bettered, ties with Russia were recovered, and bonds with Latin American countries experienced constant development and Sino-Cuban connections further deepened.

Key Words: Power Transfer; Hurricanes Disaster; The Great Debate; Omni-directional Diplomacy

厄瓜多尔

谢文泽[*]

摘　要： 2007 年初，科雷亚总统上台执政，开始进行剧烈变革。他连续进行了三次全民公决，制订了新宪法，确立了"四权分立"的国家体制——在议会、总统和最高法院之外增设"公民参与社会管理委员会"，强化总统的权力，加强国家对石油资源的控制。经济形势有所好转，2008 年实现 6.5% 的增长率。收入分配差距较大，贫困人口较多，社会矛盾突出。积极加强与委内瑞拉、玻利维亚等"左派"政府的合作；与哥伦比亚的边境军事冲突虽已和平解决，但两国外交关系仍未恢复；与美国的矛盾加剧，科雷亚反对与美国签订自由贸易协定，要求美军于 2009 年底必须撤出曼塔空军基地。

关键词： "四权分立"　经济形势有所好转　加强与"左派"政府合作与哥伦比亚和美国关系紧张

2007 年 1 月 14 日，左翼政党领导人拉斐尔·科雷亚（Rafael Correa）上台执政，在政治、经济、社会、外交等领域掀起了剧烈的变革运动。

一　政治形势

作为一名经济学家，科雷亚总统决心要与厄瓜多尔人民共同克服"长达 20 年的新自由主义黑夜"。自其上台执政以来，在不到两年的时间内，已进行三次

---

* 谢文泽，中国社会科学院拉丁美洲研究所副研究员。研究领域：拉美"三农"问题、产业经济、拉美财政。国别研究：厄瓜多尔。

全民公决，还将于 2009 年 4 月重新举行总统大选。

科雷亚在其《2007～2011 年施政纲领》① 中提出了 "5 项革命"：宪法和民主革命，道德革命，经济和生产革命，教育与健康革命，拉丁美洲的尊严、主权和一体化革命。主要政策有：修改宪法，清除不称职的官员，加强金融管制，大力发展各种所有制形式的企业，全面实行小学义务教育和全民医疗保障，加强国家对自然资源的控制，等等。

厄瓜多尔党派众多，多而散，小而弱，多年来没有一个政党能独立执政。厄瓜多尔议会实行一院制，是政党矛盾最集中的地方。最高法院也深受政党政治的干扰，严重削弱了司法的独立性。政治矛盾错综复杂，政局长期不稳。

科雷亚领导的 "国家联盟运动" 党在议会中没有席位。科雷亚撤换了最高法院的法官，发动全民公决，成立 "全国制宪大会"，修改宪法。2007 年 4 月 15 日举行全民公决，80% 以上的投票者支持成立 "全国制宪大会"。9 月 30 日举行制宪大会代表选举，执政党 "祖国联盟运动" 党获得 130 个席位中的 76 席。2008 年 7 月制宪大会通过新宪法草案；9 月 28 日就新宪法草案举行全民公决，2/3 以上的选民支持新宪法，通过了厄瓜多尔历史上第 20 部宪法。

新宪法对现行国家体制、政治结构和经济模式均作了深刻调整，旨在用一种社会团结的经济制度取代新自由主义模式。增设 "公民参与社会管理委员会"，其成员由社会各界公民组织推荐、选举产生，可任命总检察长、总审计长以及国家选举委员会和司法委员会等部门的重要成员。强化总统的权力。总统可连任一届，每届任期 4 年；总统有权颁布紧急经济法案和有条件地解散立法机构。加强国家的主导地位，强化国家在经济领域的主导作用，政府将严格控制涉及国计民生的石油、矿产、水资源、电信等行业，加强对国民经济的宏观规划与指导。

2008 年 11 月 23 日，厄瓜多尔国家选举委员会宣布，将于 2009 年 4 月 26 日举行总统选举，同时选出副总统、议员、安第斯议员和各地方政府的官员约 7000 人。人们普遍认为，科雷亚将作为执政党的总统候选人参加大选并能获胜。新宪法规定总统可连任一届，这意味着科雷亚如能再次当选，将很有可能执政至 2017 年。

---

① Movimiento Alianza País, *Plan de Gobierno de Alianza País 2007－2011；¿Porqué otro país es posible? Un primer gran paso para la transformación radical del Ecuador*，22/11/2006.

二　经济形势

在连续两年低增长后，经济形势稍有好转，2008 年实现 6.5% 的经济增长率，但由于受全球金融危机和石油价格暴跌的影响，2009 年的经济增长率将降至 2%。[1]

自 2000 年起，厄瓜多尔实行美元化。新自由主义改革和美元化政策虽然有效地控制了通货膨胀，使通胀率由 2000 年 9 月的 107.9%[2]迅速降至 10% 以下，但大大限制了政府使用货币政策、汇率政策和财政政策调控经济运行的能力，使结构性矛盾日益突出：失业率和半失业率居高不下，2005 年分别高达 9% 和 45% 以上；产业结构严重失衡，经济增长主要依靠金融和石油两大部门；国内生产不能满足国内消费，大量进口消费品，致使非石油类商品的贸易逆差迅速扩大；偿债负担较重，2005 年偿还外债本息 41.44 亿美元，约占财政支出（89 亿美元）的 46.6%；大量存款存放在境外，境外存款占 GDP 的比重 1990 年仅为 0.9%，2000 年升至 4.1%，2006 年进一步升至 7.6%；等等。[3] 这些结构性矛盾是科雷亚反对新自由主义改革、制订新经济政策的现实依据。

2008 年，经济形势有所好转。如表 1 所示，GDP 增长率为 6.5%，人均 GDP 增长率为 5%；出口大幅度增长，预计出口收入可达 410 多亿美元，同 2007 年相比增加近 100 亿美元；国际收支状况好转，实现超过 11 亿美元的国际收支盈余；外债负担减轻，非金融公共机构的外债总额占 GDP 的比重降至 30%，中央政府外债总额的比重降至 22.6%；外汇储备增至 60.1 亿美元；等等。由于食品价格上涨，通货膨胀率有较大幅度上升，升至 9.1%；同时，虽然中央政府的财政收入增加，初级财政盈余占 GDP 的比重升至 6%，[4] 但偿还到期外债本息后仍为赤字（-0.1%）。

---

[1] CEPAL, *Balance Preliminar de las Economías de América Latina y el Caribe 2008*, Santiago de Chile, diciembre de 2008.

[2] Tierra Morena, "*La dolarización en el Ecuador：Un año después*", Banco Central del Ecuador, marzo, 2001.

[3] República del Ecuador, *Programa Económico del Gobierno Nacional 2007 - 2010*, Rafael Correa Delgado, Presidente Constitucional de la República, Abril 2007.

[4] CEPAL, *Balance Preliminar de las Economías de América Latina y el Caribe 2008*, Santiago de Chile, diciembre de 2008.

表 1　2006～2008 年厄瓜多尔的主要经济指标（按美元现价）

主要指标	2006 年	2007 年	2008 年
GDP 实际增长率(%)	3.9	2.5	6.5
人均 GDP 增长率(%)	2.4	1.0	5.0
通货膨胀率(%)	2.9	3.3	9.1
财政盈余占 GDP 的比重(%)	-0.2	-0.1	-0.1
失业率(%)	8.1	7.4	6.9
对外贸易总额(亿美元)	279.6	316.9	410.8
出口额(亿美元)	142.1	160.7	207.2
进口额(亿美元)	137.5	156.2	203.6
贸易盈余(亿美元)	4.6	4.5	3.6
国际收支(亿美元)	-17.5	-2.6	11.3
非金融公共机构外债/GDP(%)	38.6	32.3	30.0
中央政府外债/GDP(%)	35.9	27.5	22.6
外汇储备额(亿美元)	32.0	35.2	60.1

资料来源：CEPAL, *Balance Preliminar de las Economías de América Latina y el Caribe 2008*, Santiago de Chile, 18 de diciembre de 2008。

　　消费和投资是拉动经济增长的主要因素，服务业、建筑业、制造业和对外贸易是增长较快的部门。为了刺激经济增长，科雷亚政府采取了增加内需和生产性投资的政策，《2007～2011 年政府经济计划》[①] 明确提出了一些措施。第一，增加电力、石油、农业等部门的公共投资。2007～2011 年，计划向电力、石油和农业三个部门分别投资 24.64 亿美元、27.97 亿美元和 5.39 亿美元。第二，为了促进工业发展，增加政府采购的比重，将国有企业在政府采购中所占的比重提高至 15%；增加技术研发经费投入，使研发费用占 GDP 的比重由 0.07% 升至 0.2%；动员国有银行和私有银行向企业提供 300 亿美元贷款，促进企业的生产、研发和出口；鼓励非石油类工业制成品的出口，使其在出口总额中所占的比重超过 50%。第三，加强对银行的监管。要求商业银行把存放在境外的存款转入境内；要求银行增加对中小企业的贷款；设定贷款利率上限；等等。第四，在努力实现财政盈余的同时，增加社会开支。

[①]　República del Ecuador, *Programa Económico del Gobierno Nacional 2007 – 2010*, Rafael Correa Delgado, Presidente Constitucional de la República, Abril 2007.

科雷亚政府已完成对石油部门的"国有化"改革。厄瓜多尔是拉美地区的第三大石油生产国，已探明的石油储量为46亿桶，天然气储量约2250亿立方米。石油部门是厄瓜多尔最重要的经济部门，石油部门的产值占GDP的1/4左右，石油收入占中央政府财政收入的1/3以上。石油资源归国家所有，厄瓜多尔石油公司负责石油和天然气资源的开采业务，同时允许外国石油公司参与石油开采。2006年6月，厄瓜多尔议会通过了《新能源法》，规定外国石油公司与厄瓜多尔政府按50%：50%的比例分配超额石油利润。2007年10月，科雷亚签署总统令，将外国石油公司与厄瓜多尔政府之间的超额石油利润分配比例调整为1%：99%。2007年11月~2008年6月，由于月均石油出口价格大幅度上涨（由每桶71.36美元涨至每桶117.36美元），石油出口月收入由7.6亿美元增至12.2亿美元；2008年头三个季度，中央政府的石油收入约41.6亿美元，与2007年同期（13亿美元）相比，增长了220%。①

全球性金融危机引发了石油价格大幅度下跌，已对厄瓜多尔产生不利影响。自2008年7月以来，石油价格开始大幅度下跌，10月的月均出口价格跌至每桶63美元，当月的石油出口收入也减至6.6亿美元。②

为应对金融危机对厄瓜多尔产生的负面影响，厄瓜多尔计划采取两大对策。第一，2008年11月21日，科雷亚总统宣布了一揽子紧急应对措施，主要内容有：对于受金融危机影响较严重的出口部门，其所得税缓期至2009年12月征收；鲜虾出口商的所得税缓期至2010年3月征收；对于汇往境外的资本，其税率由0.5%提高至1%；国家金融公司向出口部门提供1亿美元的信贷支持；向美洲开发银行申请5亿美元贷款；计划提高800多种进口商品的关税税率；等等。第二，要求重新安排债务偿还计划。2005年，科雷亚在担任经济部长期间极力主张进行债务谈判。他在竞选时就明确指出，他将拒绝偿还2000年以来的"非法外债"。2007年，他委任审计人员对2000年以来的外债进行审计。2008年11月，审计报告指出，前几届政府的外债安排有违法迹象，涉及外债金额达100多亿美元。科雷亚表示，"非法外债"完全核实后，如果金融危机继续恶化，厄瓜多尔将拒绝偿还这些外债。

---

① Banco Central del Ecuador, *Información Estadística Mensual No. 1881*, Noviembre 2008.

② Banco Central del Ecuador, *Información Estadística Mensual No. 1881*, Noviembre 2008.

三 社会形势

到 2007 年 6 月为止，厄瓜多尔约有 1375 万人，其中劳动力约 427 万人，但 44.5%[①]的劳动力处于失业和半失业状态。为了寻找工作，许多厄瓜多尔人（主要是印欧混血种人）移居欧洲和美国。目前，约有 70 万厄瓜多尔人在美国工作。

2007 年，厄瓜多尔的基尼系数为 0.52，36% 的家庭为贫困家庭。[②] 从职业方面看，农民和城市产业工人是贫困人口的主体。从种族方面看，印第安人和黑人是贫困人口的主体。厄瓜多尔的印第安人较多，大部分分布在东部的克丘亚省（Quichua），少部分分布在亚马孙森林和沿海地区。在埃斯梅拉尔达斯（Esmeraldas）港周围以及在靠近厄瓜多尔、哥伦比亚边境的乔塔（Chota）山谷，约有 50 万黑人。

此外，在厄瓜多尔北部的厄哥边境地带，聚居着大批的哥伦比亚移民。厄瓜多尔的华人、华侨也较多，约有 17 万人，大部分居住在基多、瓜亚基尔、昆卡等大城市。

厄瓜多尔的社会状况有以下三个特点。

第一，阶级矛盾尖锐，容易发生大规模社会动荡。10% 的富人拥有全国 35.4% 的家庭收入；[③] 中产阶级的规模日益缩小，不满情绪持续高涨，稍有风吹草动，即可酿成大规模的民众运动，导致政权更替。2000～2005 年，先后有两位总统在大规模的社会动荡中下台。

第二，种族界限明显，种族矛盾突出。白人约占总人口的 7%，其政治、经济和社会地位最高。印欧混血种人居第二位，约占总人口的 65%，其中约 40%～50% 属中下阶层，收入微薄，生活贫困。印第安人和黑人居社会最下层，印第安人约占总人口的 25%，黑人约占 3%。近些年来，印第安人已成为一支重要的政治力量，黑人和一部分混血种人开始与印第安人结盟。

第三，东部地区与西部地区的矛盾难以弥合。西部地区以瓜亚基尔市为中

---

① CEPAL, *Panorama Social de América Latina 2008*, Santiago de Chile, diciembre de 2008.

② CEPAL, *Panorama Social de América Latina 2008*, Santiago de Chile, diciembre de 2008.

③ CEPAL, *Panorama Social de América Latina 2008*, Santiago de Chile, diciembre de 2008.

心，以出口导向型农业为经济基础，经济发达，人口较多，追求自治。东部地区以首都基多为中心，地广人稀，经济落后，但大部分石油和天然气集中在东部地区。长期以来，东部地区与西部地区的政治斗争一直没有停止。

四　外交形势

厄瓜多尔重视多边外交，强调用多边机制解决国际问题，积极加入多边机构和国际组织；重视地缘政治，强调地区一体化。1998 年 10 月，厄瓜多尔与秘鲁签订了和平协议，解决了长达 150 多年的边界冲突。科雷亚上台后，积极加强与委内瑞拉和玻利维亚的合作。

自 2007 年以来，厄瓜多尔有两大外交焦点。

1. 厄瓜多尔与哥伦比亚的外交争端

厄瓜多尔与哥伦比亚有 700 多千米长的边界线，哥伦比亚游击队经常越境进入厄瓜多尔，从事抢夺财物、绑架人质等犯罪活动。厄瓜多尔的主要产油区靠近厄哥边境，为了保护边境安全，厄瓜多尔在边境地区驻扎了大批军队，引起哥伦比亚的不安和不满。

2008 年 3 月，哥伦比亚政府军进入厄瓜多尔境内打击哥伦比亚反政府武装——"哥伦比亚革命武装力量"。事件发生后，厄瓜多尔向厄哥边境增派军队。委内瑞拉也向委哥边境集结军队。厄、哥、委 3 国之间大有爆发边境军事冲突之势。哥伦比亚方面指责厄瓜多尔向哥伦比亚游击队提供庇护场所，指责委内瑞拉向哥伦比亚游击队提供援助；而厄瓜多尔和委内瑞拉则指责哥伦比亚的越境军事行动侵犯了其他国家的领土主权。在拉美国家的调解下，3 国之间的边境冲突危机在很短的时间内和平解决，但外交争端仍在继续，厄瓜多尔和哥伦比亚间的外交关系一直没有恢复正常。

2. 与美国的争执与合作

美国是厄瓜多尔的第一大贸易伙伴国。美国每年向厄瓜多尔提供数千万美元的援助，有 2 万美国人在厄瓜多尔生活，有 100 多家美国公司在厄瓜多尔投资，美国在厄瓜多尔西部沿海城市曼塔有一处空军基地，用于反毒品行动。2002 年，美国制订了《安第斯贸易优惠法案》和《安第斯贸易促进和毒品消除法案》，根据这两个法案，厄瓜多尔的大部分商品可免税进入美国市场。这两个法案原定于

2006 年底停止执行，现又延长至 2008 年底。

如何处理同美国的关系，是科雷亚政府的最大外交挑战。美国宣布无限期推迟与厄瓜多尔进行自由贸易谈判。科雷亚反对与美国签订自由贸易协定。新宪法规定，禁止外国军队在厄瓜多尔境内驻扎。曼塔空军基地的租借期将于 2009 年到期，厄瓜多尔方面宣布该基地将不会延长租借期，届时美军必须撤出该空军基地。

2007 年 11 月，科雷亚总统访问中国。他表示，厄瓜多尔视中国为兄弟般的友好国家。据中国商务部统计：2007 年，两国贸易总额约 10.8 亿美元；2008 年 1~9 月，贸易总额约 19.58 亿美元，其中中方的出口额为 11.17 亿美元，进口额约为 8.41 亿美元。目前，中国在厄瓜多尔的主要投资领域是商贸、海洋捕捞、服装加工、建筑、石油开发等。中国在厄瓜多尔的工程承包与劳务合作也有较快发展，正在实施的工程项目有光缆通信、程控交换机、油田技术服务、农业技术合作等。

参考文献

CEPAL，*Statistical Yearbook for Latin America and Caribbean 2007*.

CEPAL，*Panorama Social de América Latina 2007*.

EIU，*Country Forecast 2008：Ecuador*，July 2008.

EIU，*Country Profile 2008：Ecuador*，July 2008.

EIU，*Country Report 2008：Ecuador*，July 2008.

Ecuador

Xie Wenze

Abstract：At the beginning of 2007, president Correa inaugurated his presidency by mobilizing a drastic reform. A new constitution was elaborated through 3 referendums and a state system featuring separation of four powers took shape as a Council of Citizen Participation and Social Control was added to the legislative, judicial and executive bodies to reinforce the president's power and the state's control over oil resources. In 2008, Ecuador's economy turned for the better by growing at 6.5%. Income distribution gap remained and the population stricken by poverty was still large, a reason of the rampant social contradictions. During the past year, Ecuador stepped up strengthening cooperation with governments of Venezuela and Bolivia while its diplomatic ties with Colombia was left to be recovered although the military conflicts along the boarder with Colombia were resolved peacefully. Meanwhile, as a reflection of its acute contradictions with the US, Correa opposed signing an FTA with the US and claimed withdrawal of US troops from the Manta military base.

Key Words: Separation of Four Powers; Economic Situation Turned for the Better; Strengthening Cooperation with Leftist Governments; Relations with Colombia and the US Are Strained

海 地

张 勇　赵重阳[*]

摘　要：由于全球粮食价格飙升，2008 年 4 月海地发生暴乱，致使雅克·爱德华·亚历克西总理及其领导的内阁下台。这使稍显平静的海地政局又出现动荡。虽然现总统勒内·普雷瓦尔采取各种措施以恢复民众对政府的信任，但执政党"希望党"的势力已受到削弱，迫使新上任的米谢勒·皮埃尔－路易斯总理不得不寻求其他主要政党的支持。在经济政策上新政府仍贯彻上届政府制定的促进经济增长和创造就业机会的目标，但暴力犯罪的频发对吸引投资产生重大影响。鉴于美国因次贷危机陷入经济衰退，与其关系密切的海地经济前景堪忧。尽管外国援助资金和食品援助计划能到位，但政局动荡、社会问题突出仍是阻碍海地发展多边关系和双边关系的重要因素。

关键词：粮食危机　热带风暴和飓风　政局动荡　经济前景堪忧　社会问题突出

一　政治形势

自 20 世纪 80 年代结束杜瓦利埃家族的独裁统治至今，海地政局一直动荡不定，政府更迭频繁。尤其是自 2004 年 2 月阿里斯蒂德前总统下台以来，海地国内局势更加混乱。随着过渡政府的成立及联合国海地稳定特派团（下称"联合国特派团"）的进驻，经过曲折的选举进程，希望党总统候选人、前总统勒内·

---

* 张勇，2008 年毕业于中国社会科学院研究生院，获经济学博士学位。现为中国社会科学院拉丁美洲研究所经济室助理研究员。主要研究拉美农业、劳动力流动和就业问题。
　张重阳，1996 年毕业于洛阳外国语学院，获文学学士学位。现为中国社会科学院拉丁美洲研究所国际关系研究室助理研究员。主要研究美拉关系。

普雷瓦尔于 2006 年 2 月 16 日获得超过半数的选票，再次当选总统。普雷瓦尔政府上台后，着手稳定国内局势，团结各阶层力量打击腐败，建立高效透明的政治和法律体制，以及在国际社会帮助下恢复经济进而改善人民生活；然而，始自 2007 年中的全球粮价飙升使新政府陷入困境。

总理因粮食危机而被罢免。海地 80% 的大米需求依赖进口，由于全球粮价上涨，2008 年海地大米、大豆和水果的价格比 2007 年上涨了 50%，面食价格更是翻了一番。鉴于大多数海地民众每天的收入不到 2 美元，粮价的飙升已对民众的生活产生严重影响。4 月 3 日，海地南部莱凯市率先爆发饥民暴力抗议活动，抗议者焚烧联合国维和部队军车，袭击联合国维和士兵，哄抢食品店。暴力活动导致 5 人死亡、数十人受伤。随后，暴力抗议活动蔓延至海地各大城市。4 月 8 日，大批抗议者在首都太子港总统府门前示威，要求普雷瓦尔总统下台；他们还冲击总统府，迫使联合国维和部队向抗议人群发射催泪瓦斯和橡皮子弹。经普雷瓦尔总统呼吁，抗议者于 10 日才停止暴力活动。4 月 12 日，普雷瓦尔总统宣布将采取措施，把大米价格下调 15% 左右，以应对国内日益严重的粮食价格问题及持续数日的骚乱。这一措施出台不到 1 小时，海地国民议会参议院在特别会议上以工作不力、在推动国内粮食生产方面未取得成效为由，通过表决解除雅克·爱德华·亚历克西的总理职务。亚历克西从而也成了世界上因本轮粮价上涨而倒台的第一位总理。

总统对总理人选的两次提名遭否决凸显政党理念纷杂。针对参议院的决定，普雷瓦尔总统表示将尊重宪法，向国民议会参众两院议长提出了新总理的人选。而新总理的产生仍一波三折。5 月 12 日，普雷瓦尔总统提名前美洲开发银行顾问埃里克·皮埃尔为政府总理，但因后者拿不出足够证据证明自己是海地本土后裔，总统的提名被众议院驳回。5 月 31 日，普雷瓦尔总统提名罗伯特·曼努埃尔为政府总理，但后者因不具备宪法规定的总理必须在海地连续生活 5 年的任职资格而遭众议院否决。虽然两位总理候选人遭到否决"事出有因"，但真正的原因在于由众议院 53 名代表联合组成的集团——议员进步同盟反对新自由主义经济政策。这一集团既包括众议院中 22 名希望党（由普雷瓦尔总统及其政治联盟于 2005 年年底组建）代表中的许多成员，又包括其他政党的成员（他们已与各自党派的领导人断绝关系）。前者对政府的经济政策逐渐感到失望，后者追求一种独立的、由意识形态驱动的执政方式。两次新总理提名失败后，6 月 23 日普雷

瓦尔总统第三次提出由皮埃尔－路易斯任新总理。1995 年以来皮埃尔－路易斯一直担任自由和知识基金会的执行主任。对她的提名也存在很大争议。

新总理难产数月造成不良后果。7 月 17 日，众议院对皮埃尔－路易斯的任命以 61 票赞成、1 票反对、20 票弃权的结果获得通过。7 月 31 日，参议院对皮埃尔－路易斯的任命以 12 票赞成、0 票反对、5 票弃权的结果获得通过。8 月 25 日，普雷瓦尔总统任命皮埃尔－路易斯为新总理并授权组阁。8 月 30 日和 9 月 5 日，海地众议院和参议院分别表决通过了新政府的施政纲领。至此，海地新总理及内阁终于尘埃落定。然而，因总理职位空缺数月而导致的政治僵局已产生不良后果。第一，造成政府运转瘫痪。旨在解决国内经济问题和社会矛盾的许多紧急措施无法实施。第二，政党忠诚不再有保证。新总理的难产预示着希望党处于疲弱状态，普雷瓦尔政府的执政能力受到削弱。不仅如此，希望党和其他主要政党的严重问题还在于其众议院成员已无法坚决执行党的路线。议员进步同盟的出现说明了这一点。第三，国内其他重要痼疾（如暴力犯罪问题等）被掩盖。第四，许多国家和国际机构已对海地新政府组阁的数月纠缠失去耐心，这对它们与海地政府的合作项目产生直接影响。

议会中期选举延迟一年以上。长期以来，海地议会并未能充分履行其职责，议员时常缺席议会会议，导致会议无法达到法定人数，并致使很多法规无法通过。根据海地宪法，参议院 30 个席位每两年改选 1/3。2008 年需改选和补选 12 名参议员，其中 10 名参议员的任期于 2008 年 5 月 9 日结束，原定于 2007 年 11 月举行的选举因国内政局及临时选举委员会执行主席的辞职而被推迟。临时选举委员会最后决定，前二轮参议院中期选举将分别于 2009 年 4 月 19 日和 6 月 7 日举行，最终结果将于 6 月 29 日公布。他们试图通过启动地方选举机构这个过程来恢复海地的国家选举结构。

二 经济形势

2008 年粮食和石油价格的暴涨，热带风暴和飓风的袭击，因世界金融危机冲击而导致的外部需求的萎缩，使海地原本脆弱的经济遭受沉重打击。据联合国拉美经委会的初步估计，与 2007 年相比，2008 年海地经济增长率由 3.2% 降至 1.5%，人均 GDP 增长率由 1.5% 降至 -0.2%。2007～2008 财政年度的通胀率为 18%。实际最低工资和贸易条件状况极度恶化。① 由此可以看出,近两年来海地出现的经济恢复的势头被打断,整体经济走势面临下行甚至逆转的风险。(以上数据参见表1。)

表1　2006～2008年海地主要经济指标

	2006 年	2007 年	2008 年[a]
	年增长率(%)		
GDP	2.3	3.2	1.5
人均 GDP	0.7	1.5	-0.2
消费物价	10.3	10.3	18[b]
实际最低工资	-12	-7.6	-14.2
货币(M1)	2.7	12.7	17.4[c]
贸易条件	-3.8	-2.8	-22.9
	年均百分比(%)		
中央政府财政收入总余额/GDP[d]	0.3	-1.6	-2.1
名义存款利率[e]	6	5.2	2.4[f]
名义贷款利率[g]	29.5	31.2	23.3[f]
	单位:百万美元		
商品和服务出口	695	782	818
商品和服务进口	2136	2319	2686
经常账户	-73	-29	-168
资本和金融账户	166	188	239
总余额	93	159	70

说明:a——初步预测值;b——2008 年10月之前12个月的变化值;c——2008年9月之前12个月的变化值;d——一个财政年度;e——定期存款的最低和最高利率的平均值;f——按年度计算的1～10月的平均值;g——贷款的最低和最高利率的平均值。

资料来源:联合国拉美经委会根据官方数字作出的统计。

通货膨胀攀升,本币持续贬值。海地是严重依赖粮食和石油进口的国家,因此,国际粮价和油价的飙升成为输入型通胀的主要来源。2008年初以来,海地通胀率迅速攀升,尽管4月政府推出粮食和燃料价格补贴的政策,但通胀率仍从2007年12月的9.9%升至2008年9月的19.8%。目前虽然粮价和油价有所回落,但仍高于上涨之前的水平,更何况政府在6月底取消了对汽油产品的临时补贴,加上飓风和热带风暴引起的毁灭性破坏将加大粮价上涨的压力,因此,短期

① CEPAL, *Balance Preliminar de las Economías de América Latina y el Caribe 2008*, Santiago de Chile, Diciembre de 2008.

内通胀率不可能大幅降低。随着通胀率的上升和本币的持续贬值,海地本币古德与美元的汇率由 2007 年 12 月的 37.1:1 贬至 2008 年 10 月的 40.4:1。高企的通胀和经常账户赤字的扩大将导致名义货币贬值超出预期。

贸易赤字明显扩大,资本账户面临债务重组。由于石油和粮食进口价格大幅上涨,出口加工部门因外部需求减少而受到冲击,贸易赤字明显扩大。出口额减少 9%,进口额增加 21%,贸易条件急剧恶化。虽然有赠款和侨汇收入的流入(两者分别为 4.29 亿美元和 12.58 亿美元),但经常账户赤字(占 GDP 的2.4%)仍高于 2007 年(占 GDP 的 0.5%)。[①] 2009 年,鉴于油价回落、美国国会通过有利于海地纺织品出口商的"成衣新优惠条款"(HOPE Ⅱ)[②],贸易赤字问题将会缓解,但粮食进口依赖度仍很高,加之侨汇收入会有所缩减,因此,经常账户赤字的压力仍很大。由于外国投资很少,基本没有商业贷款,海地严重依赖官方发展援助和贷款。到 2008 年 5 月为止,海地外债总额达 17 亿美元,其中83% 的债务是欠多边债权人的优惠贷款,13% 的债务是欠双边机构的贷款,4%的债务为债务重组。海地目前每周偿还债务达 100 万美元。因此,2009 年债务重组将逐渐成为海地发展与债权人关系的重要内容。

虽然政府缩减了运营成本和投资(按不变价格计算,分别减少 44% 和12.5%),但政府支出仍有增加(8.5%),原因在于薪酬和价格补贴分别增加了16% 和 287%。因此,2008 年财政赤字占 GDP 的比重扩大到 2.1%。海地央行通过减少流动性来减轻通胀后果,既提高利率,又提高海地本币古德的占款份额。与 2007 年同期相比,2008 年 9 月虽然私人贷款增加 25.1%,但国内净信贷只增长了 3.4%,这是因为公共信贷明显减少,降幅达 32.3%。[③]

从皮埃尔-路易斯总理的施政纲领来看,从她在内阁中仍保留前政府经济和财政部部长以及计划和对外合作部部长来看,新政府仍将执行以上届政府于2007 年底在世界银行要求下签署的"减贫战略文件"为基础的经济政策。与此

---

① CEPAL, *Balance Preliminar de las Economías de América Latina y el Caribe 2008*, Santiago de Chile, Diciembre de 2008.

② 新的优惠条款,即《半球机会伙伴促进法案》 (Hemispheric Opportunity through Partnership Encouragement Act),将扩大海地免税进入美国市场的纺织品的范围,有效期至 2018 年 9 月 30 日止。

③ CEPAL, *Balance Preliminar de las Economías de América Latina y el Caribe 2008*, Santiago de Chile, Diciembre de 2008.

同时，只要海地满足 IMF 和世界银行有关"重债穷国计划"的要求，2009 年海地有望得到债务救济。但是，还应关注海地微观政策的变化。其一，产业政策将从支持传统出口经济作物转向大米、玉米等粮食作物，以解决农业部门投资不足的问题；主要的国际赠款者也同意支持新的计划以提高曾被忽视的农业生产。其二，受粮食危机和飓风袭击的影响，以提高财政收入为目标的结构改革很可能被延迟。最初旨在为税收改革提供融资的多边资金转而用于食品援助和赈灾救济。其三，旨在减少公共财政负担的企业重组过程短期内不会有进展。其四，除非有充足的外国援助流入，否则，信贷扩张会因高利率和大量非正规部门的存在而受到制约。

三　社会形势

海地是西半球最贫穷的国家，也是世界上最不发达的国家之一。76% 的人每天的生活费不足 2 美元。诸如电力、交通等基础设施十分落后。政府创造就业机会和扩大基础设施建设的投资因大部分资金用于救济和灾后重建以及不利的经济条件而受到严重制约。据 2008 年透明国际公布的"清廉指数"指标，在 180 个国家或地区中海地排名第 177 位，[①] 与 2007 年相比没有变化，这说明海地的腐败问题仍十分严重。

据联合国开发计划署公布的最新"人类发展指数"，在全球 177 个国家中海地名列第 146 位。[②] 据 2007 年联合国拉美经委会统计，海地主要社会发展指标趋势如下：2005～2010 年预期寿命为 60.6 岁，婴儿死亡率为 49‰，5 岁以下儿童死亡率为 80‰，15 岁及以上人口的文盲比重为 41.1%。[③] 这种较低的经济社会发展水平是由多种因素造成的：经济政策实施不当，长期政局动荡，可耕地短缺，环境恶化，自然灾害频发，长期依赖传统技术，资本化程度不足，对人力资源的公共投资不足，掌握熟练技术的人才大量外流，国家储蓄率较低，尚未建立有效运转的司法体系，等等。

2008 年海地的社会问题突出表现在以下四个方面。

---

① http：//www. transparency. org/policy_ research/surveys_ indices/cpi/2008

② UNDP, *Human Development Report 2007—2008*, 2007, p. 231. http：//hdr. undp. org

③ ECLAC, *Social Panorama of Latin America 2007*, Santiago, Chile, p. 297.

第一，粮食危机引发社会危机。在首都太子港，一般低收入家庭的消费开支中，55%用于购买食品，30%用于租房、穿衣和交通，3%用于医疗和教育。2008年以来，受全球粮食涨价的影响，海地出现食品危机，这对农村和城市人口都造成强烈冲击，致使全国发生大规模骚乱。造成粮食短缺的主要原因如下。一是宏观经济环境不利，特别是贸易政策完全自由化，促使进口粮食大量增加，农民收入急剧减少，农村人口大量外流，粮食产量连年下降。二是随着国际收支逆差加大，财政赤字和通胀率居高不下，本币对美元的汇率持续贬值，从而使进口粮食的价格逐年攀升，普通百姓用于购买粮食的实际资金越来越少。三是农业投入和农村基础设施严重不足。四是自然灾害频繁发生。自8月以来，几次极具破坏力的飓风把60%的农作物、10万头牲畜席卷一空，导致国内粮食价格急剧攀升，这对本已粮食供给不足的海地人来说，无疑是雪上加霜。

第二，校舍接连坍塌凸显基础设施投资不足。2008年11月7日，太子港郊外一所教会学校发生坍塌事故。事故造成至少94人丧生，150多人受伤，死者多数是儿童。普雷瓦尔总统指出，坍塌的教会学校的教学楼为混凝土结构，建筑质量低劣，缺乏钢筋加固，加上政府对建筑质量监管不力，是造成这起悲剧的主要原因。11月12日，太子港再次发生校舍坍塌事件，9名学生受伤。

第三，就业状况较差，减贫压力很大。海地的失业率约为30%，就业不足比重高达60%。绝大多数劳动力是自给农民，他们分散在约60万个小块土地上。城市中非正规就业的人数甚多，估计有100万人。就正规就业而言，公共管理机构是最大的雇主，约提供5万个工作岗位。[①] 2008年海地的经济增长率预计为1.5%，但由于每年的人口增长率约为1.2%，因此，如果海地试图降低贫困率和减少对外援的依赖，其每年的经济增长率必须至少连续保持在3%。鉴于目前不利的国际经济环境，未来两年海地难以实现这一增长目标。

第四，暴力犯罪严重威胁社会安定。1994年海地军队被解散，5万名军人携带武器走上社会，这给国家的稳定带来隐患。2004年6月联合国开始在海地部署维和部队。虽然维和行动维持了一些地区和机构的相对安全，但国家并没有稳定，普通老百姓仍没有安全感。在首都太子港，暗杀、绑架、武装抢劫等暴行时有发生。据"联合国特派团"报告，2008年头5个月绑架案同比增长10%，总

---

① EIU, *Country Profile 2008*；*Haiti.* http：//www.eiu.com.

数达 157 起，平均每天发生 1 起。更严重的是，抗议者声称法官多次接受贿赂，释放嫌疑人。

此外，艾滋病、毒品犯罪等问题也是困扰社会发展的痼疾。海地的艾滋病发病率在整个西半球是最高的。在 15～49 岁的人口中，2005 年艾滋病的感染率为 3.8%。① 海地是毒品从南美洲走私进入美国的中转站。美国已采取大量措施（如为海地警察缉毒部门提供培训、提供物质援助等），以应对这种威胁。

四　外交形势

国际援助是海地对外关系的重要组成部分。4 月，因食品短缺引发海地政治危机后，联合国呼吁各成员国向海地提供紧急援助，以防止海地发生更严重的政治、经济和社会动荡。世界银行、联合国粮农组织等国际组织分别决定向海地提供上千万美元的援助，以帮助海地应对粮食危机，改善粮食安全状况。10 月 27 日，联合国粮农组织和国际农业发展基金决定联手在海地实施总额达 1020 万美元的援助项目，支持小型农户改善农业生产，提高粮食产量。② 加勒比共同体、拉美—欧盟首脑会议和委内瑞拉等组织和国家也决定向海地提供资金援助和食品援助。8 月以来，海地还先后遭受"费伊"和"汉娜"热带风暴及"古斯塔夫"和"艾克"飓风的袭击，它们再次给海地造成重大经济损失，导致 400 多人死亡，近百万人无家可归。联合国和海地政府发出呼吁，募集赈济资金 1.08 亿美元，用于救济灾民和灾后重建。联合国世界粮食计划署向海地数十万灾民提供赈灾食品和基本生活用品。世界卫生组织也向全球倡议，为海地飓风灾区募集 420万美元赈灾资金。欧盟和"加勒比石油计划"等组织也分别向海地提供 600 万欧元和 1.97 亿美元的援助。此外，美国、墨西哥、多米尼加、哥伦比亚、阿根廷等国也向海地提供了粮食和人道援助。这些以食品和赈灾救济等形式的短期国际援助虽然不能从根本上解决海地的危机，但起到了一定的缓解作用。从长期来看，海地与国际组织的合作是解决本国所面临的严重问题的关键所在。

"联合国特派团"提供的军事援助的作用不可小视。10 月 14 日，联合国安

---

① ECLAC, *Social Panorama of Latin America 2007*, Santiago, Chile, p. 457.

② http：//www. un. org/chinese/News/fullstorynews. asp? newsID = 10654

理会一致通过决议，把"特派团"的驻扎期延长一年（延长至 2009 年 10 月中旬），人数将保持在 7060 人，警察人数为 2091 人。在减少海地暴力犯罪和保障海地社会稳定方面，"特派团"起了重要作用。目前，它还担负起训练海地警察、协助海地警察控制海地与多米尼加海陆边界的任务。

应联合国的要求，2004 年中国派出了一支 125 人的驻海地维和警察防暴队。这是中国第一次派成建制的防暴警察进入拉美国家，也是第一次进入一个未建交的国家执行维和任务。中国维和警察防暴队以团结协作、英勇顽强的精神赢得海地政府的赞誉。2008 年 11 月 13 日，普雷瓦尔在总统府举行仪式，授予中国第七支驻海地维和警察防暴队"国家秩序骑士勋章"，表彰中国防暴队在参加救援坍塌学校行动中作出的突出贡献。

海地与古巴和委内瑞拉保持密切关系。古巴向海地提供医疗和教育援助。委内瑞拉已与海地签署价值 1 亿美元的一揽子援助协议，其中包括向海地提供廉价石油的"加勒比石油计划"，提供医疗服务，帮助海地建造机场、建设电厂。海地与巴西的关系得到加强。目前，由 9000 多人组成的"联合国特派团"由巴西人领导，且巴西是派出人数最多的国家（1200 人）。卢拉总统曾于 2004 年 8 月和 2008 年 5 月 28 日两次访问海地。此外，巴西还于 9 月向海地提供了 10 万美元的紧急援助。普雷瓦尔总统希望巴西向海地派遣更多的警察和工程技术人员，以维持海地局势的稳定。海地与多米尼加的关系依然紧张，症结在于在多米尼加的海地非法移民。最近，因多米尼加爆发禽流感，海地禁止从多米尼加进口家禽和鸡蛋，从而使两国关系更加紧张。

2004 年 3 月，加勒比共同体因不承认海地的过渡政府而中止其成员资格。随着 2006 年 7 月民选政府的成立，海地重新获得加共体成员的资格。与此同时，海地已被纳入加共体与欧盟于 2007 年 12 月签署的新的经济合作协定。2008 年，加共体一直采取措施促进海地与本地区的一体化，但这一进程较缓慢。

总之，海地遭受的自然灾害暂时搁置了围绕新总理任命及内阁组成的政治争议，但 2009 年由主要政党之间利益较量引发政府瘫痪的风险以及因粮食短缺、自然灾害等再次引发社会骚乱的风险仍很高。2009 年，尽管有持续的国际发展援助流入，但由于美国经济陷入全面衰退，海地经济前景堪忧。社会形势仍严峻。虽然国际援助仍是海地对外关系的重点，但国际捐赠者和国内部门将越来越关注援助的分配和投向问题。

参考文献

ECLAC, *Balance Preliminar de las Economías de América Latina y el Caribe 2008*, Santiago de Chile, Diciembre de 2008.

ECLAC, *Social Panorama of Latin America 2007*, Santiago Chile, 2007.

EIU, *Country Profile 2008: Haiti*, 2008.

EIU, *Country Report November 2008: Haiti*, 2008.

UNDP, *Human Development Report 2007 – 2008*, 2007.

Haiti

Zhang Yong, Zhao Chongyang

Abstract: With the soaring grain and food prices around the world, riots erupted in Haiti and forced the cabinet headed by prime minister Jacques-Edouard Alexis out of office, destabilizing the country's political situation that had just calmed down a little bit. Various measures adopted by the current president focusing on restoring public confidence did not come to stop the declining trend of the governing party (Party of the Hope)'s influence and the newly elect prime minister Michele Pierre was obliged to resort to support from other major parties of the country. The new government continued targeting the economic policy at fostering economic growth and creating jobs, objectives ever pursued by the previous government but frequently cropping up crimes affected negatively the government's efforts of courting investment. In view of the financial crisis turned economic slowdown of the US, the economic prospect of Haiti seems worrisome due to its intertwined economic ties with the US. Although foreign financial and food aid programs can be implemented, political unrest, social problems remain in the road ahead for Haiti to further develop bilateral and multilateral relations.

Key Words: Grain Crisis; Tropical Storms and Hurricane; Political Unrest; Worrisome Economic Prospect; Rampant Social Problems

墨西哥

黄志龙[*]

　　摘　要： 2008 年，尽管面临国内安全形势恶化、反对派阻挠能源改革等挑战，但卡尔德龙政府仍稳步推进其各项改革，政权日渐稳固。美国金融危机导致墨西哥经济形势急剧恶化，政府为应对上半年的通胀压力和下半年金融危机的冲击，对宏观经济政策进行了全面调整。经济形势恶化和通货膨胀使墨西哥的主要社会指标均出现不同程度的恶化，尤其是粮食价格上涨使贫困家庭面临饥荒的压力。在稳定与美国关系、全面恢复与拉美国家正常外交关系的前提下，墨西哥积极发展与欧洲和亚太地区的关系，尤其是发展与中国、印度等新兴大国的关系。

　　关键词： 政局稳定　能源改革　社会形势恶化

　　2008 年是卡尔德龙执政的第二年，也是其全面实施《国家发展规划》的第一年。尽管面临国内安全形势恶化、民主革命党阻挠能源改革等诸多挑战，但卡尔德龙政府借助执政党国家行动党和国会第三大党革命制度党的支持，稳步推进各项改革，政权日渐稳固。

一　政治形势

（一）卡尔德龙政权日渐稳固

　　2008 年卡尔德龙政府面临两大主要挑战，由毒品和安全问题引发的政府官

---

　　* 黄志龙，2003 年毕业于中国社会科学院研究生院，获经济学硕士学位。现为在职博士研究生、助理研究员。主要研究领域为拉美金融。

员腐败问题和能源改革问题。墨西哥跨境毒品走私历来猖獗，卡尔德龙上台后意识到这一问题的严重性，加大了打击毒品走私和有组织犯罪的力度。在这一过程中犯罪组织疯狂反扑并逐渐暴露出政府官员与犯罪集团相互勾结的腐败问题，安全形势急剧恶化。福克斯执政时期，在能源开采和勘探方面墨西哥就已存在投资不足的问题。近年来，国际油价高企，作为传统的产油国和出口国，墨西哥不但受益甚少，相反汽油等石油成品的进口急剧增加，致使卡尔德龙下决心进行能源改革，打破国有能源企业集团对能源的控制。对此，一些评论家指出，当前卡尔德龙政府面临的困境在很大程度上应归咎于前任各届政府，尤其是福克斯政府的不作为。

2008 年，为推进各项改革，卡尔德龙对内阁和执政党进行了改组。年初，因腐败问题更换了内政部和社会发展部等部的部长；与此同时，更换党的主席以加强对执政党国家行动党的控制。8 月 6 日，卡尔德龙再次改组内阁，任命其主要经济智囊路易斯·托马斯为经济部长，对经济与地理信息统计局局长的人选作了调整以提高统计数据的可信度。然而，卡尔德龙政府也受到一些冲击。11 月 4 日，新任内政部长因飞机失事去世，卡尔德龙失去了一位得力助手；萨利纳斯执政时期的经济部长、现任央行行长奥蒂斯与卡尔德龙一直政见不合，而根据墨西哥宪法，央行行长是由国会任命的。6 月 4 日，卡尔德龙提出继续维持宽松的货币政策，保持利率不变，以促进经济增长；而奥蒂斯以控制通胀为由，于 6 月 20 日提高利率，且在随后两个月内连续三次提高基准利率。在能源问题上，卡尔德龙与国会第三大党革命制度党继续保持合作，国会于 10 月通过的墨西哥石油公司私有化方案和能源改革方案是革命制度党提出的比较中性的方案。此外，2008 年，在国会三大主要政党国家行动党、民主革命党和革命制度党的一致支持下，墨西哥针对 2006 年大选动荡局势中所暴露的民主机制问题，进行了所谓的"第三代选举改革"，改革的核心内容是通过修改宪法和部门法规，禁止教会、联邦政府和媒体广告过度介入选举活动，从而保证选举过程的公平、公正和公开。①

---

① 第一代选举改革是 1977 年进行的改革，改革内容是国家政治生活向大多数民众开放，甚至准许持不同政见者、游击队等反政府力量参与国家政治生活；第二代选举改革是 1996 年为使联邦选举委员会对选举活动拥有独立地位而进行的改革。

（二）民主革命党内部斗争有所加剧，革命制度党逐渐恢复元气

主要反对党民主革命党是国会第二大党，也是激进左翼政党。2008 年，党首奥夫拉多尔在党内的地位已大不如从前。民主革命党取消原定于 3 月中旬进行的党主席选举，原因在于两位候选人——奥夫拉多尔的反对者、党内温和派赫苏·奥尔特加与奥夫拉多尔的支持者亚历杭德罗·恩西纳斯——的支持率相当，后者没有胜算的把握。11 月 2 日，尽管两位候选人在私人会晤时寻求党内和解，但奥尔特加认为，正是民主革命党自身的错误，导致 2006 年大选的失败，而不应完全归因于卡尔德龙的选举舞弊。他还指出，在反对能源改革时奥夫拉多尔不顾国家利益，采取过激行为，严重影响了民主革命党在民众中的声誉。因此，应推选更有竞争力的候选人参加 2012 年的总统大选。相反，革命制度党却成为卡尔德龙执政以来最大的赢家。从某种意义上说，革命制度党再次成了墨西哥的第一大政治力量，它已在 18 个州掌权，而国家行动党和民主革命党分别在 8 个州和 6 个州掌权。2008 年 8 月 23 日，革命制度党"二十大"确定党的性质是社会民主党，修改后的《党章》指出，党的性质"是一个人民的、民主的、进步的和包容的政党，是以社会的事业、国家的最高利益为己任，是贯彻墨西哥革命原则及其包含在墨西哥合众国宪法中的思想内容的政党"，"党的口号是'民主和社会正义'"，"党的目标是要把党建设成为'21 世纪的先锋党'"。[①] 有评论指出，革命制度党的战略眼光更长远，它很可能在 2009 年国会中期选举中获胜，并为 2012 年的总统大选作准备。

（三）能源改革和墨西哥石油公司私有化改革再起波澜

墨西哥石油公司是 20 世纪 90 年代私有化改革中幸存下来的少数大型国有企业之一，它已成为墨西哥国家财富和主权的象征之一。卡尔德龙政府之所以启动能源改革，出于下列原因。其一，近年来石油产量和出口量均出现下降。9 月的日均石油产量比 2007 年同期下降 9.7%，1～9 月的石油出口量比 2007 年同期下降 18%。其二，随着国内汽车业的迅速发展，原油精炼能力不足导致汽油进口

---

① 徐世澄：《墨西哥革命制度党召开"二十大"准备东山再起》，2008 年 11 月 15 日。http://blog. huanqiu. com/？ uid－51823－action－viewspace－itemid－27152

剧增。近年来汽油需求量年均增长7%~8%，汽油日进口量从2002年的8.9万桶骤增至2007年的30.77万桶；汽油进口额在过去5年内激增10倍，已成为墨西哥贸易赤字的重要源头。其三，墨西哥石油公司的利润减少。1~9月，墨西哥石油公司利润下降了60%，仅为56亿美元（2007年同期为141亿美元），扩大再生产的能力下降。其四，只有引入外国资本和技术，墨西哥石油公司才有能力开发墨西哥湾的深海石油。因此，墨西哥进行能源改革势在必行。

为此，2008年4月8日，卡尔德龙向国会提交了能源改革草案，其基本内容如下：国家继续控制能源部门；不对国有能源企业实行私有化，但要求更加开放透明；墨西哥石油公司和墨西哥电力公司等通过企业改造，引进私人资本、外国投资和先进技术，以提高企业的生产能力和竞争力。通过修改法律适当放宽外资在墨西哥能源部门投资的限制，使墨西哥石油公司获得急需的技术和资金，加快在墨西哥湾深水区域的石油开采，加速建设原油精炼厂。但这一改革方案遭到国会议员的强烈反对，奥夫拉多尔为此发动大规模群众游行，阻止国会通过这项改革方案。他认为，卡尔德龙提出的改革理由不足信，其目的是要将墨西哥石油公司私有化。此外，当前的大背景是拉美石油部门国有化浪潮高涨，委内瑞拉、玻利维亚、厄瓜多尔等拉美原油生产大国纷纷加大政府对石油部门的控制，而墨西哥进行能源改革与这一趋势背道而驰，难以获得民众的理解和支持。

随后，墨西哥全国进行了近7个月的能源改革大辩论，卡尔德龙最终采纳了革命制度党提出的比较中性的方案。10月23日和28日，参众两院先后通过了能源改革方案，方案删除了外国资本以参股形式参与油管和炼油厂的建设和管理、参与能源运输等方面的内容，但放宽了墨西哥石油公司的自主经营权，允许企业自主制定预算规划并同下游厂商合作，甚至可以适当利用外资以引进勘探技术；同时，方案还要求加大公司的经营透明度，其董事会中必须有4名独立董事，并设立三个新的能源管理机构，分别对能源政策、勘探项目评估和能源效率进行监管。方案通过后，卡尔德龙称赞该方案是对能源部门发展的重要支持，将使墨西哥石油公司获得急需的技术和资金。他表示，2009年墨西哥石油公司将建设30年来首个炼油厂。但社会各界仍对改革方案存有疑虑，认为改革方案对墨西哥能源部门提高生产能力的作用十分有限；而奥夫拉多尔认为，国会通过的改革方案是墨西哥石油公司全面私有化的第一步。

二 经济形势

2008 年，在美国金融危机的冲击下，墨西哥经济形势迅速恶化，GDP 和人均 GDP 预计增长 1.8% 和 0.6%，远远低于 2007 年（分别为 3.2% 和 2.0%）的水平。2008 年，墨西哥仍是拉美地区经济增速放缓（2006～2008 年拉美地区的经济增速分别为 5.8%、5.7% 和 4.6%）的主要因素，其经济增速不仅远远低于阿根廷（6.8%）和巴西（5.9%）等地区大国，也低于智利（3.8%）、哥伦比亚（3%）、秘鲁（9.4%）和委内瑞拉（4.8%）等国。2009 年，随着美国经济全面进入衰退期，墨西哥经济形势将进一步恶化，GDP 预计增长 0.5%，在拉美主要国家中处于最末位。[1]

（一）各项经济指标均出现不同程度恶化[2]

投资有所增长，但国内消费萎缩，制造业快速下滑。得益于卡尔德龙政府扩大基础设施建设的投资和改善投资环境的政策，2008 年墨西哥的固定资产投资率为 23.1%，继续保持稳定增长的态势，既高于拉美地区的平均水平（21.9%），也高于阿根廷的 21.2% 和巴西的 18.6%。然而，由于国内信贷和侨汇收入的萎缩，国内消费出现了下滑趋势。同时，由于金融危机导致美国市场需求萎缩，使墨西哥制造业出口面临较大压力，制造业可能出现全面萧条。

财政收支基本保持平衡。2008 年 1～9 月，墨西哥财政收入增长 11.5%，其中石油收入增长 19.7%，非石油收入增长 7.2%。石油收入的增长主要是因为原油出口价格的提高以及天然气出口的增长，而非石油收入的增长则归因于增值税、生产服务和进口特别税的增长。此外，从 2008 年起实施的企业统一税也促进了财政收入的增长。在财政支出方面，2008 年 1～9 月财政预算支出增长 13.2%，其中经常项目支出增长 13.8%，政府项目投资增长 15.9%。10 月，墨西哥政府实施"刺激增长与就业计划"，从而使公共投资大大增加。为此，政府

---

① CEPAL, *Balance Preliminar de las Economías de América Latina y el Caribe 2008*, Diciembre 2008.

② "各项经济指标均出现不同程度恶化"的数据均源自 CEPAL, *Balance Preliminar de las Economías de América Latina y el Caribe 2008*, Diciembre 2008。

调整了财政收入和支出政策。下半年，墨西哥财政部发行债券，购买央行80亿美元的外汇储备，以维持财政预算，确保对外偿付能力。1~9月，财政部偿还了26.49亿美元的外债。针对下半年原油价格下跌，进而财政收入减少的新形势，政府采取了适当的补偿措施，财政部从稳定基金中拿出95.53亿美元作为对预算的补偿，以避免财政预算执行受到影响。

贸易赤字急剧增加，经常项目赤字通过资本项目盈余加以弥补。2008年，墨西哥出口额预计为3237.03亿美元；汽油、粮食、机械、电力设备等产品的进口迅速增长，使2008年的进口额达3456.89亿美元，贸易赤字达219.86亿美元，高于2007年的160.14亿美元。经常项目赤字由2007年的58.13亿美元增至2008年的151.36亿美元。在经常项目赤字急剧增加的同时，资本和金融项目盈余则由2007年的160.99亿美元增至2008年的228.36亿美元，基本维持了国际收支的平衡。

外国直接投资快速增长，外债总额和外汇储备维持稳定。2008年，墨西哥的外国直接投资净额达201亿美元，占拉美地区吸引外国直接投资总额的24.6%，比2007年增长16.6%。这得益于卡尔德龙政府实施的扩大国内投资、简化引进外资手续的政策。2008年，墨西哥外债总额为1261.96亿美元，略高于2007年的1245.85亿美元，占拉美地区外债总额的16.8%。外汇储备额为870.63亿美元，略低于2007年的872.11亿美元。2008年第三季度末，外汇储备额一度达到988.63亿美元；10月比索大幅度贬值后，央行采取抛售美元的干预措施，使外汇储备有所下降。

货币政策是上半年应对通货膨胀，下半年应对比索贬值。2008年，粮价上涨引发的世界性粮食危机和通货膨胀，使墨西哥也深受其害。为达到3%的通胀目标，央行在2008年6~8月内三次提息，基准利率于8月15日达到8.25%，为近年来的最高值。2008年通胀率将达到6.2%，高于2007年的3.8%。在通胀和粮食价格基本稳定后，9月美国雷曼公司破产，美国金融危机全面爆发，墨西哥居民消费和就业指标持续恶化，但为了防止通胀反弹，央行仍维持8.25%的利率不变。[①] 金融危机爆发后，比索兑美元汇率急剧贬值，

---

① 2008年，尽管墨西哥的名义基准利率高于2007年，但由于通胀因素，实际利率较2007年有所下降。

10月的第一周，比索汇率贬值13%，并于10月8日达到近年来的最低水平14.31：1，为1995年以来的最大跌幅。为此，10月8~10日，央行向市场抛售89亿美元，以缓解比索颓势和汇市剧烈动荡；央行的干预措施取得一定成效，比索汇率回调到13：1左右的水平。央行表示，与以往金融危机不同，当前墨西哥经济应对外部冲击的能力更强，外汇储备也更雄厚，足以确保国际收支平衡和汇率稳定。

（二）美国金融危机对墨西哥的影响及墨西哥的应对之策

墨西哥是北美自由贸易协定成员国，与美国经济联系密切。金融危机主要通过以下四个渠道对墨西哥经济产生影响。其一，石油价格下降限制了财政收入的增长。2008年，尽管墨西哥石油产量和出口量有所下降，但政府石油收入仍有所增加，这得益于石油价格的提高。2009年，政府财政预算方案仍以石油维持在每桶70美元、日均出口量135.8万桶为依据。如果石油出口量和出口价格达不到上述水平，政府财政将捉襟见肘。其二，侨汇收入和旅游收入减少。目前，每年有50万墨西哥人前往美国工作，占墨西哥每年新增劳动力的1/4以上。金融危机使美国对劳动力的需求下降。2008年1~9月，墨西哥的侨汇收入为175.26亿美元，比2007年同期减少3.7%，2009年的侨汇收入预计将进一步减少。金融危机还将使墨西哥旅游业收入大幅减少。其三，金融危机使美国的需求和进口萎缩，势必对墨西哥向美国的出口造成影响。与此同时，在金融危机影响下美国的贸易保护主义开始抬头。9月9日，美国国会宣布禁止进口墨西哥卡车，同时限制进口墨西哥部分农产品。克莱斯勒公司在墨西哥的分公司将大规模裁员。其四，比索兑美元的汇率急剧波动减缓了外资流入，资本大量外流。金融危机后比索汇率急剧波动，这势必影响比索资产对外资的吸引力。2008年，跨国公司利润再投资急剧下降，其中第三季度利润再投资仅1.34亿美元，而第一季度和第二季度分别为20.19亿美元和26.1亿美元。与此同时，1~9月，跨国公司的利润汇出为26.19亿美元。

为应对美国金融危机，政府出台经济刺激计划。10月8日，政府公布"刺激增长与就业计划"，具体包括5项措施：扩大和重新分配公共支出，特别是增加基础设施建设投资的支出，政府每年向基础设施建设的投资为228亿美元；对基础设施建设项目，制定特别财政规则，增加财政支出的灵活性；建设原油精炼厂；支持中小企业的发展；简化外贸报关和外资在墨西哥设立企业的手续。[1] 除这一计划以外，政府还对金融政策作了调整：向银行提供短期额外授信融资；临时批准银行为投资基金注入流动性；宣布回购 400 亿比索的中长期债券计划；财政部和央行暂停发行长期债券，启动 60 亿美元的利率互换机制，准许商业银行把长期固定收益金融头寸转换成短期浮动利率票据，为市场注入流动性。在支持中小企业发展和改善就业方面，建立企业创新信托计划，未来 4 年内为中小企业提供 2500 亿比索的信贷融资，其中 500 亿比索由联邦政府提供。新增 6.5 亿美元用于国家就业和技能培训计划，扩大这一计划的覆盖面，提高其培训水平和质量。[2]

三　社会形势

（一）社会形势有所恶化，各项社会指标不容乐观

2008 年，随着经济形势的恶化，各项社会指标均有所恶化。10 月末，城市公开失业率为 4.9%，略高于 2007 年底的 4.8%，这得益于非正规部门吸收了大部分剩余劳动力。加入墨西哥社会保障体系的就业人数的增长速度出现下滑，2008 年 10 月与 2007 年同期相比仅增长 0.9%。这充分表明，经济形势的恶化加剧了就业压力。2008 年，墨西哥劳动力市场的实际工资增长率仅为 0.7%，低于 2007 年的 1%。[3] 在贫困指标方面，2002～2006 年，墨西哥与巴西、智利和厄瓜多尔被认为是完成联合国"千年发展目标"较突出的国家，贫困人口大幅度下降，其中贫困率由 39.4% 降至 31.7%，赤贫率由 12.6% 降至 8.7%。这得益于较快的经济增长、稳定的物价和有效的扶贫政策。[4] 然而，2007～2008 年，经济形势恶化和通货膨胀加剧了贫困压力，贫困家庭的生活状况有所恶化，尤其是粮

[1] Secretaría de Hacienda y Crédito Público, "Programa Para Impulsar el Crecimiento y el Empleo", Mexico, Octubre 8, 2008. http：//www. SHCP. gov. mx

[2] Alicia Bárcena, Laura López, Osvaldo Kacef y Diane Frishman, "La reacción de los gobiernos de América Latina y el Caribe frente a la crisis internacional: una presentación sintética de las medidas de política anunciadas hasta el 10 de diciembre de 2008", CEPAL, 2008.

[3] CEPAL, *Panorama Social de América Latina 2008*.

[4] CEPAL, *Social Panorama of Latin America*, *Brief Paper*, 2008.

食价格上涨，使低收入阶层返贫的现象日益突出。在收入分配方面，2002～2007年，墨西哥的平均基尼系数为 0.51，各社会阶层收入分配的差距有所缩小。[①]

（二）为应对粮食危机，政府制定"家庭粮食扶助计划"

自加入北美自由贸易协定以来，墨西哥农业受到巨大冲击，粮食进口规模和对外依存度急剧上升。2007 年，墨西哥已成为世界第九大粮食进口国，粮食进口额由 1995 年的 24.78 亿美元猛增至 2007 年的 102.18 亿美元；粮食贸易由 1995 年的盈余 8.45 亿美元变为 2007 年的赤字（-28.75 亿美元）。[②] 2008 年，全球粮食价格急剧上涨使墨西哥的贫困家庭面临饥饿威胁。为此，2008 年 6 月，政府紧急启动"家庭粮食扶助计划"，旨在保证食品供应，促进农业生产，增加贫困家庭收入，以应对国际市场粮食价格上涨带来的不利影响。在保障供给方面，政府对玉米、稻米、小麦等粮食作物的进口实施零关税政策，最大限度地利用国际市场；取消菜豆的进口配额；把奶粉进口关税削减 50%；对家禽养殖业和畜牧业所需饲料的进口提供一定补贴。墨西哥经济部还与一些食品企业签署协议，防止食品价格大幅上涨。在增加农作物种植面积和产量方面，农业部将资助农民购买化肥和农机，避免出现农民因农资价格上涨而无法耕种的现象。此外，政府还将增加投入，改善灌溉系统。除增加粮食补贴以外，政府还将提供总额超过 2000 亿比索的补贴，以平抑汽油、柴油和家庭燃气等价格的上涨。"家庭粮食扶助计划"在一定程度上将保障贫困家庭和低收入者的最基本生活。为了配合这项计划，墨西哥社会发展部向 528 万户家庭提供总额达 45 亿比索的补贴，并建立 50 万吨玉米的战略储备，保证 2000 万低收入居民 9 个月的消费。该项计划使墨西哥平稳渡过了 2008 年的粮食危机。

（三）开展教育改革，提升教育质量、改善教学设施

2008 年 5 月，卡尔德龙启动教育改革，联邦政府和全国教育工作者工会创立了"教育质量联盟"，目标在于使教学设施现代化，使教师和教育部门专业化。"教育质量联盟"开展了以下工作。（1）实现学校现代化。为 1.4 万所学校

---

① CEPAL, *Social Panorama of Latin America*, *Brief Paper*, 2008.

② http：//www.inegi.gob.mx

配备相应设施，对2.7万所学校进行装修改造，在5万所学校制定管理示范条例，在10万所学校推广社会活动参与管理示范，特别关注高犯罪率地区的3.7万所学校和5500所全日制住宿学校，对2.1万所无正规作息时间的学校、3.3万所非工作日工作的学校及3.2万所低效率的学校加强管理。（2）开展教师培训和教育领导者培训，对收入和奖金开始实行双向协议和监管机制，由独立机构负责各项评选工作及作出相关的决定；加强教师能力认证和示范学校的教师培训工作。（3）注重学生利益，关注学生的全面发展。在学生的健康、饮食和营养方面，通过教学活动使学生达到锻炼身体、预防疾病的目的；改善有特殊需求儿童的教育；对学生进行生活和工作的全面教育，并在课程设置方面增加相关内容。（4）对在职教师进行选拔考试。2008年8月11日进行的在职教师选拔考试在全国引起广泛关注，其目的在于对现有的教师队伍作出整体评估，以全面改善基础教育的教学质量。"在职教师职称审核考试"主要针对临时参与初级教育、学前教育、特殊教育和土著教育的教师，全国共有7.1万名教师参加了考试。考试的结果是，只有2.3万名教师合格，不合格的教师达4.8万；教师队伍面临巨大竞争压力。[1]

（四）加大打击毒品走私和有组织犯罪的力度，但社会安全形势仍日益恶化

2007年以来，鉴于警察当局和司法部门扫毒不力，卡尔德龙动用3.6万多名军人，开展扫毒行动，严打有组织犯罪。2008年，军方抓获了两大贩毒集团"锡那罗集团"和"蒂华纳集团"的数名重要头目。犯罪集团则加紧暴力活动和报复行动，甚至直接与政府官员和警察当局相勾结，使内犯罪率上升，安全形势恶化。2008年头10个月，绑架案发案率比上年同期上升9.1%；仅上半年全国就发生约400起绑架案件。2008年头10个月，有组织犯罪已造成3800人死亡，而2007年全年为2700人。8月初墨西哥著名企业家亚历杭德罗·马蒂之子惨遭绑匪撕票，震惊全国。绑架暗杀等犯罪已殃及高级警官、中产阶级和外国商人。

面对这一严峻形势，政府采取了多项应对措施。8月11日，公共安全部成

---

[1] Secretaría de Educación Publicia, "Segundo Informe de Gobierno". http：// www. presidencia. gov. mx

立"反绑架特别部队"。8月12日，政府、国会和社会各界代表举行"国家安全峰会"，通过《国家安全、司法和法制协议》。该协议提出75项措施和承诺，主要内容包括：对绑架者实行更严厉的制裁措施，包括判处无期徒刑；要求国会通过反洗钱法案；要求警方利用高技术手段，尽快破案；承诺净化警察队伍；支持建立民间监督组织，鼓励人权组织监督和协助警方办案；提高监狱级别，设立关押绑架犯的专门牢房；整治全国主要犯罪滋生地带，关怀那些受有组织犯罪伤害的人。

四　外交形势

卡尔德龙执政后，提出"把墨西哥带给世界，把世界引进墨西哥"的外交构想。2008年墨西哥外交取得了重大进展。在与美国维持稳定关系，逐渐恢复和发展与古巴、委内瑞拉、阿根廷等国的外交关系的同时，积极发展与欧洲、亚太地区的经贸关系，尤其发展与中国的关系。

（一）墨美关系保持稳定

墨美双方继续就移民问题较劲。2月10日，卡尔德龙在访美期间强调，美国应尊重墨西哥移民的人权，不能忽视墨西哥移民为美国社会作出的贡献。在接受《纽约时报》采访时，他对美国国内的反移民气氛表示担忧，认为美国应以更开放、更积极和更理性的态度对待移民问题。2007年，美墨边境隔离墙已建成450千米；2008年将完成1100千米。美国国土安全部还要求国会增加19%的边境安全财政预算（2009年10月起）。美国建造隔离墙的做法遭到墨西哥政府和民众的强烈抨击；6月，墨西哥民众在墨美边境地区大规模植树，建造"绿色墙"，对抗隔离墙。

墨美合作打击毒品走私。2月，在墨美两国举行经贸合作和安全对话时，美国全国禁毒办公室主任沃特认为，美国应主动承担帮助墨西哥扫毒和打击犯罪的相应责任，美国毒品市场是墨西哥犯罪集团的主要资金来源地和毒品销售地，每年从这里流入走私集团和犯罪集团的资金高达140亿美元。美国政府应让墨西哥民众相信，美国会全力帮助墨西哥政府稳定国内安全形势。6月19日，美国国会通过了"梅里达倡议"第一批4亿美元的预算方案，用于购买直升机、扫毒设备和军事训练等支出。然而，预算方案中包含美国有权对这些资金的使用和透

明度进行评估，美国有权关注墨西哥军队中违反人权的行为等内容。墨西哥政府
对此持保留态度。

奥巴马言论引起关注。尽管多数墨西哥裔美国人和墨西哥国内民众是新当选
总统奥巴马的忠实支持者，但奥巴马从未访问墨西哥，且多次表示，有必要重新
考虑甚至取消北美自由贸易协定中的大部分优惠条款，或就增加劳工和环境等条
款展开谈判。因此，人们担心奥巴马的贸易保护主义倾向将对墨美关系产生负面
影响。与此同时，墨西哥国内反对北美自由贸易协定的呼声日益高涨。2008 年
初，齐瓦瓦州华雷斯市农民举行大规模游行，反对北美自由贸易协定中有关全面
开放玉米、豆类、牛奶、糖等农产品贸易的条款。

（二）墨西哥与一些拉美国家的关系实现正常化

2008 年，墨西哥现政府对福克斯政府与中美洲国家签署的"PPP 计划"
（Plan Puebla Panama）进行了修订。6 月 28 日，卡尔德龙宣布，出资 3300 万美
元设立房屋建设专项贷款基金，帮助中美洲国家贫困家庭获得优惠住房。此外，
墨西哥继续加强与巴拿马等中美洲国家的扫毒合作。

与古巴全面恢复关系。3 月 14 日，墨西哥外长访问古巴，10 月 20 日，古巴
外长回访墨西哥；至此，墨古关系全面恢复。两国外长认为，两国已解决在人权
方面的分歧，将在尊重主权和不干涉内政的基础上，建立新型的双边关系。与此
同时，墨西哥国家外贸银行宣布，对古巴拖欠的 4 亿美元的债务进行重组。两国
外长还签署了打击非法移民的协议。

墨委关系出现摩擦。4 月初，委内瑞拉宣布水泥公司国有化计划，要求控制
国内水泥企业至少 60% 的股份，其中受影响最大的是占委内瑞拉水泥产量 50%
以上的墨西哥水泥公司。委政府接管了该公司在委内瑞拉的 4 家工厂，但双方在
赔偿金额问题上存在重大分歧。墨西哥水泥公司认为，委内瑞拉政府的举动既违
反了本国宪法和其他法律，也不尊重国际法原则以及双方投资保护协定，并一度
要求世界银行解决投资争端国际中心进行仲裁。8 月 25 日，双方重启补偿谈判。
对此，墨西哥政府始终持谨慎态度，希望委内瑞拉政府解释国有化政策的操作细
节，并将尽力保护本国企业的合法利益，支持墨西哥水泥公司希望在对话、无歧
视、公开、相互协商的基础上继续进行谈判的要求。

稳定和发展与南美国家关系。尽管因 3 月有 4 名墨西哥学生在厄瓜多尔境内被

哥伦比亚革命武装力量杀害致使三边关系复杂化，但 11 月 10 日哥伦比亚总统乌里韦对墨西哥访问时，双方仍一致强调加强双边关系，在安全和司法领域进一步加强打击跨国犯罪的合作。11 月 25 日，卡尔德龙第一次访问阿根廷，两国签署了农业、司法、贸易等领域的一系列协议，并建立战略联合委员会，为双边关系发展建立新的平台。此外，墨西哥与巴西、智利等南美国家也在应对金融危机中加强合作。

（三）与欧洲和亚太地区的关系

为了减少对美国的依赖，卡尔德龙政府积极发展与欧洲和亚太地区的关系。2008 年 5 月，欧盟主席巴罗佐与卡尔德龙总统共同宣布在双方之间建立战略伙伴关系，加强双边政治经济对话和多边领域及全球范围的合作。同时，巴罗佐支持墨西哥提出的设立一项绿色基金的建议，该建议要求世界各国根据其经济条件、污染程度或气体排放的情况提供资金，用于资助全球的森林保护、推动可再生能源的研发和提高能源的利用效益等。自欧盟与墨西哥自由贸易协议生效以来，双方贸易额从 190 亿美元增至 480 亿美元，欧盟已成为墨西哥第二大贸易伙伴，仅次于美国。6 月，卡尔德龙访问西班牙，寻求西班牙对墨西哥在基础设施建设投资方面的支持。据统计，2007 年，欧洲在墨西哥的投资首次超过美国，其中西班牙在墨西哥的累计投资额已达 300 亿欧元。

2007 年 9 月，卡尔德龙访问印度。2008 年 4 月，印度总统帕蒂尔访问墨西哥，并签署了两国能源及航空领域合作协议。根据能源合作协议，双方将建立联合委员会，推动该领域的人员培训、科技和信息交流。根据航空领域的合作协议，双方将通过合作提升两国在国际航空业的竞争力，并促进双边投资和旅游业的发展。

墨西哥和日本自签署自由贸易协定后关系稳步发展。2008 年是两国建立外交关系 120 周年，墨西哥政府希望同日本方面加强高层互访，并借机推动两国在贸易、投资等领域的合作。10 月 17 日，在第二届双边政策协商会议上，两国代表一致同意，进一步加强双边经济合作伙伴关系，并希望加强应对全球金融危机方面的合作。

（四）墨中关系进一步发展

在卡尔德龙总统 2008 年 7 月访华期间，墨中两国政府发表了联合公报。公报指出，近年来两国战略伙伴关系全面深入发展，一致同意建立战略对话机制，以进一步加强两国在双边及多边重大问题上的战略互信和战略合作，进一步确定和落实在基础设施建设、交通、通信、能源、矿业、农业、渔业、环境保护、海关等领域的合作，鼓励和促进两国相互投资，推动两国经贸合作向更高水平发展。两国继续加强在联合国等组织中的合作，巩固和维护发展中国家的团结，推动同发达国家的对话。访问期间，两国还签署了《促进和相互保护投资协定》等一系列协议，卡尔德龙预祝中国成功举办奥运会，并尊重中国在台湾、西藏等问题上的立场。卡尔德龙高度评价此次中国之行，称这次访问为中墨战略伙伴关系翻开了新的一页。

目前，中国是墨西哥的第二大贸易伙伴。2008 年 1～10 月，双边贸易额为 149 亿美元，全年预计将达 180 亿美元。[①] 尽管墨西哥对中国存在贸易逆差，但两国政府都以积极态度面对现实，寻找解决问题的途径。此外，两国人员交流日益频繁。5 月，墨西哥航空公司开通了墨西哥城至上海航线。据墨西哥旅游局预计，未来 3 年内墨西哥将吸引 10 万名中国游客。

参考文献

徐世澄：《墨西哥革命制度党召开"二十大"准备东山再起》，2008 年 11 月 15 日。

CEPAL, *Panorama Social de América Latina 2008*.

CEPAL, *Balance Preliminar de las Economías de América Latina y el Caribe 2008*, Diciembre 2008.

Alicia Bárcena, Laura López, Osvaldo Kacef y Diane Frishman, "La reacción de los gobiernos de América Latina y el Caribe frente a la crisis internacional: una presentación sintética de las medidas de política anunciadas hasta el 10 de diciembre de 2008", CEPAL, 2008.

Secretaría de Hacienda y Crédito Público, "Programa Para Impulsar el Crecimiento y el Empleo", Mexico, Octubre 8, 2008.

Secretaría de Educación Publicia, "Programa Sectorial de Educación 2007 – 2012", 2008.

Secretaría de Educación Publicia, "Alianza por la calidad de la educación", 2008.

---

① http: //zhs. mofcom. gov. cn/aarticle/Nocategory/200812/20081205966046. html

Mexico

Huang Zhilong

Abstract: In 2008, president Calderon steadily steered forward various reforms while government's political power was consolidated in a context characterized by deteriorating domestic security and pullbacks laid by opposition against the energy reform. Mexico's economic situation worsened dramatically with the spreading financial crisis of the US , so the government adjusted the overall economic policy to cope with the increasing inflation in the first half of the year and the shocks of financial crisis in the second half. Under such circumstances, major social indicators were in various degrees of deterioration and the pressure of rising grain price over households stricken by poverty became especially obvious. During the past year, Mexico took active steps to develop relations with the EU and Asia Pacific region and attached special attention to fostering ties with India and China among other emerging developing countries, while keeping its connections with the US in stability and recovering comprehensively its bonds with other Latin American countries.

Key Words: Political Stability; Energy Reform; Worsening Social Situation

尼加拉瓜

李　菡[*]

摘　要： 2008 年是奥尔特加政府执政的第二年。在政治上，尼加拉瓜举行的全国市政选举成为国内外最关注的政治事件。选举前，为能在选举中获胜，执政党内部和反对党联盟都出现了重大变化。通过这次选举，奥尔特加政府进一步巩固了执政地位，但选举结果引起国内外广泛争议，导致国内局势紧张。2008 年，尼加拉瓜经济保持增长，但增长速度比 2007 年有所放慢，面临的通胀压力较大；由于受世界金融危机的影响，2009 年的经济形势不容乐观。贫困问题仍是尼加拉瓜面临的主要问题，发展教育是政府解决贫困问题的主要途径；社会治安状况未能得到根本改善。尼加拉瓜与俄罗斯关系得到加强，与哥伦比亚和美国的关系较紧张。

关键词： 市政选举　经济增速放缓　贫困问题严重　尼俄关系加强　与哥伦比亚和美国关系紧张

一　政治形势

2008 年是奥尔特加政府执政的第二年，在复杂的执政环境下政府面临一系列挑战。5 月 5 日，巴士司机、货车司机和出租车司机举行罢工，罢工持续 12 天，政府最终答应提供柴油价格的补贴。6 月 16 日，3 万多人在首都马那瓜游行，抗议物价上涨。奥尔特加政府的支持率持续下降，已从 2007 年 7 月的 36%

---

* 李菡，2006 年毕业于对外经济贸易大学西班牙语系，获硕士学位。现为中国社会科学院拉丁美洲研究所助理研究员。主要研究领域为拉美社会和文化。

降至 2008 年 5 月的 12.6%。①

　　执政联盟内部出现重大变化，奥尔特加政府的执政力量受到削弱。2000 年和 2004 年，作为桑地诺民族解放阵线（桑解阵）的代表，奥尔特加与立宪自由党主要领导人阿莱曼两次达成协议，使两党结成非正式同盟。目前，桑解阵在议会仅占简单多数，在制定重大政策时它需要得到立宪自由党的支持。而在立宪自由党内部，多数成员不赞同与桑解阵结盟。两党的结盟关系面临解体危险。1 月，立宪自由党主席卡斯蒂略与尼加拉瓜自由党联盟主席蒙特亚莱格雷签署一项协议，决定联合参加 11 月举行的市政选举。由于最高选举委员会不承认蒙特亚莱格雷作为尼加拉瓜自由党联盟合法代表人的资格，蒙特亚莱格雷组建"支持爱德华多运动"，并于 3 月与立宪自由党正式结盟参加市政选举，两党推举蒙特亚莱格雷为首都马那瓜市的市长候选人。

　　奥尔特加政府与国民议会的关系十分紧张。国民议会实行一院制，设 92 个议席。本届议会于 2006 年 11 月产生。桑解阵是议会第一大党，拥有 38 个议席；立宪自由党为议会第二大党，拥有 25 个席位；保守党和桑地诺革新运动党为主要反对党，分别拥有 22 个席位和 5 个席位。政府与议会的尖锐矛盾在 2007 年已经显现出来。当年 9 月，议会通过一项由反对党提交的法律草案，反对政府建立"居民权力委员会"，但被奥尔特加否决。议会随后通过决议，拒绝总统行使否决权。此后，奥尔特加以颁布总统令方式宣布在全国建立各级"居民权力委员会"。由于执政党与反对党的矛盾尖锐，政府与国民议会在 2008 年多次发生对立。反对党议员拒绝出席议会于 2008 年初举行的首次会议，致使奥尔特加无法在议会宣读年度施政报告。在最高选举委员会公布市政选举结果后，反对党试图推动议会通过决议宣布选举无效，但遭到政府的强烈反对。对于俄罗斯军舰访问尼加拉瓜一事，反对党议员强调，只有国民议会才有权批准外国军舰在本国停留，而奥尔特加政府认为，此事无须得到议会的批准。

　　市政选举是尼加拉瓜在 2006 年总统大选后举行的另一次重大的全国性选举。市政选举每 4 年举行 1 次，主要产生市长、副市长和市议员。在此次市政选举中，360 万选民参与投票，选出 146 个城市的市长。桑解阵得票率为 62.33%，立宪自由党得票率为 33.6%，尼加拉瓜自由党联盟得票率为 2.1%。桑解阵最终

---

①　EIU, *Country Report：Nicaragua*, July 2008, p. 10.

赢得105个市长职位，职位数量较上次选举增加18个。它赢得了马那瓜、格拉纳达、奇南德加、卡拉索等多个中心城市的市长职位。其主要竞争对手立宪自由党和尼加拉瓜自由党联盟分别赢得37个市长职位和4个市长职位。通过这次市政选举桑解阵巩固了执政地位。

此次市政选举存在众多争议，最终引发激烈冲突。4月，最高选举委员会决定，因北太平洋自治区遭飓风袭击，该地区7个城市的选举推迟到2009年。反对党试图通过议会和最高法院阻止这一决定生效。7月，最高选举委员会宣布，经审查，桑地诺革新运动党和保守党没有参加选举的政党资格；两党可能因此无法参加市政选举。许多尼加拉瓜政治组织和多个外国政府对此提出批评。反对党提议邀请国际组织派员监督市政选举，但遭最高选举委员会的反对。最后，仅允许一个国际组织和一个国内学生组织监督选举。11月10日，最高选举委员会公布了马那瓜市的市长选举计票结果，但反对党不承认这一结果，要求在国际组织和参选政党的监督下重新计票。最高选举委员会拒绝了这一要求，反对党支持者随即展开大规模示威活动，引发严重的暴力冲突。在第二大城市莱昂，反对党和执政党的支持者之间发生了冲突。最高选举委员会于11月20日公布最后选举结果后，反对党指责执政党在选举中舞弊。

奥尔特加政府与天主教会的关系日趋紧张。尼加拉瓜天主教会的主教于8月发表一封致教徒的公开信，呼吁他们行使自己的投票权，积极参与11月举行的全国市政选举。反对党认为，大量选民不参加投票选举有利于桑解阵。因此，教会的这一做法实际上是对反对党的间接支持。在公布选举结果后，主教发表了第二封公开信，要求政府接受反对党的要求，重新审查这次选举，并希望通过对话而不是暴力来解决问题。政府谴责教会在制造冲突和破坏稳定。

二 经济形势

近年来尼加拉瓜经济一直保持增长，2008年GDP增长率为3%，[①] 这一增长率低于拉美和加勒比地区的平均增长率（4.6%），较2007年下降0.8个百分点；

---

① 除特别注明外，本文数据均引自CEPAL, *Balance Preliminar de las Economías de América Latina y el Caribe 2008*, Diciembre 2008。

人均GDP增长1.7%，低于上年的2.4%。农业虽然受到2007年恶劣气候的不利影响，但由于国际粮食价格和咖啡价格上涨，增长率比2007年（1.4%）有大幅提高，达到近7%。制造业受国际需求萎缩的影响，增长放缓，2008年增长率约4%，低于2007年7.6%的增长率。

2008年，政府财政收入增加约0.5%，支出增加近8%，财政赤字增大。政府增加财政支出的主要原因有：用于受飓风和暴雨影响的东北部地区的灾后重建工作，增加教育、健康和住房的支出，组织市政选举，以及对电、燃料和食品提供补贴。政府继续实施于2007年重新制定的公共投资政策，从对小型项目的投资改为对一些部门的重点投资，把减少贫困作为公共投资政策的首要目标。政府重新列出了优先投资的领域：生产性基础设施建设、电力能源、饮用水、卫生、健康、教育和住宅。2007～2008年，政府对上述重点领域追加投资3.18亿美元（占GDP的5.3%）。近年来，中央政府对市政府的转移支付不断增加。2006～2008年，转移支付金额分别占中央财政税收收入的6%、7%和8%。[①]

2008年，政府继续实施2007年的货币政策，把汇率作为控制价格预期的目标，控制通货膨胀，法定存款准备金率仍维持在16.25%。2008年，本币名义储蓄利率和名义贷款利率相对稳定，分别为6.5%和13%；实际贷款利率为负。这使国内贷款与2007年相比增加近26%。

2008年，尼加拉瓜的出口额为31.68亿美元，进口额为57.98亿美元，贸易逆差为26.3亿美元。出口保持较大活力，全年增长约19%。由于国际价格上涨和气候条件较好，咖啡、糖和肉类的出口增加，传统产品出口较2007年出现较大反弹（增长4.4%）。进口增长24%。由于贸易条件恶化，经常项目赤字由2007年占GDP的18.3%扩大到2008年占GDP的26%。国际粮食价格、燃料价格和原材料价格的上涨对尼加拉瓜经济产生不利影响，导致该国收入减少，进口增加。

2008年，尼加拉瓜吸引的外国直接投资较2007年增长5%，总额约4亿美元。外债总额为34.66亿美元，较2007年增加0.81亿美元。2008年第四季度，尼加拉瓜的外汇储备额为11.15亿美元。

2008年侨汇收入保持增长，较2007年增加7%。近年来，尼加拉瓜的侨汇

---

① Banco Central de Nicaragua, "Boletín trimestral julio-septiembre", 2008.

收入持续增长。1994 年，侨汇收入仅占 GDP 的 1.5%；2007 年，这一比重升至 13%。① 近 10 年来，侨汇成为尼加拉瓜外汇收入的重要来源，对缓解贫困、增加储蓄和投资、促进增长、改善健康和教育水平发挥了积极作用。

2008 年，尼加拉瓜经济面临较大的通胀压力。8 月，通胀率达到 23.9%。政府采取一系列措施控制通货膨胀，如增加粮食供应、为小型粮食生产商提供贷款、投资修建道路、降低生产成本、控制通胀预期等。2008 年通胀率为 15%。

尼加拉瓜是中美洲地区受世界金融危机影响最严重的国家之一。北美和欧洲市场需求的萎缩使尼加拉瓜水产业和纺织业的出口大大减少。因多家外资企业撤资，首都马那瓜有几万人失业。美国和欧盟中断对尼加拉瓜的经济援助也使其经济形势不断恶化。2009 年，尼加拉瓜的经济形势不容乐观，据联合国拉美经委会预测，增长率仅为 2%。在侨汇收入、外国直接投资、旅游业等方面，尼加拉瓜都面临严峻形势。

三　社会形势

贫困问题是尼加拉瓜面临的主要社会问题。由于粮食危机及国际油价和粮食价格上涨，尼加拉瓜的贫困现象日益加重。贫困率和极端贫困率分别超过 50% 和 30%，是拉美国家中贫困率最高的国家之一。② 这些数据远远超过了 2007 年拉美地区的平均贫困率（34.1%）和平均极端贫困率（12.6%）。世界银行把尼加拉瓜列为 2007 年贫困率上升的国家，贫困人口由 2001 年的 9.1 万人增至 2008 年的 22.25 万人。尼加拉瓜的"人文发展指数"为 0.699，在世界 177 个国家中位居第 120 位，在拉美地区属最落后的国家之一。③

饥荒和儿童营养不良问题突出。尼加拉瓜仍被联合国粮农组织列为低收入和粮食不足的国家。17% 的学龄儿童营养不良，73% 的家庭不能满足菜篮子的开支。④ 2007 年 5 月，政府发起"零饥饿"运动，计划至 2012 年投资 1.5 亿美元，使 7.5 万户家庭摆脱贫困。2007 年有 9500 户家庭从中受益，2008 年估计有 1.4

①　Banco Central de Nicaragua, "Boletín trimestral julio-septiembre", 2008.

②　CEPAL, *Panorama Social de América Latina y el Caribe 2008*, Diciembre 2008.

③　http://hdrstats.undp.org/2008/countries/country_ fact_ sheets/cty_ fs_ NIC.html

④　http://impreso.elnuevodiario.com.ni/2008/04/15/nacionales/74315

万户家庭获益。从总体来看，这一计划的进展十分缓慢。为缓解粮食危机，政府启动"种子计划"，向农户发放优质玉米种子，以刺激生产。

政府通过发展教育来解决贫困问题。据联合国儿童基金会统计，2000～2005年，尼加拉瓜的成人识字率为77%。奥尔特加执政后，从2007年8月起政府通过教育部下属的青年—成年教育和扫盲总局启动"从马蒂到菲德尔"的全国性扫盲运动。到2008年底为止，这一运动已进入第五阶段，尼加拉瓜的文盲率降至历史最低水平（7.22%）。[1] 2008年，有61个城市宣布脱盲，其他城市的文盲率也有所下降，目前仍有约40万人需接受扫盲教育。[2] 政府的目标是，争取在2009年7月19日桑地诺革命胜利30周年之际宣布全国脱盲。这样，尼加拉瓜将成为"美洲玻利瓦尔替代计划"中继古巴、委内瑞拉和玻利维亚之后的第四个脱盲的国家。

犯罪现象呈上升之势。上半年，警方接手的未成年人犯罪和国际贩毒的案例与2007年同期相比下降11%。[3] 尼加拉瓜是中美洲地区拐卖人口问题最严重的国家，主要受害群体是年轻女性和儿童。6月，埃斯特里州的38名年轻女子遭到跨国犯罪集团的拐卖，在当地居民中引发恐慌情绪。奥尔特加政府谋求与中美洲各国开展合作，建立打击拐卖人口犯罪的网络。近年来，尼加拉瓜逐渐成了南美洲地区毒贩运毒北上的重要通道，反毒形势日益严峻。在世界金融危机的冲击下，尼加拉瓜的社会治安状况在2009年可能进一步恶化。

腐败问题依然严重。"透明国际"把尼加拉瓜列为拉美地区的腐败国家之一。在"2008年全球清廉指数"考察的180个国家中，尼加拉瓜排名第134位。在拉美和加勒比的29个国家中，其排名仅高于海地（第177位）、委内瑞拉（第158位）、厄瓜多尔（第151位）和巴拉圭（第138位）。[4] 尼加拉瓜军方的调查报告显示，海军缉毒部队存在严重的腐败问题。缉毒军警与贩毒分子串通一气并接受贿赂，不如实上交收缴的毒品，扣压一些毒品转卖给毒贩，并向毒贩通风报信。

---

[1] http：//www. lavozdelsandinismo. com/nicaragua/2008－12－22/nicaragua－sera－el－cuarto－pais－latinoamericano－en－declararse－libre－de－analfabetismo/

[2] http：//www. mined. gob. ni/

[3] http：//www. policia. gob. ni

[4] http：//www. transparency. org/news_room/in_focus/2008/cpi2008/cpi_2008_table

四　外交形势

奥尔特加政府注重改善和加强与中美洲国家的关系。2008 年初，尼加拉瓜、萨尔瓦多和洪都拉斯的代表在马那瓜举行会议，共同推动把丰塞卡湾地区建成一个安全和可持续发展的区域。3 月，尼加拉瓜和哥斯达黎加的代表举行第 6 次双边委员会会议，使 2006 年以来一直处于停滞状态的两国政府间的对话机制恢复运转。4 月，奥尔特加总统和洪都拉斯塞拉亚总统发表声明，接受海牙国际法庭就两国领海争端作出的仲裁，并将尽快完成两国海上疆界的划分工作。5 月，奥尔特加总统和巴拿马托里霍斯总统举行会晤，两国将通过农产品贸易进一步加强双边经贸合作。

委内瑞拉是奥尔特加政府在拉美地区的外交重点。2008 年奥尔特加多次访问委内瑞拉，参加"美洲玻利瓦尔替代计划"和"加勒比石油计划"的成员国领导人会议。1 月和 7 月，查韦斯总统访问尼加拉瓜。委内瑞拉承诺保障对尼加拉瓜的石油供应，继续推动两国共同建设的一系列大型能源项目。在美国和欧盟因尼加拉瓜的市政选举问题而中止援助后，委内瑞拉承诺向尼加拉瓜提供 1 亿美元的援助。

尼加拉瓜与哥伦比亚的关系出现恶化。3 月，奥尔特加政府谴责哥伦比亚政府军进入厄瓜多尔境内打击哥伦比亚反政府游击队的做法，尼加拉瓜一度断绝与哥伦比亚的外交关系。两国关系还受到加勒比海领海争端的困扰。奥尔特加政府批评哥伦比亚没有遵守海牙国际法庭于 2007 年 12 月就这一争议作出的裁决。2008 年，尼加拉瓜在争议海域加强了海军巡逻，以保护本国渔民的安全。

奥尔特加政府注重通过外交途径寻求克服粮食价格急速上涨对本国带来的压力。在第 10 届中美洲—墨西哥首脑会议上，奥尔特加呼吁美洲国家、特别是中美洲国家应更加重视粮食生产，而不是盲目发展生物能源。在奥尔特加政府的大力推动下，15 个拉美国家的代表在马那瓜举行"粮食安全与主权首脑会议"，商讨制定粮食安全战略。尼加拉瓜还与委内瑞拉、古巴和玻利维亚签署协议，在"美洲玻利瓦尔替代计划"的框架内建立食品销售网，设立食品安全保障基金。

尼加拉瓜前外长德斯科托·布罗克曼作为拉美和加勒比国家的共同人选，于 2008 年 6 月当选为第 63 届联合国大会主席。

2008 年，尼加拉瓜与俄罗斯的关系进一步密切。2007 年，奥尔特加政府重

启与俄罗斯的军事合作。俄罗斯承诺为尼加拉瓜军队提供用于维护军事设施的援助。2008 年，尼加拉瓜向俄罗斯派出了首批军事留学生。9 月，以俄罗斯副总理伊戈尔·谢钦为首的俄罗斯代表团访问尼加拉瓜。奥尔特加政府在外交上给俄罗斯极大支持。目前，尼加拉瓜是除俄罗斯之外唯一承认南奥塞梯和阿布哈兹独立的国家。12 月，由 3 艘舰艇组成的俄罗斯海军舰艇编队访问尼加拉瓜，这是冷战结束后俄罗斯军舰首次访问该国。12 月，奥尔特加访问莫斯科，会晤梅德韦杰夫总统。

尼加拉瓜与美国的关系因诸多矛盾而变得日益紧张。美国对尼加拉瓜市政选举的干预引起奥尔特加政府的强烈不满。美国在选举前要求尼加拉瓜允许国际观察员监督市政选举，选举后又对选举引发的政治冲突表示忧虑，要求尼加拉瓜选举机构按照反对党的要求重新审查选举结果，进而于 11 月宣布冻结向尼加拉瓜提供援助的"千年挑战账户"。奥尔特加政府认为美国的做法是干涉尼加拉瓜内政。此外，奥尔特加政府指责美国资助尼加拉瓜反对党和媒体，煽动反政府活动。奥尔特加坚决支持莫拉莱斯政府捍卫玻利维亚的国家统一。为显示对玻利维亚的支持，在第 63 届联合国大会期间，他取消了会晤美国总统布什的安排。在反毒问题上，奥尔特加批评美国忽视中美洲国家的利益。

参考文献

CEPAL，*Balance Preliminar de las Economías de América Latina y el Caribe 2008*，Diciembre 2008.

CEPAL，*Panorama Social de América Latina y el Caribe 2008*，diciembre 2008.

EIU，*Country Report*：*Nicaragua*，July 2008.

"Transparency International Corruption Perception Index 2008".

Nicaragua

Li Han

Abstract：It was the second year in power for the government of Ortega. To win municipal elections, a world wide eye-catching political event, both governing and opposing parties made big changes within themselves. Ortega's government got its political position reinforced through the elections that stirred up national and international controversy and tightened up the domestic situation. Nicaragua's economy kept growing in 2008 but at slower pace and was faced with inflationary pressure. On the economic side, Nicaragua may not afford to be optimistic due to the impacts of the financial crisis in 2009. During the past year, poverty remained the biggest problem of the country for which education may be a solution, public security was not improved substantially. Its ties with Russia were reinforced while its relations with Colombia and the US turned tight.

Key Words: Municipal Elections; Economic Growth Slowed down; Striking Poverty Problems; Relations Between Nicaragua and Russia Got Reinforced; Relations with Colombia and the US Became Tense

秘　鲁

袁　琳[*]

摘　要：2008 年是加西亚执政的第三年。在政治方面，继续实行地方
分权等方面的改革，改组了内阁，坚持反腐败斗争，加强与包括左翼力量在
内的各种社会力量的对话。在经济方面，保持了较高的经济增长率，政府采
取各种措施应对通货膨胀。社会形势基本稳定，但各种社会冲突不断，一些
固有的矛盾尚未得到根本解决。外交上积极推动拉美一体化进程并趁举办
APEC 会议之机大力倡导自由贸易政策，与多个国家和地区启动自由贸易协
定的谈判。

关键词：地方分权改革　经济增长率较高　社会冲突升级　自由贸易协定
谈判

一　政治形势

秘鲁现总统、美洲人民革命联盟党（即阿普拉党）领导人阿兰·加西亚于
2006 年 7 月 26 日就职，任期 5 年。2008 年，加西亚改组了内阁，由左翼独立人
士耶乌德·西蒙组建的新内阁取代由原总理、阿普拉党总书记豪尔赫·德尔卡斯
蒂洛领导的前内阁。在国会中，阿普拉党通过与由前总统藤森的支持者组建的
"争取未来"联盟的联合占据了 120 个国会席位中的多数席位。在"争取未来"
联盟的支持下，阿普拉党成员哈维尔·贝拉斯克斯得以击败反对党"中间阵线"
候选人维克托·加西亚·贝朗德，当选 2008~2009 年度秘鲁国会主席。这是自

---

* 袁琳，2007 年毕业于北京外国语大学西班牙语专业，获文学硕士学位。现为中国社会科学院拉
丁美洲研究所政治室研究实习员。

2006 年以来阿普拉党连续第三次赢得国会主席的职位。

2008 年，加西亚总统继续进行行政制度、立法、反腐败等方面的改革，使秘鲁政局基本保持稳定。

（一）提高行政效率，扩大地方分权

为继续深化行政改革，提高政府部门的工作效率，2007 年 7 月秘鲁颁布了《行政默认法案》，这一法案于 2008 年 1 月 4 日开始生效。根据这一法案，公民在向国家公共部门提交申诉后，如果有关部门在 30 天内未作出答复，那么，公民的申诉请求将自动获得通过。而在此前，秘鲁实行的是"否定默认"制度，即如果有关部门在 30 天内对某项行政诉求未作出答复，那么，这一诉求则视为被否决。除对国家税收总局和海关总局作出另行规定外，新法案适用于中央和地方的各公共部门。

加西亚政府一贯主张地方分权。1985～1990 年加西亚曾任秘鲁总统。在其任内，他试图成立地方议会，但其计划遭继任者藤森的否决；后来的托莱多政府在这一问题上也毫无建树。2006 年加西亚再次当选秘鲁总统后，重新提出了成立地方议会的问题，以解决各省、市间公平分配资源的问题。2008 年 9 月 22 日，加西亚总统向实行地方自治迈出了重要一步：宣布通过向地方政府提供资金和贷款，使其自行决定本地区的基础设施建设问题。对拥有较多自治预算的地方政府而言，这有利于它们根据民众的实际需要从事基础设施建设。不过，要使地方自治取得成效，还需有效的地方管理制度及公共参与和监督机制加以配套。秘鲁大部分地区似乎并未具备这些条件，因此，中央政府可能一方面继续贯彻地方分权制度，另一方面不会轻易放松对资源的掌控。

（二）改组内阁，打击腐败

腐败问题是秘鲁的热点问题。2008 年在秘鲁发生的最突出的事件是执政党卷入石油丑闻，导致前内阁集体辞职。据 2008 年 10 月 5 日秘鲁电视台播放的电话录音披露，秘鲁石油公司副总裁阿尔韦托·金佩尔和阿普拉党资深人物罗慕洛·莱昂合谋，与挪威一家石油公司驻秘鲁代表串通一气，使挪威公司在公开招标中获得秘鲁北部 5 个油田的开采权。10 月 9 日，秘鲁原部长会议主席（内阁总理）、阿普拉党总书记豪尔赫·德尔卡斯蒂洛宣布，将全体内阁成员的去留问

题交总统处理，以使内阁免遭国会的弹劾。在反对派举行大规模游行抗议后，10月10日，豪尔赫·德尔卡斯蒂洛率其内阁集体辞职。加西亚总统于当日接受了内阁的辞呈。11日，加西亚任命兰巴耶克省省长耶乌德·西蒙出任新的内阁总理，并由其负责组建新内阁。14日，新内阁组成并于当天宣誓就职。在17名新内阁成员中，外交、国防、外贸和旅游等10名部长留任，另7名内阁成员易人。这是加西亚自2006年7月上任以来第二次改组内阁。①

耶乌德·西蒙总理不属于阿普拉党，而是左翼独立人士，善于与不同的政治力量进行对话和沟通。加西亚总统的这一选择有利于恢复民众和左翼力量对政府的信任。在任兰巴耶克省省长期间，西蒙因其施政透明度高、改善医疗和教育水平等方面的突出业绩而受到好评。任总理后不久，西蒙便提出了行动方案并要求国会对其进行信任投票，结果顺利通过。但较多的国会议员和各界人士仍对新总理的能力持怀疑态度：在反腐败方面，前内阁在打击贪污腐败方面未见成效，而西蒙提出的策略与前内阁并无多大差别，新内阁并未确定新的反贪污腐败政策的走向，没有制定新的反贪计划，没有明确政府的职能和职责，只是被动地抵制贪污腐败的陋习；在改善社会贫困状况方面，新内阁提出了改善贫困状况的目标，但并未制定实现这一目标的明确计划。

（三）颁布法案，保护劳工权利

保护劳工权利是当前秘鲁政府除国家改革和反腐败之外的另一重要议题。②秘鲁与美国之间的自由贸易协定于2007年11月8日经美国国会众议院批准获得通过，这是美国第一个包含保护劳工权利内容的自由贸易协定，它将于2009年1月生效。2008年，加西亚政府加快了在保护劳工权利立法的方面步伐。2008年6月22日，政府颁布《劳务外包服务法》，防止企业利用劳务外包服务推卸其应承担的对劳工权利保护的职责；6月28日，政府颁布《提高竞争力、实行正规化、发展中小企业与正规就业法》，对中小企业内的劳工社会保障问题作了具体规定，在减轻企业负担的同时保护劳工的权益。2008年底，政府颁布了对艾滋病病毒携带者的劳动权利保护法案，旨在防止对此类人群的就业歧视。此外，

---

① 2007年12月20日，加西亚第一次改组内阁。

② http://www.perupolitico.com/? cat=13

秘鲁政府还与外国政府签署有关协议，保护境外秘鲁劳工的权益。4 月，秘鲁和厄瓜多尔两国的劳动部签署谅解备忘录。根据协议，厄瓜多尔政府将向申请赴该国工作的秘鲁公民开具为期 1 年的工作证明，以保护在厄瓜多尔的秘鲁工人的合法权益。目前，在劳工权利问题上，有关罢工和工会组织的立法问题尚未得到解决。

二 经济形势

2008 年秘鲁经济继续保持稳定增长的势头。2008 年，尽管外部环境恶化，全球金融危机又造成国际市场上存在诸多不确定因素，但在投资和私人消费的推动下，秘鲁的经济增长率达 9.4%，① 人均 GDP 增长率达 8.2%，在 2007 年（分别为 8.9% 和 7.6%）的基础上稳定增长（见表 1）。强劲的内需对经济增长的贡献最大，私人投资和公共投资分别同比增长 25% 和 50%，私人消费增长 8%。内需扩大带动了进口的增长，实际增长率达 20%。此外，尽管 2008 年底受国际环境恶化的影响，但 2008 年秘鲁的出口较 2007 年仍有所增长。联合国拉美经委会预计，2009 年秘鲁的经济增长将放慢，增长率约 5%。进口商品价格的上涨加大了通胀压力；2008 年 11 月，通胀率达 6.75%，明显高于 2007 年底的预期（3%）。预计国际商品价格的下跌和内需增长的放缓将使 2009 年秘鲁的通胀率逐渐下降。

2008 年，秘鲁经济面临的主要挑战：上半年是通胀压力的加大和货币的升值；下半年，致力于应对国际金融危机对本国经济的冲击。

为防止进口商品价格上涨引发的通胀预期的上升，秘鲁央行多次提高基准利率，使其由 2008 年初的 5% 升至 9 月的 6.5%。与此同时，由于美联储多次降低利率，秘鲁吸引了大量短期资本的流入，为遏制这一趋势并控制信贷扩张，央行多次上调法定存款准备金率（由 6% 调至 9%）和信用证保证金率（本币调至 25%，外币调至 49%）。此外，2008 年上半年，央行还收购了 87 亿美元，使其外汇储备额达 355 亿美元，从而遏制了短期资本的流入和本币新索尔的升值。尽管如此，在经济高速增长的大背景下，私人部门的信贷仍增长较快，到 2008 年

---

① 这部分数据均源自 CEPAL, *Balance Preliminar de las Economías de América Latina y el Caribe 2008*。http://www.eclac.org/publicaciones/xml/5/34845/Peru.pdf

10 月为止，秘鲁银行信贷同比增长 30.7%。

2008 年 9 月，由美国次贷危机引发的世界金融危机开始对秘鲁产生影响，有关部门采取一系列措施增加金融系统的流动性，主要措施包括出售美元外汇储备（到 2008 年 11 月为止共出售 56.85 亿美元）、减免信用证保证金等。尽管如此，2008 年下半年本币新索尔仍出现贬值，但从全年来看，本币仍升值；从实际汇率来看，这种升值更明显（到 2008 年 4 月为止，升值达 4%）。

2008 年，随着秘鲁商品进口的大量增长和服务贸易赤字的增加，贸易盈余明显减少，其占 GDP 的比重由 2007 年的 6.9% 降至 2008 年的 1%。而自 2002 年以来保持的贸易比价上升的趋势在 2008 年被中止；自 2004 年以来一直保持的经常项目盈余，2008 年转为赤字（见表 1）。

表 1　2008 年秘鲁主要经济指标

主要经济指标	2006 年	2007 年	2008 年[a]
GDP 增长率(%)	7.6	8.9	9.4
人均 GDP 增长率(%)	6.3	7.6	8.2
通胀率(%)	1.1	3.9	6.7[b]
实际汇率[c](%)	2.8	1.0	-3.3[d]
贸易比价改善情况(%)	26.5	3.6	-7.0
出口额(亿美元)	264.47	312.98	364.27
进口额(亿美元)	182.95	238.70	347.72
经常账户余额(亿美元)	27.57	15.05	-50.76
资本和金融账户余额(亿美元)	-0.30	80.82	90.36
国际收支余额(亿美元)	27.26	95.88	39.60
城市失业率(%)	8.5	8.4	8.3[e]
实际工资增长率(%)	1.2	-1.8	2.6[f]
M1 增长率(%)	22.4	30.7	27.3[g]
名义存款利率(%)	3.4	3.5	3.3[h]
名义贷款利率(%)	17.1	16.5	16.7[h]
中央政府财政收支余额/GDP(%)	1.5	1.8	2.3

说明：a——初步估算；b——2007 年 11 月至 2008 年 11 月的变化幅度；c——负数表明实际汇率升值；d——2008 年 1~10 月同 2007 年同期相比的变化幅度；e——根据 2008 年 1~10 月的数据估算；f——根据 2008 年 1~6 月的数据估算；g——根据 2007 年 10 月至 2008 年 10 月的数据估算；h——根据 2008 年 1~11 月的数据估算。

资料来源：作者根据 2008 年联合国拉美经委会 *Balance Preliminar de las Economías de América Latina y el Caribe* 中的相关数字整理。

经济的快速增长增加了政府的财政收入。到 2008 年 10 月为止，政府的财政收入增加了 8%。10 月，销售税税收收入实际收缴额增加了 20%，而由于受金属、矿产等主要出口产品价格下跌等因素的影响，利润税的实际收入并未明显增长。因此，从全年来看，中央政府的财政收入占 GDP 的比重略微下降，由 2007 年的 18.3% 降至 2008 年的 17.6%。与此同时，政府继续加大对公共部门的投资，到 2008 年 10 月为止，中央政府的资本支出实际增长 32%，而经常性支出占 GDP 的比重有所下降。

三 社会形势

经济的发展使有关社会指标有所好转。在就业方面，2008 年 1～9 月，正规部门的就业率增长了 8.9%；[①] 综合考虑小企业就业和自由职业等因素后，2008 年前三季度的就业率下降了 0.4%；[②] 但由于劳动参与率下降，2008 年前三季度的失业率基本与 2007 年持平。2008 年上半年，实际工资收入较 2007 年增长了 2.6%。[③] 2001 年以来，贫困率和赤贫率持续下降。2007 年的贫困人口占总人口的 39.3%，[④] 较 2006 年（44.5%）[⑤] 有所下降。2002～2007 年，收入分配方面的情况没有多大改变，贫富差距缩小的幅度不大。

（一）社会冲突升级

经济的增长并未减少社会冲突的发生。据秘鲁国民保卫部统计，到 2008 年 8 月底为止，秘鲁发生社会冲突 161 起，比 2007 年同期增长 111.8%。[⑥] 引发冲突的主要原因有：印第安人的权利得不到保护、劳动者的权利和待遇问题、矿山开采造成的环境污染、非法种植古柯、贩毒等。

---

① CEPAL, *Balance Preliminar de las Economías de América Latina y el Caribe 2008*, diciembre de 2008.

② CEPAL, *Balance Preliminar de las Economías de América Latina y el Caribe 2008*, diciembre de 2008.

③ CEPAL, *Balance Preliminar de las Economías de América Latina y el Caribe 2008*, diciembre de 2008.

④ CEPAL, *Panorama Social de América Latina y el Caribe 2008*.

⑤ CEPAL, *Panorama Social de América Latina y el Caribe 2008*.

⑥ http://www. defensoria. gob. pe/conflictos-sociales-reportes. php

各行业罢工不断。2005 年 3 月，秘鲁卫生系统的医生宣布开始无限期罢工，要求政府向卫生部门增拨预算，提高医生待遇和改善公共医疗条件。2008 年 1 月，在秘鲁医务工作者协会的带领下，秘鲁医生再次举行罢工。罢工者提出了为各省医生补贴加班报酬、增加卫生系统预算、建立在职人员与退休人员工资差级制度等要求。因秘鲁卫生部未能拿出使医务工作者协会满意的解决方案，罢工者拒绝与政府对话。2008 年秘鲁发生了多次罢工。7 月，为抗议食品价格和燃料价格的不断上涨及加西亚总统推出的自由市场政策，秘鲁总工会组织约 3 万名工人在全国范围内举行大罢工。固有的大学教师罢教问题在 2008 年尚未得到解决。按照秘鲁政府 1983 年颁布的 24733 号法案，大学教师的工资水平应与国家司法部门工作人员的工资水平持平，但长期以来这一规定并未得到贯彻执行。特别是自 20 世纪 90 年代秘鲁实行新自由主义改革以来，政府大大缩减了对公办大学的预算支出，致使大学教师罢教的浪潮一浪高过一浪。2008 年，秘鲁大学教师全国联合会继续组织各地大学教师罢教；到 11 月，利马、万卡约、普诺等多个地区的公办教师协会响应罢教号召，提出提高教工待遇、反对教育私有化等方面的要求。

多个社会团体发起抗议活动。2008 年 8 月，秘鲁亚马孙地区的印第安人发起抗议活动，通过破坏煤气管道、封锁公路等方式向政府施压，要求废除与《秘鲁—美国自由贸易协定》相关的 30 多项法令（这些法令为出售亚马孙地区原属于印第安人的土地打开了方便之门）。抗议活动致使秘鲁亚马孙地区的巴瓜省和库斯科地区部分城市处于紧急状态。10 月，库斯科、莫克瓜、塔克纳等地区的数千人发起抗议活动，要求政府把更多的矿业收入用于社会支出。塔克纳地区的抗议者认为，由墨西哥集团控制的秘鲁南方铜业公司的生产活动将使该地区失去约 1.17 亿美元的收入。库斯科地区的抗议者反对 1 家矿业公司在该地区建造水电厂的计划，认为这一计划将使该地区失去水源。12 月，普诺地区 5 个省的居民因矿业开采对该地区造成的环境污染发起抗议活动；阿亚库乔地区发起了反对新自由主义改革的抗议活动。

（二）政府的作为

2008 年，政府打击毒品犯罪的行动并无建树，而贩毒集团与恐怖组织的联系则日益密切。据秘鲁发展与禁毒委员会统计，秘鲁 90% 的古柯被用于生产可卡因。① 位于阿亚库乔北部的阿普里马克河和埃内河峡谷地区是秘鲁最主要的古柯生产地，近几年来，这里因"光辉道路"的残余分子与贩毒集团的勾结而成为政府军打击的重点地区。2008 年 9 月，秘鲁政府军再次发起对该地区的军事行动，但收效甚微，且滥杀无辜。

为应对自然环境危机并满足《秘鲁—美国自由贸易协定》规定的相关环保标准，2007 年底秘鲁政府宣布将在 6 个月内成立环境部。2008 年 5 月，环境部成立，旨在保护秘鲁的自然资源和生物多样性。被归入环境部的有原国家环境委员会、环境健康总局、国家自然资源局和环境保护区管理办公室。

为解决贫困地区妇女和儿童的基本生活问题，2007 年 7 月秘鲁政府提出了一项名为"成长"的社会发展项目，计划到 2011 年使 100 万 5 岁以下的儿童、贫困地区的 15 万怀孕妇女纳入这一项目，以改善其营养、受教育、健康等状况。目前，这一项目正逐步展开，到 2008 年 5 月，被纳入这一计划的贫困地区已由最初的 140 个增加到 811 个。②

四 外交形势

（一） 加强与拉美各国合作，推动地区一体化进程

在安共体内，由于各成员国在经济发展主张、与欧盟和美国的贸易关系等问题上存在着观点分歧，秘鲁并不主张在安共体内建立共同市场，而主张优先发展各成员国在边界地区的合作和社会发展方面的合作。7 月，加西亚总统访问哥伦比亚，并与哥伦比亚乌里韦总统及同时到访的巴西卢拉总统签署了边界谅解备忘录，承诺共同打击边界地区的贩毒、走私化学品等犯罪活动。10 月 25 日，加西亚总统访问厄瓜多尔。他在两国总统发表的联合公报中指出，将继续推动两国在边界地区的基础设施建设、两国居民互免入境手续、移民的权利保障及共同解决安共体内部事务等方面的合作。11 月 5～6 日，"第五届厄瓜多尔—秘鲁经贸合作双边论坛"在厄瓜多尔边境城市马查拉举行，两国政府官员和企业家代表就

---

① http：//www.devida.gob.pe/
② http：//www.andina.com.pe/edpespeciales/especiales/2007/julio/crecer/crecer.html#1

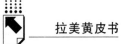
双方在皮革、纺织品、木材和家具、金属工业、旅游业等领域的合作展开了讨论。因在经济政策及对待与欧盟和美国的自由贸易协定的问题上存在分歧,6~7月,秘鲁与玻利维亚的关系曾一度紧张,玻利维亚莫拉莱斯总统就秘鲁与美国签订自由贸易协定多次提出批评。6月底,莫拉莱斯总统称美国正在秘鲁境内建立军事基地,要求秘鲁制止这一行动;而秘鲁随即召回其驻玻利维亚大使并谴责玻利维亚"干涉秘鲁内政"。

秘鲁始终致力于建立与巴西的战略联盟关系,2008年双边关系发展良好。2008年8月以来,巴西工业集团金属公司、巴西淡水河谷公司(全球最大的铁矿石生产商)、巴西盖尔道公司(拉美最大的钢铁联合企业)等3家巴西矿业公司相继宣布,扩大在秘鲁的投资和收购活动。盖尔道公司宣布,将投资14亿美元用于提高其秘鲁分公司——秘鲁钢铁公司的产量,扩大出口;淡水河谷公司有两个投资项目正在运行;巴西工业集团金属公司向其在秘鲁的锌厂投资5亿美元,并试图获得对秘鲁米尔波矿业公司在铅矿、锌矿和银矿方面的控制权。此外,巴西国家石油公司计划在未来10年内向秘鲁投资约30亿美元,用于建立石化工厂等项目。9月18日,加西亚总统访问巴西并参加在圣保罗举行的"巴西—秘鲁企业家论坛"。他表示,秘鲁愿意同巴西谈判和签署双边自由贸易协定,促进两国企业的相互投资和贸易往来,力争双边贸易额在两年内翻一番。他还表示,秘鲁愿成为巴西通往亚洲国家的桥梁。

2008年,秘鲁与智利的经贸关系得到进一步发展。虽然固有的领海边界纠纷使秘鲁在2008年初把边界纠纷问题提交海牙国际法庭仲裁,但对两国的经贸合作并未产生影响。2008年两国的双边贸易额超过30亿美元,10年内翻了6番。[①] 7月2日,智利参议院批准了两国于2006年签署的自由贸易协定,这将深化两国的投资和边境贸易并有利于建立贸易纠纷解决机制。

(二) 积极推动与各方的自由贸易,构建连接南美与亚太的桥梁

2008年11月16~23日,秘鲁成功举办APEC领导人会议,加西亚总统与与会的多个国家的领导人举行了会谈,并达成了多项合作协议。此次会议为秘鲁发

---

① http://www.elcomercio.com.pe/ediciononline/HTML/2008 - 12 - 26/peru-y-chile-no-detendran-relaciones-demanda-ante-haya.html

挥连接南美与亚太地区的桥梁作用提供了契机。

劳工问题和环境保护问题是阻碍《秘鲁—美国自由贸易协定》获得通过的主要原因。2008 年，秘鲁政府通过设立环境部、加强劳工问题的立法等措施推动自由贸易协定的生效。11 月 19 日，美国贸易代表施瓦布称，秘鲁与美国的自由贸易协定很可能于 2009 年 1 月 1 日生效。2008 年 5 月，秘鲁与加拿大签署了自由贸易协定，协定将于 2009 年 3 ~ 4 月生效。

秘鲁积极促成与欧盟的自由贸易协定。原本定于 2009 年上半年结束的安共体与欧盟的自由贸易谈判因遭到玻利维亚和厄瓜多尔的反对而陷于僵局。因此，欧盟宣布将与支持该协定的秘鲁和哥伦比亚继续进行谈判，谈判计划于 2009 年 9 月结束。

2008 年，秘鲁与亚洲国家的合作进一步发展。日本目前是秘鲁的第四大贸易伙伴和主要投资国之一。在 APEC 会议期间，双方签署了《投资促进、保护与自由化协议》和 1 项投资协议。根据这一协议，日本将向秘鲁提供 4 笔贷款用于秘鲁部分地区的电气化和卫生保障建设。APEC 会议期间，秘鲁和韩国宣布启动双边自由贸易协定谈判。2008 年 5 月，秘鲁与新加坡签署了自由贸易协定。

（三）与中国的友好关系得到加强

2008 年，秘鲁与中国的关系得到明显发展。2008 年 3 月，加西亚总统访华；11 月，胡锦涛主席访问秘鲁。双方顺利结束自由贸易协定的谈判，协定有望于 2009 年下半年生效。两国决定建立"战略伙伴关系"，并签署了一系列有关海关、经济技术、植物检验、金融、矿业等多方面合作的协议。据中国商务部统计，2008 年 1 ~ 10 月，中秘双边贸易额为 64.69 亿美元，同比增长 31.90%；其中中方的出口额为 23.33 亿美元，同比增长 78.87%，进口额为 41.36 亿美元，同比增长 14.88%。在投资方面，到 2008 年 10 月，秘鲁在中国的实际投资额为 4095 万美元，涉及电子、房地产等行业。中国在秘鲁的直接投资额约 7.86 亿美元，主要涉及能源和矿产资源的开发。①

2008 年 5 月，秘鲁政府签署最高法令，宣布 5 月 19 日为"全国哀悼日"，

---

① http://mds.mofcom.gov.cn/aarticle/Nocategory/200812/20081205968687.html

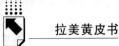

拉美黄皮书

以悼念在中国汶川地震中的遇难者。这是秘鲁第一次为外国遇难者举行的"全国哀悼日"。

参考文献

CEPAL, *Balance Preliminar de las Economías de América Latina y el Caribe 2008*, diciembre de 2008.

CEPAL, *Panorama Social de América Latina y el Caribe 2008*, diciembre de 2008.

Peru

Yuan Lin

Abstract: In 2008, the third consecutive year in power, Garcia continued the reform of decentralization and other ones, reshuffled the cabinet and persisted in fighting against corruption. His dialogues with various social forces including the leftist got strengthened. With regard to the economy, various measures were adopted by the government to stop inflation and growth rate remained relatively high. Social situation was basically stable despite of constant social conflicts and unresolved contradictions, inherent of the society. On the diplomatic front, Peru took an active role in promoting the Latin American integration process, propagating free trade policies while hosting the APEC and initiated FTA negotiations with various countries and regions.

Key Words: Decentralization Reform; Relatively High Economic Growth Rate; Social Conflicts Escalated; FTA Negotiations

多米尼加

范　蕾[*]

摘　要：2008年，多米尼加政治形势基本稳定，总统选举顺利举行。宏观经济保持较好的发展态势，但经济增长有所放缓。面临的主要问题是控制通货膨胀和能源供应。社会形势没有明显好转。在外交方面，着重拓展经贸合作和解决能源供应。

关键词：政治形势基本稳定　总统大选　经济增速放缓

一　政治形势

2008年是多米尼加的大选年。在5月举行的总统选举中，曾于1996～2000年和2004～2008年两度担任总统的多米尼加解放党总统候选人莱昂内尔·费尔南德斯·雷纳（Leonel Fernández Reyna）获53.43%的选票，蝉联总统。其主要竞选对手、多米尼加革命党总统候选人米盖尔·巴尔加斯·马尔多纳多（Miguel Vargas Maldonado）获40.93%的选票。现任副总统为拉斐尔·弗朗西斯科·阿尔布尔格尔克·德卡斯特罗（Rafael Francisco Alburquerque de Castro）。

本届议会于2006年5月选举产生，下届议会选举将于2010年举行。目前，执政党在参议院获得22个席位，在众议院获得96个席位。多米尼加革命党是最大的反对党，获得6个参议院席位和54个众议院席位。多米尼加基督教社会改

---

* 范蕾，2002年4月毕业于北京外国语大学西班牙语语言文学专业，硕士。现为中国社会科学院拉丁美洲研究所助理研究员。主要研究领域为拉美社会运动和非政府组织。

革党是第三大政治力量，获得 4 个参议院席位和 28 个众议院席位。①

2004 年上台后，费尔南德斯逐渐扩大执政党的力量，建立起较稳固的竞选基础。多米尼加解放党和多米尼加革命党一直是多米尼加最活跃的政治力量，彼此竞争激烈。在 2006 年中期选举前，多米尼加革命党在众议院中占有 150 个席位中的 72 席，并取得参议院中的压倒性优势；而执政的解放党在两院中的席位仅为 42 席和 1 席，执政地位较弱。中期选举后，执政党在两院中均获得多数席位，执政地位得到加强。此后，费尔南德斯政府把宪法改革提上议事日程。其改革内容包括：赋予公民更多的合法权利，废除现行宪法中前后矛盾的条款，议会选举与总统选举同期举行，总统可连任两届，等等。

执政党内部较团结。2007 年 5 月，多米尼加解放党举行推举该党 2008 年总统候选人会议。费尔南德斯以 71.5% 的得票率入选。尽管党内竞争激烈，但并未导致党内派系分裂。

2008 年 8 月，费尔南德斯开始其第三个总统任期。在本届任期内，由于腐败问题、经济和社会发展问题及电力匮乏问题没有得到解决，费尔南德斯的民众支持率有所下降。但是，执政党在参众两院仍占据优势，参议院议长和副议长均为该党成员。2010 年中期选举前，多米尼加政局将保持相对稳定。

费尔南德斯政府仍面临重重考验。多米尼加主要政党和商业团体中的年轻一代强烈呼吁彻底改革政府机构，杜绝政府部门的浪费。参众两院合并、把议员人数从 210 名缩减至 150 名的呼声越来越高。在 7 月举行的一次记者招待会上，费尔南德斯首次就能源紧张和食品涨价问题表态。与前政府不同，费尔南德斯强调利用双边和多边协议解决国内问题，如用石油生产国的获利创建"团结基金"（solidarity fund），把以优惠价格从委内瑞拉进口的石油数量从每日 3 万桶增至 5 万桶，等等。而多米尼加各界普遍认为，执政党没有提出明确的改革方案和行动计划，没有有针对性地解决问题。面对外界的批评，费尔南德斯政府作出回应，提出"一揽子行动计划"：支持开发新型可再生能源，推动乙醇生产，使能源和食品补贴合理化，深化电力公司的改革，把国有土地用于农业生产，减少不必要的政府开支，等等。但是，面对价格上涨和断电现象日益频繁的现状，费尔南德斯政府只有提出更具体的实施计划，采取切实可行的行动，才能缓和社会各界对政府的压力。

---

① http：//www.copppal.org.mx/doc‐res‐elec‐res06.htm

二 经济形势

2008 年，多米尼加 GDP 的增长主要由内需拉动。私人消费和固定资产投资成为推动经济增长的主要动力。不过，受国际金融危机、世界经济发展减慢等国际因素和以减少内需为主要目标的货币政策等国内因素的影响，始于 2005 年的经济高速增长的局面有所改变，经济增长速度明显放缓。2008 年，GDP 增长率为 4.5%，远远低于 2007 年的 8.5%。人均 GDP 增长率为 3%，低于 2007 年的 6.9%。在国际金融危机和世界经济衰退的形势下，预计 2009 年 GDP 增速将降至 2.5%。[①]

2008 年，各经济部门产值有增有减。预计能源及水事业增长 9%，交通、仓储和通信业增长 10%，商业和酒店餐饮业增长 6%，金融服务和企业服务增长 5.5%，高于经济平均增长水平；建筑业增长 2%，制造业增长 1%，社区、社会和个人服务业增长 2%，低于经济总体增长速度；农牧业、采矿业分别下降 7% 和 10%。[②] 2008 年，服务业产值在三大产业中对 GDP 的贡献最大，农牧业产值和工业产值在 GDP 中的比重呈下降趋势。

恶劣的气候条件和国际市场价格因素造成农作物减产，农牧业产值在 2008 年前三季度同比下降 8%。工业方面，国内制造业产值在前三季度同比增长 2.5%，高于 2007 年同期的 1.9%；自由贸易加工区工业产值仅小幅下滑 1.2%，与 2007 年全年缩减 33.6% 相比已有明显复苏。同一时期，建筑业同比增长 5.3%，金融机构对建筑业的投资同比增加 17.3%；能源和水事业同比增长 11%；银行的商业和消费信贷活跃，居民消费额大幅度提升，商业发展较快，同比增长 10.1%；通信业仍保持较高的增长活力，以 15.7% 的同比增长率位居各经济部门首位，主要原因是各电信公司大力推广尖端科技产品。2008 年，旅游业仍是主要的创汇部门。上半年游客数量 221.6 万人，比 2007 年同期增长 5.2%。前三季度旅游业收入 33.73 亿美元，同比增加 4.7%。[③]

---

① CEPAL, *Balance Preliminar de las Economías de América Latina y el Caribe 2008*, diciembre de 2008.

② CEPAL, *Balance Preliminar de las Economías de América Latina y el Caribe 2008*, diciembre de 2008.

③ http://www. bancentral. gov. do/publicaciones _ economicas/infeco _ preliminar/infeco _ preliminar 2008 – 09. pdf

中央政府财政收支出现赤字，约占 GDP 的 3.2%。政府收入占 GDP 的比重同比下降约 1 个百分点，从 2007 年的 17.9% 降至 2008 年的 17.1%。收入减少主要是由经济增长放缓造成税收收入减少所致。2008 年，税收收入比 2007 年减少约 5.6%。政府支出占 GDP 的比重从 2007 年的 17.2% 升至 2008 年的 20.3%。[①]

公共开支比 2007 年增加 18.6%，占 GDP 的 20.3%，比 2007 年增加约 3 个百分点。公共开支增加的主要因素有：5 月的总统选举导致政府开支激增，受国际粮食和石油价格上涨及几次热带风暴的影响，政府对生产部门的补贴大幅度增加。

财政状况恶化、国际金融危机和通胀率上升等内外因素对外汇市场产生一定压力，但从 2004 年起开始实施的浮动汇率政策有效地缓解了这些压力。预计 2008 年全年的平均汇率为 34.80∶1。[②] 2008 年四个季度的国际储备额分别为 28.92 亿、25.84 亿、26.36 亿和 24.95 亿美元。[③]

通胀率有所上升。通胀率上升的主要原因是：国际粮食和石油价格持续上涨，两次热带风暴造成农牧业减产。全年通胀率为 7%。随着经济增长速度放缓和国际油价下跌，预计 2009 年的通胀率将有所降低。2007 年 11 月～2008 年 11 月，消费价格指数累计增长 7.2%，交通运输与食品饮料和烟草成为影响消费价格指数的两大主要类别。[④]

对外贸易仍存在巨大逆差。商品及服务出口额为 121.62 亿美元，进口额为 194.43 亿美元，逆差 72.81 亿美元。商品出口额基本与 2007 年持平，商品进口额比 2007 年增长 27%，主要原因是国际油价上涨造成的石油进口额增加。[⑤]

国际金融危机成为影响多米尼加国际收支的主要因素。国际收支逆差 3.16 亿美元（2007 年顺差 6.57 亿美元）；经常项目逆差达 58.24 亿美元，占 GDP 的 12.6%，高于 2007 年的 5.3%。主要原因是国际石油价格上涨、食品和原材料价格起伏不定和世界经济滑坡。净流动资金比 2007 年增加 4%。侨汇收入约 31

---

① CEPAL, *Balance Preliminar de las Economías de América Latina y el Caribe 2008*, diciembre de 2008.

② EIU, *República Dominicana*, *Country Report*, August 2008, p. 9.

③ CEPAL, *Balance Preliminar de las Economías de América Latina y el Caribe 2008*, diciembre de 2008.

④ CEPAL, *Balance Preliminar de las Economías de América Latina y el Caribe 2008*, diciembre de 2008.

⑤ CEPAL, *Balance Preliminar de las Economías de América Latina y el Caribe 2008*, diciembre de 2008.

亿美元，比 2007 年增加 5%。资本和金融账户内净流入 55.08 亿美元，高于 2007 年的 28.88 亿美元。到 2008 年 9 月为止，外国直接投资达 23.53 亿美元，比 2007 年同期增加 133%；预计 2008 年全年将达到 25 亿美元。外部投资主要集中于制造业和通信业的新项目。外债达 79.29 亿美元，比 2007 年增加 3.63 亿美元。[1]

为减少国际金融危机对国内价格的冲击、平抑物价、降低通胀压力，多米尼加货币当局缩减货币发行量并进行利率调整。2008 年 1 月，储蓄短期利率为 7%，此后逐渐上调，到 11 月达 9.5%。其他利率也从第二季度起逐渐上调，2008 年 1~11 月的平均贷款利率为 15.5%。从第二季度起，有关部门要求商业银行将其存款的 20% 存入央行账户。央行发行的三年期不可赎回债券的利率上调至 18%，比发行初期上调了 2 个百分点。

三 社会形势

近两三年较高的经济增长率并未使贫困、就业和收入分配等社会指标得到明显改善，有的指标甚至有所恶化。

2002~2006 年，与大多数拉美国家相反，多米尼加的贫困人口和赤贫人口的比重都有所增加。同哥伦比亚、厄瓜多尔、萨尔瓦多和秘鲁一样，多米尼加也是贫困人口占 38%~48% 的国家。2006 年，多米尼加赤贫人口的比重达 22%，比 1996 年的 14.8% 有大幅度增加。[2]

2006~2007 年，多米尼加就业状况有所好转。与 2002~2004 年失业率连年上升相反，这两年的失业率呈下降趋势。2006 年城市失业率为 16.8%；[3] 2007 年失业率为 15.6%，是 2002 年以来的最低水平。[4] 随着经济的持续增长，2008 年，就业状况继续改善，10 月份的失业率为 14%，是 2000 年以来的最低点。[5]

① CEPAL, *Balance Preliminar de las Economías de América Latina y el Caribe 2008*, diciembre de 2008.
② CEPAL, *Panorama Social de América Latina 2008*, diciembre de 2008.
③ CEPAL, *Panorama Social de América Latina 2007*, diciembre de 2007.
④ CEPAL, *Panorama Social de América Latina 2008*, diciembre de 2008.
⑤ CEPAL, *Balance Preliminar de las Economías de América Latina y el Caribe 2008*, diciembre de 2008.

2007 年，多米尼加的收入分配状况恶化，贫富差距扩大，40% 的最低收入者占总收入的比重不足 11%。这种不平等现象在城市更为明显。[1]

2006 年，多米尼加居民正规收入和非正规收入都大幅度减少。2007 年，公共部门和自由贸易加工区的最低工资水平基本与 2006 年持平。根据消费价格指数，居民实际购买力同比下降 8.2%；其他经济部门的最低工资水平比 2006 年增长 11.3%，实际购买力同比上升 2.2%。[2] 根据多米尼加《劳动法》，最低工资每两年调整一次。预计 2009 年第一季度最低工资将有所上调。[3]

多米尼加是教育水平较低的拉美国家之一。2000～2004 年多米尼加的小学入学率不足 90%，接受中等教育的人口比重不到 60%。2005 年，政府的教育投入仅占 GDP 的 1.8%，远远低于其他拉美国家。[4] 2006 年，7～12 岁受教育人口比重为 97.9%，13～19 岁为 82.6%，20～24 岁为 42.5%。[5]

近年来，政府用于医疗、居住和社会保障方面的开支有所增加，农村医疗条件和饮用水保障方面都有明显改善。人均医疗开支 40 美元，医疗总投入占 GDP 的 1.4%，占公共开支的 6.6%；人均社会保障开支 42 美元，社会保障总投入占 GDP 的 1.5%，占公共开支的 7.3%；人均住房开支 66 美元，居住总投入占 GDP 的 2.3%，占公共开支的 11.2%。[6]

从 2003 年起，多米尼加实行包括退休金（老年人和残疾人的基本生活费）、医疗保险费和劳动保险金的新社会保障体系（Sistema Dominicano de Seguridad Social）。到 2006 年底为止，约 160 万多米尼加人加入退休金体系，其资金达 10 亿美元，占当年 GDP 的 3.8%。预计 2024 年这一资金将占 GDP 的 33%。[7] 到 2008 年 6 月 30 日为止，多米尼加社会保障局累计支付 635.33 万比索（包括退休金 487.75 万比索，劳动保险金 59.36 万比索，医疗保险费 88.22 万比索），其中 2008 年度支付 145.17 万比索（包括退休金 77.11 万比索，劳动保险金 8.11 万比

① CEPAL, *Panorama Social de América Latina 2008*, diciembre de 2008.

② CEPAL, *Estudio Económico de América Latina y el Caribe 2007 - 2008*, agosto de 2008.

③ CEPAL, *Balance Preliminar de las Economías de América Latina y el Caribe 2008*, diciembre de 2008.

④ CEPAL, *Panorama Social de América Latina 2008*, diciembre de 2008.

⑤ CEPAL, *Panorama Social de América Latina 2007*, diciembre de 2007.

⑥ CEPAL, *Panorama Social de América Latina 2007*, diciembre de 2007.

⑦ EIU, *República Dominicana*, Country Profile 2007.

索，医疗保险费 59.95 万比索）。到 2008 年 9 月 30 日为止，多米尼加社会保障局的账户额达 3.1 亿比索。①

多米尼加的青少年问题和社会暴力问题值得关注。2004 年，多米尼加每 10万人中有 99 例非正常死亡案例；其中 11 例死于谋杀，3 例死于自杀，30 例死于交通事故。2006 年，多米尼加共有 4573 人非正常死亡；其中 2107 例死于谋杀，1602 例死于交通事故，400 例死于自杀，253 例死于绞刑，211 例死于电刑。在多米尼加，青少年的酗酒、吸毒、小规模运毒和参与暴力活动现象较严重。在2002 年的随机调查中，21.7% 的青少年和妇女称受到肉体虐待，6.4% 的被访者称遭性暴力侵犯，67.5% 的被访者称自己是精神暴力的受害者。多米尼加政府为解决青少年问题作出了努力。如 2000 年颁布青少年法，旨在实现没有性别、宗教、政党和种族差别的所有青少年的全面发展；2003 年政府颁布《少年儿童保护与基本权利法》（第 136 - 03 号法）。目前，多米尼加不承担法律责任的年龄上限为 13 岁。②

多米尼加的生育人群呈现年轻化趋势。预计 2005～2010 年的平均生育年龄为 25.72 岁，2010～2015 年的平均生育年龄为 25.53 岁。生育率也呈下降趋势，预计 2005～2010 年的生育率为 2.67‰，2010～2015 年为 2.48‰。

四　外交形势

2008 年 3 月，美国发表《2007 年国别人权报告》，对多米尼加人权状况作出负面评估。多米尼加外交部长随即发表讲话，驳斥美国的《人权报告》。他说，美国在关塔那摩监狱的虐囚行为以及在伊拉克的所作所为应受到谴责，在这种情况下，美国没有资格对多米尼加的所谓"侵犯人权、歧视海地移民"行为进行指责。他还说，多米尼加的民主正得到全面恢复，人权状况普遍得到改善，海地移民也受到了"友好接待和尊重"，美国对多米尼加人权状况的评估是对事实的"肆意歪曲"。

2008 年，多米尼加积极发展与拉美和加勒比地区其他国家、欧洲及中东国

---

① http：//www.tss.gov.do/pdf

② CEPAL, *Panorama Social de América Latina 2008*, diciembre de 2008.

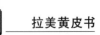

家的关系，旨在促进贸易和投资，并确保本国经济和社会发展必需的能源供应。2008年，多米尼加与阿拉伯联合酋长国和柬埔寨王国建立了正式外交关系。委内瑞拉仍是多米尼加重要的能源供应国，2008年该国按照"加勒比倡议"以优惠价格每天向多米尼加提供3万桶石油。1月，查韦斯总统宣布，作为实现区域经济一体化努力的一部分，委内瑞拉不久将开始在多米尼加建造一家炼油厂。他还宣布，多米尼加将加入"美洲玻利瓦尔替代计划"。11月，费尔南德斯总统对厄瓜多尔、法国、卡塔尔、阿拉伯联合酋长国和英国进行了国事访问，访问期间与这些国家签署了多项合作和投资协定。

多米尼加与邻国海地的关系仍未得到根本改善。不断攀升的食品价格使海地的贫困问题更加严重，非法涌入多米尼加的海地人不断增加。海地在多米尼加的非法移民问题导致两国关系紧张。

多米尼加与中国保持着政界、工商界和民间往来。1月，应中国外交学会邀请，多米尼加国会众议院议长胡里奥·瓦伦廷率团访华，这是近3年来第一个多米尼加议会代表团访华，也是近6年来第一个多米尼加众议院代表团访华。4月，应多米尼加"鲜花基金会"和全国少年儿童委员会的邀请，中国致公党副主席李卓彬率领演出团在多米尼加进行访问演出。4月10日，中国驻多米尼加贸易发展办事处代表王卫华向多米尼加全国少年儿童委员会捐赠物品，作为对该委员会正在筹建的"少年儿童培训中心"的资助。4月17日，由多米尼加爱国侨社"鲜花基金会"和多米尼加公共工程部联合主办的圣多明各中国城落成典礼隆重举行，费尔南德斯总统夫妇亲临典礼。5月，多米尼加总检察长、外交部副部长、革命党国际关系副书记和助理书记、争取民主联盟党主席、劳动党（马列）主席、劳工力量党主席、众议院卫生委员会和多中议员友好委员会主席、多中友协主席等先后在中国驻多米尼加商代处向中国在"五·一二"汶川地震中的死难者致哀。多米尼加劳动党和圣多明各自治大学也分别举行了悼念活动。5月26日，中国外交部副部长李金章会见了来华访问的多米尼加总检察长希门内斯，双方就发展两国关系交换了意见。6月，中国驻多米尼加贸易发展办事处与多米尼加圣多明各技术学院签署了合作协议。

多米尼加仍与中国台湾保持着所谓的"外交关系"。9月，经台湾"外交部"证实，多米尼加对台湾的"联合国提案"没有表态，没有参与联署。

参考文献

CEPAL, *Balance Preliminar de las Economías de América Latina y el 2008*, diciembre de 2008.

CEPAL, *Panorama Social de América Latina 2008*, diciembre de 2008.

CEPAL, *Estudio Económico de América Latina y el Caribe 2007 – 2008*, agosto de 2008.

CEPAL, *Panorama Social de América Latina 2007*, diciembre de 2007.

EIU, *República Dominicana, Country Report*, August 2008.

EIU, *República Dominicana, Country Profile 2007*.

Dominica

Fan Lei

Abstract: In 2008, Dominica kept political situation in relative stability and the presidential election was carried out smoothly. Macroeconomic development was in good momentum but at slower pace. Inflation control and energy supply stand as major challenges to the country where social situation did not show signs of improvement. In the field of diplomacy, Dominican ties with other countries and regions were maintained the same as before.

Key Words: Political Stability; Presidential Election; Economic Growth Slowed down

乌拉圭

谌园庭*

摘　要：2008 年乌拉圭国内的政治重心逐步转移到大选进程中。围绕总统候选人提名，执政的"广泛阵线"内部产生了严重分歧。巴斯克斯总统正在推动宪法改革，以谋求连任。经济保持强劲增势，宏观经济总体稳定，但通货膨胀压力加大。社会局势总体稳定，就业增加，工资水平继续提高。与阿根廷的关系持续紧张。

关键词：乌拉圭　大选　经济　南共市

一　政治形势

乌拉圭是南美地区政局最稳定的国家之一，实行民主共和制，三权分立。总统是国家元首和政府首脑，兼武装力量最高统帅，任期 5 年。总统不能连任，但可隔届再次参选。2005 年 3 月，巴斯克斯领导的"进步联盟—广泛阵线"（以下简称"广泛阵线"）政府上台执政，任期至 2010 年 3 月。

乌拉圭将于 2009 年 10 月举行全国大选。2008 年国内的政治重心逐步转移到大选进程中。按照乌拉圭现行宪法，总统由直接选举产生。各政党只能提一个总统候选人，候选人在大选前 6 个月内通过党内初选产生。

围绕总统候选人提名，执政的广泛阵线内部产生严重分歧。巴斯克斯政府的前农业部长何塞·穆希卡和前经济部长达尼洛·阿斯托里先后宣布竞选广泛阵线总统候选人。前游击队成员穆希卡是广泛阵线内的最大派别——人民参与运动的

---

* 谌园庭，毕业于北京大学国际关系学院，获法学硕士学位。现为中国社会科学院拉丁美洲研究所助理研究员。主要研究领域为墨西哥外交、中拉关系、乌拉圭。

总书记，属政党联盟内激进派力量。阿斯托里是广泛阵线另一派别——乌拉圭全国大会的领导人，属温和"左派"，是巴斯克斯有意培养的继任者。穆希卡与阿斯托里政见不一，曾严厉抨击后者推行的税制改革方案。

2008 年 12 月 13～14 日，广泛阵线召开代表大会，投票表决该阵线总统候选人。投票结果是，穆希卡获 1694 票，得票率为 71.5%；卡内洛内斯市市长马科斯·卡拉布拉获 1012 票，得票率为 42.5%；阿斯托里获 566 票，得票率为 23.8%；工业部长达尼埃尔·马丁内斯的得票率为 21.63%。① 代表大会最终决定，提名穆希卡为该阵线总统候选人，并决定 2009 年 6 月 28 日举行初选。广泛阵线以往的做法是通过代表大会一致提名总统候选人，并不举行初选。这次决定举行初选，在一定程度上反映了阵线内部矛盾的扩大化。阿斯托里虽然遭到惨败，但仍表示，对赢得初选充满信心。他认为，代表大会并不具有普遍代表性，因为在 2000 多名代表中，穆希卡领导的人民参与运动占了 1/3，而谁能赢得 50 万普通党员的认可，才能最终获得提名。

在广泛阵线内穆希卡的支持率很高，在代表大会上赢得了 2/3 的多数，但他也面临以下不利因素。（1）他已 73 岁高龄。（2）立场激进，如果他作为广泛阵线总统候选人参选，很有可能导致一些中间选票倒向持中右立场的白党。（3）穆希卡与阿根廷基什内尔政府关系相当好，曾作为特使前往阿根廷调解两国因造纸厂引发的纠纷。他在接受《共和国报》记者采访时宣称，如果当选总统，他将邀请阿根廷前经济部长罗伯托·拉瓦尼亚当他的经济顾问，这一表态引起广泛阵线内民族主义者的强烈不满。

面对党内分歧，为确保广泛阵线能在 2009 年大选中获胜，巴斯克斯正在谋求推动宪法改革。2008 年 11 月，巴斯克斯首次暗示，如果能收集到 25 万人的签名，推动宪法改革，允许总统连任，他将于 2009 年再次参选。按照乌拉圭现行宪法，如果获得 10% 的公民签名，即可启动修宪程序。

在广泛阵线内，不管谁是总统候选人，都将面对来自白党的强有力竞争。白党为乌拉圭最大的在野党。目前，白党主要有两派：现任主席、议员豪尔赫·拉腊尼亚加领导的民族联盟和前总统路易斯·阿尔韦托·拉卡列领导的埃雷拉派。目前，豪尔赫·拉腊尼亚加的呼声很高。2008 年 11 月，乌拉圭一家民调机构

---

① http://www.latinnews.com/lwr/LWR20095.asp? instance = 4

Factum 所做的调查中，拉腊尼亚加的支持率为 49%，高于现总统巴斯克斯的 46%。当然，拉腊尼亚加要想成为白党总统候选人，也将面临拉卡列强有力的挑战。

二 经济形势

巴斯克斯政府的经济政策以维持宏观经济稳定为主要目标，积极推动税制改革，同国际金融机构保持良好关系，以争取更多的外国投资，促进经济增长。巴斯克斯政府执政以来，乌拉圭经济取得了稳定、快速的发展。2005～2007 年的经济增长率分别为 6.6%、7.0% 和 7.4%。[①]

2008 年乌拉圭经济出现强劲增长势头，达 11.5%，居拉美地区之首。至此，乌拉圭已实现连续 5 年的经济高速增长。其中，交通通信业增长率高达 33.7%，制造业为 16%，商业服务业为 7.2%，农业为 6%，建筑业为 4.7%。受干旱的影响，电力部门下降了 23%。与此同时，人均 GDP 也持续增长，增长率由 2007 年的 7.2% 增至 2008 年的 11.2%。[②]

通胀压力加大。全年通胀率在 8.5% 左右，已超出乌拉圭央行设定的 4.5%～6.5% 的目标。通胀压力主要来自两个方面：一是出口产品价格的上涨，尤其是小麦、肉类和奶类产品的价格上涨；二是 2008 年上半年国际油价居高不下，乌拉圭石油、天然气消费全部依赖进口，国际石油价格的上涨对通胀的影响最大。为了缓解能源消费的压力，2008 年 12 月，乌拉圭核能问题特别委员会正式成立，其任务是尽快就乌拉圭进行核能开发作出评估和可行性报告。此外，随着 2008 年第三和第四季度石油价格以及原材料价格的下跌，通胀压力会降低。

受世界金融动荡的影响，国家风险指数从 2008 年上半年的 200 点升至 2008 年 10 月的 700 点。通过以新债换旧债的债务重组及提前偿还债务等举措，公共债务占 GDP 的比重已由 2007 年的 58.4% 降至 2008 年年中的 43%。到 2008 年 10 月底为止，国家外汇储备额达 60 亿美元。2002 年乌拉圭发生经济危机时的外汇

① CEPAL, *Estudio Económico de América Latina y el Caribe 2007 – 2008*, Julio 2008.

② CEPAL, *Balance Preliminar de las Economías de América Latina y el Caribe 2008*, Diciembre de 2008.

储备额仅为 4.62 亿美元。近年来，乌拉圭央行不断增加外汇储备，使其应对当前国际金融危机的能力明显增强。

为保证价格稳定，2008 年货币政策从紧。2008 年 10 月，乌拉圭央行基准利率由 7.25% 升至 7.75%。为控制通货膨胀，2007 年 10 月至 2008 年 10 月，M1 供应量的增幅减缓，只增加了 12%，远远低于 2007 年全年 31.8% 的增幅。

乌拉圭比索开始贬值。2007 年 6 月至 2008 年 6 月，乌拉圭比索一直保持升值（升值 19%）。但受金融动荡的影响，2008 年 9 ~ 10 月，比索贬值了 16%，估计 2008 年全年将贬值 10%。

对外贸易持续增长，成为推动经济高速增长的重要因素。2008 年对外贸易总额为 173.47 亿美元，其中出口额为 83.1 亿美元，同比增长 25.1%。主要出口对象国是巴西（16.5%）、阿根廷（8.4%）和俄罗斯（6.3%）。出口的快速增长主要得益于国际商品价格的上涨，特别是牛肉、羊毛、皮革等传统出口产品价格的提升。进口额为 90.37 亿美元，同比增长 35.6%。

2008 年上半年，经常项目赤字占 GDP 的比重为 2.1%，预计全年经常项目赤字占 GDP 的 3.5%。2008 年 1 ~ 6 月，资本项目盈余 22 亿美元，主要是私人部门的投资。

巴斯克斯政府积极鼓励外国投资。2007 年 11 月，政府出台了新的投资鼓励措施，设立了一站式窗口，接受投资申请并指导投资者。2008 年，外国直接投资增长 3.8%。

税制改革是巴斯克斯政府推行的一项主要的结构性改革，税制改革的主要目标在于公平和高效率。新税制有五大支柱：简化税收结构；计税依据更加合理；增加自然人所得税以扩大税源，并对劳动所得和资产所得区别征税；降低消费税；强调财政责任，保证国家有充足的资源实施社会经济发展战略。从 2007 年 7 月 1 日起这一法案开始分批实施，并将在 2009 年全部得到落实。目前，新税制的推行已取得明显成效。据乌拉圭税务总局网站公布的信息，由于税收征缴效率提高，2008 年上半年乌拉圭税收增加 5700 万美元。

巴斯克斯政府奉行紧缩的财政政策。2008 年基本盈余占 GDP 的 2%。由于偿还外债利息，财政赤字占 GDP 的比重为 1%，比 2007 年的 0.4% 有所上升。

联合国拉美经委会预测，在国际金融危机背景下，2009 年乌拉圭经济增长率为 4%。而乌拉圭政府预测，2009 年的经济增长率为 4.3%；其中农牧业增长

1%，工业增长 1.5%，交通通信业增长 3.4%，商业服务业增长 2%。2009 年进口增长率将减少至 3.9%，出口增长率将减少至 1.3%。据统计，2008 年 11 月乌拉圭的出口额为 4.195 亿美元，与 2007 年同比下降 10.5%。这是 17 个月以来乌拉圭的出口额首次出现下降。为应对国际金融危机，政府将加大投资力度，鼓励汽车、电力和造船业的发展，扶持受经济危机影响的大型企业，并鼓励旅游等相关服务业。投资和国内消费将成为 2009 年乌拉圭经济增长的动力。预计 2009 年乌拉圭投资增长率将达到 13.3%。

三 社会形势

据 2008 年 5 月《经济学家》发布的"全球和平指数"排名，乌拉圭在拉美地区居第 2 位，仅次于智利，在世界排名中居第 29 位。

巴斯克斯政府注重社会投资，提出了一系列社会计划，如 2005～2007 年的《社会紧急救助计划》，向低收入家庭提供现金资助，受资助的家庭以社区工作或履行其他社会责任作为交换。

扩大对劳工和工会的保护。2006 年 1 月政府通过了《促进和保护工会法》，使工会化水平逐步提高。巴斯克斯政府与工会的关系在 2007 年底曾出现紧张。政府一直试图使公共部门和私人部门达成 2 年的工资协定，以避免在 2009 年大选年出现劳资纠纷。工资委员会在谈判期间组织了一些罢工和示威活动。但由于多数工会组织是由执政的广泛阵线内的政治派别控制的，这些示威活动并不会导致暴力活动。

此外，巴斯克斯政府还着手解决历史遗留问题，即军政府在执政时期违反人权的问题。政府拒绝了左翼政党提出的废除 1986 年大赦法（赦免那些在军政府执政时期犯有违反人权罪行的军人）的要求，但政府对大赦法作了新的解释，向阿根廷引渡了 5 名退休军官和 1 名退休警察，他们曾在阿根廷侵犯乌拉圭人。2007 年 12 月，前陆军总司令因对军政府执政时期镇压反对派负有责任而被监禁。

2008 年，在经济高速增长带动下，乌拉圭各项社会指标继续好转。就业率有所上升，就业人口占适龄就业人口的比重由 2007 年 1～10 月的 56.5% 增至 2008 年同期的 57.3%。农业、渔业和矿业部门的新增就业人口最多。2003 年以来，随着经济的复苏和增长，失业率逐步下降，从 2003 年的 16.9% 降至 2007 年的 10.3%。2007 年男性失业率为 6.5%，女性失业率为 12.4%。2008 年 1～10 月，失业率降至 7.8%。据乌拉圭国家统计局的数据，经济危机对乌拉圭的就业并未产生影响，失业率在持续下降；2008 年 10 月降至 7%，为 15 年来的最低值。

随着就业状况的改善，劳动者工资水平继续提高。2008 年 1～10 月，平均工资增长 3.1%，其中私人部门增长 2.9%，公共部门增长 3.8%，家庭收入增长 4.9%。[①]

乌拉圭是拉美地区贫困率最低的国家之一。2006 年贫困人口比重为 18.8%，赤贫人口为 4.1%。2007 年贫困人口比重降至 18.1%，赤贫人口比重降至 3.1%。

四 外交形势

2005 年巴斯克斯执政后，重新把发展与南共市成员国的关系置于对外关系的首位。执政初期，巴斯克斯表示要重新确立"南共市在乌拉圭参与国际经济中的战略地位"。然而，乌拉圭与南共市其他成员国关系的发展并不顺利。乌拉圭与邻国阿根廷因乌拉圭引进外资在两国国界河畔建纸浆厂一事争执不休，两国关系受到严重影响。2008 年，两国因南美洲国家联盟秘书长人选一事再起分歧。南美洲国家联盟采用"欧盟模式"，计划在 2008 年 12 月 16 日举行的领导人特别会议上选出南美洲国家联盟秘书长。阿根廷前总统基什内尔积极谋求这一职位，并得到绝大多数成员国的支持，但遭到乌拉圭的强烈反对。巴斯克斯宣称，如果南美洲国家联盟不改变秘书长人选，乌拉圭将不惜退出这一组织。南美洲国家联盟各国最终未能就这一事项达成一致。

此外，在取消内部双重征税和制定海关关税收入分配机制这两个议题上，南共市成员国之间始终未能达成共识。双重征税成为南共市与其他国家或地区双边自由贸易谈判时的一大障碍。在这种情况下，巴斯克斯开始寻求与南共市之外的国家签订双边自由贸易协定。2008 年 12 月，乌拉圭与秘鲁签署了旨在促进两国贸易、旅游和投资的双边协议。两国还将就签订自由贸易协定展开对话。

积极发展同其他拉美国家的关系。2005 年 3 月 1 日，巴斯克斯总统就职当

---

① CEPAL, *Panorama Social de América Latina 2008*, Diciembre 2008.

天便恢复了与古巴自 2002 年中断的外交关系。2008 年 6 月,巴斯克斯总统访问古巴,这是乌拉圭总统在古巴革命胜利后对古巴进行的第一次访问。乌拉圭与委内瑞拉查韦斯政府保持着密切合作。乌拉圭是第一个批准委内瑞拉加入南共市的国家。乌拉圭政府和委内瑞拉政府 2008 年 8 月签署了旨在加深两国经济互补的协议,其中一项协议规定,委内瑞拉将对乌拉圭 214 种产品免除关税,主要是农牧产品和畜产品。

同美国保持着传统的友好关系。巴斯克斯执政后,两国虽在古巴等问题上存在分歧,但乌拉圭重视加强与美国的经贸关系,积极谋求与美国签订自由贸易协定。2007 年 1 月,两国签署《贸易投资保护协定》。通过这一协定,乌拉圭获得了其所产的越橘进入北美市场的许可,并为乌拉圭的肉类、葡萄酒和酸性水果进入美国市场提供了便利条件。同年,美国总统布什、副国务卿伯恩斯、助理国务卿香农、财长保尔森、商务部长古铁雷斯访问乌拉圭。2008 年 10 月,两国签订能源合作协议,计划推动两国在生物燃料方面的合作。2008 年 11 月,美国助理国务卿香农访问乌拉圭时,强调美国视乌拉圭为"重要的贸易伙伴"。

重视保持同欧盟的传统关系。2007 年,巴斯克斯总统访问西班牙、葡萄牙和比利时,为推动南共市同欧盟重开自由贸易协定谈判做了大量努力,进一步巩固了乌拉圭同欧盟国家的传统关系。巴斯克斯总统 2007 年 9 月访问欧盟期间,与欧盟达成了《欧盟—乌拉圭 2007 ~ 2013 年国家指导规划谅解备忘录》,欧盟将为乌拉圭应对社会不公和贫困问题、促进生产发展提供帮助。2008 年 2 月 25 日,乌拉圭和欧盟签署了有关促进乌拉圭科技创新和社会发展的两项合作协议。

乌拉圭和中国的关系发展顺利。2008 年 2 月 3 日,胡锦涛主席同巴斯克斯总统互致贺电,热烈庆祝两国建交 20 周年。两国双边贸易和经贸合作不断发展。据中国海关总署统计,1988 年两国建交之初,双边贸易额仅为 1.24 亿美元,2007 年已达 9.57 亿美元。2008 年 1 ~ 10 月,双边贸易额再创新高,达 14.36 亿美元,同比增长 98.19%;其中中国的出口额为 8.90 亿美元,同比增长 85.27%,进口额为 5.45 亿美元,同比增长 123.65%。据中国商务部统计,到 2008 年 10 月为止,中国在乌拉圭累计投资 3 个项目,非金融投资存量 329 万美元。中国在乌拉圭承包工程劳务累计签订合同额 1220 万美元,完成营业额 2363

万美元。乌拉圭在中国的投资累计设立企业 12 家，合同外资金额 2437 万美元，实际投入金额 127 万美元。①

参考文献

CEPAL，*Balance Preliminar de las Economías de América Latina y el Caribe 2008*，Diciembre de 2008.

CEPAL，*Estudio Económico de América Latina y el Caribe 2007 – 2008*，Julio 2008.

CEPAL，*Panorama Social de América Latina 2008*，Diciembre 2008.

EIU，*Country Report*：*Uruguay*，August 2008.

EIU，*Country Profile 2008*：*Uruguay*.

Uruguay

Chen Yuanting

Abstract：In 2008, Uruguay's center of political gravity was switched to the election. Serious disputes arose within the governing Ample Front as president Vazquez was trying to push the constitutional reform forward in order to get reelected. The country's economy kept strong momentum of growth in a generally stable macro-environment with looming inflationary pressure. Social situation was stable with growing employment and continuously rising salary. Its relations with neighboring Argentina remained tight.

Key Words：Uruguay；Presidential Election；Economy；Southern Common Market

---

① 中国商务部网站。

委内瑞拉

王　鹏[*]

摘　要： 2008 年委内瑞拉政局保持平稳。委内瑞拉统一社会主义党宣告成立。地方选举于 11 月顺利举行，其结果表明，反对派将对查韦斯政府构成更有力的挑战。年底，查韦斯政府再次谋求通过修改宪法取消对总统连任次数的限制。经济继续保持增长，但增幅较往年缩小，全年一直面对严重的通胀压力。在水泥、钢铁、采矿、金融等行业实施大规模国有化。国际油价的大幅下跌给经济带来不利影响。贫困状况得到明显改善，贫困率和极端贫困率继续下降。新的"社会使命"付诸实施。政府采取措施整合警察力量，加大对犯罪现象的打击力度。积极推动地区合作，推动"美洲玻利瓦尔替代计划"、南方银行等替代机制的建设，大力加强与俄罗斯的双边关系，与美国的关系仍矛盾重重。

关键词： 统一社会主义党成立　地方选举　国有化　"社会使命"

2008 年委内瑞拉政局平稳。地方选举结果表明，查韦斯政府将在未来面对反对派更有力的挑战。委内瑞拉经济延续近年来的增长势头，但增幅进一步放缓，并面对严重的通胀压力。贫困状况得到明显改善，贫困率和极端贫困率同时下降。政府采取措施整合警察力量，加大对犯罪现象的打击力度。在外交领域，委内瑞拉积极推动地区合作，大力加强与俄罗斯的双边关系，与美国的关系仍矛盾重重。

一　政治形势

2007 年底，查韦斯政府的修宪提案在全民公决中被否决。对查韦斯而言，

---

[*] 王鹏，中国社会科学院研究生院拉美政治专业博士生。现为中国社会科学院拉丁美洲研究所助理研究员。主要从事拉美政治研究。

这是 1998 年执政以来首次遭遇的选战失利，也是 2002 年 4 月军事政变后遭遇的最大挫折。因此，查韦斯政府采取措施，巩固民意基础，把 2008 年视为"解决问题"的一年。

2008 年初，查韦斯总统对政府进行了大规模改组，更换副总统和 12 名部长。拉蒙·卡里萨莱斯接替豪尔赫·罗德里格斯出任副总统，内政司法部部长、计划发展部部长、财政部部长等关键职位均更换新人。阿里·罗德里格斯于 6 月任财政部长，成为查韦斯执政以来的第 9 位财政部长。此前他曾在查韦斯政府任外交部长、能源矿业部长、委内瑞拉石油公司总裁等多个重要职务。近年来，委内瑞拉一直面对严重的通胀压力，是 2008 年上半年通胀率最高的拉美国家。罗德里格斯正是在这一背景下接替年初刚刚就职的拉斐尔·伊塞阿任财政部长的。他在就任后表示，政府将通过推动食品生产、倡导适度消费遏止通胀。

委内瑞拉统一社会主义党于 2008 年宣告成立。查韦斯认为，一个强大而统一的社会主义政党是建设"21 世纪社会主义"的重要保证。2006 年 12 月，在再次当选总统后不久，他所在的"第五共和国运动"宣告解散。2007 年 3 月，查韦斯宣布筹建委内瑞拉统一社会主义党，并欢迎支持政府的各党派加入其中。该党的成立大会在 2008 年初举行，查韦斯被推选为党主席。该党现有约 572 万党员，是委内瑞拉第一大党。4 月，它正式在全国选举委员会注册，准备参加 11 月举行的地方选举。

11 月，委内瑞拉举行 4 年一次的地方选举。这次选举产生 22 名州长、加拉加斯市市长及数百名市长和州议员。委内瑞拉统一社会主义党最终赢得 17 个州长职位和 260 多个市长职位。自查韦斯执政以来，查韦斯的支持者首次担任一些重要城市（如卡拉沃沃州首府巴伦西亚）的市长。反对党赢得加拉加斯市的市长职位和 5 个州（苏利亚州、米兰达州、卡拉沃沃州、塔奇拉州和新埃斯帕塔州）的州长职位。就人口比重而言，苏利亚州、米兰达州、卡拉沃沃州和加拉加斯市是委内瑞拉人口最多的 4 个州一级行政单位。反对党的胜利意味着它控制着全国约 40% 的人口。上述 3 州 1 市也是委内瑞拉经济发展水平最高的地区。马拉开波、马拉凯、巴基西梅托等一些经济中心城市也由反对党控制。2006 年总统候选人、反对党领袖曼努埃尔·罗萨莱斯当选马拉开波市市长。这次选举是委内瑞拉统一社会主义党组建后参加的第一次全国选举，其第一大党地位得到确立。一些重要选区的丢失表明，反对党加强了整合，其力量进一步增强。

2008 年查韦斯政府颁布一系列重要法律。2007 年 1 月，全国代表大会通过《授权法》，赋予总统特别权力，允许他在 11 个领域颁布带有法律性质的政令。《授权法》有效期为 2007 年 2 月 1 日至 2008 年 7 月 31 日。其间，查韦斯利用《授权法》颁布 67 部法律。2008 年 7 月 31 日，即《授权法》到期的最后一天，查韦斯颁布《公共管理法》、《促进人民经济法》等 26 部法律，其内容涉及武装力量、公共管理、社会保障体系、银行、农业生产和旅游业。查韦斯政府表示，这些法律旨在加强政府对战略部门的控制和扩大人民的权利。《公共管理法》从法律上认可了"社会使命"的地位，把公共委员会纳入公共管理机构；《促进人民经济法》要求生产模式更多地服从于社会需求而非资本的再生产，允许易货贸易和多种社区货币与官方货币玻利瓦尔同时流通。

2008 年底，查韦斯政府再次谋求修改宪法，取消对总统连任次数的限制。11 月 30 日，查韦斯明确呼吁民众提出修改宪法，允许总统连选连任。在委内瑞拉，修改宪法程序可通过以下 3 种方式启动：获得 15% 的注册选民的签名支持，由 39% 的全国代表大会（议会）代表提议，由总统本人提议。12 月 11 日，委内瑞拉统一社会主义党发起大规模的签名征集活动，并于 12 月 18 日向全国代表大会提交 476 万个签名（远远超过启动修宪进程所需的签名数量）。当日，全国代表大会对修宪提案进行了第一次讨论，并予以通过。这一修宪提案将于 2009 年 1 月进行第二次讨论。一旦修宪提案获得全国代表大会的通过，这一提案将付诸公民投票表决。查韦斯政府希望把投票的日期定为 2009 年 2 月 15 日。

二 经济形势

2008 年，委内瑞拉延续 2004 年以来的经济增长势头。由于受国际油价大幅下跌、通货膨胀加剧、私人投资下降等因素的制约，它的经济增长呈放缓趋势，增长率为 4.8%。[①] 这一数字略高于拉美和加勒比地区的 GDP 平均增长率（4.6%），但远远低于委内瑞拉 2007 年的增长率（8.4%），也低于查韦斯政府的预期值（6%）。2009 年，委内瑞拉的经济增长可能进一步放缓，GDP 增长率

---

① http：//www.eclac.org/publicaciones/xml/4/34844/Briefing_ paper.pdf

预计为 3%。①

委内瑞拉经济面对的最突出问题是严重的通胀压力。目前，委内瑞拉是拉美地区通胀现象最严重的国家之一，2006～2007 年，其通胀率在拉美地区各国中名列首位。查韦斯政府最初为 2008 年设定的通胀目标为 11%，后迫于压力而将通胀目标调高至 19%。2008 年，委内瑞拉央行开始采用"全国居民消费价格指数"。与原先采用的"消费价格指数"相比，现在的统计方法有所改变，统计对象也从加拉加斯 1 市改为覆盖全国。1～10 月，"全国居民消费价格指数"较 2007 年 12 月上升 24.7%，② 全年"全国居民消费价格指数"涨幅很可能超过 30%。虽然政府采取一系列措施控制商品和服务价格的上涨，但效果并不理想。

查韦斯政府希望通过实施货币改革以遏制通胀和稳定物价。新货币"强势玻利瓦尔"于 2008 年 1 月 1 日正式进入流通领域，1 强势玻利瓦尔等于 1000 玻利瓦尔。新旧货币将并行流通 6 个月。过渡期结束后，委内瑞拉的货币名称仍为"玻利瓦尔"。2005 年以来，委内瑞拉的官方汇率一直维持在 2.15 玻利瓦尔兑换 1 美元。为抑制通胀，委内瑞拉央行近年来多次提高存款利率。5 月 1 日，央行把储蓄和定期存款的最低利率分别提高至 15% 和 17%。③ 这些措施使委内瑞拉的货币流通量得到控制。央行还通过提高贷款利率抑制银行信贷的增长势头。

2008 年，委内瑞拉财政收入的增速放缓，1～7 月增加 14.9%。④ 增速放缓的原因在于，石油部门和非石油部门的所得税收入减少，及 2007 年起实施的下调增值税税率的政策。在税收领域，政府出台了一项政策——征收石油暴利税。政府认为，近年来，因国际油价大涨，石油企业在没有增加投资的情况下获得了大量额外利润，因此，有必要向石油企业开征暴利税。4 月，全国代表大会通过一项法律，要求石油公司在北海布伦特原油价格高于每桶 70 美元时向政府缴纳石油暴利税，须以美元支付税款，交国家发展基金。在石油出口收入持续增长的推动下，委内瑞拉外汇储备额不断增加，从年初的 342.83 亿美元增至 12 月下旬的 383.5 亿美元。⑤

---

① http：//www. eclac. org/publicaciones/xml/4/34844/Briefing_ paper. pdf
② http：//www. eclac. cl/publicaciones/xml/5/34845/RBVenezuela. pdf
③ http：//www. cepal. org/publicaciones/xml/3/33873/Venezuela. pdf
④ http：//www. eclac. cl/publicaciones/xml/5/34845/RBVenezuela. pdf
⑤ http：//www. bcv. org. ve/EnglishVersion/Index. asp

2008 年，查韦斯政府掀起又一轮国有化浪潮。2006 年蝉联总统后，查韦斯承诺恢复国家对经济领域战略部门的控制，并于 2007 年下令对电力工业、电信业和石油业实行国有化。新一轮的国有化涉及水泥、钢铁、金融、采矿等行业。2008 年，由外资控制的 3 家水泥企业和委内瑞拉最大的钢铁企业奥里诺科钢铁公司相继被国有化。在实行国有化后，3 家水泥企业组成全国水泥公司，协助政府完成紧迫的住房建设计划；奥里诺科钢铁公司与委内瑞拉国家石油公司合并成委内瑞拉钢铁集团。由外资控制的委内瑞拉第三大银行委内瑞拉银行及委内瑞拉最大的金矿拉斯克里斯蒂纳斯金矿也相继被国有化。查韦斯希望，委内瑞拉银行将来能仿效巴西的联邦储蓄银行，将其服务延伸至金融服务欠缺的地区，积极资助社会发展项目。委内瑞拉的国有化进程引发了新的经济纠纷。墨西哥水泥公司在委内瑞拉的分公司被国有化后，向世界银行解决投资争端国际中心提交了仲裁申请；阿根廷德钦集团不满委内瑞拉政府为奥里诺科钢铁公司开出的补偿数额，双方一直未能达成协议。

世界金融危机通过国际油价向委内瑞拉传导。2008 年上半年，委内瑞拉的石油出口价格呈走高之势，从 1 月的每桶 80.1 美元攀升至 7 月的每桶 129.54 美元。由于金融危机导致全球能源需求下降，国际油价在下半年呈大幅下降趋势。委内瑞拉的石油出口价格于 12 月跌至每桶 32.66 美元，这是 4 年以来的最低价。石油收入是委内瑞拉公共开支和出口收入的主要来源，因此，国际油价的下跌对委内瑞拉经济产生非常不利的影响。为阻止国际油价的大幅下滑，查韦斯政府多次呼吁包括欧佩克成员国在内的产油国削减石油产量。按欧佩克作出的限产石油决议，委内瑞拉于 9 月把本国的石油日产量削减 12.9 万桶，于 12 月再次削减 18.9 万桶。罗德里格斯财长表示，政府将减少公共开支，有可能对 2009 年的财政预算作出修改。2009 年委内瑞拉的财政预算是政府按每桶石油 60 美元的石油出口平均价制订的。为不减少外汇储备，政府于 12 月底把居民每年购买美元的额度削减一半，从 5000 美元降至 2500 美元。

三 社会形势

2008 年，委内瑞拉的失业率呈下降趋势，从 1 月的 10.2%降至 11 月的 6.1%。①

---

① http：//www.ine.gov.ve/hogares/SeleccionHogares.asp

政府的目标是，2008 年的失业率最终降至 6% 以下，而这将是委内瑞拉在 10 年间的最低失业率。2003 年以来，委内瑞拉的失业率持续下降，从 2003 年的 18% 降至 2007 年的 8.4%。①

2008 年，贫困率和极端贫困率分别降至 26% 和 7%。② 近年来，贫困状况得到明显改善，贫困率从 2002 年的 48.6% 降至 2007 年的 28.5%，极端贫困率从 2002 年的 22.2% 降至 2007 年的 8.5%。③ 政府人士把这一成就归功于一系列"社会使命"的实施。从 5 月 1 日起，政府提高了全国最低工资。委内瑞拉已成为拉美国家中最低工资标准最高的国家。2008 年，委内瑞拉的"人文发展指数"为 0.826，在 179 个国家中列第 61 位，在拉美国家中位居中上。④ 2007 年，委内瑞拉的这一指数为 0.792，在 177 个国家中居第 74 位。⑤

查韦斯政府继续借助"社会使命"改善社会发展状况。2003 年以来，政府已在医疗、教育、食品分配、住房等领域实施 30 多个"社会使命"。"4 月 13 日使命"于 2008 年 8 月付诸实施。其内容之一是整合其他社会使命，以便能对电力、住房、教育等社会需求作出及时反应，提高贫困社区居民的生活水平。"4月 13 日使命"已在 8 个州先行实施，最终覆盖全国。此外，政府还推出一项帮助低收入社区儿童的社会使命和一项关照流浪乞讨者的社会使命。作为"走入社区使命"的组成部分，90 个医疗中心于 6 月投入使用；作为"比利亚努埃瓦使命"的组成部分，政府于 5 月宣布为贫困家庭修建 5 万套住房。2009 年，政府将把 48% 的预算资金用于社会事业（包括医疗、教育和"社会使命"）。这一预算比重比 2008 年提高了 3 个百分点。⑥

委内瑞拉是暴力犯罪较严重的国家之一。大城市的犯罪问题尤为严重，首都加拉加斯是拉美地区犯罪率最高的城市之一。委内瑞拉是拉美地区的主要毒品过境国。在与哥伦比亚的交界地区，绑架现象司空见惯。当地农场主和在此工作的外国公民（主要是石油行业人员）常成为受害者。民众对政府无力改善治安状

---

① http：//www. cepal. org/publicaciones/xml/3/33873/Venezuela. pdf

② http：//www. abn. info. ve/noticia. php？ articulo = 162989&lee = 17

③ http：//www. cepal. cl/publicaciones/xml/3/34733/PSI2008 – SintesisLanzamiento. pdf

④ http：//hdrstats. undp. org/2008/countries/country_ fact_ sheets/cty_ fs_ VEN. html

⑤ http：//hdrstats. undp. org/countries/country_ fact_ sheets/cty_ fs_ VEN. html

⑥ http：//www. abn. info. ve/go_ news5. php？ articulo = 154351&lee = 17

况表示强烈不满。2008 年，查韦斯政府在加强公共安全方面加大了力度。2007年底，建立在跨部门合作之上的"2008 年安全加拉加斯计划"付诸实施。这一计划既包括通过加强警力打击街头犯罪，还包括改进公共服务、街头照明、基础设施等内容。"2008 年安全加拉加斯计划"在 4 个区的试行取得良好成效。2008年 1 月，上述计划开始在米兰达州实施，并将覆盖法尔孔州、塔奇拉州和苏利亚州。

查韦斯政府谋求通过创建一支全国性警察力量改善治安。在发展中国家，委内瑞拉的警力水平较高（每万人平均配有 505 名警察）；但委内瑞拉的警力分散，且地域分布极不均衡。

委内瑞拉打击腐败面临严峻形势。"透明国际"把委内瑞拉列为拉美地区最腐败的国家之一。在"2008 年全球清廉指数"考察的 180 个国家中，委内瑞拉列第 158 位；在 29 个拉美和加勒比国家中，其排名仅高于海地（第 177 位）。①2008 年，两宗受贿案在委内瑞拉国内引起广泛关注。委内瑞拉最高法院对亚拉奎州州长卡洛斯·希门尼斯作出弹劾的决定（他被指控在没有进行招标的情况下签订了州政府的合同）。2008 年底，全国代表大会对西门子公司行贿委内瑞拉政府官员的案件进行了调查（2001～2007 年间，该公司被指控向政府官员行贿，以图在 2 项地铁工程中换取优惠条件）。

四 外交形势

2008 年，委内瑞拉积极参与地区事务，致力于"美洲玻利瓦尔替代计划"的实施和南方银行的建设。查韦斯政府认为，世界经济危机对拉美的影响凸显了"美洲玻利瓦尔替代计划"、南方银行等替代机制的重要作用。

2008 年，加入"美洲玻利瓦尔替代计划"的国家增加了：多米尼克和洪都拉斯相继成为其第 5 个和第 6 个成员国。2008 年初，在加拉加斯举行的"美洲玻利瓦尔替代计划"第 6 届首脑会议上，决定成立"美洲玻利瓦尔替代计划"银行。这家银行的绝大部分启动资金由委内瑞拉提供。为应对粮食危机带来的压力，委内瑞拉、古巴、玻利维亚和尼加拉瓜签署了一项食品协议，决定在"美

---

① http：//www. transparency. org/news_ room/in_ focus/2008/cpi2008/cpi_ 2008_ table

洲玻利瓦尔替代计划"的框架内建立食品销售网。与此同时，这一计划的 4 个成员国还将共同创建一项食品安全基金，用于推动各成员国之间的农业一体化项目。11 月，查韦斯在"美洲玻利瓦尔替代计划"第 3 届特别首脑会议上，提议成立地区货币集团，发行单一货币"苏克雷"。

查韦斯政府一直倡导在南美洲成立一个地区性的多边金融机构。2007 年 12 月，南方银行正式成立，总部设在加拉加斯。目前，成员国对银行资本的筹集方式和投票权仍存在分歧，致使这一银行至今未能正式运转。2008 年，7 个成员国就技术问题举行了几次部长级会议。9 月，在委内瑞拉、巴西、玻利维亚和厄瓜多尔 4 国总统举行的马瑙斯会晤期间，查韦斯建议各国加快启动南方银行，以帮助南美洲国家应对世界金融危机。

委内瑞拉借助"加勒比石油计划"加强与加勒比国家的能源合作。2005 年，委内瑞拉与包括古巴在内的 13 个加勒比国家签署了这一计划。2008 年，危地马拉成为"加勒比石油计划"的第 18 个成员国。7 月，"加勒比石油计划"缔约国第 5 届特别首脑会议在委内瑞拉举行。查韦斯政府承诺，以更优惠的条件为各成员国提供石油和石油制品。

2008 年，委内瑞拉与一些拉美国家的双边关系进一步密切。12 月，劳尔·卡斯特罗主席访问委内瑞拉，这是他任古巴国务委员会主席以来的第一次出国访问。委内瑞拉和巴西建立了领导人定期会晤机制。10 月，两国政府签署协议，将共同在委内瑞拉建设一座年产 100 万吨的钢铁厂，在巴西建设一座大型炼油厂。查韦斯总统和克里斯蒂娜总统在年内实现互访。5 月，委内瑞拉再次购买阿根廷的国债。目前，委内瑞拉已成为阿根廷的主要融资来源国。

委内瑞拉与哥伦比亚的关系冷淡。3 月，哥伦比亚政府军越过厄瓜多尔边境打击哥伦比亚反政府游击队。查韦斯政府对此作出强烈反应，下令关闭委内瑞拉驻哥伦比亚的大使馆，并向两国边境调动军队。7 月，在里约集团的调停下，两国关系有所缓和，查韦斯和乌里韦举行了会晤。但两国关系未能得到根本改善。11 月底，哥伦比亚驻委内瑞拉马拉开波领事卡洛斯·加尔维斯的电话录音被媒体披露。他在录音中称赞委内瑞拉反对派在地方选举中取得的业绩。查韦斯政府把这一言论视为干涉委内瑞拉内政，乌里韦政府则反对委内瑞拉监听哥伦比亚外交官的电话。

2008 年中，查韦斯进行了两次规模较大的出国访问：7 月，出访俄罗斯、白

俄罗斯、西班牙和葡萄牙；9月，出访中国、俄罗斯、法国和葡萄牙。委内瑞拉与俄罗斯的关系得到深化，两国最高领导人在年内实现互访。7月，查韦斯访问俄罗斯，首次会晤梅德韦杰夫总统；9月，查韦斯再次访问俄罗斯；11月，梅德韦杰夫总统访问委内瑞拉，成为历史上第一位访问该国的俄罗斯最高领导人。两国同意成立一家合资银行，以资助共同发展计划。委内瑞拉石油公司与俄罗斯天然气工业股份公司组建合资公司，在委内瑞拉湾开采天然气。委内瑞拉与俄罗斯的军事合作进一步密切。9月，2架俄罗斯战略轰炸机在委内瑞拉降落。12月初，俄罗斯北方舰队舰艇编队与委内瑞拉海军在加勒比海举行军事演习。这是冷战结束后俄罗斯第一次在拉美地区举行的军事演习。

委内瑞拉与美国的关系出现严重摩擦，围绕安全问题产生众多矛盾。查韦斯抨击美国企图把设在厄瓜多尔的军事基地迁至哥伦比亚，认为美国重建第四舰队对委内瑞拉的国家安全构成严重威胁。美国一直怀疑查韦斯政府支持"哥伦比亚革命武装力量"、哈马斯、黎巴嫩真主党等被西方认定的恐怖主义组织；美国还认定委内瑞拉前内政司法部长拉蒙·罗德里格斯·查辛和两名高级情报官员帮助"哥伦比亚革命武装力量"走私毒品；美国指责查韦斯政府未能充分履行其反毒义务，连续三次把委内瑞拉列入"主要毒品转运国或生产国"名单。9月，两国关系出现严重恶化。9月11日，查韦斯宣布驱逐美国驻委内瑞拉大使，以此作为美国驱逐玻利维亚驻美国大使的回应和对莫拉莱斯政府的支持；美国政府随即驱逐了委内瑞拉驻美国的大使。查韦斯政府把改善两国关系的希望寄托于即将就任的奥巴马政府。他希望在奥巴马就任美国总统后，两国能像在克林顿执政时那样在重大问题上进行平等对话。能源贸易在委美关系中仍发挥着至关重要的作用。到2008年10月为止，委内瑞拉仍是仅次于加拿大、沙特阿拉伯和墨西哥的美国第四大原油供应国。

参考文献

Preliminary Overview of the Economies of Latin America and the Caribbean 2008.

Economic Survey of Latin America and the Caribbean 2007 – 2008.

Social Panorama of Latin America 2008.

Balance Preliminar de las Economías de América Latina y el Caribe 2008, República Bolivariana de Venezuela.

EIU, *Venezuela*, *Country Profile*, 2008.

Venezuela

Wang Peng

Abstract: Venezuela's political situation was kept stable in 2008. The United Socialist Party of Venezuela was born, local elections were carried out smoothly in November and results showed that the opposition was an increasing challenge to Chavez's government. At the end of the year, Chavez tried again to amend the constitutional limit on presidential terms. The country's economy kept growing although at a slower pace. Inflationary pressure haunted Venezuela throughout the year. Massive nationalization was realized among industries like cement, iron and steel, mining and finance. While dropping oil price affected the economy negatively, poverty reduction made remarkable advances reflected by constantly declining poverty and indigence rates. New "social mission" was underway; police forces were integrated by stronger efforts of the government to reinforce the fighting against crimes. During the year, Venezuela actively promoted regional cooperation by pushing forward the ALBA, the building-up of alternative mechanisms such as the Bank of the South. Bilateral ties with Russia were reinforced while relations with the US are permeated with contradictions.

Key Words: Formation of the United Socialist Party; Local Election; Nationalization; Social Mission

加勒比地区

岳云霞[*]

摘 要：本文选取巴哈马、圭亚那和苏里南作为本年度加勒比地区[①]重点撰写的国家，同时描述加勒比地区整体的政治、经济、社会和外交形势。2008 年，加勒比地区政局总体稳定，政策保持了延续性。地区整体经济继续增长，经常项目赤字和资本与金融项目盈余并存，旅游业下滑、公共财政压力增大和通胀高企成为经济面临的主要挑战。打击犯罪和减少贫困仍是社会领域的重点目标。与欧盟签署《经济合作伙伴协定》成为该地区在外交中的亮点。

关键词：加勒比地区　巴哈马　圭亚那　苏里南

一　加勒比地区形势变化

（一）政治形势

2008 年，加勒比地区政局总体稳定。除格林纳达和伯利兹举行大选外，其他国家已完成政府更迭，整个地区的政策保持了延续性。一些加勒比国家面临较

---

* 岳云霞，2005 年毕业于对外经济贸易大学国际贸易专业，获经济学博士学位。现为中国社会科学院拉丁美洲研究所经济室副研究员。主要研究领域为拉美经济、国际贸易与投资。

① 根据联合国拉美经委会《拉丁美洲和加勒比经济初步总结》，加勒比地区包括牙买加、巴巴多斯、伯利兹、特立尼达和多巴哥、巴哈马、圭亚那、苏里南、安提瓜和巴布达、多米尼克、格林纳达、圣基茨和尼维斯、圣卢西亚、圣文森特和格林纳丁斯。《拉丁美洲和加勒比发展报告（2007～2008）》中已经详述牙买加、巴巴多斯、特立尼达和多巴哥、伯利兹及东加勒比国家中 6 个成员国的政治、经济、社会和外交形势。本文将延续年度报告内容，在描述加勒比地区 2008 年总体形势变化的基础上，将巴哈马、圭亚那和苏里南作为本年度重点撰写的国家。

困难的政治环境。如牙买加新当选的工党政府力量弱小，政策难以通过和施行；新上台后的伯利兹政府则面对棘手的高犯罪率、经济停滞等难题。

地区政策的重点是：加强基础设施建设，开发可再生替代能源，打击犯罪，推行减贫战略，促进旅游业的发展。

（二）经济形势[①]

2008 年，加勒比地区整体经济持续增长，但各国情况不尽相同。具体而言，伯利兹、圣卢西亚、圣基茨和尼维斯出现了明显增长，GDP 与人均 GDP 的增长率均超出 2007 年；多米尼克、圭亚那和苏里南经济增长速度大体保持不变，仅出现小幅下调；安提瓜和巴布达、巴哈马、巴巴多斯、格林纳达、圣文森特和格林纳丁斯、特立尼达和多巴哥的经济增速大幅回落；而牙买加经济几乎处于停滞状态，人均 GDP 增长率甚至降至 – 0.5%。

在整个地区的国际收支中，经常项目存在赤字，而资本和金融项目出现盈余。经常项目下，仅有特立尼达和多巴哥保有顺差，巴哈马逆差缩小，其他国家的逆差出现了不同程度的扩大。资本和金融项目下，巴哈马、牙买加、特立尼达和多巴哥、伯利兹、巴巴多斯、安提瓜和巴布达保持盈余，其他国家则出现逆差。[②] 在外国直接投资方面，除苏里南、圭亚那和牙买加外，多数加勒比国家发生了净外资流入，但流入量较 2007 年略有下降。[③] 在外债方面，加勒比国家依然面临着较大压力，负担最重是牙买加，其外债余额已达到 64.6 亿美元。

旅游业下滑、公共财政压力增大和通货膨胀高企是加勒比地区面临的主要经济挑战。受全球金融危机影响，加勒比旅游业[④]开始明显减速，一些国家裁员现象较严重。美欧赴巴哈马和巴巴多斯的游客数量减少，两国旅游服务业陷入停滞。安提瓜和巴布达酒店业在经济危机的打击下经营业绩不断下降，高档酒店的入住率已从 2007 年的 72% 降至 2008 年的 43%。多数国家还面临着较大的公共

---

① 如无特别说明，本文经济形势部分数据源自 CEPAL, *Balance Preliminar de las Economías de América Latina y el Caribe 2008*。
② 不包括缺失国际收支年度数据的苏里南。
③ 巴哈马例外，其外资净流入量由 7.13 亿美元增至 8 亿美元。
④ 加勒比国家严重依赖旅游业，据加勒比旅游组织称，2007 年约有 2300 万人到这一地区旅游，美国、加拿大和欧洲是其主要客源地。

财政压力。IMF 预计，该地区公共债务约占 GDP 的 85%，而当前日益紧缩的流动性使债务形势更加严峻。地区各国通胀率均超过 5%，苏里南及特立尼达和多巴哥超过了 15%，而牙买加接近 25%。

（三）社会形势①

加勒比地区社会形势总体保持稳定，打击犯罪和减少贫困仍是社会领域的重点目标。

犯罪问题是加勒比国家社会领域的主要难题之一。2008 年，该地区的犯罪现象仍未得到有效控制，牙买加仅 2008 年 5 月的谋杀案就高达 199 起，成为有史以来此类案件爆发率最高的月份。居高不下的犯罪率阻碍了外来投资，增加了安全开支，也降低了工人生产率。

减少贫困是加勒比国家社会政策的长期基本目标。多数国家在 2008 年延续了前期反贫困战略，政府通过扩大社会支出、推行有条件的现金转移计划等措施加大对贫困人口的扶持力度。

（四）外交形势

2008 年 10 月 15 日，欧盟与加勒比国家签署了《经济合作伙伴协定》。该协定包括货物贸易、服务贸易、投资、竞争、创新、知识产权保护、政府采购和发展援助等内容：向加勒比国家的出口提供先行进入欧盟市场的优惠；允许加勒比地区市场在为当地就业和敏感行业提供严密保护的前提下在未来 25 年内逐步对欧盟开放；开放服务贸易领域以促进经济和投资的增长；推动创新领域合作；对加勒比地区的劳动力和环境标准提供保护；为加勒比国家出口商尽快达到欧盟和国际标准提供帮助。②

中国与多数加勒比国家建立了外交关系，双边关系平稳，经贸合作发展迅速。据中国海关统计，2007 年中国与加勒比国家的贸易额首次突破 50 亿美元，达 52.5 亿美元。其中，中国的出口额为 37.7 亿美元，主要出口机电产品、轻纺产品、化工产品等；中国的进口额为 14.8 亿美元，主要进口镍、糖、氧化铝、

---

① 如无特别说明，本文社会形势部分数据源自 CEPAL, *Anuario estadístico 2007*, 2008。

② http://chinawto.mofcom.gov.cn/aarticle/e/r/200810/20081005843109.html

沥青、原木及海产品等。同年,加勒比国家同中国的投资合作也得到了加强,加勒比国家对中国的投资额为8.9亿美元,巴巴多斯、巴哈马和伯利兹分列拉美地区对中国直接投资的第3、第4和第7位;同期,中国的对外投资也已经流向巴哈马、巴巴多斯、圭亚那、苏里南、圣文森特和格林纳丁斯等国,合计1.2亿美元。[①]

二 巴哈马

(一) 政治形势

英国女王伊丽莎白二世是巴哈马国家元首,现任总督是阿瑟·D. 汉纳,总理是休伯特·英格拉哈姆。本届政府于2007年5月2日组成,施政重点是推进政治改革、努力增加就业机会以及增强民众对政府的信心。

自由民族运动是执政党,在议会中占据5席。进步自由党是反对党,其民意支持率在2008年降至历史最低点,尤其是在青年、中高收入群体和无党派人群中的支持率偏低。

2008年,巴哈马政府宏观经济政策的重点是改善公共财政、刺激出口、保持固定汇率体系的实力和竞争力。主要政策调整包括:进行内阁重组,增设青年部、运动和文化部、环境部;加大基础设施建设力度,推出多项道路、机场和港口的新建及改扩建项目,加快计划内项目的实施步伐;通过新的一揽子社会救助计划,帮助贫困线以下的家庭和个人缓解经济压力;实施新的旅游发展战略,促进旅游业的多样化发展。

(二) 经济形势

巴哈马是加勒比地区最富裕的国家,旅游、国际金融服务和船舶注册业是其支柱产业,所创造的产值和就业岗位超过了总量的2/3。巴哈马每年吸引300万~500万国外游客,其中美国旅客约占80%。它是世界著名离岸金融中心之一,有

---

① 如无特别说明,本文中有关中国与加勒比国家经贸合作的数据源自中国商务部网站。http://mds. mofcom. gov. cn/aarticle/cbw/200210/20021000042961. html

400 多家银行和金融机构在此注册经营。工农业生产力薄弱,绝大部分商品依靠进口,其中 80% 从美国进口。① 2008 年,巴哈马的经济情况如下。

(1) 受全球金融危机影响,经济增长速度放缓,GDP 和人均 GDP 增长率分别为 1.5% 和 0.3%。由于巴哈马 90% 的消费品依赖进口,原油和食品进口价格的攀升使其通胀压力加大,6 月的通胀率达到 5.1%,为 2000 年以来的最高水平。

(2) 2007~2008 财年巴哈马的公共管理得到了改善,税收的增幅超出了公共支出的上涨,财政状况得到改善,财政赤字降至 GDP 的 1.7%。2008~2009 财年,全球金融危机可能对巴哈马公共财政产生影响,旅游和离岸金融部门增长将放缓,一揽子经济刺激措施则会使公共支出大幅度增加。因此,预计财政赤字将上升,债务占 GDP 的比率也将扩大。

(3) 巴哈马采取相对保守的货币政策,央行的贴现率保持不变,从境外市场获得的 1 亿美元贷款增加了银行体系的流动性。前 3 季度银行流动性资产达到 1.8 亿美元,超过了法定准备金所要求的水平,较 2007 年同期增长 50%。但是,美国市场需求的下降已在私营部门信贷(特别是消费信贷和抵押贷款)的下降中有所体现。银行资产质量也正在恶化,全年逾期贷款增长幅度超过 30%。

(4) 上半年经常项目赤字占 GDP 的比重由 2007 年的 17% 降至 8.7%。非石油进口的急剧下降冲抵了燃料和粮食进口成本的上升,而再出口的增加推进了出口的增长,这使巴哈马的货物贸易赤字下降 10.6% (6.92 亿美元)。但是,入境旅游和离岸金融的下降却使得服务贸易出口额降低 3.3% (27.3 亿美元),顺差减少。前 3 季度,巴哈马利用外资增长 18.8%,政府贷款有所上升,但国外客商所购置的房地产却下降 18.9%。在上述因素综合作用下,巴哈马的资本和金融项目顺差为 9.12 亿美元,低于 2007 年的水平。

(三) 社会形势

2005~2010 年巴哈马的人口年均增长约 1.2%;预计 2010 年巴哈马 0~14 岁的人口占 26.4%,15~34 岁的人口占 32.6%,35~49 岁的人口占 21.1%,50~64 岁的人口占 12.7%,65 岁及以上的人口占 7.2%。人口出生率与死亡率自

---

① http://www.fmprc.gov.cn/chn/wjb/zzjg/ldmzs/gjlb/1998/default.htm

1995 年以来持续下降，2005～2010 年预期值分别为 18.3‰和 6.6‰。2005～2010 年，预期寿命 72.1 岁（男 69 岁，女 75.3 岁）。预计 2010 年城市人口的比重为 91%。

巴哈马对 5～16 岁公民实施义务教育。现有 210 所中小学中，158 所为公立学校，在校生合计 50332 人，另有 16000 多名学生就读于 52 所私立学校。巴哈马高等教育由巴哈马学院及几家国外学院提供。

2003 年以来，巴哈马的失业率总体下降，但 2008 年由于全球金融危机的影响，其就业态势出现了逆转，预计其公开失业率将由 2007 年的 7.9% 升至 8.7%。① 据巴哈马统计局的数据，就业总人口中各产业所占比重依次为：农业、采掘业和水电气事业，2.3%；制造业，1.7%；建筑业，3.7%；批发和零售业，12.4%；餐饮酒店业，14.5%；交通和仓储及通信业，15.9%；金融保险业，7.7%；房地产和商业服务业，11.8%；社区个人服务业，29.6%。②

巴哈马社会政策的主要目标是帮助贫困人口减轻压力，10 月 1 日开始的一揽子社会救助计划包括 13 项主要措施：电力和水费补贴由一次性资助 300 美元提高到每年根据申请可资助 600 美元；通过社会服务司和城市更新计划帮助低收入家庭将常规灯泡更换成节能灯泡；为低收入家庭儿童的校服和鞋子增加补助 15%；对低收入家庭的丧葬补助由 550 美元提高到 650 美元；火灾后服装、家居用品等生活必需品的一次性救助由 2000 美元提高到 2500 美元；短期无法工作或没有资格纳入全民保险受益或资助的，成人每月的医疗补贴由原来的 120～160 美元提高到 140 美元、1 个成人和 1 个未成年子女的为 160 美元、1 个成人和 2 个未成年子女的为 180 美元、1 个成人和 3 个未成年子女的为 200 美元、1 个成人和 4 个未成年子女的为 220 美元、1 个成人和 5 个未成年子女及以上的为 240 美元；对因付不起房租面临被房东逐出的低收入或失业家庭由一次性补贴 300 美元提高到全年补贴 1200 美元，补贴由政府直接支付给房东；对老人和残疾人进行房屋小修的一次性补贴由 2000 美元提高到 2500 美元；对保育院中 13 岁以下孩子的每月补贴由 160 美元提高到 200 美元，14～18 岁的由 200 美元提高到 240 美元；特定时间段 1 个成人每月的食品补助分别从 50 美元、60 美元、70 美元、

---

① CEPAL, *Balance Preliminar de las Economías de América Latina y el Caribe 2008*.

② http：//statistics. bahamas. gov. bs/download/039747100. pdf

80 美元提高到 80 美元、1 个成人和 1 个未成年子女为 100 美元、1 个成人和 2 个未成年子女为 120 美元、1 个成人和 3 个未成年子女为 140 美元、1 个成人和 4 个未成年子女为 160 美元、1 个成人和 5 个未成年子女及以上为 180 美元；紧急食品发放最高限额由价值 50 美元提高到 100 美元；无资格从全民保险获益且家庭困难的 16 岁以下残疾儿童，其津贴从 1 人 100 美元、2 人 180 美元、3 人 240 美元增加到每人 120 美元；对未就业人员从事慈善和社区服务工作的每周补助由 190 美元提高到 210 美元。①

巴哈马社会领域主要存在两大问题。一是犯罪问题突出。2008 年，巴哈马每 10 万人口中就有 23 人死于谋杀，远远超出了国际标准。此外，贩毒、非法枪支交易、卖淫和帮派活动等犯罪行为也较突出，已对巴哈马作为安全旅游目的地的形象构成一定影响。② 二是非法移民难以得到有效控制。巴哈马的非法移民主要来自古巴和海地，特别是海地移民已经占巴哈马总人口的 15% ~ 25%，但由于海地经济和社会的脆弱性，控制非法移民成为巴哈马一个极为敏感的政治难题。

（四）外交形势

巴哈马同美国保持着传统友好关系。美国是巴哈马最大的经贸合作伙伴，两国在金融、反毒和反恐等方面合作密切。巴哈马与英联邦国家保持密切的传统关系，英国每年给其一定的经济援助。巴哈马与加勒比邻国关系密切，在对外谈判中基本保持步调一致，但对地区经济一体化持观望态度，未加入 2006 年 1 月启动的加共体单一市场，亦未将加勒比法院作为其终审法院。此外，由于高度重视同美国的关系，巴哈马也未像其他邻国那样加入委内瑞拉发起的"加勒比石油计划"。

1997 年 5 月 23 日，中国与巴哈马正式建立外交关系。建交以来，两国经贸合作发展顺利，于 2003 年签署了《海运协议》。2008 年 1 ~ 10 月，两国贸易额为 2.44 亿美元。其中中方主要出口船舶、钢铁制品和纺织品等，出口额为 2.43 亿美元；主要进口钢铁和皮革，进口额为 57 万美元。两国间投资合作规模较大，2007 年巴哈马对中国的投资额为 1.35 亿美元，实际累计投资额为 7.99 亿美元；

---

① http://bf.mofcom.gov.cn/aarticle/jmxw/200810/20081005810002.html

② EIU, *Country Report: Puerto Rico, Bahamas, Bermuda, Turks and Caicos Island*, October 2008.

中国对巴哈马的投资额为 3899 万美元，投资存量达 5651 万美元，巴哈马已成为中国在拉美地区的主要投资目的地之一。此外，到 2007 年底为止，中国企业在巴哈马完成承包劳务营业额 2339 万美元。

三　圭亚那

（一）政治形势

现任总统巴拉特·贾格迪奥，在 2006 年 8 月大选中连任，任期 5 年。现政府于 2006 年 9 月组成，施政重点是发展经济以及解决国内种族冲突和社会矛盾等问题，组阁以来执行了务实的发展政策，为争取国际金融支持而进行了金融和行政改革。

圭亚那实行一院制，本届议会于 2006 年 8 月大选后产生，执政党人民进步党获 36 席，反对党人民全国大会党获 22 席。目前，执政党地位稳固，得到了广泛的民意支持。反对党的力量在 2006 年大选中被削弱，但仍占有 1/3 以上的议会席位，并依此成功阻挠政府试图推行的宪法改革及警察和安全改革。

2008 年政府主要采取了如下政策调整。（1）继续执行向国际金融机构承诺的"减贫战略文件"，推进减贫计划。（2）采取物价平抑措施。如发起"多种多收"运动，建议非农户家庭也"种一点东西"来缓解食品价格上涨的压力；同时，政府将为农民提供必要的帮助，如提供需求信息和部分生产资料等，以鼓励农民增加庄稼种植和家畜饲养。（3）建设电力项目，改善电力供应状况。

（二）经济形势

圭亚那地广人稀，自然资源丰富，经济比较落后，以初级产品生产为主，铝矾土、蔗糖和大米为其三大经济支柱。2008 年，圭亚那的经济形势如下。

（1）GDP 和人均 GDP 的增长率分别为 4.8% 和 5.1%。在上半年初级产品出口价格上涨及铝矾土和黄金采掘业大量投资的推动下，矿业增幅达 15.2%，成为增长最快的经济部门。服务业和建筑业也出现了较明显的增长，而农业则成为创造就业的主要部门。经济中主要的挑战是通胀压力。上半年通胀率累计 7.4%，下半年国际粮食和石油价格下降以及一些基础食品增值税的减免使通胀

压力有所缓解，但预计全年通胀率仍将达到8%~9%。

（2）圭亚那调低了消费税，并取消了燃料增值税的一些基本项目，财政初级平衡出现赤字。得益于"重债穷国债务减免倡议"和"多边债务减免动议"，圭亚那的外债豁免金额略有上升；但由于政府通过增发新国债以及扩大对外贷款来弥补财政赤字，公共债务同2007年相比有所上升，约占GDP的96%。

（3）央行的关注重点是维护货币市场稳定。2007年2月以来，圭亚那银行的利率固定不变（6.5%），国债贴息率和商业利率也相对稳定。政府加强了对国内信贷的管制，公共部门贷款因而受到严重影响，但私营部门贷款继续增长，只是增速略慢于2007年。

（4）在贸易条件恶化、进口需求上升和服务价格上涨三重因素的作用下，贸易失衡加剧。上半年圭亚那的出口额较2007年同期增长22%，但同期进口额的增幅却达到29.2%，贸易逆差加大。尽管下半年进口商品价格调低，但累计进口额已接近GDP的95%，因此，贸易项目和经常项目的逆差仍在扩大，全年经常项目赤字预计达到4.16亿美元，相当于GDP的35%。与此同时，由于政府贷款及电信、矿业和林业部门的外国直接投资，圭亚那资本和金融项目保持盈余，弥补了经常项目的缺口，使得国际储备保持稳定。

（三）社会形势

2005~2010年圭亚那的人口年均增长率约-0.3%；预计2010年0~14岁的人口占27.8%，15~34岁的人口占35.4%，35~49岁的人口占20.4%，50~64岁的人口占11.1%，65岁及以上的人口占5.6%。人口出生率与死亡率自1995年以来持续下降，2005~2010年预期值分别为16.5‰和2‰。2005~2010年，预期寿命67岁（男64岁，女69.9岁）。预计2010年城市人口比重为41.1%。

政府实行教育"圭亚那化"，6~15岁少年儿童享受免费义务教育。政府每年的教育投入约占全年GDP的8%。2008年，成人识字率约98.5%。

圭亚那是加勒比地区人均GDP最低的国家。据世界银行统计，圭亚那有43%的人口生活在贫困线以下，其中赤贫人口占29%。绝大多数赤贫人口生活在农村，特别是内陆地区的农村。

暴力犯罪率高是圭亚那社会领域中的一大痼疾。2007年，严重犯罪行为

2470 起，其中谋杀 115 起，抢劫和入室侵犯 1872 起。① 目前，政治暴力活动在圭亚那已受到一定遏制，但有组织犯罪行为和毒品交易仍然猖獗，而 2008 年内出现的几起非人道屠杀事件使得安全问题十分突出。由于警力不足，无法监控人口稀少的内陆地带，政府与警方之间的关系也相当脆弱，高犯罪率在短期内很难得到有效控制。

（四）外交形势

圭亚那与美国保持着传统友谊，美国在基础设施建设、减贫、防治艾滋病、教育、打击犯罪等方面对其提供经济和技术援助，并给予债务减免，在促进圭亚那经济和社会发展方面起着举足轻重的作用；而圭亚那则在打击毒品交易和人权等方面同美国进行广泛合作。圭亚那重视发展同巴西等南美洲国家的关系，提出使圭亚那成为加勒比通往南美洲国家的"门户"的新主张，积极推动与南美洲国家实现公路联网，促进经济合作。此外，圭亚那与古巴长期保持了外交关系，批评美国对古巴实施经济制裁，呼吁美国与古巴实现关系正常化，解除对古巴的贸易禁运。

圭亚那与邻国之间存在领土纷争。圭亚那与委内瑞拉对埃塞奎博地区的归属问题久有争执，涉及 2/3 的圭亚那领土。圭亚那加入"加勒比石油计划"虽然使双边关系有所缓解，但长期存在的领土争议很难有效解决。2008 年 1 月，两国成立联合工作组，商讨保证两国边境安全和稳定的措施与机制。圭亚那与苏里南的领土纠纷主要在科兰太因河上游地区的新河三角洲，涉及面积 1.7 万平方千米，由于争议地区蕴藏着丰富的石油及铀矿和硬木资源，边界纠纷长期困扰着两国关系。

1972 年 6 月 27 日，中国同圭亚那正式建立外交关系。圭亚那是英语加勒比地区第一个与中国建交的国家，两国签署了《贸易协定》和《鼓励和相互保护投资协定》。2008 年 1～10 月两国的贸易总额为 6792 万美元。其中中国主要出口贱金属及其制品、纺织品、机电音像设备、自行车和摩托车等，出口额为5320 万美元；主要进口木材及木制品，进口额为 1473 万美元。圭亚那是中国在拉美地区的主要投资目的地之一，特别是 2007 年，中国对圭亚那的直接投资为

---

① http：//www. statisticsguyana. gov. gy/pubs. html

6000 万美元，投资存量达到 6860 万美元；而圭亚那对中国的投资也有了初步发展，实际投资累计达 10 万美元。此外，到 2007 年底为止，中国在圭亚那完成劳务承包合同营业额 2.1 亿美元。

四　苏里南

（一）政治形势

2005 年 8 月，鲁纳多·费内希恩蝉联总统。本届政府于 2005 年 9 月 1 日正式成立，近期施政目标主要是消除贫困、保证国内安全（包括打击境内毒品交易、洗钱活动和非法采金活动）、反腐败和一些部门的私有化改革。

国民议会为一院制，设 51 个席位，任期 5 年。由民主和发展新阵线等 7 个党派组成的政党联盟为执政党。费内希恩政府从政 3 年以来，社会各方面反对意见层出不穷，民意支持率不断下降。与之相反，以民族民主党为主的反对党控制了 51 个议会席位中的 22 席，民意支持率逐渐上升。2008 年 7 月，主要反对党通过合并进一步巩固力量。不过，现政府与国际融资机构关系良好，获得了基础设施建设和社会支出方面的大量资金支持，有利于其争取更多的国内支持。

（二）经济形势

苏里南自然资源丰富，但经济基础相对薄弱，经济发展不平衡。国民经济主要依靠铝矿业、加工制造业和农业。2008 年，苏里南的经济形势如下。

（1）以下三方面因素推动苏里南的经济复苏：氧化铝采掘和加工活动的持续扩大；石油业的投资扩张；农业调整，特别是香蕉业的部门重组与棕榈油和生物燃料领域的国际投资。在上述因素的作用下，预计苏里南 GDP 增长率为 5%，人均 GDP 增长率为 4.4%。但是，由于国际初级产品价格下跌，金融危机使苏里南主要贸易和投资伙伴（美国和欧盟）增长放缓，苏里南的 GDP 总量和外资吸收量在下半年已出现下滑迹象，2009 年有可能进一步回落。目前，苏里南经济中的主要挑战是通胀压力，本年度平均通胀率约 15%。物价上涨主要表现为食品价格和非酒精饮料价格的大幅攀升。在高通胀的背景下，苏里南依然保持宽松的货币政策。第三季度货币供应 M1 增长 18.3%，达到 GDP 的 20.4%。存款利率小幅下调，降至 6.3%；而贷款利率则由 2007 年第一季度的 14.9% 降为 2008 年第一季度的 12.6%。央行的政策重点是保证信贷、吸引外国直接投资及增加外汇储备以维持本币币值。2008 年，苏里南实施准固定汇率政策，汇率约为 1 美元：2745 苏里南元。

（2）政府财政状况良好，收入和支出在 GDP 中的比重分别占 36% 和 32%。税收收入以及铝土矿、氧化铝、黄金和石油生产企业交纳的特许费大幅增加。第三季度末初级财政盈余占 GDP 的 3.7%，而总体盈余为 GDP 的 1.7%。

（3）经常项目保持顺差。上半年，铝、黄金和石油的价格上升使苏里南经常项目盈余增加（第二季度约占 GDP 的 14%）；下半年，初级产品价格下降以及全球经济放缓对苏里南出口产生负面影响，其经常项目盈余减少。

（三）社会形势

2005～2010 年苏里南的年均人口增长率为 0.4%；预计 2010 年 0～14 岁的人口占 28.8%，15～34 岁的人口占 33.1%，35～49 岁的人口占 19.9%，50～64 岁的人口占 11.5%，65 岁及以上的人口占 6.7%。人口出生率和死亡率自 1995 年以来不断下降，2005～2010 年的预期值分别为 19.8‰和 2.5‰。2005～2010 年，预期寿命 70.2 岁（男 67.1 岁，女 73.3 岁）。预计 2010 年城市人口的比重为 79.7%。

苏里南是加勒比地区贫困率最高的国家，贫困人口在 2000 年之后增长明显。有 85% 的家庭生活在贫困线以下，41% 的收入用于食物消费。

苏里南基本沿用荷兰的教育体制，对 6～12 岁儿童实行义务教育，大中小学都实行免费教育。成人识字率达 88%。

2008 年，苏里南在反毒方面取得较明显的进步，但有组织犯罪仍是社会领域中主要的问题之一，只是其暴力犯罪并不像其邻国圭亚那和英语加勒比国家那样紧迫。

（四）外交形势

苏里南与美国的关系紧密，在经济上对美国依赖较深，两国在缉毒方面也有合作。由于历史原因，苏里南在政治、经济和文化等方面受荷兰影响很深。本届政府上台后，两国关系逐渐制度化，高层互访增多，荷兰恢复了对苏里南的援助。苏里南十分重视与巴西的关系，双方合作领域广泛。

苏里南与邻国之间存在领土纷争。除与圭亚那之间存在领土纠纷以外，苏里南还同法属圭亚那存在海洋边界纠纷。

1976 年 5 月 28 日，中国同苏里南正式建立外交关系。建交以来，两国关系发展顺利，经贸合作稳步提高。2008 年 1 ~ 10 月，两国贸易额为 8622 万美元。其中中国主要出口机电产品、纺织服装、塑料制品、轮胎、摩托车、烟花爆竹等，出口额为 8305 万美元；主要进口氧化铝、木材及木制品等，进口额为 317 万美元。两国投资合作也有一定发展。2007 年中国对苏里南非金融类直接投资 1757 万美元，投资存量达 6528 万美元；苏里南对中国的投资额为 28 万美元，累计实际投资额为 1965 万美元。此外，到 2007 年底为止，中国在苏里南实现承包劳务合同营业额 1.95 亿美元。

参考文献

CEPAL, *Balance Preliminar de las Economías de América Latina y el Caribe 2008*, Diciembre 2008.

CEPAL, *Anuario Estadístico 2007*, Marzo 2008.

CEPAL, *Social Panorama of Latin America 2008*, December 2008.

EIU, *Country Profiles*, 2008.

EIU, *Country Reports*, 2008.

The Caribbean

Yue Yunxia

Abstract： The paper will report on political, economic, social situation and foreign affairs of the Caribbean region. Detailed analysis will focus on countries like Bahamas, Guyana and Suriname, selected as key object Caribbean countries for 2008. Politically, the region as a whole was kept in stability with policy coherence. Regional economy continued growing and ended in "double surplus" under current and capital accounts,

However, enterprises were faced with challenges posed by declining tourism, fiscal pressure and high inflation. Social policies were calibrated to the fighting against crimes and poverty reduction. The Economic Partnership Agreement signed with the EU lit the changing diplomatic picture of the region.

Key Words: The Caribbean; Bahamas; Guyana; The Republic of Suriname

附录 1 统计资料

附表 1

GDP 及人均 GDP 年均增长率

单位：%

项目 / 年份 / 国家或地区	GDP 年均增长率									人均 GDP 年均增长率								
	2000	2001	2002	2003	2004	2005	2006	2007	2008[a]	2000	2001	2002	2003	2004	2005	2006	2007	2008[a]
拉美和加勒比地区	4.0	0.4	-0.4	2.2	6.1	4.9	5.8	5.7	4.6	2.5	-1.0	-1.7	0.9	4.7	3.6	4.4	4.4	3.3
安提瓜和巴布达	1.5	2.2	2.5	5.2	7.2	4.7	12.6	10.0	2.5	-0.7	0.3	0.8	3.7	5.7	3.3	11.2	8.7	1.3
阿根廷	-0.8	-4.4	-10.9	8.8	9.0	9.2	8.5	8.7	6.8	-1.8	-5.4	-11.7	7.8	8.0	8.1	7.4	7.6	5.8
巴哈马	4.3	-0.3	2.0	-2.4	-0.2	3.3	4.6	2.8	1.5	2.8	-1.6	0.7	-3.6	-1.4	2.1	3.4	1.5	0.3
巴巴多斯	2.3	-4.6	0.7	2.0	4.8	4.3	3.3	3.2	1.5	1.8	-5.0	0.3	1.6	4.4	3.9	3.0	2.9	1.2
伯利兹	12.3	5.0	5.1	9.3	4.6	3.0	4.7	1.2	6.0	9.5	2.4	2.6	6.8	2.2	0.7	2.4	-0.9	3.8
玻利维亚	2.5	1.7	2.5	2.7	4.2	4.4	4.8	4.6	5.8	0.1	-0.6	0.2	0.4	1.9	2.2	2.6	2.4	3.7
巴西	4.3	1.3	2.7	1.1	5.7	3.2	4.0	5.7	5.9	2.8	-0.2	1.2	-0.3	4.2	1.8	2.6	4.3	4.5
智利	4.5	3.4	2.2	3.9	6.0	5.6	4.3	5.1	3.8	3.2	2.2	1.0	2.8	4.9	4.5	3.3	4.0	2.8

续附表 1

国家或地区	GDP 年均增长率									人均 GDP 年均增长率								
年份	2000	2001	2002	2003	2004	2005	2006	2007	2008ᵃ	2000	2001	2002	2003	2004	2005	2006	2007	2008ᵃ
哥伦比亚	2.9	2.2	2.5	4.6	4.7	5.7	6.8	7.7	3.0	1.3	0.6	0.9	3.0	3.1	4.2	5.3	6.3	1.7
哥斯达黎加	1.8	1.1	2.9	6.4	4.3	5.9	8.8	7.3	3.3	-0.5	-1.0	0.9	4.4	2.4	4.0	6.9	5.5	1.6
古巴	5.9	3.2	1.4	3.8	5.8	11.2	12.1	7.3	4.3	5.6	2.9	1.2	3.6	5.6	11.1	12.0	7.3	4.3
多米尼克	0.6	-3.6	-4.2	2.2	6.3	3.4	5.2	3.4	3.4	0.8	-3.5	-4.0	2.4	6.5	3.6	5.5	3.8	3.8
厄瓜多尔	2.8	5.3	4.2	3.6	8.0	6.0	3.9	2.5	6.5	1.3	3.8	2.8	2.1	6.5	4.5	2.4	1.0	5.0
萨尔瓦多	2.2	1.7	2.3	2.3	1.9	3.1	4.2	4.7	3.0	0.2	-0.2	0.4	0.5	0.1	1.3	2.4	2.9	1.3
格林纳达	17.5	-3.9	2.1	8.4	-6.5	12.0	-1.9	3.6	2.1	16.8	-4.8	1.1	7.2	-7.4	11.3	-2.3	3.6	2.2
危地马拉	3.6	2.3	3.9	2.5	3.2	3.3	5.3	5.7	3.3	1.2	-0.1	1.3	0.0	0.6	0.7	2.7	3.2	0.8
圭亚那	-1.4	2.3	1.1	-0.7	1.6	-2.0	5.1	5.4	4.8	-1.3	2.2	1.0	-0.9	1.4	-2.0	5.2	5.5	5.1
海地	0.9	-1.0	-0.3	0.4	-3.5	1.8	2.3	3.2	1.5	-0.8	-2.7	-1.8	-1.2	-5.0	-0.2	0.7	1.5	-0.2
洪都拉斯	5.7	2.7	3.8	4.5	6.2	6.1	6.3	6.3	3.8	3.6	0.6	1.7	2.5	4.1	3.9	4.2	4.2	1.7
牙买加	0.7	1.5	1.1	2.3	1.0	1.4	2.5	1.2	0.0	-0.1	0.8	0.4	1.5	0.3	0.8	1.9	0.6	-0.5
墨西哥	6.6	0.0	0.8	1.4	4.0	3.2	4.8	3.2	1.8	5.1	-1.1	-0.1	0.6	3.2	2.3	3.7	2.0	0.6
尼加拉瓜	4.1	3.0	0.8	2.5	5.3	4.3	3.9	3.8	3.0	2.4	1.5	-0.6	1.2	4.0	2.9	2.5	2.4	1.7
巴拿马	2.7	0.6	2.2	4.2	7.5	7.2	8.5	11.5	9.2	0.8	-1.3	0.4	2.3	5.6	5.4	6.7	9.7	7.5
巴拉圭	-3.3	2.1	0.0	3.8	4.1	2.9	4.3	6.8	5.0	-5.3	-1.3	-2.0	1.8	2.1	0.9	2.4	4.9	3.0
秘鲁	3.0	0.2	5.0	4.0	5.1	6.7	7.6	8.9	9.4	1.6	-1.1	3.7	2.8	3.9	5.5	6.3	7.6	8.2
多米尼加	5.7	1.8	5.8	-0.3	1.3	9.3	10.7	8.5	4.5	3.9	0.1	4.1	-1.8	-0.3	7.6	9.0	6.9	3.0
圣基茨和尼维斯	4.3	2.0	1.0	0.5	7.6	5.6	5.3	4.0	9.7	3.0	0.7	-0.3	-0.8	6.3	4.3	3.9	2.6	8.3
圣文森特和格林纳丁斯	1.8	1.0	3.7	3.2	6.2	3.6	9.6	7.7	1.0	1.3	0.4	3.2	2.6	5.6	3.1	9.0	7.1	0.5
圣卢西亚	-0.2	-5.1	3.1	4.3	5.2	6.0	4.0	1.1	2.3	-1.1	-6.1	2.0	3.1	4.0	4.8	2.9	0.0	1.2
苏里南	4.0	5.9	1.9	6.1	7.7	5.6	5.8	5.3	5.0	3.0	5.0	1.1	5.3	7.0	4.9	5.1	4.7	4.4
特立尼达和多巴哥	6.9	4.2	7.9	14.4	8.8	8.0	12.0	5.5	3.5	6.5	3.8	7.6	14.0	8.4	7.6	11.6	5.1	3.1
乌拉圭	-1.4	-3.4	-11.0	2.2	11.8	6.6	7.0	7.4	11.5	-1.8	-3.6	-11.0	2.2	11.9	6.6	6.8	7.2	11.2
委内瑞拉	3.7	3.4	-8.9	-7.8	18.3	10.3	10.3	8.4	4.8	1.8	1.5	-10.5	-9.4	16.2	8.4	8.5	6.6	3.1

说明：a——初步数据。

数据来源：CEPAL, *Balance preliminar de las economías de América Latina y el Caribe 2008*。http：//www.eclac.org/publicaciones/xml/5/34845/Anexo_ estadistico.pdf

拉美地区 GDP 与人均 GDP

国　　家	人均 GDP(美元，当前美元价格)				GDP(亿美元，当前美元价格)			
	2005 年	2006 年	2007 年	2007 年全球排名	2005 年	2006 年	2007 年	2007 年全球排名
安提瓜和巴布达	10517.9	11964.5	12799.3	62	8.7	10.1	10.9	179
阿根廷	4728.0	5475.2	6636.0	83	1832.0	2142.7	2623.3	30
巴哈马	18516.1	19057.9	19880.6	49	59.9	62.4	65.9	136
巴巴多斯	10560.5	11681.4	12687.3	63	30.8	34.2	37.3	152
伯利兹	4045.8	4309.2	4429.4	101	11.1	12.1	12.7	177
玻利维亚	1040.0	1224.3	1377.5	151	95.5	114.5	131.2	106
巴　西	4721.1	5664.7	6852.2	81	8820.4	10724.5	13142.0	10
智　利	7256.8	8893.6	9853.8	70	1182.5	1464.4	1639.2	42
哥伦比亚	2735.2	2985.3	3648.4	112	1229.4	1360.1	1683.9	41
哥斯达黎加	4615.7	5053.5	5801.1	90	199.7	222.3	259.2	84
古　巴	4099.7	4986.4	4641.4	98	461.6	561.8	523.0	65
多米尼克	4415.1	4677.2	4838.4	96	3.0	3.2	3.3	199
多米尼加	3542.1	3709.0	4202.3	102	335.4	356.6	410.1	72
厄瓜多尔	2847.2	3136.0	3328.0	117	371.9	414.0	444.0	71
萨尔瓦多	2559.9	2758.5	2970.9	121	170.7	186.5	203.7	93

续附表 2

国家	人均 GDP（美元，当前美元价格）				GDP（亿美元，当前美元价格）			
	2005 年	2006 年	2007 年	2007 年全球排名	2005 年	2006 年	2007 年	2007 年全球排名
格林纳达	4787.8	4815.1	5081.5	95	5.0	5.1	5.4	190
危地马拉	2141.0	2317.5	2503.6	129	272.1	301.9	334.3	79
圭亚那	1116.5	1218.5	1434.7	150	8.3	9.0	10.6	180
海 地	428.6	503.7	611.5	179	39.8	47.6	58.7	139
洪都拉斯	1427.7	1554.5	1734.0	143	97.6	108.3	123.2	109
牙买加	3621.5	3843.7	4147.5	103	97.1	103.7	112.6	114
墨西哥	7358.3	7969.3	8385.7	74	7672.2	8395.0	8933.6	15
尼加拉瓜	888.7	958.1	1012.9	157	48.5	53.0	56.8	140
巴拿马	4785.6	5211.7	5904.2	86	154.6	171.3	197.4	94
巴拉圭	1265.7	1541.8	1959.2	138	74.7	92.8	120.0	110
秘 鲁	2913.6	3349.5	3879.9	107	794.7	924.1	1082.6	54
圣基茨和尼维斯	8912.2	9945.7	10447.4	68	4.4	5.0	5.3	191
圣卢西亚	5442.3	5674.4	5809.7	89	8.8	9.3	9.6	183
圣文森特和格林纳丁斯	3736.0	4186.2	4660.0	97	4.5	5.0	5.6	189
苏里南	3410.5	3997.8	4463.5	100	15.4	18.2	20.4	168
特立尼达和多巴哥	11399.3	13651.6	15456.8	58	150.9	181.4	206.1	91
乌拉圭	4995.8	5796.0	6912.8	80	166.1	193.1	230.9	86
委内瑞拉	5444.7	6785.6	8559.2	72	1455.1	1845.1	2367.2	34

说明：GDP 与人均 GDP 数据根据当前美元价格计算。

数据来源：联合国统计署国家账户主要总体数据库。National Accounts Main Aggregates Database。http：//unstats. un. org/unsd/snaama/dnllist. asp

附表 3

国际收支

分 表 1

单位：百万美元

项目 \ 年份 \ 国家或地区	货物出口（FOB）			服务出口			货物进口（FOB）			服务进口		
	2006	2007	2008[d]	2006	2007	2008[d]	2006	2007	2008[d]	2006	2007	2008[d]
拉美和加勒比地区[e]	691456	778696	920168	87151	100367	115403	596429	709973	871717	103548	121962	144946
拉美和加勒比地区[f]	677087	762741	901910	85141	98189	115305	586073	698347	857309	102269	120533	144875
安提瓜和巴布达	74	76	78	477	517	542	560	649	684	259	283	296
阿根廷	46546	55780	73071	8001	10320	12384	32588	42525	55282	8532	10846	13558
巴哈马	665	802	914	2436	2599	2729	2763	2956	2808	1611	1580	1453
巴巴多斯	465	484	661	1529	1665	—	1468	1536	1808	718	774	—
伯利兹	427	426	498	374	398	402	612	642	770	150	168	161
玻利维亚	3875	4458	6019	477	468	501	2632	3455	4837	827	628	659
巴 西	137807	160649	199205	19476	23808	30713	91351	120622	173696	29116	36861	49025
智 利	58485	67644	68320	7824	8786	10543	35899	43991	58068	8452	9947	12434
哥伦比亚	25181	30577	37689	3377	3636	4142	24859	31173	36251	5496	6243	6661
哥斯达黎加	8102	9308	9618	972	3551	4265	10829	12285	14108	1621	1818	1991
古 巴	3167	3830	—	6667	8192	—	9498	10083	—	211	292	—

续分表 1

国家或地区	货物出口（FOB）			服务出口			货物进口（FOB）			服务进口		
年份	2006	2007	2008d	2006	2007	2008d	2006	2007	2008d	2006	2007	2008d
多米尼克	44	40	36	100	96	98	147	172	195	52	66	70
厄瓜多尔	13176	14870	19331	1037	1200	1392	11408	13047	17483	2341	2572	2880
萨尔瓦多	3760	4035	4732	1426	1492	1589	7300	8108	9346	1505	1734	1855
格林纳达	31	45	29	130	148	147	263	309	287	99	107	113
危地马拉	6082	7012	8049	1519	1709	1865	10934	12482	13915	1785	2029	2252
圭亚那	585	681	831	148	173	—	885	1063	1372	245	273	—
海　地	492	522	475	203	260	343	1548	1618	1958	588	701	729
洪都拉斯	5195	5594	5793	686	750	845	7317	8556	9661	984	1037	1127
牙买加	2134	2344	2661	2649	2595	2636	5077	5771	7719	2021	2132	2306
墨西哥	249925	271875	304500	16221	17617	19202	256058	281949	320012	21957	23556	25677
尼加拉瓜	2034	2313	2742	341	372	425	3451	4117	5122	478	556	676
巴拿马	8478	9338	10311	3938	4924	5882	10190	12521	14374	1728	2107	2634
巴拉圭	4401	5471	7903	753	853	927	5022	6027	8850	384	459	571
秘　鲁	23800	27956	32149	2647	3343	4279	14866	19599	29007	3428	4270	5765
多米尼加	6610	7237	7237	4543	4690	4925	12174	13817	17548	1558	1722	1895
圣基茨和尼维斯	59	58	58	173	174	180	220	244	257	102	102	110
圣文森特和格林纳丁斯	41	51	51	171	162	160	240	288	302	88	114	119
圣卢西亚	97	112	123	334	372	390	521	542	558	169	188	197
苏里南	1174	1359	—	234	245	—	1013	1185	—	264	317	—
特立尼达和多巴哥	12100	13391	16731	—	—	—	6843	7670	11033	—	—	—
乌拉圭	4400	5025	6287	1385	1771	2023	4895	5591	7581	987	1249	1457
委内瑞拉	65210	69165	94064	1572	1673	1874	32498	45463	46827	6005	7524	8276

分表 2

单位：百万美元

国家或地区	经常项目差额——贸易			经常项目差额——收益			经常项目差额——经常转移			经常项目差额		
年份	2006	2007	2008d	2006	2007	2008d	2006	2007	2008d	2006	2007	2008d
拉美和加勒比地区	79081	47694	19353	-91339	-92954	-112666	62233	64545	66136	49974	19281	-26120
拉美和加勒比地区d	73886	42050	15030	-90095	-91755	-111114	61839	63997	65638	45630	14289	-30447
安提瓜和巴布达	-267	-340	-359	-64	-67	-43	22	24	24	-309	-382	-379
阿根廷	13427	12729	16616	-6161	-5931	-6524	446	315	315	7712	7113	10406
巴哈马	-1273	-1135	-618	-218	-232	-127	52	52	53	-1439	-1314	-692
巴巴多斯	-192	-161	-1147	-171	-191	-203	86	107	109	-277	-245	-286
伯利兹	39	14	-30	-129	-154	-182	74	93	108	-16	-51	-105
玻利维亚	892	844	1024	-397	-173	-150	822	1091	1179	1317	1763	2053
巴西	36816	26975	7197	-27480	-29291	-39300	4306	4029	4351	13643	1712	-27752
智利	21959	22491	8361	-18418	-18265	-17000	3297	2974	3000	6838	7200	-5639
哥伦比亚	-1797	-3203	-1081	-5929	-7886	-10784	4743	5231	5422	-2982	-5859	-6442
哥斯达黎加	-1376	-1244	-2216	4	-865	-765	349	469	539	-1023	-1639	-2442
古巴	125	1647	—	-618	-960	—	278	-199	—	-215	488	—
多米尼克	-54	-102	-131	-17	-16	-17	20	21	21	-52	-98	127
厄瓜多尔	464	452	360	-1950	-2047	-2200	3104	3246	3408	1618	1650	1568
萨尔瓦多	-3619	-4315	-4880	-528	-579	-527	3472	3776	4066	-675	-1119	-1342
格林纳达	-200	-224	-224	-29	-34	-36	36	24	25	-193	-233	-235

续分表 2

国家或地区 \ 项目年份	经常项目差额——贸易			经常项目差额——收益			经常项目差额——经常转移			经常项目差额		
	2006	2007	2008[d]	2006	2007	2008[d]	2006	2007	2008[d]	2006	2007	2008[d]
危地马拉	-5118	-5790	-6252	-662	-770	-932	4268	4863	5361	-1512	-1697	-1823
圭亚那	-398	-481	-541	-69	-37	-41	216	287	318	-250	-232	-416
海 地	-1441	-1537	-1868	7	3	13	1361	1505	1686	-73	-29	-168
洪都拉斯	-2420	-3249	-4150	-539	-598	-462	2450	2622	2930	-509	-1225	-1683
牙买加	-2316	-2963	-4728	-616	-806	-821	1749	1969	2128	-1183	-1800	-3422
墨西哥	-11869	-16013	-21986	-14486	-14122	-16500	24124	24322	23350	-2231	-5813	-15136
尼加拉瓜	-1553	-1988	-2630	-129	-135	-163	1003	1075	1043	-679	-1048	-1750
巴拿马	498	-365	-814	-1278	-1311	-1567	253	253	261	-527	-1422	-2121
巴拉圭	-252	-162	-591	-54	-166	-113	426	373	369	120	45	-335
秘 鲁	8153	7429	1656	-7581	-8418	-9600	2185	2495	2869	2757	1505	-5076
多米尼加	-2579	-3612	-7281	-1827	-2028	-2089	3144	3410	3546	-1262	-2231	-5824
圣基茨和尼维斯	-89	-115	-129	-32	-31	-33	32	33	33	-90	-112	-130
圣文森特和格林纳丁斯	-116	-189	-211	-24	-23	-25	20	20	19	-120	-192	-217
圣卢西亚	-259	-246	-242	-56	-68	-74	12	14	13	-303	-300	-303
苏里南	130	102	—	-52	9	—	36	76	—	115	187	—
特立尼达和多巴哥	5708	6287	6143	-936	-964	-1290	36	58	50	4809	5381	4902
乌拉圭	-98	-45	-727	-428	-325	-510	126	134	141	-400	-235	-1096
委内瑞拉	28279	17851	40835	-1092	2565	-600	-38	-415	-600	27149	20001	39635

分 表 3

单位：百万美元

项目 年份 国家或地区	资本和金融项目[a]			资本和金融项目差额			资本和金融项目差额——储备资产变化[b]			资本和金融项目差额——其他融资[c]		
	2006	2007	2008[d]	2006	2007	2008[d]	2006	2007	2008[d]	2006	2007	2008[d]
拉美和加勒比地区	11838	105523	82665	61812	124810	56290	-48569	-126626	-56463	-13241	1817	249
拉美和加勒比地区[d]	14871	108523	85241	60500	122816	54794	-47242	-124594	-55045	-13259	1778	249
安提瓜和巴布达	324	383	379	15	1	1	-15	-1	-1	0	0	—
阿根廷	6800	4660	-10766	14513	11772	-360	-3530	-13098	360	-10982	1326	—
巴哈马	1360	1269	912	-79	-46	220	79	46	-220	0	0	—
巴巴多斯	320	523	325	43	278	39	-41	-278	39	0	0	—
伯利兹	66	74	158	49	28	53	-49	-23	-53	0	0	—
玻利维亚	121	117	247	1439	1880	2300	-1286	-1952	-2300	-152	73	—
巴 西	16927	85772	47752	30569	87484	20000	-30569	-87484	-20000	0	0	—
智 利	-4841	-10414	10839	1997	-3214	5200	-1997	3214	-5200	0	0	—
哥伦比亚	3005	10572	9053	23	4714	2611	-23	-4714	-2611	0	0	—
哥斯达黎加	2053	3096	1992	1031	1457	-450	-1031	-1457	450	0	0	—
古 巴	—	—	—	—	—	—	—	—	—	—	—	—
多米尼克	65	97	126	13	-1	-1	-13	1	1	0	0	—
厄瓜多尔	-1748	-263	1132	-131	1387	2700	124	-1497	-2700	7	111	—
萨尔瓦多	747	1399	1639	72	280	297	-72	-280	-297	0	0	—
格林纳达	198	244	226	6	11	-8	-6	-11	8	0	0	—
危地马拉	1765	1913	2123	252	216	300	-252	-216	-300	0	0	—
圭亚那	293	231	74	43	-1	-342	-61	-37	342	18	39	—

续分表 3

项目／年份　国家或地区	资本和金融项目 a			资本和金融项目差额			资本和金融项目差额——储备资产变化 b			资本和金融项目差额——其他融资 c		
	2006	2007	2008 d	2006	2007	2008 d	2006	2007	2008 d	2006	2007	2008 d
海　地	166	188	239	93	159	70	-109	-208	-142	15	49	71
洪都拉斯	820	1063	1457	311	-162	-225	-310	109	160	-1	53	65
牙买加	1413	1390	4486	230	-410	1065	-230	410	-1065	0	0	—
墨西哥	1228	16099	22836	-1003	10286	7700	1003	-10286	-7700	0	0	—
尼加拉瓜	740	1140	1802	62	92	52	-186	-173	-120	124	80	67
巴拿马	699	2044	2775	172	622	654	-162	-611	-650	-10	-10	-4
巴拉圭	263	678	527	383	723	192	-387	-727	-195	4	0	4
秘　鲁	-30	8082	9036	2726	9588	3960	-2753	-9654	-4000	27	67	40
多米尼加	1452	2888	5508	190	657	-316	-314	-692	310	124	35	6
圣基茨和尼维斯	107	119	124	17	7	-5	-17	-7	5	0	0	—
圣文森特和格林纳丁斯	132	190	213	12	-2	-3	-12	2	3	0	0	—
圣卢西亚	317	319	299	14	19	-3	-14	-19	3	0	0	—
苏里南	-21	-10	—	94	177	—	-94	-177	—	0	0	—
特立尼达和多巴哥	-3690	-3840	-3102	1119	1541	1800	-1119	-1541	-1800	0	0	—
乌拉圭	2798	1245	3388	2399	1010	2291	15	-1005	-2291	-2414	-5	—
委内瑞拉	-22011	-25743	-33135	5138	-5742	6500	-5138	5742	-6500	0	0	—

说明：a——包含错误和遗漏；b——负号表示储备资产增加；c——包括使用 IMF 贷款和例外融资；d——初步数据；e——不包括古巴；f——仅包括提交国际收支所有有关项目数据的国家。

数据来源：CEPAL, Balance preliminar de las economías de América Latina y el Caribe 2008。http://www.eclac.org/publicaciones/xml/5/34845/Anexo_estadistico.pdf

附表 4

外国直接投资净额^a

单位：百万美元[b]

年　份 国家或地区	2000	2001	2002	2003	2004	2005	2006	2007	2008[b]
拉美和加勒比地区	72190	66564	50996	38414	48926	53710	30461	84601	81676
安提瓜和巴布达	43	98	66	166	80	214	374	356	301
阿根廷	9517	2005	2776	878	3449	3954	3100	4997	4900
巴哈马	250	192	209	247	443	563	706	713	800
巴巴多斯	18	17	17	58	-16	53	—	—	—
伯利兹	23	61	25	-11	111	126	103	126	134
玻利维亚	734	703	674	195	63	-242	278	200	280
巴　西	30498	24715	14108	9894	8339	12550	-9380	27518	20000
智　利	873	2590	2207	2701	5610	4801	4482	10627	11170
哥伦比亚	2111	2526	1277	783	2873	5590	5558	8127	8645
哥斯达黎加	400	451	625	548	733	904	1371	1634	2048
多米尼克	18	17	20	31	26	33	27	53	52
厄瓜多尔	720	1330	1275	872	837	493	271	193	700
萨尔瓦多	178	289	496	123	366	398	151	1390	438

续附表 4

年份 国家或地区	2000	2001	2002	2003	2004	2005	2006	2007	2008[b]
格林纳达	37	59	54	89	65	70	85	171	140
危地马拉	230	138	183	218	255	470	531	658	769
圭亚那	67	56	44	26	30	77	102	152	0
海 地	13	4	6	14	6	26	160	75	30
洪都拉斯	375	301	269	391	553	599	674	815	899
牙买加	394	525	407	604	542	582	797	0	0
墨西哥	17789	23045	22158	15341	18451	14471	13573	16763	20100
尼加拉瓜	267	150	204	201	250	241	287	382	400
巴拿马	624	467	99	818	1019	918	2498	1907	1800
巴拉圭	98	78	12	22	32	47	156	194	209
秘 鲁	810	1070	2156	1275	1599	2579	3467	5343	6500
多米尼加	953	1079	917	613	909	1123	1459	1698	2500
圣基茨和尼维斯	96	88	80	76	46	93	110	158	88
圣文森特和格林纳丁斯	38	21	34	55	66	40	109	117	96
圣卢西亚	54	59	52	106	77	78	234	242	180
苏里南	-148	-27	-74	-76	-37	28	-163	-247	-140
特立尼达和多巴哥	654	685	684	1034	972	599	513	830	830
乌拉圭	274	291	180	401	315	811	1495	1000	1509
委内瑞拉	4180	3479	-244	722	864	1422	-2666	-1591	-3700

说明：a——流入一国的外国直接投资减去该国居民对外直接投资，包括再投资收益；b——初步数据。

数据来源：CEPAL, *Balance preliminar de las economías de América Latina y el Caribe 2008*。http://www.eclac.org/publicaciones/xml/5/34845/Anexo_estadistico.pdf

附表 5
外债总额 [a]

单位：百万美元 [b]

国家或地区	2000	2001	2002	2003	2004	2005	2006	2007	2008 [b]
拉美和加勒比地区	743429	749860	738618	767209	763350	673217	662625	732341	749467
安提瓜和巴布达	391	388	434	497	532	317	321	—	—
阿根廷	155014	166272	156748	164645	171205	113799	108873	123989	128685
巴哈马 [c]	350	328	309	363	345	338	334	326	—
巴巴多斯 [c]	928	1117	1130	1188	1207	1334	1473	1415	—
伯利兹 [c]	431	495	652	822	913	970	985	972	962
玻利维亚 [c]	6740	6861	6945	7709	7562	7666	6278	5415	2313
巴 西	216921	209935	210711	214929	201373	169451	172589	193219	205536
智 利	37177	38527	40504	43067	43517	44934	47590	55822	63314
哥伦比亚	36130	39163	37382	38065	39497	38507	40157	44721	45613
哥斯达黎加	5307	5265	5310	5575	5710	6485	6996	8384	8848
古 巴 [cd]	10961	10893	10900	11300	5806	5898	7794	8908	—
多米尼克	152	177	206	224	221	222	225	221	—
厄瓜多尔	13216	14376	16236	16756	17211	17237	17099	17445	16799
萨尔瓦多 [e]	2831	3148	3987	7917	8211	8761	9584	9060	9196

续附表5

国家或地区 \ 年份	2000	2001	2002	2003	2004	2005	2006	2007	2008[b]
格林纳达	139	154	262	279	331	401	424	—	—
危地马拉[c]	2644	2925	3119	3467	3844	3723	3958	4226	4374
圭亚那[c]	1193	1197	1247	1085	1071	1215	1043	718	—
海地[c]	1170	1189	1229	1316	1376	1335	1484	1628	1852
洪都拉斯	4711	4757	4922	5242	5912	5093	3879	3029	3203
牙买加[c]	3375	4146	4348	4192	5115	5372	5794	6122	6456
墨西哥	148652	144526	134980	132273	130925	128248	116668	124583	126196
尼加拉瓜[c]	6660	6374	6363	6596	5391	5348	4527	3385	3466
巴拿马[c]	5604	6263	6349	6504	7219	7580	7788	8276	8456
巴拉圭	3275	3074	3336	3371	3330	3056	3031	3087	—
秘鲁	27981	27195	27872	29587	31244	28657	28395	32566	35961
多米尼加[c]	3679	4176	4536	5987	6380	6813	7266	7566	7929
圣基茨和尼维斯	162	216	261	316	304	285	280	—	—
圣文森特和格林纳丁斯	160	168	168	195	219	231	231	—	—
圣卢西亚	170	204	246	324	344	350	365	375	—
苏里南[c]	291	350	371	382	382	388	389	296	—
特立尼达和多巴哥[c]	1680	1666	1549	1568	1382	1361	1295	1421	1429
乌拉圭	8895	8937	10548	11013	11593	11418	10560	12218	12682
委内瑞拉	36437	35398	35460	40456	43679	46427	44952	52949	56198

说明：a——外债总额包括向 IMF 所借外债；b——初步数据；c——仅含公共债务；d——2004 年后数据仅包括付息外债，不包括固定化的债务（其中 60.2% 是向巴黎俱乐部融集的官方外债）；e——2002 年前数据仅含公共债务，2003 年后数据为外债总额。

数据来源：CEPAL, *Balance preliminar de las economías de América Latina y el Caribe 2008*。http://www.eclac.org/publicaciones/xml/5/34845/Anexo_estadistico.pdf

附表 6

居民消费价格年度变化率

单位：%

年 份 国家或地区	2000	2001	2002	2003	2004	2005	2006	2007	2008[a]
拉美和加勒比地区[b]	8.0	5.6	11.2	8.0	7.1	5.9	4.9	6.4	8.8
安提瓜和巴布达	—	—	2.5	1.8	2.8	2.5	0.0	5.1	—
阿根廷	-0.7	-1.5	41.0	3.7	6.1	12.3	9.8	8.5	7.9
巴哈马	0.6	3.4	1.9	2.3	1.0	2.1	2.3	2.7	5.1[c]
巴巴多斯	3.8	-0.6	0.9	0.3	4.3	7.4	5.6	3.9	8.9[c]
伯利兹	1.0	0.9	3.2	2.3	3.1	4.2	2.9	4.1	9.5[d]
玻利维亚	3.4	0.9	2.4	3.9	4.6	4.9	4.9	11.7	12.1
巴 西	6.0	7.7	12.5	9.3	7.6	5.7	3.0	4.5	6.4
智 利	4.5	2.6	2.8	1.1	2.4	3.7	2.6	7.8	8.9
哥伦比亚	8.8	7.6	7.0	6.5	5.5	4.9	4.5	5.7	7.7
哥斯达黎加	10.2	11.0	9.7	9.9	13.1	14.1	9.4	10.8	16.3
古 巴[e]	—	-1.4	7.3	-3.8	2.9	3.7	5.7	2.8	0.4[f]
多米尼克	1.1	1.1	0.5	2.8	—	—	—	4.8	5.2[d]
厄瓜多尔	91.0	22.4	9.3	6.1	1.9	3.1	2.9	3.3	9.1
萨尔瓦多	4.3	1.4	2.8	2.5	5.4	4.3	4.9	4.9	5.3
格林纳达	3.4	-0.7	2.3	—	—	—	—	7.4	8.9[c]

282

续附表6

年份 国家或地区	2000	2001	2002	2003	2004	2005	2006	2007	2008[a]
危地马拉	5.1	8.9	6.3	5.9	9.2	8.6	5.8	8.8	10.9
圭亚那	5.8	1.5	6.0	—	—	8.2	4.2	14.1	7.4[c]
海　地	19.0	8.1	14.8	40.4	20.2	14.8	10.3	10.3	18.0[f]
洪都拉斯	10.1	8.8	8.1	6.8	9.2	7.7	5.3	8.9	10.9
牙买加	5.9	8.6	7.3	13.8	13.6	12.6	5.8	14.3	24.0[f]
墨西哥	9.0	4.4	5.7	4.0	5.2	3.3	4.1	3.8	6.2
尼加拉瓜	9.9	4.7	4.0	6.6	8.9	9.6	10.2	16.2	15.2
巴拿马	0.7	0.0	1.5	1.5	3.5	3.4	2.2	6.4	7.7
巴拉圭	8.6	8.4	14.6	9.3	2.8	9.9	12.5	6.0	8.3
秘　鲁	3.7	-0.1	1.5	2.5	3.5	1.5	1.1	3.9	6.7
多米尼加	9.0	4.4	10.5	42.7	28.7	7.4	5.0	8.9	7.2
圣基茨和尼维斯	—	—	1.7	3.1	1.7	6.0	5.9	4.0	—
圣文森特和格林纳丁斯	1.4	-0.2	0.4	2.7	1.7	3.9	4.8	8.3	11.0[c]
圣卢西亚	0.2	5.5	-0.7	0.5	3.5	5.2	-0.6	8.2	8.9[c]
苏里南	—	—	—	—	—	—	—	5.6	17.8[f]
特立尼达和多巴哥	—	—	—	—	5.6	7.2	9.1	7.6	15.4[f]
乌拉圭	5.1	3.6	25.9	10.2	7.6	7.2	6.4	8.5	8.5
委内瑞拉	13.4	12.3	31.2	27.1	19.2	14.4	17.0	22.5	32.7

说明：a——截至2008年11月的居民消费价格年度变化率；b——英语加勒比国家仅包括巴巴多斯、牙买加及特立尼达和多巴哥；c——截至2008年6月的居民消费价格年度变化率；d——截至2008年8月的居民消费价格年度变化率；e——指以本币计价的商品；f——截至2008年10月的居民消费价格年度变化率；g——截至2008年9月的居民消费价格年度变化率。

数据来源：CEPAL, Balance preliminar de las economías de América Latina y el Caribe 2008。http：//www.eclac.org/publicaciones/xml/5/34845/Anexo_estadistico.pdf

附表7
公开失业率（年度平均失业率）

单位：%

国家或地区 \ 年份		2000	2001	2002	2003	2004	2005	2006	2007	2008ᵃ
拉美和加勒比地区ᵇ		10.4	10.2	11.0	11.0	10.3	9.1	8.6	7.9	7.5
阿根廷ᶜ	城镇	15.1	17.4	19.7	17.3	13.6	11.6	10.2	8.5	8.0ᵈ
巴哈马ᵉ	全国	—	6.9	9.1	10.8	10.2	10.2	7.6	7.9	8.7
巴巴多斯ᵉ	全国	9.2	9.9	10.3	11.0	9.8	9.1	8.7	7.4	8.3ᶠ
伯利兹ᵉ	全国	11.1	9.1	10.0	12.9	11.6	11.0	9.4	8.5	—
玻利维亚	城镇	7.5	8.5	8.7	9.2	6.2	8.1	8.0	7.7	—
巴　西ᵍ	6大都市区	7.1	6.2	11.7	12.3	11.5	9.8	10.0	9.3	7.9ʰ
智利	全国	9.7	9.9	9.8	9.5	10.0	9.2	7.7	7.1	7.7ʰ
哥伦比亚ᵉ	13大都市区	17.3	18.2	17.6	16.6	15.3	13.9	12.9	11.4	11.5ᵈ
哥斯达黎加	城镇	5.3	5.8	6.8	6.7	6.7	6.9	6.0	4.8	4.8
古　巴	全国	5.4	4.1	3.3	2.3	1.9	1.9	1.9	1.8	1.6
厄瓜多尔ᵉ	城镇	14.1	10.4	8.6	9.8	9.7	8.5	8.1	7.4	6.9ᵈ

续附表7

国家或地区	年份	2000	2001	2002	2003	2004	2005	2006	2007	2008[a]
萨尔瓦多	城镇	6.5	7.0	6.2	6.2	6.5	7.3	5.7	5.8	—
危地马拉	城镇	—	—	3.1	3.4	3.1	—	—	—	—
洪都拉斯	城镇	—	5.9	6.1	7.6	8.0	6.5	4.9	4.0	—
牙买加[e]	全国	15.5	15.0	14.2	11.4	11.7	11.3	10.3	9.9	11.1[j]
墨西哥	城镇	3.4	3.6	3.9	4.6	5.3	4.7	4.6	4.8	4.9[h]
尼加拉瓜	城镇	7.8	11.3	11.6	10.2	9.3	7.0	7.0	6.9	—
巴拿马[e]	城镇	15.2	17.0	16.5	15.9	14.1	12.1	10.4	7.8	6.5
巴拉圭	城镇	10.0	10.8	14.7	11.2	10.0	7.6	8.9	7.2	—
秘鲁	利马都市区	8.5	9.3	9.4	9.4	9.4	9.6	8.5	8.4	8.3[h]
多米尼加[e]	全国	13.9	15.6	16.1	16.7	18.4	18.0	16.2	15.6	14.0[k]
特立尼达和多巴哥[e]	全国	12.2	10.8	10.4	10.5	8.4	8.0	6.2	5.6	5.0[l]
乌拉圭	城镇	13.6	15.3	17.0	16.9	13.1	12.2	11.4	9.6	7.9[h]
委内瑞拉	全国	13.9	13.3	15.8	18.0	15.3	12.4	10.0	8.4	7.4[h]

说明：a——初步数据；b——2003年和2002年，阿根廷和巴西的数据分别依据统计方法变化进行了调整；c——2003年后的数据采用新的计量方法，与前期数据不具可比性；d——根据1~9月数据估计；e——包括隐性失业；f——1~6月平均数据；g——2002年后的数据采用新的计量方法，与前期数据不具可比性；h——根据1~10月数据估计；i——2003年以前数据仅包含基多、瓜亚基尔和昆卡；j——1~4月的数据；k——4月平均数据；l——3~4月平均数据。

数据来源：CEPAL, Balance preliminar de las economías de América Latina y el Caribe 2008。http：//www.eclac.org/publicaciones/xml/5/34845/Anexo_estadistico.pdf

附表 8
拉美 18 个国家的贫困和赤贫指数
（1990 ~ 2007[a]）

单位：%

国 家	年 份	拉丁美洲的家庭和人口							
		贫困线[b]				赤贫线			
		H		PG	FGT$_2$	H		PG	FGT$_2$
		家 庭	人 口			家 庭	人 口		
阿根廷[c]	1990[d]	16.2	21.2	7.2	3.4	3.5	5.2	1.6	0.8
	1999	16.3	23.7	8.6	4.3	4.3	6.6	2.1	1.1
	2002	34.9	45.4	21.1	12.8	13.9	20.9	8.4	4.6
	2005	18.7	26.0	10.4	5.8	6.0	9.1	3.4	1.8
	2006	14.7	21.0	8.3	4.6	4.9	7.2	2.8	1.5
玻利维亚	1989[e]	48.9	52.6	24.5	15.0	21.9	23.0	9.7	6.1
	1999	54.7	60.6	33.9	24.1	32.5	36.4	20.3	14.7
	2002	55.5	62.4	34.4	23.8	31.7	37.1	19.5	13.5
	2004	56.4	63.9	32.1	20.1	29.9	34.7	15.0	8.9
	2007	47.2	54.0	27.8	18.2	27.2	31.2	14.5	9.7
巴 西	1990	41.4	48.0	23.5	14.7	18.3	23.4	9.7	5.5
	1999	29.9	37.5	17.0	10.2	9.6	12.9	5.3	3.3
	2001	29.9	37.5	17.3	10.7	10.0	13.2	5.8	3.8
	2006	26.1	33.3	14.3	8.4	6.7	9.0	3.7	2.3
	2007	23.4	30.0	13.0	7.8	6.7	8.5	3.9	2.7
智 利	1990	33.3	38.6	14.9	8.0	10.6	13.0	4.4	2.3
	1998	17.8	21.7	7.5	3.8	4.6	5.6	2.0	1.1
	2000	16.3	20.2	7.0	3.7	4.5	5.6	2.1	1.2
	2003	15.3	18.7	6.3	3.2	3.9	4.7	1.7	1.0
	2006	11.3	13.7	4.4	2.2	2.7	3.2	1.1	0.7
哥伦比亚	1994	47.3	52.5	26.6	17.5	25.0	28.5	13.8	9.1
	1999	48.7	54.9	25.6	15.7	23.2	26.8	11.2	6.9
	2002	45.6	51.5	24.3	15.1	21.8	24.8	10.5	6.6
	2004	45.2	51.1	23.8	14.6	21.4	24.2	10.2	6.3
	2005	40.6	46.8	20.7	12.3	17.4	20.2	8.3	5.0

续附表8

国 家	年 份	拉丁美洲的家庭和人口								
		贫困线[b]				赤贫线				
		H		PG	FGT$_2$	H		PG	FGT$_2$	
		家 庭	人 口			家 庭	人 口			
哥斯达黎加	1990	23.6	26.3	10.7	6.5	10.0	10.1	4.8	3.4	
	1999	18.2	20.3	8.1	4.8	7.5	7.8	3.5	2.3	
	2002	18.6	20.3	8.4	5.2	7.7	8.2	3.9	2.7	
	2006	18.0	19.0	7.6	4.5	7.3	7.2	3.1	2.0	
	2007	17.1	18.6	6.2	3.3	5.1	5.3	2.0	1.2	
厄瓜多尔	1990[c]	55.8	62.1	27.6	15.8	22.6	26.2	9.2	4.9	
	1999[c]	58.0	63.5	30.1	18.2	27.2	31.3	11.5	6.3	
	2002[c]	42.6	49.0	20.8	11.8	16.3	19.4	6.9	3.7	
	2006	36.8	43.0	17.2	9.2	13.6	16.1	5.4	2.7	
	2007	36.0	42.6	16.7	9.0	12.9	16.0	5.6	3.0	
萨尔瓦多	1995	47.6	54.2	24.0	14.3	18.2	21.7	9.1	5.6	
	1999	43.5	49.8	22.9	14.0	18.3	21.9	9.4	5.8	
	2001	42.9	48.9	22.7	14.0	18.3	22.1	9.5	5.7	
	2004	40.4	47.5	21.1	12.6	15.6	19.0	8.1	5.0	
危地马拉	1989	63.0	69.4	35.9	23.1	36.7	42.0	18.5	11.2	
	1998	53.5	61.1	27.3	15.4	26.1	31.6	10.7	5.1	
	2002	52.8	60.2	27.0	15.4	26.9	30.9	10.7	5.5	
	2006	46.7	54.8	25.5	15.2	22.7	29.1	11.3	5.8	
洪都拉斯	1990	75.2	80.8	50.2	35.9	53.9	60.9	31.5	20.2	
	1999	74.3	79.7	47.4	32.9	50.6	56.8	27.9	17.5	
	2002	70.9	77.3	45.3	31.2	47.1	54.4	26.6	16.2	
	2006	65.7	71.5	43.1	31.3	43.4	49.3	27.4	19.0	
	2007	63.1	68.9	39.5	27.6	39.9	45.6	23.9	15.7	
墨 西 哥	1989	39.0	47.7	18.7	9.9	14.0	18.7	5.9	2.7	
	1998	38.0	46.9	18.4	9.4	13.2	18.5	5.3	2.2	
	2002	31.8	39.4	13.9	6.7	9.1	12.6	3.5	1.4	
	2004	29.8	37.0	13.2	6.5	8.7	11.7	3.5	1.6	
	2006	24.6	31.7	10.5	4.9	6.0	8.7	2.4	1.0	
尼加拉瓜	1993	68.1	73.6	41.9	29.3	43.2	48.4	24.3	16.2	
	1998	65.1	69.9	39.4	27.3	40.1	44.6	22.6	15.1	
	2001	63.0	69.4	37.1	24.5	36.5	42.5	19.2	12.0	
	2005	54.4	61.9	29.1	17.3	26.8	31.9	12.3	6.5	
巴 拿 马	1991[c]	27.4	32.7	13.7	8.1	10.1	11.5	5.2	3.4	
	1999[c]	17.0	20.8	7.6	4.1	4.9	5.9	2.3	1.4	
	2002	30.0	36.9	16.8	10.2	14.4	18.6	7.6	4.3	
	2006	23.2	29.9	13.4	8.0	10.5	14.3	6.0	3.4	
	2007	22.2	29.0	11.7	6.4	8.6	12.0	4.3	2.2	

续附表8

国　家	年　份	拉丁美洲的家庭和人口							
		贫困线[b]				赤贫线			
		H		PG	FGT$_2$	H		PG	FGT$_2$
		家　庭	人　口			家　庭	人　口		
巴拉圭	1990[f]	36.8	43.2	16.1	8.0	10.4	13.1	3.6	1.5
	1999	51.7	60.6	30.2	19.0	26.0	33.8	14.5	8.5
	2001	52.0	61.0	30.3	19.5	26.5	33.2	15.4	9.6
	2005	51.9	60.5	29.5	18.0	25.4	32.1	13.1	7.4
	2007	53.2	60.5	28.4	17.4	26.0	31.6	13.5	8.0
秘鲁	1997	40.5	47.6	20.8	12.0	20.4	25.1	10.1	5.7
	1999	42.3	48.6	20.6	11.7	18.7	22.4	9.2	5.1
	2001[g]	48.7	54.7	24.7	14.5	20.4	24.4	9.6	5.2
	2006[g]	38.4	44.5	17.7	9.3	13.0	16.0	5.2	2.4
	2007[g]	33.9	39.3	15.3	8.1	11.4	13.7	4.3	1.9
多米尼加	2002	42.2	47.1	20.9	12.6	18.2	20.7	8.8	5.3
	2006	41.1	44.5	21.1	12.9	20.2	22.0	9.1	5.4
	2007	41.2	44.5	20.6	12.6	19.6	21.0	8.9	5.5
乌拉圭[c]	1990	11.8	17.9	5.3	2.4	2.0	3.4	0.9	0.4
	1999	5.6	9.4	2.7	1.2	0.9	1.8	0.4	0.2
	2002	9.3	15.4	4.5	1.9	1.3	2.5	0.6	0.2
	2005	11.8	18.8	6.0	2.7	2.2	4.1	1.0	0.4
	2007	11.3	18.1	5.2	2.1	1.7	3.1	0.7	0.2
委内瑞拉	1990	34.2	39.8	15.7	8.5	11.8	14.4	5.0	2.4
	1999	44.0	49.4	22.6	13.7	19.4	21.7	9.0	5.5
	2002	43.3	48.6	22.1	13.4	19.7	22.2	9.2	5.7
	2006	26.2	30.2	11.5	6.3	9.0	9.9	3.8	2.4
	2007	24.5	28.5	10.2	5.4	7.5	8.5	3.2	1.9
拉丁美洲[h]	1990	41.0	48.3	—	—	17.7	22.5	—	—
	1999	35.4	43.9	—	—	14.1	18.7	—	—
	2002	36.1	44.0	—	—	14.6	19.4	—	—
	2006	29.0	36.3	—	—	10.1	13.3	—	—
	2007	27.0	34.0	—	—	9.5	12.4	—	—

说明：H = 人头指数；PG = 贫困缺口指数；FGT$_2$ = 衡量贫困的一个指数，在贫困缺口指数相同时，该值越大，穷人内部的差异越大。

a——FGT$_2$ 和 PG 指数是根据贫困人口的分布计算得出的；b——包括赤贫或极度贫困家庭（人口）；c——城市地区；d——大布宜诺斯艾利斯；e——8 个省会加奥尔托市；f——亚松森大都市区；g——数字来源于秘鲁国家统计和信息局（这些数值不可与前些年的数值相比较，原因是调查的家庭样本发生变化。2001 年的数字是指第四季度，而 2005 年和 2006 年的数字是指全年）；h——表中的 18 个国家加上海地的估计数字。

资料来源：CEPAL, *Panorama Social de América Latina 2008*。

附表 9
拉美 18 个国家的收入集中度指数
（1990 ~ 2007[a]）

国　家	年份	人均收入低于中位数的 50% 的人口比重	基尼系数[b]	对数方差	泰尔指数	阿特金森指　　数
阿根廷[c]	1990[d]	20.5	0.501	0.982	0.555	0.473
	1999	22.2	0.539	1.194	0.667	0.530
	2002	24.3	0.578	1.510	0.724	0.593
	2005	22.1	0.526	1.190	0.602	0.525
	2006	21.7	0.519	1.173	0.626	0.522
玻利维亚	1989[e]	20.6	0.537	1.528	0.574	0.600
	1999	29.5	0.586	2.548	0.658	0.738
	2002	28.6	0.614	2.510	0.776	0.738
	2004	23.8	0.561	1.559	0.636	0.600
	2007	27.2	0.565	2.159	0.611	0.709
巴　西	1990	26.6	0.627	1.938	0.816	0.664
	1999	25.9	0.640	1.913	0.914	0.663
	2001	26.1	0.639	1.925	0.914	0.665
	2006	24.4	0.604	1.646	0.807	0.621
	2007	24.7	0.590	1.559	0.744	0.605
智　利	1990	20.4	0.554	1.261	0.644	0.546
	1998	21.0	0.560	1.302	0.654	0.553
	2000	20.3	0.564	1.308	0.676	0.556
	2003	19.5	0.552	1.203	0.674	0.535
	2006	18.5	0.522	1.065	0.568	0.497
哥伦比亚	1994	26.0	0.601	2.042	0.794	0.684
	1999	21.8	0.572	1.456	0.734	0.603
	2002	22.4	0.569	1.396	0.705	0.580
	2004	22.0	0.577	1.410	0.727	0.580
	2005	21.2	0.584	1.460	0.752	0.591

续附表9

国　家	年份	人均收入低于中位数的50%的人口比重	基尼系数[b]	对数方差	泰尔指数	阿特金森指　数
哥斯达黎加	1990	19.4	0.438	0.833	0.328	0.412
	1999	20.7	0.473	0.974	0.395	0.457
	2002	21.2	0.488	1.080	0.440	0.491
	2006	20.7	0.482	1.031	0.427	0.475
	2007	18.9	0.484	0.918	0.466	0.449
厄瓜多尔[c]	1990	17.4	0.461	0.823	0.403	0.422
	1999	18.8	0.526	1.075	0.567	0.498
	2002	19.6	0.513	1.031	0.563	0.487
	2006	19.3	0.507	0.978	0.609	0.474
	2007	19.0	0.520	1.043	0.550	0.488
萨尔瓦多	1995	22.0	0.507	1.192	0.502	0.525
	1999	24.2	0.518	1.548	0.496	0.601
	2001	24.4	0.525	1.559	0.528	0.602
	2004	21.3	0.493	1.325	0.449	0.552
危地马拉	1989	22.7	0.582	1.476	0.736	0.590
	1998	20.0	0.560	1.182	0.760	0.534
	2002	17.9	0.542	1.157	0.583	0.515
	2006	24.7	0.585	1.475	0.773	0.590
洪都拉斯	1990	26.1	0.615	1.842	0.817	0.649
	1999	25.7	0.564	1.560	0.636	0.603
	2002	26.5	0.588	1.607	0.719	0.608
	2006	31.9	0.605	2.332	0.736	0.713
	2007	30.5	0.580	1.963	0.650	0.661
墨西哥	1989	19.7	0.536	1.096	0.680	0.509
	1998	22.9	0.539	1.142	0.634	0.515
	2002	21.2	0.514	1.045	0.521	0.485
	2004	19.9	0.516	1.045	0.588	0.490
	2006	19.5	0.506	0.992	0.527	0.481
尼加拉瓜	1993	27.4	0.582	1.598	0.671	0.619
	1998	26.8	0.583	1.800	0.731	0.654
	2001	23.8	0.579	1.599	0.783	0.620
	2005	22.6	0.532	1.187	0.614	0.526

续附表9

国　家	年份	人均收入低于中位数的50%的人口比重	基尼系数[b]	对数方差	泰尔指数	阿特金森指　数
巴拿马	1991[c]	22.0	0.530	1.254	0.543	0.534
	1999c	21.7	0.499	1.088	0.459	0.490
	2002	26.6	0.567	1.691	0.616	0.618
	2006	26.6	0.540	1.580	0.548	0.597
	2007	25.9	0.524	1.334	0.520	0.547
巴拉圭	1990[f]	16.4	0.447	0.737	0.365	0.386
	1999	25.7	0.565	1.555	0.668	0.599
	2001	26.4	0.570	1.705	0.702	0.631
	2005	22.8	0.536	1.318	0.614	0.553
	2007	21.9	0.539	1.309	0.701	0.557
秘　鲁	1997	25.6	0.533	1.351	0.567	0.554
	1999	23.6	0.545	1.357	0.599	0.560
	2001	23.9	0.525	1.219	0.556	0.527
	2006	22.8	0.501	1.036	0.496	0.480
	2007	24.2	0.509	1.112	0.513	0.499
多米尼加	2002	22.1	0.537	1.247	0.569	0.536
	2006	25.3	0.583	1.597	0.692	0.614
	2007	24.2	0.556	1.466	0.599	0.587
乌拉圭[c]	1990	17.4	0.492	0.812	0.699	0.441
	1999	19.0	0.440	0.764	0.354	0.393
	2002	19.6	0.455	0.802	0.385	0.412
	2005	19.9	0.451	0.798	0.383	0.414
	2007	19.5	0.457	0.787	0.389	0.403
委内瑞拉	1990	20.1	0.471	0.930	0.416	0.446
	1999	21.6	0.498	1.134	0.464	0.507
	2002	22.4	0.500	1.122	0.456	0.507
	2006	19.3	0.447	0.811	0.359	0.409
	2007	18.1	0.427	0.734	0.321	0.381

说明：a——根据全国人口的人均收入的分配计算得出；b——包括没有收入的人口；c——城市；d——大布宜诺斯艾利斯；e——8个省会加奥尔托市；f——亚松森大都市区。

资料来源：CEPAL, *Panorama Social de América Latina 2008*。

附表 10
17 个国家的社会保障覆盖率：
1990 年、2002 年和 2006 年

单位：%

国　　家	年份	全国	城市	农村	城市正规部门[a]	城市非正规部门[b]	女性[c]	男性[c]
阿根廷[d]	1990[e]	—	94.6	—	88.9	89.8	92.3	96
	2002[f]	—	55.8	—	68.4	22.8	52.2	58.9
	2006[f]	—	60	—	68.8	22.3	55	64.1
玻利维亚	1989[g]	—	28.5	—	56	11.4	27.6	29.2
	2002	15.1	21.9	5.7	42.7	7.2	15.7	14.7
	2004	15.6	20.2	9	44.4	6	16.6	14.8
巴　西	1990	53.3	62.8	20	97.7	29	51	54.5
	2001	46.7	53.4	16.5	78	34.2	45.9	47.2
	2006	49.5	56	20.5	78.7	35.1	48.3	50.4
智　利	1990	65.9	69.6	46.9	86.2	59	64.5	66.6
	2000	63.5	66.1	45	80.4	52.8	61.8	64.5
	2006	66.7	68.1	55.7	82.6	51.6	62.9	69
哥斯达黎加	1990	69.3	72.9	66.2	88.7	50.9	64.4	71.2
	2002	64.4	67.4	59.6	87.2	43	59	67.3
	2006	65.2	67.1	62	86.4	39.7	58.8	68.8
厄瓜多尔	1990	—	37.5	—	67.8	17.6	35.8	38.4
	2002	—	32.1	—	57.5	13	31.4	32.6
	2006	28.7	33.1	20.4	59.6	14.9	30.4	27.6
萨尔瓦多	1995	25.3	35.3	10	68.1	6.5	25.2	25.4
	2001	29.3	39.1	12.5	77.3	9	30	28.9
	2004	28.9	37.2	13.8	75.8	8.2	28.4	29.2
危地马拉	2002	17.1	30.2	8.2	63.4	9.9	15.9	17.8
	2004	17.7	27.1	7.9	61.2	7.5	16.3	18.4

续附表 10

国　家	年份	全国	城市	农村	城市正规部门[a]	城市非正规部门[b]	女性[c]	男性[c]
洪都拉斯	2006	19.8	32.6	7.4	65.6	5.7	25.8	16.6
墨 西 哥	1989	50.4	56.4	39.4	61.9	67.6	58.9	47
	2002[d]	54.8	64.5	31.2	81.7	25.5	59.2	52.5
	2006	52.1	61.3	29.1	78.1	23.4	54.6	50.6
尼加拉瓜	1993	25.3	35.7	11.2	58.7	14.5	30	22.8
	2001	17.6	24.3	7.2	53.2	7.2	21.1	15.6
	2005	17.4	25.7	5.7	58.6	3.2	22	14.8
巴 拿 马	2002	53.4	66.8	29.4	88.3	37	63.4	48.3
	2007	47.8	60.2	24.3	85.3	27.6	49.9	46.5
巴 拉 圭	2000	13	19.7	4.7	45.9	4	13.6	12.7
	2005	14.1	20	6	46.5	4.4	15.3	13.4
秘 鲁	2001	12.9	18.8	2.7	44	4.1	10.1	15
	2003	13.7	20.1	3.4	46.2	4.7	9.8	16.8
多米尼加	2006	58.4	61.6	49.5	70.2	8.5	59.3	63.6
乌 拉 圭	2002	—	63	—	84.9	44.3	63.1	63
	2005	—	61.1	—	82.7	40.5	60.7	61.5
委内瑞拉[dh]	2002	61.5	—		75.6	19.8	67.1	58
	2006	60.9	—		68.6	16.1	65	58.2
拉 美[i]	2002	37.4	44.5	21.3	67.6	21.8	41.1	40.3
	2006	37.4	44.1	23.9	68.4	19.6	40.8	41.7

　　说明：a——正规部门：公共部门雇员、5 人以上公司的雇员、自谋职业者、拥有 5 名或 5 名以上雇员的企业主；b——非正规部门：5 人以下公司的雇员以及家政服务人员；c——根据每个受调查国家的特点，均指全国或城市人口；d——与雇员的各种社会福利相关的比重（假期、补偿、节日津贴或其他合法权利），不包括自谋职业者、不领报酬的家庭成员和企业主；e——大布宜诺斯艾利斯；f——城市；g——8 个省会加奥尔托市；h——全国；i——有 2002 年和 2006 年数据的国家的简单平均数。

　　资料来源：CEPAL, *Panorama Social de América Latina 2008*。

附表 11
20 个国家的部分社会发展指数
（1980～2010）

国　家	5 年周期	预期寿命（岁）		婴儿死亡率（‰）		五岁以下儿童死亡率（‰）		15 岁以上人口文盲率（%）	
		男性	女性	男性	女性	男性	女性	男性	女性
阿根廷	1980～1985	66.8	73.7	36	29	41	34	5.3	6
	1985～1990	67.6	74.6	30	24	35	29	4.1	4.4
	1990～1995	68.6	75.8	27	22	31	25	3.6	3.7
	1995～2000	69.7	77	24	19	27	22	3.2	3.2
	2000～2005	70.6	78.1	17	13	20	15	2.8	2.7
	2005～2010	71.6	79.1	15	12	17	14	2.5	2.4
玻利维亚	1980～1985	52	55.9	116	102	174	153	20.4	41.7
	1985～1990	55.6	59.1	96	84	134	120	13.2	30.2
	1990～1995	58.3	61.8	79	71	103	95	10.4	25.2
	1995～2000	60.1	64	70	63	89	81	8.1	20.8
	2000～2005	61.8	66	60	51	76	67	6.2	17
	2005～2010	63.4	67.7	50	41	65	56	4.8	13.8
巴　西	1980～1985	60.4	66.9	70	56	85	70	22	25.9
	1985～1990	62	69.2	59	46	73	58	17.1	18.8
	1990～1995	63.7	71.5	48	36	61	47	14.9	15.7
	1995～2000	65.7	73.3	39	29	48	37	13	13.2
	2000～2005	67.3	74.9	31	24	38	29	11.3	11
	2005～2010	68.9	76.1	27	20	33	25	10	9.3
智　利	1980～1985	67.4	74.2	26	22	30	26	7.7	9.5
	1985～1990	69.6	75.9	20	17	24	20	5.6	6.4
	1990～1995	71.5	77.4	15	13	19	15	4.8	5.3
	1995～2000	72.8	78.8	13	10	15	12	4.1	4.4
	2000～2005	74.8	80.8	9	7	11	9	3.4	3.6
	2005～2010	75.5	81.5	8	6	10	8	2.8	2.9

续附表 11

国　家	5 年周期	预期寿命（岁）		婴儿死亡率（‰）		五岁以下儿童死亡率（‰）		15 岁以上人口文盲率（%）	
		男性	女性	男性	女性	男性	女性	男性	女性
哥伦比亚	1980～1985	63.6	70.2	47	38	65	54	15.1	16.8
	1985～1990	64.5	71.7	39	31	53	44	11.2	11.9
	1990～1995	64.5	73	31	24	42	34	9.7	10
	1995～2000	66.5	74.2	27	21	37	29	8.4	8.4
	2000～2005	68	75.4	23	17	32	25	7.2	6.9
	2005～2010	69.2	76.6	22	16	30	23	6.1	5.7
哥斯达黎加	1980～1985	71.6	76.1	21	17	26	21	8.1	8.5
	1985～1990	72.9	77.5	20	15	23	18	6.1	6.2
	1990～1995	74	78.6	16	13	19	15	5.3	5.2
	1995～2000	75	79.7	13	10	16	12	4.5	4.4
	2000～2005	75.8	80.6	12	9	14	11	3.9	3.7
	2005～2010	76.5	81.2	11	9	13	10	3.3	3
古　巴	1980～1985	72.6	76	19	16	23	20	7.5	7.5
	1985～1990	72.8	76.6	18	14	22	17	4.8	4.9
	1990～1995	72.9	76.7	17	13	21	16	4	4.2
	1995～2000	74.2	78.2	11	8	14	10	3.2	3.4
	2000～2005	75.3	79.1	7	5	8	7	2.6	2.8
	2005～2010	76.2	80.4	6	5	7	6	1.9	2.2
厄瓜多尔	1980～1985	62.5	66.7	76	61	102	86	14.2	22
	1985～1990	65.3	69.9	62	49	81	67	9.8	14.9
	1990～1995	67.6	72.6	50	39	63	51	8.2	12.3
	1995～2000	69.7	75.1	37	29	46	36	6.8	10.1
	2000～2005	71.3	77.2	29	21	35	25	5.6	8.3
	2005～2010	72.1	78	24	18	29	22	4.7	6.9
萨尔瓦多	1980～1985	50.8	63.8	83	71	123	113	29.4	38.7
	1985～1990	59	68	60	48	82	72	23.9	30.9
	1990～1995	63.3	71	44	36	57	45	20.9	27.1
	1995～2000	66.5	72.5	35	29	45	37	18.5	23.9
	2000～2005	67.7	73.7	29	24	38	32	16.4	21.2
	2005～2010	68.8	74.9	23	20	32	27	14.4	18.6
危地马拉	1980～1985	56.1	60.6	84	75	121	115	39	55.1
	1985～1990	58.3	63.7	72	62	99	92	31.2	46.8
	1990～1995	60.5	66.8	60	50	78	70	27.4	42.7
	1995～2000	62.9	70	51	40	64	53	24	38.9
	2000～2005	65.5	72.5	44	33	55	42	20.9	35.4
	2005～2010	66.7	73.8	35	25	45	34	18.3	32.1

续附表 11

国 家	5 年周期	预期寿命（岁）		婴儿死亡率（‰）		五岁以下儿童死亡率（‰）		15 岁以上人口文盲率（%）	
		男性	女性	男性	女性	男性	女性	男性	女性
海 地	1980～1985	50.2	52.9	128	116	178	165	65.9	72.8
	1985～1990	52.2	55	105	95	151	140	57.4	63.1
	1990～1995	53.7	56.8	90	80	132	121	52.7	57.7
	1995～2000	55.2	58.6	74	66	112	102	48	52.2
	2000～2005	56.4	59.9	61	51	98	87	43.5	46.8
	2005～2010	59	62.4	52	45	85	76	39.8	42.3
洪都拉斯	1980～1985	59.4	63.8	72	58	109	92	38.1	42
	1985～1990	63.2	67.7	59	47	81	67	31.1	32.7
	1990～1995	65.4	70.1	48	38	66	54	28	28.6
	1995～2000	67.5	72.3	40	30	55	44	25.1	25
	2000～2005	68.6	73.4	36	27	50	39	22.4	21.7
	2005～2010	69.7	74.5	32	24	45	35	20	18.8
墨西哥	1980～1985	64.4	71.2	53	41	64	51	13.7	23.5
	1985～1990	66.8	73	43	36	53	44	9.4	15.7
	1990～1995	69	74.6	36	31	44	37	7.9	13
	1995～2000	71.3	76.1	30	25	36	30	6.7	10.9
	2000～2005	72.4	77.4	23	18	28	22	5.7	9.1
	2005～2010	73.7	78.6	19	15	23	18	4.8	7.6
尼加拉瓜	1980～1985	56.5	62.6	88	72	128	106	41	41.4
	1985～1990	59	65.5	72	58	98	82	37.3	37.2
	1990～1995	63.5	68.7	54	42	69	54	35.5	35.2
	1995～2000	65.9	71.1	37	30	48	39	33.8	33.3
	2000～2005	68	73.8	30	23	36	28	32.2	31.6
	2005～2010	69.9	76	24	19	29	23	30.7	29.9
巴拿马	1980～1985	68.4	73.3	36	27	48	38	14.4	15.9
	1985～1990	69.3	74.6	34	25	43	33	10.3	11.6
	1990～1995	70.2	75.7	31	23	38	29	8.8	10.1
	1995～2000	71.3	76.4	28	20	34	26	7.5	8.8
	2000～2005	72.3	77.4	24	17	31	23	6.5	7.6
	2005～2010	73	78.2	21	15	27	20	5.4	6.6
巴拉圭	1980～1985	64.9	69.3	55	43	72	56	10.5	17.6
	1985～1990	65.4	69.9	52	41	69	53	7.6	11.7
	1990～1995	66.3	70.8	48	37	62	47	6.6	9.6
	1995～2000	67.2	71.7	44	34	55	42	5.6	7.8
	2000～2005	68.7	72.9	40	30	49	36	4.8	6.4
	2005～2010	69.7	73.9	37	27	44	33	4.1	5.3

国　家	5 年周期	预期寿命（岁）		婴儿死亡率（‰）		五岁以下儿童死亡率（‰）		15 岁以上人口文盲率（%）	
		男性	女性	男性	女性	男性	女性	男性	女性
秘　鲁	1980～1985	59.5	63.8	88	75	124	109	11.7	29.4
	1985～1990	62.1	66.8	75	61	102	86	8	20.9
	1990～1995	64.4	69.2	53	42	83	66	6.6	17.6
	1995～2000	66	70.9	43	34	63	51	5.3	14.8
	2000～2005	67.5	72.5	34	27	44	37	4.4	12.3
	2005～2010	68.9	74	24	18	31	27	3.5	10.3
多米尼加	1980～1985	62.1	66.1	82	69	93	79	24.9	27.2
	1985～1990	64.3	69	69	56	78	65	20.2	21
	1990～1995	66.5	71.9	53	42	61	49	18.2	18.5
	1995～2000	67.3	73.1	47	36	52	41	16.3	16.3
	2000～2005	68.1	74.4	40	30	43	33	14.7	14.4
	2005～2010	69.2	75.5	34	25	37	28	13.2	12.6
乌拉圭	1980～1985	67.6	74.5	37	30	41	34	5.4	4.6
	1985～1990	68.6	75.8	25	20	29	23	4	3
	1990～1995	69.2	76.9	23	18	26	20	3.4	2.5
	1995～2000	70.5	78	17	14	21	16	2.9	2
	2000～2005	71.6	78.9	16	13	19	15	2.5	1.6
	2005～2010	72.8	79.9	14	12	17	14	2.1	1.3
委内瑞拉	1980～1985	65.8	71.8	38	29	47	38	13.9	18.3
	1985～1990	67.7	73.5	30	23	38	30	9.9	12.3
	1990～1995	68.7	74.5	26	20	33	26	8.3	9.9
	1995～2000	69.3	75.2	23	18	29	24	7	8
	2000～2005	69.9	75.8	21	16	27	21	5.8	6.2
	2005～2010	70.9	76.8	19	15	25	19	4.8	4.9

资料来源：Latin American and Caribbean Demographic Centre （CELADE）-Population Division of ECLAC，population estimates and projections database，2007，revision Santiago. Chile，UNESCO Institute for Statistics （UIS）database。

附表 12
中拉贸易统计

单位：万美元

	2004 年			2005 年			2006 年			2007 年			2008 年 1~10 月		
	进出口额	出口额	进口额	进出口额	出口额	进口额	进出口额	出口额	进口额	进出口额	出口额	进口额	进出口额	出口额	进口额
全　球	115479162	59336863	56142299	142211761	76199914	66011847	176068645	96907284	79161361	217383301	121801452	95581850	218866918	120233095	9863821
拉丁美洲	4002703	1824205	2178498	5045740	2368250	2677490	7021755	3602870	3418885	10261110	5154295	5106815	12411216	6113067	6298148
安提瓜和巴布达	11853	11853	0	14690	14690	0	16106	16105	1	39524	39524	0	52411	52404	8
阿根廷	410723	85233	325490	512467	132509	379958	570406	200397	370010	990223	356697	633527	1239749	446204	793545
阿鲁巴岛	381	375	6	577	564	14	962	952	10	1055	1043	11	872	851	21
巴哈马	9938	9869	70	15564	15545	19	16461	16454	7	18073	16261	1812	24433	24376	57
巴巴多斯	1062	1038	24	1940	1919	21	7589	7560	29	3586	3473	113	2541	2423	118
伯利兹	2258	2258	0	3228	3208	21	2878	2876	2	2585	2585	0	2981	2978	3
玻利维亚	5310	2355	2955	8162	5054	3109	10485	5835	4650	15333	9672	5661	29609	16044	13565
博内尔	1	1	0	0	0	0	5	5	0	0	0	0	4	4	0
巴　西	1235898	367485	868413	1481729	482755	998974	2029997	737995	1292002	2970504	1137203	1833301	4254434	1663853	2590582
开曼群岛	247	247	0	404	404	0	636	634	2	1078	1077	1	3129	4129	0
智　利	536480	168852	367628	713440	214989	498451	884490	310936	573554	1467335	441586	1025749	1531668	527033	1004635
哥伦比亚	80501	62951	17551	113532	93017	20515	175983	149600	26383	335686	226159	109527	348782	252425	96356
多米尼克	4731	4556	175	4999	4905	95	6905	6086	818	10402	7342	3061	6684	6486	197

续附表12

	2004年			2005年			2006年			2007年			2008年1~10月		
	进出口额	出口额	进口额	进出口额	出口额	进口额	进出口额	出口额	进口额	进出口额	出口额	进口额	进出口额	出口额	进口额
哥斯达黎加	79571	15442	64129	115084	22878	92207	215603	40875	174727	287404	56739	230666	244534	53829	190705
古巴	52581	33087	19494	87282	63587	23696	179245	126413	52831	227783	116997	110786	186455	102787	83688
库腊索岛	4344	4289	56	4857	4753	104	5887	5887	0	3705	3705	0	3030	3030	0
多米尼加	24836	23279	1558	29326	26415	2910	49623	40179	9445	61266	51282	9984	69455	56157	13298
厄瓜多尔	43584	34362	9222	51011	46739	4272	80155	71435	8720	108349	94230	14119	209945	125574	84371
法属圭亚那	110	108	2	153	147	6	214	213	0	303	302	0	246	246	0
格林纳达	79	79	0	273	273	0	408	406	2	302	297	5	312	308	1
瓜德罗普岛	403	382	21	615	615	0	968	968	0	1793	1793	0	2311	2300	11
危地马拉	43561	39270	4291	56833	47364	9469	73136	68759	4378	84375	79686	4689	82626	81558	1068
圭亚那	2234	2119	115	3478	2721	757	9919	8150	1768	8340	6529	1811	6792	5320	1473
海地	2248	2222	26	3047	3020	27	6116	5979	137	8794	8161	633	10973	10368	605
洪都拉斯	13486	12319	1166	14798	13381	1417	24228	22366	1862	28928	27320	1608	28873	27260	1613
牙买加	39598	12613	26985	32507	10407	22100	53840	17963	35877	28478	24631	3846	25444	25009	436
马提尼克岛	175	175	0	410	410	0	467	465	2	1514	1513	0	2193	2192	1
墨西哥	711270	497287	213982	776428	553827	222602	1143092	882405	260687	1496924	1170765	326158	1496579	1181033	315546
蒙特塞拉特岛	4	4	0	8	8	0	7	7	0	97	96	0	4	2	2
尼加拉瓜	10454	10159	295	12820	11403	1417	16350	16273	76	21578	21239	339	21383	21529	309
巴拿马	220179	218688	1492	317325	315105	2220	388179	386749	1430	558664	557878	787	634090	629436	4655
巴拉圭	29320	23491	5829	31111	25256	5855	38114	32743	5372	48521	46554	1967	69856	67580	2276
秘鲁	194291	41844	152447	288532	60891	227640	391820	100852	290967	601487	167851	433636	646966	233343	413623
波多黎各	29829	20697	9132	40930	28971	11959	45585	35263	10322	55716	42013	13704	58758	38166	20593

续附表 12

国家/地区	2004年 进出口额	2004年 出口额	2004年 进口额	2005年 进出口额	2005年 出口额	2005年 进口额	2006年 进出口额	2006年 出口额	2006年 进口额	2007年 进出口额	2007年 出口额	2007年 进口额	2008年 进出口额	2008年 出口额	2008年 进口额	2008年1~10月 出口额	2008年1~10月 进口额
萨巴	6	6	0	0	0	0	—	—	—	2	2	0	0	0	0	0	0
圣卢西亚	232	229	3	3554	283	3271	415	412	3	696	684	12	551	550	1	550	1
圣马丁岛	144	144	0	244	244	0	202	202	0	257	256	0	231	231	0	231	0
圣文森特和格林纳丁斯	1320	1320	0	1521	1521	0	1484	1484	0	2660	2660	0	4693	4495	198	4495	198
萨尔瓦多	20067	19688	379	20438	19389	1050	31911	31522	389	35679	35206	473	33256	32716	540	32716	540
苏里南	3123	3027	96	4603	3868	735	4688	4294	395	7022	6716	306	8622	8305	317	8305	317
特立尼达和多巴哥	7959	7591	368	11909	10043	1866	17496	16475	1021	28395	26342	2053	31343	29062	2281	29062	2281
特克斯和凯科斯群岛	2	2	0	27	25	2	74	74	0	92	92	0	135	135	0	135	0
乌拉圭	31982	20952	11030	45590	28257	17333	67265	40265	27000	95738	61556	34182	143644	89050	54561	89050	54561
委内瑞拉	133357	59556	73801	214185	90784	123401	433789	169804	263985	585663	283388	302275	880988	274191	606797	274191	606797
英属维尔京群岛	349	82	267	2218	2218	0	12101	12100	0	11637	11626	11	4623	4567	56	4567	56
圣基茨和尼维斯	20	20	0	58	58	0	64	64	0	259	258	1	253	240	13	240	13
圣皮埃尔和密克隆	0	0	0	4	4	0	4	4	0	5	5	0	—	—	—	—	—
荷属安的列斯群岛	2488	2488	0	3772	3772	0	6215	6198	17	3164	3164	0	4216	4191	25	4191	25
其他	118	118	0	58	58	0	188	184	4	139	139	0	119	100	19	100	19

数据来源：中国商务部进出口统计。http://zhs.mofcom.gov.cn/tongji.shtml

附表 13
中拉非金融类外国直接投资统计

单位：万美元

国别(地区)	2004 年	2005 年	2006 年	2007 年	2008 年 1~11 月
全 球	6062998	6032459	6302053	7476789	8641765
拉丁美洲	904353	1129333	1416262	2011799	—
阿根廷	3080	1089	686	1113	—
巴哈马	4800	7467	8394	13493	—
巴巴多斯	3129	9701	53548	70958	—
伯利兹	1033	2284	2345	2421	—
玻利维亚	134	164	306	129	—
巴 西	3070	2461	5560	3164	—
开曼群岛	204258	194754	209546	257078	295073
智 利	339	636	560	719	—
哥伦比亚	10	—	35	5	—
哥斯达黎加	2	60	10	—	—
古 巴	100	30	280	63	—
多米尼克	35	102	35	16	—
多米尼加	114	204	164	182	—
厄瓜多尔	10	76	10	100	—
格林纳达	—	—	6	—	—

分表 1　拉美对华直接投资

国别(地区)	2004 年	2005 年	2006 年	2007 年	2008 年 1~11 月
危地马拉	—	—	160	116	—
洪都拉斯	539	290	131	168	—
牙买加	360	100	79	—	—
墨西哥	2129	710	1234	566	—
巴拿马	3592	4291	5956	2580	—
巴拉圭	830	142	158	58	—
秘 鲁	445	338	73	527	—
萨尔瓦多	7	—	20	—	—
苏里南	1629	—	—	28	—
特克斯和凯科斯群岛	127	350	52	114	—
乌拉圭	—	104	13	10	—
委内瑞拉	209	276	98	209	—
英属维尔京群岛	673030	902167	1124758	1655244	1529189
圣基茨和尼维斯	1057	623	1007	1577	—
圣文森特和格林纳丁斯	127	166	478	320	—
拉美其他国家(地区)	367	748	560	841	—

数据来源：中国商务部《2007 年度对外直接投资统计公报》。http://hzs.mofcom.gov.cn/accessory/200811/1226887378673.pdf

分表 2　中国对拉美非金融类直接投资流量与存量

单位：万美元

国别（地区）	FDI 流量（净值）					FDI 存量				
	2003 年	2004 年	2005 年	2006 年	2007 年	2003 年	2004 年	2005 年	2006 年	2007 年
全　球	285465	549799	1226117	1763397	2650609	322222	4477726	5720562	7502555	11791050
拉丁美洲	103815	176272	646616	846874	490241	461932	826837	1146961	1969437	2470091
安提瓜和巴布达	100	112	35	—	—	20	20	40	125	125
阿根廷	-103	4356	2295	622	13669	105	1927	422	1134	15719
巴哈马	—	—	—	272	3899	4445	8010	1469	1752	5651
巴巴多斯	—	—	—	185	41	—	187	165	201	242
伯利兹	—	—	—	—	—	—	—	—	2	2
玻利维亚	—	—	8	1800	197	—	—	8	2106	2303
巴　西	667	643	1509	1009	5113	5219	7922	8139	13041	18955
开曼群岛	80661	128613	516275	783272	260159	369068	665991	893559	1420919	1681068
智　利	20	55	180	658	383	75	148	371	1084	5608
哥伦比亚	—	453	96	-336	22	79	672	736	570	677
古　巴	143	—	158	3037	658	1395	1485	3359	5991	6649
多米尼克	—	—	—	—	—	—	—	—	70	70
厄瓜多尔	27	30	907	246	358	55	219	1812	3904	4918
格林纳达	—	—	—	—	—	—	—	—	403	753
圭亚那	13	138	—	—	6000	1404	1286	560	860	6860
洪都拉斯	—	—	—	—	—	893	561	528	528	90
牙买加	—	—	355	—	-438	—	—	—	2	2
墨西哥	3	2710	836	-369	1716	9718	12529	14186	12861	15144
巴拿马	1	10	55	540	833	16	41	3477	3692	5531
秘鲁	12	22	282	291	671	12618	12582	12922	13040	13711
圣文森特和格林纳丁斯	65	—	277	—	588	560	560	1227	1492	2080
苏里南	—	113	—	—	1757	1005	1025	1302	3221	6528
特立尼达和多巴哥	55	—	—	—	—	—	55	56	80	—
乌拉圭	622	—	—	—	48	—	—	—	163	—
委内瑞拉	—	466	740	1836	6953	—	2678	4265	7158	—
英属维尔京群岛	20968	38552	122608	53811	187614	53264	108938	198358	475040	662654

数据来源：中国商务部《2007 年度对外直接投资统计公报》。http：//hzs.mofcom.gov.cn/accessory/200811/1226887738673.pdf。

附录 2　大事记

2008 年拉丁美洲大事记

1 月

1 月 1 日　委内瑞拉新版货币强势玻利瓦尔正式流通，1 强势玻利瓦尔相当于 1000 玻利瓦尔。新货币由 6 种面值的纸币和 7 种面值的硬币组成，新货币与旧货币并行流通至少 6 个月。委内瑞拉央行进行的货币改革旨在简化金融和商业交易。

1 月 3 日　查韦斯总统宣布部分改组内阁，决定任命新的副总统和 12 名内阁部长。原住房部部长拉蒙·卡里萨莱斯接替豪尔赫·罗德里格斯出任副总统，而后者将专门负责新的执政党的筹建工作。

1 月 7 日　阿根廷政府宣布，从即日起阿根廷炼油企业将停止所有型号成品油的出口，所有产品仅供应国内市场。只有当国内成品油供应充足、价格回落至 2007 年 10 月 31 日政府规定的水平线时，才会解除出口禁令。

1 月 14 日　中国与智利就自由贸易协定服务贸易的第五轮谈判在智利中部城市比尼亚德尔马举行。中国商务部和智利外交部国际关系总司的有关官员参加了本轮谈判。

1月15日 克里斯蒂娜总统在总统府签署法令，批准从中国购买铁路机车的采购项目。这是阿根廷新政府执政后中阿双方开展的第一个重要合作项目。项目总额达 1.24 亿美元，由中国上海金源公司供货，其中包括 24 辆动力机车和 160 节车厢。

1月18日 阿里亚斯总统签署法令，宣布哥斯达黎加全部领海及其海洋专属经济区都纳入海豚和鲸鱼的自然保护区。

1月21日 古巴全国选举委员会主席、司法部长马里亚·雷乌斯在哈瓦那宣布了 20 日举行的古巴大选第二阶段选举的初步结果。菲德尔·卡斯特罗当选全国人民政权代表大会的代表。

1月26日 "美洲玻利瓦尔替代计划"第 6 次首脑会议召开。查韦斯总统主持会议。委内瑞拉、玻利维亚、尼加拉瓜和古巴 4 国领导人在会上集中讨论了建立开发银行的议题。会议发表声明决定扩大地区合作。

2月

2月10~14日 卡尔德龙总统对美国进行首次工作访问。墨西哥外交部表示，卡尔德龙此次访美的主要目的在于加强与旅美墨侨社团的联系，并吸收美国投资。

2月17日 墨西哥与古巴签署债务重组协议。墨西哥同意就古巴政府拖欠墨西哥国家外贸银行的 4 亿美元债券进行重组，以推动双边贸易发展。

2月19日 古巴领导人菲德尔·卡斯特罗在古共中央机关报《格拉玛报》发表一封公开信，宣布他将"不寻求也不接受"国务委员会主席和革命武装部队总司令的职务。

2月24日 古巴全国人民政权代表大会一致推选劳尔·卡斯特罗为国务委员会主席和部长会议主席，正式接替因健康原因而移交国家最高权力的菲德尔·卡斯特罗。马查多·本图拉当选古巴国务委员会和部长会议第一副主席。里卡多·阿拉尔孔再次当选古巴全国人民政权代表大会主席。

2月26日 胡锦涛主席和温家宝总理联名致电劳尔·卡斯特罗，热烈祝贺他当选古巴国务委员会主席兼部长会议主席。

2月28日 古巴外长佩雷斯·罗克代表古巴政府在纽约联合国总部正式签

署《公民权利和政治权利国际公约》和《经济、社会、文化权利国际公约》两份国际人权公约。

3 月

3 月 1 日 克里斯蒂娜总统在国会发表演讲，呼吁拉美各国积极推动地区一体化进程，并表示支持委内瑞拉加入南共市。

3 月 1 日 哥伦比亚军队越过哥伦比亚与厄瓜多尔的边境对"哥伦比亚革命武装力量"的营地实施地面和空中军事打击。这一行动引起厄瓜多尔和委内瑞拉的强烈反应。厄瓜多尔内政部长拉雷亚指出，哥方的行动是一个国家对另一个主权国家的"武装侵略"，是对厄瓜多尔主权最严重的侵犯。

3 月 2 日 查韦斯总统宣布，关闭委内瑞拉驻哥伦比亚大使馆并向两国边境地区集结军队。同日，厄瓜多尔方面也表示，已增兵厄哥边境，并宣布立即召回厄瓜多尔驻哥伦比亚大使，驱逐哥伦比亚驻厄瓜多尔大使。委内瑞拉和厄瓜多尔与哥伦比亚的关系恶化。

3 月 3 日 科雷亚总统在当天的新闻发布会上指责哥伦比亚不尊重厄瓜多尔的主权，厄瓜多尔断绝与哥伦比亚的外交关系。

3 月 5 日 美洲国家组织通过决议，指出哥伦比亚在厄瓜多尔境内采取的军事行动侵犯了厄瓜多尔的主权，但决议未对哥伦比亚的行动提出正式谴责。

3 月 6 日 奥尔特加总统在当天的新闻发布会上说："鉴于哥伦比亚政府造成军事威胁，尼加拉瓜宣布断绝与哥伦比亚的外交关系。"奥尔特加谴责哥伦比亚政府的行动是对主权国家的侵略，对拉美地区局势构成威胁。

3 月 7 日 为期一天的第 20 届里约集团首脑会议在多米尼加首都圣多明各举行。会议通过了《圣多明各宣言》。这一宣言反对哥伦比亚 3 月 1 日实施的越境军事行动。哥伦比亚就越境军事行动向厄瓜多尔政府和人民致歉，并承诺永不采取类似行动。这标志着此次 4 国外交危机得到和平解决。

3 月 9 日 委内瑞拉外交部发表公报指出，鉴于在里约集团首脑会议期间就和平和主权方面达成了共识，委内瑞拉政府决定与哥伦比亚政府恢复正常的外交关系，并立即派外交代表前往波哥大，同时也欢迎哥伦比亚的外交官尽快回到加拉加斯。

3 月 18 日　中共中央政治局常委、中央纪委书记贺国强在人民大会堂会见古巴共产党中央书记处书记、国际关系部部长雷米雷斯。

3 月 18~22 日　应胡锦涛主席的邀请，阿兰·加西亚总统对中国进行为期 4 天的国事访问。访问期间，胡锦涛主席与加西亚总统举行了会谈，吴邦国委员长、温家宝总理、中共中央政治局常委李长春等分别会见了加西亚总统。两国签署了经济、技术、文化交流、质检、新闻等合作文件，并发表了联合新闻公报。

3 月 28 日　古巴政府通过国营古巴电信公司宣布，将允许普通古巴市民通过签约方式得到移动通讯服务。这是劳尔·卡斯特罗政府就任以来正式宣布的第一个改革措施。

3 月 31 日　乌云其木格副委员长在人民大会堂会见巴哈马副总督亚历山大·福克斯。

4 月

4 月 2 日　古巴和俄罗斯政府间委员会第 8 次会议结束，会议签署了包括与贸易、运输、民用航空、信息、科学、卫生、文化等领域有关的重要协议。

4 月 7 日　布什总统动用贸易"快速通道"授权，要求美国国会在 90 天内投票表决美国与哥伦比亚自由贸易协定，希望借此迫使国会通过这项协定。

4 月 8 日　委内瑞拉与印度签署共同开发委内瑞拉奥里诺科重油带的协议。

4 月 8 日　一些海地民众冲击总统府，抗议国内食品价格上涨，要求海地总统勒内·普雷瓦尔辞职。海地总理雅克·爱德华已宣布将拨款数百万美元，用于降低民众生活成本。

4 月 11~15 日　应胡锦涛主席邀请，米歇尔·巴切莱特总统对中国进行国事访问。访问期间，胡锦涛主席在海南省三亚市同巴切莱特总统举行会谈。两国元首一致同意，进一步采取措施，加强合作，把中智全面合作伙伴关系推向更高水平。双方签署了自由贸易协定中有关服务贸易的补充协定、年度文化交流执行计划、智利部分输华产品检疫议定书等 8 个合作文件。巴切莱特总统还出席了中国中小企业对外合作协调中心与智利生产力促进会合作备忘录、中国政府和智利政府有关防止盗窃、盗掘和非法进出境文物的协定、中国文物局和智利国家遗迹委员会有关开展文化遗产领域交流合作协议的签字仪式。

4 月 20 日　巴拉圭举行大选，选举新一届总统、副总统、国会参众议员和 17 个省的省长以及省议员。巴拉圭反对派总统候选人卢戈获得 40.9% 的选票，当选巴拉圭总统。

4 月 22～24 日　南共市成员国和联系国陆军司令委员会第 10 次会议在智利举行，阿根廷、玻利维亚、巴西、哥伦比亚、厄瓜多尔、秘鲁、乌拉圭、委内瑞拉、智利等国的陆军司令和相关人员出席。

4 月 30 日　查韦斯总统下令，将该国最大的奥里诺科钢铁公司强行收归国有。

5 月

5 月 5 日　吴邦国委员长在人民大会堂会见巴巴多斯总理汤普森。

5 月 5～7 日　中国—哥斯达黎加自由贸易区联合可行性研究第二次工作组会议在北京举行。

5 月 6 日　温家宝总理在人民大会堂与巴巴多斯总理汤普森举行会谈。会谈后，两国总理共同出席中巴政府有关经济技术合作协定等双边合作文件的签字仪式。

5 月 6 日　哥斯达黎加总统阿里亚斯在圣何塞会见回良玉副总理。

5 月 7 日　15 个拉美国家的代表在尼加拉瓜首都马那瓜召开"粮食安全与主权首脑会议"，共同商讨粮食安全战略，应对世界粮食危机对拉美和加勒比地区的冲击。会议通过的联合声明希望拉美地区各国共同努力，协调各种社会力量，增加粮食生产，保障各国及整个地区的粮食供给。

5 月 9 日　委内瑞拉总统查韦斯在加拉加斯会见回良玉副总理。会见后，双方共同出席《中华人民共和国农业部和国家开发银行与委内瑞拉玻利瓦尔共和国农业及土地部和经济社会发展银行谅解备忘录》、《中华人民共和国政府与委内瑞拉玻利瓦尔共和国政府关于联合融资基金的协议》等双边文件的签字仪式。

5 月 15～16 日　第 5 届欧盟—拉美国家首脑会议在秘鲁首都利马举行。本届会议议题是：消除贫困、可持续发展、气候变化、环境保护、社会、食品安全、能源保障等。会议签署了《利马声明》。

5 月 16 日　杨洁篪外长与俄罗斯拉夫罗夫外长、印度慕克吉外长和巴西阿莫林外长共同出席在俄罗斯叶卡捷琳堡举行的 4 国外长会晤，就加强 4 国务实合作及在国际和地区事务中的协调配合进行了深入讨论并达成广泛共识。会后，4 国外长发表《中华人民共和国、俄罗斯联邦、印度共和国和巴西联邦共和国外交部长会晤联合公报》。

5 月 16 日 秘鲁政府颁布最高政令，宣布 5 月 19 日为"全国哀悼日"，以悼念中国在汶川地震中的遇难者。这是秘鲁第一次为外国遇难者宣布"全国哀悼日"。

5 月 23 日 南美洲国家联盟特别会议在巴西首都巴西利亚举行，12 个成员国的领导人签署了酝酿已久的《南美洲国家联盟宪章》，并宣布成立"南美洲国家联盟"。

5 月 24 日 古巴医疗队在四川省人民医院正式开始对汶川地震中的伤员实施救治。

5 月 26 日 国务委员兼国防部长梁光烈在北京会见来访的智利空军总司令奥尔特加一行。

6 月

6 月 4 日 阿里亚斯总统签署《电信总法》，这标志着哥斯达黎加电力公司 59 年来对电信行业的国有垄断被打破，电信业开始迈出市场化的第一步。《电信总法》是哥斯达黎加实施中美洲与美国自由贸易协定前必须通过的 12 项法律之一。

6 月 22～25 日 中共中央政治局常委、中央纪委书记贺国强对古巴进行友好访问。访问期间，贺国强分别会见古共中央第二书记、国务委员会主席兼部长会议主席劳尔·卡斯特罗和古共中央政治局委员、国务委员会第一副主席兼部长会议第一副主席马查多，探望了正在疗养的古共中央第一书记菲德尔·卡斯特罗。贺国强和劳尔共同出席了两国政府间有关经济技术合作协议的签字仪式。

6 月 23 日 欧盟 27 国正式通过取消对古巴制裁的文件。

6 月 24～25 日 由中华全国总工会举办的"中国—拉美加勒比国家工会领导人研讨会"在北京举行。会议围绕"可持续发展与工会的作用"的主题，进行了积极而热烈的讨论，达成诸多共识。来自拉美加勒比地区 11 个国家的全国性工会组织的 17 名主要领导人出席了会议。

6 月 25 ~ 26 日 中共中央政治局常委、中央纪委书记贺国强对特立尼达和多巴哥进行友好访问。访问期间，贺国强会见了乔治·理查兹总统，与帕特里克·曼宁总理举行会谈，出席了两国政府《关于成立中特经贸联委会的谅解备忘录》、中国进出口银行与特多财政部《关于特多铝厂项目出口买方信贷协议》等 4 个经济技术合作协议的签字仪式。

6 月 27 日 ~ 7 月 2 日 应巴西政府邀请，中共中央政治局常委、中央纪委书记贺国强对巴西进行友好访问。访问期间，贺国强会见了卢拉总统、加里巴尔迪·阿尔维斯参议长、阿林多·基纳利亚众议长、巴西劳工党里卡多·贝佐尼主席、巴西亚马孙州贝拉米诺·林斯代州长。出席了两国有关经贸合作协议的签字仪式。

6 月 30 日 秘鲁外交部决定，秘鲁召回其驻玻利维亚大使，以抗议玻利维亚莫拉莱斯总统指责秘鲁境内建有秘密美国军事基地的言论。同日，美国国务院官员说，美方没有在秘鲁建军事基地的计划，不过美国正在帮助秘鲁军方改善基础设施和开展人道主义项目。

7 月

7 月 1 日 第 35 届南共市首脑会议在阿根廷的图库曼闭幕。南共市 5 个成员国及两个联系国的总统出席了峰会，并对欧盟新的移民法规、美国重启第四舰队监控拉美地区以及国际油价和粮价高涨等问题表示了极大关注。

7 月 2 日 哥伦比亚国防部长桑托斯宣布，被哥伦比亚反政府武装"哥伦比亚革命武装力量"绑架的哥伦比亚总统候选人、国会议员贝当古及 3 名美国人和 11 名哥伦比亚军人在当天的军事行动中被解救。

7 月 2 日 卢拉总统宣布，巴西将划拨 780 亿雷亚尔农业贷款扶植本国农业生产，以帮助缓解全球粮食危机。

7 月 3 日 巴西政府在巴西利亚发布《中国议程》对华贸易指导性文件，计划在 2010 年将对华贸易年出口额从 2007 年的 107 亿美元提高到 300 亿美元。文件选择 619 种产品作为优先扩大出口的产品，并在贸易、投资和产品推介方面提出具体指导意见。

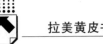

7月4日 国务委员兼国防部长梁光烈和中央军委委员、总参谋长陈炳德在八一大楼分别会见来访的圭亚那国防军参谋长卡里·百思特一行。

7月4日 正在委内瑞拉马加利塔岛出席不结盟运动会议的古巴外长费利佩·佩雷斯表示,古巴愿意在"权利平等"的条件下与美国举行谈判。他说,古巴的原则包括维护国家独立、在没有外来干涉的条件下建设国家和反对美国对古巴的经济封锁。

7月4日 巴拿马内政和司法部长德尔加多在巴拿马城召开的新闻发布会上指出,巴拿马政府从未同美国方面讨论将美国的曼塔军事基地迁址巴拿马的事宜,也不会允许美国将其军事基地建在巴拿马。他强调,巴拿马人民经过数十年的努力,终于在1999年从美国手中收回巴拿马运河主权,使美军彻底离开巴拿马,如今没有理由让他们再回来。

7月4日 克里斯蒂娜总统会见到访的巴西总统卢拉,并出席两国企业家论坛。两国元首表示,将积极推动两国的产业一体化进程。

7月7~8日 中国—哥斯达黎加自由贸易区联合可行性研究第三次工作组会议在哥斯达黎加的蓬塔雷纳斯省举行。会议期间,双方工作组对可行性研究报告逐一进行了磋商,并就全部内容达成一致。双方专家建议,两国政府在各自完成国内必要程序后尽快启动自由贸易区谈判。

7月7~9日 为期3天的八国集团同中国、印度、巴西、南非和墨西哥5个发展中国家领导人对话会在日本北海道洞爷湖举行。与会者讨论了非洲发展、气候变化、世界经济、能源和粮食安全、千年发展目标等议题。胡锦涛主席出席会议,并就上述议题阐述了原则立场。会议通过了领导人宣言。

7月8日 胡锦涛主席在日本北海道首府札幌会见卢拉总统。胡锦涛指出,中方愿同巴方一道,重点从以下几方面深化中巴战略伙伴关系:继续密切高层交往,深化政治互信;坚持互惠互利,拓展务实合作;加强多边对话,扩大战略合作。

7月10日 克里斯蒂娜总统同到访的美国国务院负责西半球事务的助理国务卿托马斯·香农举行会晤。克里斯蒂娜指出,在时隔多年后美国政府决定重新组建第四舰队,这将对拉美国家的海域构成潜在的军事威胁;而香农则回应说,美国组建第四舰队只是将现在在加勒比和拉美地区活动的海军力量进行整合,并没有大规模增加在该地区的军力。

7月11日 中国和墨西哥发表联合新闻公报。公报指出，应胡锦涛主席的邀请，墨西哥总统卡尔德龙于2008年7月9~12日对中国进行了国事访问。访问期间，胡锦涛主席与卡尔德龙总统举行了会谈，吴邦国委员长和温家宝总理分别会见了墨西哥总统。

7月11日 查韦斯总统和乌里韦总统在委内瑞拉举行会晤，就两国加强政治、经贸等领域合作及边界安全等议题进行讨论。这是两国元首自2007年11月以来进行的首次会晤。

7月12~16日 应智利议会邀请，乌云其木格副委员长率全国人大代表团对智利进行正式友好访问。访问期间，双方举行了中智议会政治对话委员会第三次会议。

7月18日 古巴国务委员会主席劳尔·卡斯特罗签署第259号法令，允许农民承包闲置土地。根据法令，古巴没有土地的个体农民可承包的土地面积上限为13.42公顷；已拥有土地的人，可再申请承包，其土地总面积可达40.26公顷，其前提是之前拥有的土地必须全部投入农业生产。对于承包期限，法令规定：自然人承包期限为10年，到期后可延长；拥有法人代表的合作社和农场承包闲置土地的面积没有上限，承包期限为25年，到期后可顺延。

7月19~21日 应哥斯达黎加立法大会邀请，乌云其木格副委员长率代表团对哥斯达黎加进行正式友好访问。21日，钦奇利亚副总统在总统府会见了乌云其木格一行。

7月21日 西班牙马尔桑斯集团和阿根廷政府签约，将该集团控制的阿根廷航空公司的股份转让给阿根廷政府，使其实现国有化。

7月22~23日 查韦斯总统对俄罗斯进行了两天工作访问，与俄罗斯梅德韦杰夫总统和普京总理就加强两国政治、经济和军事合作等问题进行了深入探讨，双方签署了包括扩大能源合作在内的一系列重要协议。

7月23日 为抑制通货膨胀，巴西央行货币政策委员会宣布，将基准利率从12.25%提高到13%。

7月30日 俄罗斯伊戈尔·谢钦副总理率领包括政府部长、副部长和主要企业家在内的代表团访问古巴。31日，劳尔·卡斯特罗主席会见了谢钦和帕鲁舍夫，双方计划恢复、拓宽并深化各领域的传统合作关系。

7月31日 查韦斯总统宣布，政府将收购属于西班牙桑坦德银行集团所有的委内瑞拉银行。同日，委内瑞拉政府通过了对银行法的修改决议，委内瑞拉银行业国有化进程由此开始。

8月

8月3日 巴西最大铁矿企业淡水河谷公司宣布，它已与中国造船企业熔盛重工签署了12艘40吨巨型铁矿石运输船的造船合同，总金额为16亿美元。

8月3~8日 为期6天的第17届国际艾滋病大会在墨西哥首都墨西哥城闭幕。这次大会的主题是"全球行动，现在开始"，会议强调世界各国应共同努力，增强预防与治疗能力，关爱艾滋病患者，争取实现共同的目标。

8月4日 克里斯蒂娜总统同到访的卢拉总统和查韦斯总统举行会晤，讨论推动地区一体化进程。3国领导人同意加强在交通运输领域的合作，建造连接3国的铁路线和1家由3国共同出资的航空公司。

8月4日 查韦斯总统通过官方公报发布26条法律，涉及从军队到小企业贷款等众多方面。而这些法律是在议员们给予查韦斯18个月特别立法权的最后一天通过的。

8月7日 胡锦涛主席在人民大会堂会见前来出席北京奥运会开幕式的卢拉总统。胡主席希望双方充分利用现有的各种对话和合作机制，规划好下阶段两国政治、经贸、科技、文化等各领域的合作，丰富两国战略伙伴关系的内涵。

8月7日 中国与玻利维亚签署《体育合作协议》。

8月10日 根据莫拉莱斯总统2008年5月签署的一项法案，玻利维亚针对莫拉莱斯总统、阿尔瓦罗·加西亚副总统及8名省长的罢免进行公投。投票结果显示，超过60%的投票者对莫拉莱斯总统投出支持票。莫拉莱斯将留任总统一职。

8月11日 中国与哥伦比亚签署《中华人民共和国国家文物局和哥伦比亚文化部意向书》。

8月15日 中国与哥斯达黎加自由贸易区联合可行性研究报告正式对外发布。报告指出，中哥两国经贸结构互补性较强，为使两国实现互利双赢并建立长期密切的制度性经贸关系，双方应在各自完成国内必要程序后尽快启动自由贸易区谈判。

8 月 22 日　胡锦涛主席在人民大会堂会见多米尼克总统利物浦时表示，中方珍视同多米尼克的友好关系，愿同多方一道努力，不断扩大各领域交流合作，实现共同发展繁荣。

8 月 27 日　克里斯蒂娜总统宣布，阿根廷和智利的 3 家石油公司将联手在阿南部海域进行海上石油勘探。

8 月 29 日　"加勒比石油计划"天然气工作技术小组会议在多米尼加首都圣多明各闭幕，会上宣布了在多米尼加与海地两国间建设一条天然气输送管道的计划。

8 月 31 日　卢戈总统说，巴拉圭将转变其在即将召开的联合国大会上对台湾的历史性支持，并希望与中国建立关系。

8 月 31 日　查韦斯总统宣布，委内瑞拉将从中国购买教练机，并向俄罗斯的舰队或飞机提供在委内瑞拉的技术性停靠和停留。

9 月

9 月 1 日　卢戈总统在举行的新闻发布会上说，反对党"国家公民道德联盟党"利诺·奥维多主席、杜阿尔特·弗鲁特斯前总统、恩里克·金塔纳参议长、鲁文·阿玛利亚总检察长和军方高层官员在奥维多的住所举行秘密会议，讨论发动推翻政府的政变。

9 月 1 日　卢拉总统召见终审法院首席法官门德斯，会谈持续两个多小时。总统发言人马赛鲍姆巴赫表示，卢拉非常"惊讶和愤怒"门德斯的电话会被窃听。

9 月 2 日　克里斯蒂娜总统宣布，阿根廷将动用央行的外汇储备偿还拖欠"巴黎俱乐部"总额达 67.06 亿美元的债务，以显示阿根廷履行债务协定的决心。

9 月 3 日　胡锦涛主席致电古巴国务委员会主席兼部长会议主席劳尔·卡斯特罗，就古巴中西部地区遭受"古斯塔夫"飓风袭击，人民生活受到严重影响，灾区财产损失巨大，向劳尔主席并通过他向古巴人民，表示深切的同情和诚挚的慰问。

9 月 3 日　古巴前领导人菲德尔·卡斯特罗说，"古斯塔夫"飓风在古巴造

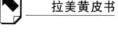

成的破坏堪比原子弹爆炸，政府需为重建投入数十亿美元。

9月5日 中国政府宣布就古巴和牙买加遭受"古斯塔夫"飓风袭击向古巴和牙买加政府分别提供30万美元和10万美元的现汇援助。

9月6日 美国向遭遇"古斯塔夫"飓风袭击的古巴灾民提供10万美元的紧急援助，并表示，如果一个得到美国批准的灾害评估小组获准巡视受灾最严重的地区，美国愿意再提供远远超过目前数字的援助。同日，古巴外交部表示，古巴不需要美国提供的灾情评估小组的援助，但就美国政府对古巴遭受飓风袭击表现出的同情表示感谢。

9月8日 巴西和阿根廷两国央行签署协议，决定从2008年10月6日起两国双边贸易可使用各自的货币雷亚尔和比索进行支付结算，不需再用美元作为中介货币。

9月9~11日 第八届"美洲国家绿色会议"暨"美洲环境保护与可持续发展会议"在巴西利亚举行，主题是"寻求环境问题的解决办法"。

9月10日 俄罗斯两架图-160战略轰炸机降落在委内瑞拉"解放者"军用机场。这是自苏联解体后，俄罗斯军事力量在拉美地区最直观的再现。

9月10日 莫拉莱斯总统以"卷入分裂破坏活动"为由，下令驱逐美国驻玻利维亚大使戈德堡。据悉，玻利维亚外长乔克万卡已致信美国国务卿赖斯，表示玻利维亚希望同美国"保持双边关系"。

9月11日 美国政府下令驱逐玻利维亚驻美国大使古斯曼，作为对玻利维亚此前驱逐美国驻玻大使的回应。同日，查韦斯总统宣布驱逐美国驻委大使帕特里克·杜迪，限其在72小时内离境，以此作为对美国驱逐玻利维亚驻美大使的回应，并表示对莫拉莱斯总统和玻人民的支持。

9月11日 奥斯卡·阿里亚斯总统在马德里表示，中美洲其他国家没有与中国建立外交关系是"一个错误"。他鼓励这些国家与中国建交，认为"中国现在已经是世界第二大经济大国"。

9月12日 美国国务院发言人麦科马克说，美国将驱逐委内瑞拉驻美大使。美方已通知委内瑞拉驻美大使"他将受到驱逐"。他说，此举旨在回应查韦斯总统11日宣布驱逐美驻委大使帕特里克·杜迪。同时，美国财政部当天也宣布对委内瑞拉政府两名高级官员和一名前政府官员实行制裁。

9月12日 洪都拉斯通知美国新任大使不要递交国书，以在外交上怠慢美国来支持玻利维亚。

9 月 14 日　奥尔特加总统宣布，为声援玻利维亚，他将取消在第 63 届联合国大会上会晤布什总统的安排。

9 月 15 日　美国国务院发言人麦科马克说，因古巴遭受飓风袭击，美国日前提出愿向古巴提供 500 万美元援助，但遭到古方拒绝。麦科马克说，古方表示不接受美国的捐助。

9 月 15 日　南美洲国家联盟紧急首脑会议在智利首都圣地亚哥举行，以便解决玻利维亚严重的政治危机。这是南美国家第一次在没有美国参与的情况下解决政治问题。会议发表声明重申支持玻利维亚政府，并呼吁玻反对派结束暴力对抗，与政府对话。

9 月 16 日　吴邦国委员长在人民大会堂会见来京出席北京残奥会闭幕式的阿根廷潘普罗临时参议长。

9 月 19 日　克里斯蒂娜总统在布宜诺斯艾利斯省举行的一个工程揭幕仪式上发表讲话时称，尽管美国发生的金融危机波及世界许多国家，但阿根廷目前收支状况良好，外汇储备充裕，可平静对待这场金融风暴。

9 月 23 ~ 25 日　应胡锦涛主席邀请，查韦斯总统对中国进行国事访问。访问期间，胡锦涛主席、吴邦国委员长分别会见了查韦斯总统。两国元首出席了两国经济、石油、教育、司法协助等领域合作文件的签字仪式。24 日，中国—委内瑞拉高级混合委员会第七次会议在北京举行。

9 月 26 日　俄罗斯天然气工业股份公司与委内瑞拉石油公司签署有关"确定可能的合作方向"的协议。同日，俄罗斯能源部部长谢尔盖·什马特科和委内瑞拉能源与石油部部长拉斐尔·拉米雷斯也签署了能源领域的合作协议。

9 月 26 日　普京总理在会见查韦斯总统时表示，俄罗斯将把对拉美的政策作为外交政策的重中之重。俄罗斯海军舰队近日远赴加勒比海正好说明了这一点。这是自冷战以来俄罗斯海军舰队首次远赴拉美地区。普京表示将考虑向委内瑞拉出售更多武器，而且还有可能帮助委内瑞拉研发核能源。

9 月 28 日　厄瓜多尔就新宪法草案举行的全民公决获得通过。这部新宪法将扩大左翼总统科雷亚的权限，并使他得以再竞选两个总统任期。科雷亚说，进行改革的部分目的是削弱国会和军队的权力。10 月 21 日，新宪法开始正式生效。

10 月

10 月 10 日 在传出执政党卷入石油开采权丑闻后，秘鲁内阁全体辞职。当天，加西亚总统接受了内阁的辞职。此前，秘鲁媒体披露的一段电话录音显示，秘鲁执政党资深官员接受外国石油公司贿赂，并为该公司获取开采权提供便利。12 日，加西亚总统任命左翼省长耶乌德·西蒙出任总理。政府希望此举能重建政府声誉，挽回民众的信任。

10 月 12 日 巴切莱特总统呼吁智利民众面对金融市场动荡保持冷静，并强调智利目前的宏观经济和金融市场状况能应对金融危机的挑战。巴切莱特同时表示，虽然智利经济增长速度可能减缓，但政府不会削减社会领域和公共投资的资金。

10 月 13 日 中共中央政治局委员、书记处书记、中宣部部长刘云山在人民大会堂会见由国务院新闻办公室邀请前来访问的拉美国家媒体高级考察团。

10 月 19 日 主要拉美国家央行行长在智利首都举行会议，共同商讨如何应对国际金融危机。在会议发表的公报中强调，拉美国家目前经济基础坚实，有能力维护本地区金融市场的稳定，已作好充分准备应对国际金融动荡，将建立信息交流机制和加强技术合作。

10 月 19 日 劳尔·卡斯特罗主席亲自为哈瓦那新开的一座俄罗斯东正教教堂开启大门，此举凸显了近来古俄关系的重要性。

10 月 20 ~ 21 日 第二届中国—拉美企业家峰会在哈尔滨举行。会议主题为"创新贸易服务，加强区域合作"。来自阿根廷、巴西、玻利维亚、秘鲁和中国香港、中国澳门等 24 个国家和地区的政要和企业家，以及联合国拉美经委会、泛美开发银行等国际组织的代表参加了本次峰会。参加本次峰会的 400 多名中国企业家和近 100 名拉美企业家举行了近千场对口洽谈，签署了 10 多项商务协议或商务协会合作协议。

10 月 21 日 阿根廷政府宣布，将规模近 300 亿美元的私人养老基金实行国有化，这一意外决定引发了投资者对该国可能再度面临债务危机的担忧。受此拖累，阿根廷股市和债市均出现暴跌。

10 月 21 日 在第二届中国—拉美企业家峰会的框架下，第二次中国—拉美贸促机构圆桌会议在哈尔滨召开。来自中国贸促会总会及黑龙江、辽宁、四川等省的 19 家地方分会及阿根廷、巴西、墨西哥等 12 个拉美国家的 21 家商会和贸促会的代表出席了会议，会议最终形成《中国－拉美商协会贸促机构圆桌会议纪要》。

10 月 21 日　厄瓜多尔新宪法开始生效。

10 月 23 日　古巴和欧盟正式重建双边关系，签订了合作协议，长达 5 年的冷淡关系结束。该协议还通过了一项 200 万欧元的人道主义紧急救援一揽子计划，这笔资金可马上用于因 9 月"古斯塔夫"飓风和"艾克"飓风给古巴造成损失的重建工作。

10 月 26 日　西班牙卡洛斯国王和索菲娅王后抵达利马对秘鲁进行为期两天的国事访问。访问结束后，他们将出席于 29～31 日在萨尔瓦多举行的第 18 届伊比利亚美洲国家首脑会议。

10 月 27 日　秘鲁和西班牙在利马签署战略合作伙伴关系计划，以深化两国在政治、社会、卫生、教育、科学、文化、经济等方面的合作。根据上述计划，两国还将在改善人权状况、防止非法移民、打击贩毒和恐怖主义、促进相互投资及秘鲁产品进入欧盟等方面加强合作。

10 月 27 日　墨西哥央行——墨西哥银行公布了一项旨在稳定国内金融局势的应急方案，其中包括向美洲开发银行和世界银行等国际金融机构借债 50 亿美元。

10 月 27 日　南共市委员会在巴西首都巴西利亚举行特别会议，商讨如何应对金融危机。本次特别会议的主题是金融危机对拉美地区造成的影响和应对策略。与会代表强调，应避免发达国家将解决金融危机的附加成本转嫁给发展中国家。

10 月 27 日～11 月 3 日　以俄罗斯防空技术指挥部司令亚历山大·马斯洛夫为首的俄罗斯军事代表团访问古巴，双方将着眼于"加强俄军与古巴武装部队之间的合作关系"。

10 月 28 日　蒋树声副委员长在北京会见由玛伊·安迪翁·格雷罗主席率领的哥斯达黎加立法大会外委会代表团。

10 月 29 日　查韦斯总统对中国成功发射"委星 1 号"通信卫星表示祝贺。他还指出，这颗被命名为"西蒙·玻利瓦尔"的卫星将用于"建设社会主义"

和"与其他国家展开合作"。

10月31日 为期3天的第18届伊比利亚美洲国家首脑会议在萨尔瓦多首都圣萨尔瓦多落下帷幕。本届首脑会议的主题是"青年与发展",但由于金融危机席卷全球,如何共同应对金融危机成为会议最重要的议题之一。与会各国元首和代表签署了《萨尔瓦多声明》、《萨尔瓦多宣言》、《行动计划》、《首脑会议特别声明》等重要文件:承诺改善1.6亿拉美年轻人的生活;呼吁加强"南南合作",反对美国对古巴的经济封锁;并对中美洲目前的粮食危机和自然灾害问题表示密切关注。

10月31日 古巴和巴西在哈瓦那签署石油合作协定。根据这项协定,古巴将允许巴西石油公司在本国海域开采石油。

11月

11月1日 阿根廷联邦税务管理局官员宣布,将针对废品收购领域启动一套新的税务体制,对所有在政府登记的拾荒者和收购废品者征收所得税。

11月3日 巴西第二大私有银行伊塔乌银行与巴西联合银行发表公报宣布合并,合并后的银行将跻身世界20大银行之列,也成为南半球最大的银行。

11月4日 巴切莱特总统公布了一揽子刺激经济计划,旨在促进经济发展,扩大就业,尤其是扶持中等收入阶层和中小企业的发展。其内容包括:以住房补贴、购房贷款保险等形式鼓励中产阶级购买住房;加大国家对中小企业的资金扶持力度,鼓励国有银行向企业发放贷款;简化税务制度,尤其是简化企业出口退税手续等。整个计划涉及资金11.5亿美元。

11月5日 委内瑞拉矿业部长鲁道夫·桑斯发表声明,政府将接管该国境内最大金矿拉斯克里斯蒂纳斯金矿,将其实行国有化。

11月5日 中国政府发表《中国对拉丁美洲和加勒比政策文件》,这是中国政府制定的第一份对该地区的政策文件。同日,杨洁篪外长在接受采访时表示,中国政府制定这一政策文件是中国对拉美外交的重要举措,表明中国政府和领导人对发展中拉关系的高度重视。

11月5日 克里斯蒂娜总统高度评价中国政府当天发表的《中国对拉丁美洲和加勒比政策文件》。她强调,中国在国际政治和经济舞台上正扮演越来越重要的角色，中国和拉美国家应在新的历史时期加强交流与合作，共同迎接机遇和挑战。

11 月 7 日 由巴西、俄罗斯、印度和中国组成的"金砖四国"的财长在巴西圣保罗举行会议，呼吁改革国际金融体系，使之能正确反映世界经济的新变化。

11 月 8～12 日 费利佩·佩雷斯·罗克外长抵达莫斯科开始对俄罗斯进行为期 5 天的访问，古俄签署了经济合作协议。

11 月 9 日 为期 2 天的 20 国集团财长和央行行长 2008 年年会在巴西圣保罗闭幕。与会者认为，有必要采取共同行动应对金融危机，并强调需要对目前的国际金融体系进行改革。

11 月 10 日 正在哈瓦那进行工作访问的俄罗斯副总理伊戈尔·谢钦与古巴政府签署了一系列双边贸易和经济合作的重要文件，涉及石油、镍业、交通及俄方投资等领域，甚至包括向古巴供应小麦。

11 月 10～14 日 委内瑞拉和俄罗斯的海军在加勒比海举行空前的联合军事演习。这次演习是自苏联解体以来，俄罗斯海军首次在美国海岸附近地区显示力量。

11 月 11 日 乌云其木格副委员长在人民大会堂会见加勒比共同体秘书长埃德温·卡林顿一行。

11 月 11 日 梅德韦杰夫总统在莫斯科会晤到访的费利佩·佩雷斯·罗克外长时说，古巴是俄罗斯在拉丁美洲的关键伙伴。

11 月 15 日 胡锦涛主席在华盛顿出席 20 国集团领导人金融市场和世界经济峰会期间会见卢拉总统。

11 月 16 日 应委内瑞拉国防部长兰赫尔、智利国防部长戈尼和巴西国防部长若宾的邀请，中央军委副主席徐才厚一行启程前往上述 3 国进行正式友好访问。

11 月 16～26 日 应哥斯达黎加总统阿里亚斯、古巴国务委员会主席兼部长会议主席劳尔·卡斯特罗、秘鲁总统加西亚和希腊总统帕普利亚斯的邀请，胡锦涛主席对上述 4 国进行国事访问。

11 月 16～17 日 胡锦涛主席访问哥斯达黎加，这是中国国家元首首次访问中美洲地区。访问期间，胡锦涛主席同阿里亚斯总统举行了会谈，会见了哥斯达黎加立法大会主席帕切科。双方签署了经贸、金融、能源、教育、科技等领域11份合作协议。宣布启动中哥自由贸易协定谈判。

11月17日 中国石油天然气集团公司副总经理汪东进与哥斯达黎加国家石油公司总裁迪桑提在哥斯达黎加首都圣何塞签署《CNPC与RECOPE炼厂合资公司协议》。这是2007年6月中哥建交以来中国石油天然气集团公司在中美洲的第一个油气合作项目。

11月17~19日 应劳尔·卡斯特罗主席的邀请，胡锦涛主席对古巴进行国事访问。访问期间，胡锦涛主席同劳尔·卡斯特罗主席举行了会谈，并亲切探望了古共中央第一书记菲德尔·卡斯特罗。两国签署了经济、技术、教育、医疗卫生等5份合作文件。支援古巴人民抗击飓风的救灾物资同机到达。

11月19日 杨洁篪外长和陈德铭商务部长出席在秘鲁首都利马举行的亚太经合组织第20届部长级会议并发表讲话，就有关问题阐述了中国政府的立场和主张。

11月19~21日 胡锦涛主席对秘鲁进行国事访问。访问期间，胡锦涛主席同加西亚总统举行了会谈，并会见了国会主席哈维尔·贝拉斯克斯·克斯肯。双方共同宣布两国自由贸易协定谈判顺利结束，两国正式建立战略伙伴关系。双方签署了经济、技术、卫生、海关、扶贫、金融、矿业、农业等11份合作文件，并发表了联合新闻公报。20日。胡主席在秘鲁国会发表了《共同构筑新时期中拉全面合作伙伴关系》的重要演讲。两国领导人还出席了秘鲁3所大学建立孔子学院的授牌仪式。访问期间，胡锦涛主席还出席了在利马举行的亚太经济合作组织第16次领导人非正式会议。

11月20日 世界最大的铜生产商智利国家铜业公司宣布，下调对中国出口铜的附加费，下调幅度高达32%，创下6年来的最低。

11月20日 阿根廷参议院以46票赞成、18票反对的投票结果通过了政府提交的私人养老金国有化议案。此前，阿根廷众议院已通过了这一议案。

11月20日 尼加拉瓜最高选举委员会公布2008年尼加拉瓜全国市政选举最终结果，桑解阵以绝对优势获胜。

11月22日 胡锦涛主席在利马会见哥伦比亚乌里韦总统。会见结束后，胡锦涛主席和乌里韦总统出席了两国促进和保护投资协定的签字仪式。

11月23日 为期2天的亚太经合组织第16次领导人非正式会议在秘鲁首都

利马闭幕。会议发表《利马宣言》和关于全球经济的声明，重点阐述了各成员就世界经济金融形势、多哈回合谈判、粮食安全、能源安全、区域经济一体化、企业社会责任、气候变化、防灾减灾等问题达成的共识。

11 月 23 日 委内瑞拉选举委员会主席卢塞纳宣布了当天举行的委内瑞拉地方选举的初步结果，执政党委内瑞拉统一社会主义党所属的爱国联盟赢得了全国大多数州的控制权。

11 月 24 ~ 28 日 梅德韦杰夫总统先后访问秘鲁、巴西、委内瑞拉和古巴 4 国。访问期间，梅德韦杰夫总统同 4 国领导人举行了一系列会谈，签署了一系列双边协议：与秘鲁签署了合作禁毒和在秘鲁建立俄罗斯直升机维护中心等一系列旨在加强军事、贸易、科技领域合作的协议；与巴西签署了俄巴军事—技术合作协议，两国公民 90 天互免签证协议以及巴西空军购买 12 架俄制米–35M 直升机的谅解备忘录；同委内瑞拉签署了 7 项不同领域的合作协议，除军事技术合作以外，还包括能源和核能源合作协议。正如 28 日梅德韦杰夫总统在哈瓦那评价他此次拉美之行成果时所说，俄罗斯"又回到了拉丁美洲"。

11 月 25 日 由"恰巴年科海军上将"号等 4 艘俄罗斯军舰组成的俄罗斯北方舰队舰艇编队驶入委内瑞拉北部港口拉瓜伊拉，准备从 12 月 1 日起参加与委内瑞拉海军的联合军事演习。

11 月 25 日 拉美—东亚合作论坛第 6 次会议在厄瓜多尔举行，该组织 33 个成员国的代表参加这次会议。这次会议寻求推动成员国之间的对话与合作，交流经验，推进太平洋流域沿岸地区的一体化进程。

12 月

12 月 1 ~ 3 日 委内瑞拉和俄罗斯的两国海军在加勒比海举行代号为"委俄 2008"联合军事演习，内容包括战术演习、反毒反恐演习以及通讯和防空演习等。

12 月 11 日 查韦斯总统在加拉加斯签名支持宪法改革。从当日起，委内瑞拉执政党委内瑞拉统一社会主义党在全国发起大规模签名征集活动，旨在支持取消总统任期限制的宪法改革。

12 月 11 日 乌里韦总统签署行政决议，同意将美国联邦调查局"十大通缉要犯"之一、哥伦比亚大毒枭迭戈·蒙托亚引渡到美国接受审判。

12月12日 拉斐尔·科雷亚·德尔加多总统宣布，政府下周将开始中止支付外债利息等款项。这是厄瓜多尔10年内第二次宣布拒还外债。

12月12日 克里斯蒂娜总统宣布，阿根廷政府将对目前的税收制度进行改革，减轻中产阶层的税收负担，鼓励他们扩大消费。

12月12日 全国政协副主席郑万通在人民大会堂会见由达库尼亚主席率领的巴西民主工党干部考察团。

12月13日 俄罗斯海军舰艇编队抵达尼加拉瓜东南部加勒比海域的布卢菲尔兹港，开始对尼加拉瓜进行访问。海军舰艇编队在完成捐赠活动后，提前两天结束访问，于当地时间13日晚离开尼加拉瓜海域。

12月13日 劳尔·卡斯特罗主席抵达委内瑞拉首都加拉加斯，开始其任古巴最高领导人后的首次出访。劳尔·卡斯特罗和查韦斯就两国173项合作项目达成共识，项目涉及能源、通讯等领域，总额超过20亿美元。

12月15日 第36次南共市理事会会议在巴西萨尔瓦多市的大西洋海滨胜地萨乌佩举行。会议主要讨论如何应对世界金融危机的措施、南共市社会行动战略计划以及加强内部经贸体制等议题。会议决定在南共市内设立总资产为1亿美元的中小企业基金，以便为中小企业取得银行信贷提供担保。会议批准设立30万美元的家庭农业基金，为成员国政府与世界粮农组织的合作项目提供信贷支持。会议决定建立南共市社会研究所，对成员国制定和评估本地区社会发展政策提供技术支持。

12月16日 由12个南美国家组成的南美国家联盟在巴西绍伊皮海滨举行首脑会议。会议决定成立南美防务委员会和南美卫生委员会。会议还决定扩大对玻利维亚产品的进口，帮助玻利维亚缓解因美国取消关税优惠待遇而遇到的困难。

12月16日 里约集团轮值主席、墨西哥总统卡尔德龙宣布，古巴正式加入里约集团。

12月16~17日 第一届拉美和加勒比峰会在巴西萨尔瓦多市附近的邵伊皮海滨召开，这是拉美和加勒比各国在没有美国参与的情况下召开的首届峰会。会议就区域一体化、拉美和加勒比地区的可持续发展、如何共同应对世界金融危机以及能源、粮食和气候变化等议题展开了讨论。

12 月 17 日　巴西国会众院通过决议，批准委内瑞拉加入南共市。巴西参议院还将进行二读通过，经巴西参议院外交和国防委员会、宪法和司法委员会最终再交参议院全会表决。

12 月 17 日　阿根廷和巴拉圭的代表在亚松森签署一项在两国军人培训和专业化领域的军事合作协议。这项协议由到访的阿根廷国防部长加雷和巴拉圭国防部长斯派尼签署。

12 月 18 日　委内瑞拉弗洛雷斯议长在国会作演讲时指出，今天是委内瑞拉历史上重要的一天。委内瑞拉人民已表达了对查韦斯的肯定，委内瑞拉立法机构将尊重人民的意愿，为查韦斯能连选连任总统，扫清法律障碍。

12 月 18 日　联合国拉美和加勒比经济委员会发布的《2008 年拉美和加勒比经济概览》报告指出，受世界金融危机的影响，2009 年该地区的经济增长速度将从 2008 年的 4.6% 降至 1.9%，失业率将从 2008 年的 7.5% 增至 7.8% ~ 8.1%，从而将结束该地区长达 6 年的经济繁荣周期。

12 月 19 日　正在俄罗斯访问的尼加拉瓜奥尔特加总统和俄罗斯梅德韦杰夫总统在克里姆林宫举行会谈。两国元首要求美国尽快取消对古巴的封锁。

12 月 19 日　俄罗斯海军 3 艘军舰到达古巴哈瓦那访问。这是自 17 年前苏联解体后俄罗斯军舰第一次抵达古巴港口。俄罗斯军舰是在参加与委内瑞拉海军举行的联合演习和访问尼加拉瓜后到达古巴的。俄罗斯外交人士指出，这次访问的目的在于发展两国海军的合作关系与友好联系。

12 月 20 日　玻利维亚莫拉莱斯总统宣布，玻利维亚已成为拉丁美洲第三个没有文盲的国家。

12 月 23 日　萨尔瓦多萨卡总统宣布，从 12 月 31 日起将撤回在伊拉克的士兵。萨卡解释说，萨尔瓦多军人在伊拉克从事人道主义的工作，重建学校，送饮用水。

12 月 23 日　阿根廷内政部长费尔南德斯到达拉巴斯，目的是与玻利维亚政府部长拉达签署有关反毒斗争和监狱政策的协议。这项反毒斗争的协议是为了回应玻利维亚与巴西和巴拉圭签署的反毒协议，将加强 3 个国家的警察之间更密切的关系。

12 月 27 日　玻利维亚总统府发言人卡内拉斯宣布，2008 年的经济增长率超过 6%，实现了政府预计的目标。

12 月 27 日 劳尔·卡斯特罗主席宣布，古巴将成立共和国总审计署，作为完善国家机构措施的一部分。新的机构隶属于国务委员会，承担现在审计和控制部的职能。

12 月 27 日 古巴国会通过新的社会保险法。

12 月 28 日 劳尔·卡斯特罗主席指出，世界性的经济危机已给古巴造成很大影响，为防止经济进一步下滑，国家决定采取一系列紧缩政策，其中政府组织的出国活动减少 50%，取消国家每年耗资 5000 万美元的工人假期免费旅游计划。

12 月 30 日 外交部发言人秦刚表示，哥伦比亚近期遭受严重水灾，造成重大人员伤亡和财产损失。为帮助哥伦比亚政府开展抗灾赈灾工作，中国政府决定向哥伦比亚政府提供 30 万美元的现汇紧急赈灾援助。此前，中国红十字会已向哥伦比亚红十字会提供了 5 万美元的现汇赈灾援助。

盘点年度资讯　预测时代前程

社会科学文献出版社
皮书系列

　　皮书是非常珍贵实用的资讯，对社会各个阶层、各种职业的人士都能提供有益的帮助，适宜各级党政部门决策人员、科研机构研究人员、企事业单位领导、管理工作者、媒体记者、国外驻华商社和使领事馆工作人员，以及关注中国和世界经济、社会形势的各界人士阅读。

　　"皮书系列"是社会科学文献出版社近十年来连续推出的大型系列图书，由一系列权威研究报告组成，在每年的岁末年初对每一年度有关中国与世界的经济、社会、文化、法治、国际形势、区域等各个领域的现状和发展态势进行分析和预测，年出版百余种。

　　该系列图书的作者以中国社会科学院的专家为主，多为国内一流研究机构的一流专家，他们的看法和观点体现和反映了对中国与世界的现实和未来最高水平的解读与分析，具有不容置疑的权威性。

权　威　前　沿　原　创

咨询电话：010-59367028
邮　　箱：duzhe@ssap.cn
邮购地址：北京市西城区北三环中路甲
　　　　　29号院3号楼华龙大厦
　　　　　社科文献出版社市场部(100029)
银行户名：社会科学文献出版社发行部
开户银行：工商银行北京东四南支行
账　　号：0200001009066109151

规划皮书行业标准　网尽皮书行业资讯
权威皮书出版平台　超值服务皮书用户

资讯创造价值　皮书成就未来

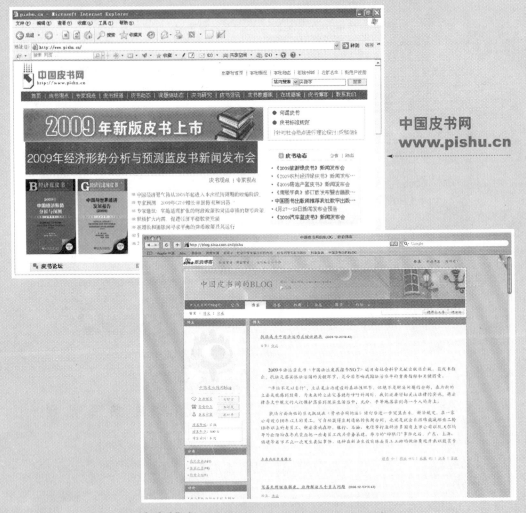

中国皮书网
www.pishu.cn

皮书博客
blog.sina.com.cn/pishu

拉美黄皮书

拉丁美洲和加勒比发展报告（2008~2009）
——拉丁美洲的能源

主　　编／苏振兴

副 主 编／蔡同昌

出 版 人／谢寿光
总 编 辑／邹东涛
出 版 者／社会科学文献出版社
地　　址／北京市西城区北三环中路甲 29 号院 3 号楼华龙大厦
邮政编码／100029
网　　址／http：//www.ssap.com.cn
网站支持／（010）59367077
责任部门／编译中心（010）59367151
电子信箱／bianyibu@ ssap.cn
项目负责人／祝得彬
责任编辑／王玉敏　王晓卿
责任校对／张茂涛　李传军
责任印制／岳　阳
品牌推广／蔡继辉

总 经 销／社会科学文献出版社发行部
　　　　　（010）59367080　59367097
经　　销／各地书店
读者服务／市场部（010）59367028
排　　版／北京中文天地文化艺术有限公司
印　　刷／北京季蜂印刷有限公司

开　　本／1092×787 毫米　1/16
印　　张／22
字　　数／373 千字
版　　次／2009 年 3 月第 1 版
印　　次／2009 年 3 月第 1 次印刷

书　　号／ISBN 978-7-5097-0658-9
定　　价／59.00 元（赠光盘）